창업 전문가가 가르쳐주는

소자본 창업
어떻게 할까요?

창업 전문가가 가르쳐주는

소자본 창업

어떻게 할까요?

최재희 지음

중앙경제평론사

머리말

《소자본 창업 어떻게 할까요?》가 2002년 11월에 출간되어 12년이 흘렀다. 그동안 졸저를 애독하여 주신 독자분들에게 개정판을 통하여 진심으로 감사의 말씀 전한다.

창업자들의 꾸준한 사랑 덕분에 스테디셀러가 된 본서를 출판사에서 개정판을 계속 내달라는 요청이 있어 왔었다. 필자는 과연 이 책이 계속 개정판을 낼 정도의 가치가 있는지 고심한 끝에 졸저에 대한 부끄러움보다는 성공이라는 꿈을 지니고 창업에 도전하는 이들에게 조금이나마 힘을 보태는 일이라는 데 공감하고 개정판을 또 내게 되었다.

아이템 위주의 창업관련 서적들이 넘쳐나는 가운데 펴낸 이 책은 창업의 기본원칙과 올바른 마음자세, 창업 프로세스 등을 종합적으로 다루어 대학교 창업학과의 교재로 선정되기도 했고, 업계의 관련 종사자와 창업전문 컨설턴트, 일반 창업자들로부터 '창업 교과서'라는 칭찬을 듣기도 했다.

지금의 창업시장은 10여 년 전 이 책을 초판 발간하던 당시와는 창업환경이 너무도 많이 변했다. 산업일꾼으로 불리던 베이비부머 세대들까지 창업시장에 가세하면서 더욱 열악해졌다. 주변환경이 사업의 성패를 가른다는 점은 모든 이들이 잘 인지하고 있는 편이다. 그러나 아무리 시간이 흘러도 변하지 않는 창업의 원칙은 있기 마련이다.

예를 들어 자금이 부족한 데도 무리하게 큰 규모의 창업을 시도한다거나, 아이디어 하나만 믿고 검증작업 없이 무대포 창업을 한다거나, 출발은 좋았는데 방심하고 경영을 잘못한 경우, 부적절한 입지조건의 선정 등의 다양한 사유로 실패의 경험을 하는 창업 도전자들이 많았다.

이런 실수를 방지하려면 창업에 대한 기본기가 충실해야 한다고 필자는 그동안의 수많은 컨설팅 경험에서 느껴왔다. 창업은 평생직장을 만들어 나간다는 개념하에 장인정신으로 접근하여 변화하는 환경에 적응하고 역경을 헤쳐나가는 데 그 묘미가 있다는 사실이다.

인터넷과 휴대폰 하나면 모든 것이 해결되는 정보화시대에서도 창업이 어려운 이유가 무엇인지에 대해서도 곰곰이 생각해 보았다. 수많은 창업정보들이 쏟아져 나오고 있지만 그 어떤 정보도 성공에 대한 확신을 심어주지 못하고 있다는 점이 모바일시대의 비운이다.

전혀 다른 분야에서 생활해오던 사람들이 다소 생소한 창업분야에서 성공적으로 자리매김을 하기란 쉽지 않은 일이다. 가족들의 생계를 짊어진 가장의 경우라면 더더욱 용기와 결단을 내리기 어려울 것이다.

예비창업자들은 정보의 홍수 속에 살고 있지만 그 정보를 판단하는 기준이나 잣대가 부족하다. 이 아이템으로 창업하면 성공할 수 있다는 정보를 가지고 있어도 '과연 내가 성공할 수 있을까?' 하는 의구심은 충분히 생길 수 있다.

　사업은 다양한 변수의 집합이기 때문에 일반적으로 통용되는 원칙이 누구에게나 적용되고 누구나 성공할 수 있다고 생각하면 그것은 분명 잘못된 판단이다. 이 책은 그러한 목마름을 충분하게 해소해 줄 수 있을 것이라 필자는 자신한다.

　장사를 하려면 주변 경제 환경을 살펴보아야 하는 것은 기본이다. '위기는 곧 기회다'고 여겨 장사는 지금이 적기라며 도전하는 사람이 많은데, 그중 성공한 사람들은 불과 5% 수준이다. 대부분은 실패를 경험하게 되는 것이 일반적이다. 그것은 물건을 구매하려는 고객보다 팔려는 상인이 많아서 생긴 일이다.

　사업뿐만 아니라 취업 역시 마찬가지로 어렵다. 신조어인 사오정, 삼팔선, 오륙도, 육이오 등의 단어와 함께 실직시대는 지속되었다. 생산현장에는 사람 대신 기계가 제품을 만들어내고, 은행 등 서비스업종에는 자동화가 되어 사람을 필요로 하던 업무가 대부분 줄어들었기 때문에 일자리가 없어졌다.

　물론 인천남동공단이나, 시화, 화성공단 등에는 사람이 없어 중소기업들은 제품을 생산하지 못하는 경우도 많다. 산업현장에는 동남아 등지에서 오는 저임금 근로자들이 자리를 채우고 있는 실정이다.

　대학을 졸업하고도 취업의 길이 막혀 이십대들의 태반이 실직자라는 뜻인 이태백시대를 맞이하고 있다. 취업의 길이 막혀 창업으로 선회하는 청년실업자의 증가로 정부에서는 청년창업을 장려하는 여러 가지 정책이나 행사들도 많이 개최되었다. 장기적인 내수부진으로 사업 여건은 악화되었지만, 오히려 창업자는 증가하는 현상으로 수요와 공급의 밸런스가 무너지는 구조적인 문제점이 발생했다.

아무래도 경기가 좋을 때 장사를 하는 것이 성공 가능성이 높은 것이 사실이다. 고객들의 돈 씀씀이도 좋을 뿐 아니라 장사하는 실력이 다소 부족해도 큰 문제가 되지 않기 때문이다. 그러나 내수부진이 장기화되고 있는 저성장의 시대에서는 창업은 준비과정이 철저해야 하고 실패에 대한 리스크를 최소화해야 한다.

사업의 운영과정에서 일정한 성과가 나타날 경우 규모를 확정해도 늦지 않을 것이다. 기대 이하의 성과가 나타나더라도 슬기롭게 난관을 헤쳐나가는 경우도 많이 있다. 소상공인시장진흥공단의 소상공인 컨설팅을 신청하여 무료나 실비로 객관적인 검증이나 전문가의 조언을 받아 문제점을 해결해 나갈 수 있는 길도 있다.

필자도 창업 강연을 많이 해오고 있지만 실무보다는 아이템 소개하는 강의에 사람들이 많이 모이는 것을 볼 수 있다. 기존의 창업관련 서적 역시 새로운 아이템을 소개 위주로 구성되어 있는 것을 보면 유망업종에 대한 관심도가 높다는 증거이기도 하다.

그런데 신규 아이템을 다루면 발간될 즈음이면 이미 아이템의 그 수명이 다한 경우가 허다하다. 그래서 저서가 폐간되기 일수이다. 이 책에서는 아이템 소개보다는 올바르게 아이템을 선정하는 방법에 치중되어 있다. 창업은 노력과 인력, 자본이 투자되는 만큼 이에 상응하는 기회보상이 반드시 이루어져야 한다.

사업은 창업이라는 출발점이 있는가 하면 운영과정을 거쳐 언젠가는 폐업을 하게 되는 끝이 있다는 것을 주시할 필요가 있다. 신제품이

출시되어 고객들로부터 인기를 끌고 사랑받는 경우가 생기더라도 언젠가는 식상해지고 외면받는 시점이 있는 것이다. 새로운 아이템이라는 것도 알고 보면 기존의 아이템을 창의적인 발상으로 진화된 것일 따름이다. 요즈음 창조경제를 부르짖는 것과 일맥상통하다고 이해하면 된다.

이 책은 유망사업 가이드 역할을 하기보다는 창업자의 안목개발과 준비과정, 운영방법 등을 중점적으로 다루었다. 필자가 이 책을 통하여 독자들에게 당부드리고 싶은 말은 첫째, 모든 시각을 고객의 관점에서 창업을 준비하라는 것이다. 즉, '무엇을 팔 것인가?'를 생각하기보다는 '고객이 우리 점포에서 무엇을 팔아줄 것인가?'를 고민해 보라는 것이다.

둘째, 생각만으로 창업에 접근하지 말고 미리 사업계획서를 작성해 보고 창업을 준비하라는 것이다. 물론 자기 사업을 하기 위한 것인 만큼 어떤 형식이나 격식은 차릴 필요가 없다. 단 1장짜리 사업계획서라도 좋다. 생각은 하룻밤에 만리장성을 쌓기도 하지만 다음날 아침에 기록에 남기려고 정리를 하다보면 물거품처럼 꿈을 접는 경우가 많기 때문이다.

마지막으로 계획을 실행으로 옮길 수 있는 추진력을 가지라는 것이다. 창업을 꿈꾸고 준비하는 사람이라면 누구나 강연, 광고, 서적, 정보검색, 지인 추천 등을 통하여 창업과 관련된 많은 정보를 접하고 있을 것이다.

그러나 정보화시대는 막연하게 정보를 빨리 취득하는 것보다 올바른 정보를 적극 활용하여 남보다 빨리 실천하는 것이 더욱 중요하다. 준비가 다소 미흡하지만 어느 정도 정리되었다면 실행은 하루라도 빨리 접근하는 것이 좋다.

잠깐 돈을 벌겠다는 생각보다는 창업을 통하여 새로운 분야에서 인생을 다시 시작하고 평생직업인이 되겠다는 각오로 최선을 다하지 않으면 실패의 늪에 빠지게 된다. 아이템이나 자금력이 돈을 벌게 해주는 것은 아니다. 고객과 소통을 통하여 진정 사랑받는 사업체로 거듭날 때 돈이라는 형태의 기회보상이 이루어지는 것이 바로 사업이다.

끊임없는 고객에 대한 연구와 창의적인 발상을 사업에 접목시키는 공부하는 창업인으로, 성공하는 CEO로 탄생하는 모습을 그리며 부족한 부분은 많겠지만 이 한 권의 책이 창업을 바라보는 폭넓은 시각을 갖게 해주고 성공창업으로 향하는 밑거름이 되었으면 한다.

이 책을 펴내기까지 늘 도움과 격려를 아끼지 않은 중앙경제평론사 김용주 대표님 이하 여러 임직원들에게 감사의 말씀 전한다.

한국창업컨설팅Group 대표 컨설턴트

최재희

1장 창업자 마인드

2장 창업 기초설계

7장 프랜차이즈

8장 점포 인테리어

11장 창업 행정 · 세무

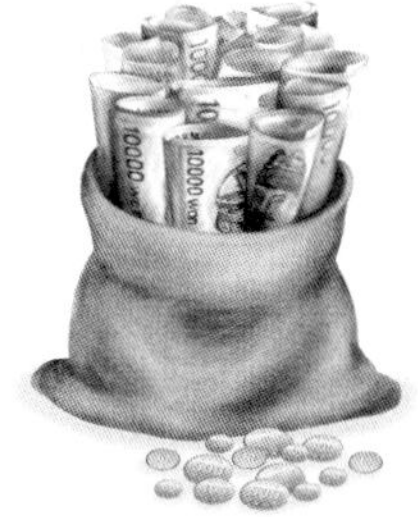

1장
창업자 마인드

01

대도가 되어야 성공하는 창업

창업을 성공적으로 수행하는 예비창업자는 불과 20퍼센트에 불과하다는 것은 이미 잘 알려진 사실이다. 그만큼 사업환경이나 여건이 어렵다고 말할 수 있다. 매스컴에 보도되는 성공창업자들도 6개월이 지나 다시 방문해 보면 역시 사업은 어렵다고 말하는 사람들이 대부분이다. 때로는 여러 번 언론에 보도되면서 자칫 연예인이나 유명인사가 된 듯한 착각을 일으키면서 마음의 균형을 잃고 또 다른 실패를 경험하는 창업자들도 있다.

그러면 창업에 임하기 전에 어떠한 마음가짐을 가져야 하며 어떻게 해야 성공적인 창업의 길로 진입할 수 있는지 살펴보기로 하자. 먼저 성공이란 우리에게 있어서 무엇인가? 성공도 여러 종류의 성공이 있을 수 있다.

결론을 먼저 말하자면 성공이란 첫째, 다른 사람의 권리를 침해하지 않는 범위 내에서 원하는 것을 성취하는 것이다. 성취하는 성공 (accomplished success)이란 어떤 일을 성취하는 것이 인생에 있어서 큰 즐거움이며 삶의 가치를 향상시킨다는 것이다. 즉 인생의 모든 욕구를 성취하는 능력이라고 생각한다. 이런 의미에서 결국 성공은 능력이라는 등식이 성립하는 것이다. 둘째, 보다 나은 인류를 위해 자기 자신을 바쳐 실천의 현장에 뛰어들어가는 것으로 다른 사람의 보다 나은 삶을 위하여 희생하는 것도 성공이라는 것이다.

첫째 성공의 경우, 내가 헌신적으로 다른 사람을 위하고 보살피는 삶을 살지 않더라도 내 자신의 필요를 만족시키기만 한다면 다른 사람들은 나를 성공한 사람이라고 말하는 것이다. 둘째 성공의 경우, 타인의 복지에 기여하는 성공은 내가 성공하려는 만큼 나의 성공을 돕고 있는 타인의 성공을 도와야 하며 이러한 가운데서 얻어지는 성공이 진정한 의미의 성공이 되는 것이다. 한평생 남의 인생을 위해 헌신한 슈바이처 같은 사람이 좋은 예가 될 듯하다.

우리가 가장 관심 있게 말하는 성공은 첫째의 성공으로 어떠한 일을 성취하는 능력일 것이다. 즉 전혀 사업경험도 없는 사람이 많은 준비를 하고 피나는 노력 끝에 돈도 벌고 사업가로서 자리매김을 했다면 이 사람을 성공창업자라고 부를 것이다. 이러한 일을 성취하기 위해서 먼저 해야 할 일이 성공을 향한 목표부터 정하는 것이다. 사람에 따라서 목표는 조금씩 다르겠지만 성공창업을 위해서는 우선 자기가 좋아하는 환경에서 좋아하는 일을 하면서 만족할 만한 수입을 얻으며 사업할 수 있는 것을 선택하게 마련이다. 이렇게 접근해야 자신 있고 재미있는 일을 신바람나게 할 수 있는 여건이 조성되는 것이다.

우리가 어떤 일에 전념할 수 있을 때 성공할 가능성이 높다. 만족하는 성공(satisfying success)이란 어떤 일에도 최상의 것(best)을 찾는 것이다. 사람이 계단 하나를 올라가면 또 하나를 올라가고 싶은 것처럼 사업도 마찬가지다. 돈을 벌면 벌수록 더 많이 벌고 싶은 충동과 기대를 하게 되는 것이다. 만족하는 성공이란 하나의 일을 성취하였다고 안주하지 않고 또 다른 목표를 세우고 준비하고 실천하는 것이다. 즉 '끝없는 도전정신'이 바로 성공의 열쇠라고 표현하고 싶다.

성공을 바라보는 기준은 스스로 만족하는 성공이 아니라 타인이 성공자라 불러줄 때 진정한 성공창업자가 되는 것임은 말할 것도 없다. 문제는 돈을 버는 일이 바로 목표인 사업에 어떻게 하면 고객이 몰려들고 장사가 잘될 수 있는가 하는 것이다. 지금은 정보화시대이다. 모든 고객이 상품이나 점포에 관련된 정보를 너무나 잘 알고 있다. 돈을 벌려면 많이 남기든가 많이 팔아야 하는데, 얄팍한 상술로는 통하지 않는다는 데 어려움이 있는 것이다.

예전부터 "장사꾼 이야기는 믿을 것이 못 된다"라는 말이 있지 않은가? 밑지고 판다는 둥 남는 것이 없다는 둥의 말이 전부 믿을 것이 못 된다는 것이다. 그러면서도 이용하게 되는 것이 현실이고 보면 그 자체가 상술인 셈이다. 따라서 장사는 많은 돈을 벌려면 돈을 벌고 싶은 욕심을 철저하게 숨기고 고객을 위해 헌신하는 듯한 인상을 강렬하게 심어주어야 사람들이 몰려들게 되고 많이 몰려와야 많이 팔 수 있다.

대부분의 사람들은 작은 일이라도 열심히 잘해주면 큰 일도 맡기게 된다. 바로 신용이 생겼다는 것이다. 음식점도 손님이 북적거리는 집에 가야 맛있는 음식을 먹을 수가 있으며 일도 바쁜 사람에게 맡기면 더 잘하는 것이 일반적이다. 작은 일에도 최선을 다하면 더 큰 일도 맡기게 되는 것처럼 성공의 목표가 큰 일이라면 큰 일을 성취하기 위해서는 작은 일도 마다하지 않아야 한다. 도둑이 되려면 홍길동이나 임꺽정처럼 대도가 되어야 한다. 작은 욕심을 버리고 훔쳐온 양식으로 불쌍한 사람들을 도와주고 인심을 얻게 되면 의적이 되는 것이다. 대도가 되기 위해서는 작은 욕심은 버려야 한다.

02

성공으로 가는 목표를 세워라

우리는 뜻하지 않게 실직을 하게 되어 창업을 준비한다거나, 취업과 창업의 갈림길에서 망설이다가 창업을 준비하게 되기도 한다. 때로는 가정에서 집안일만 전념하다가 창업전선으로 나가기도 한다. 이때에도 분명히 창업이냐 취업이냐에 대해 1차적인 목표부터 정해야 한다. 창업을 준비하다 보면 어떤 업종이 좋은가, 점포창업을 할 것인가 또는 무점포창업을 할 것인가 등 여러 가지로 자신의 환경에 맞는 진로를 결정해야 하는 경우가 있다.

이런 경우에도 그냥 막연하게 돈 잘 벌 수 있는 업종으로 기울지 말고 정확하게 개인적인 목표를 설정하고 창업에 도전해야 한다. 목표는 어떻게 설정하는 것일까? 처음부터 목표에 대해 모든 부분을 정확하게 세울 수 없어도 걱정할 필요는 없다. 목표라는 것은 처음부터 확실한 것이 아니기 때문이다. 바다에서 표류하는 배가 바람 부는 대로 물결치는 대로 떠돌아다니다가 침몰하게 되는 것처럼 사업도 목표가 없다면 실패로 이어질 공산이 크다고 할 수 있다.

목표를 세우는 데 있어서 장기적인 목표와 단기적인 목표를 세울 수 있는데 장기적인 목표는 5년 만에 독립점포를 프랜차이즈화한다는 전략을 세운다면 단기목표는 지금의 운영점포에 충실을 기하는 여러 가지 세분화된 목표를 이야기하는 것이다. 예를 들자면 이 달의 매출 목표라든가 여러 가지 작은 목표를 말하는 것이다.

필자도 외환위기 때 거래처의 부도로 상당한 어려움에 직면하다가 도산하고 말로 표현하지 못할 정도의 어려움을 겪은 적이 있는데 컨설팅이라는 새로운 사업에 재도전할 때 어떤 목표를 세웠다. 그것은 바로 60세까지 경제활동을 하겠다는 목표였다. 효과적인 경제활동을 위해서는 컴퓨터를 배우는 일이 필수라는 것을 깨닫게 되었고, 인터넷이 생활화가 되는 차세대를 생각하면 아직 늦지 않았다고 판단하였다. 그래서 작은 목표를 컴퓨터를 배우고 인터넷을 사업에 활용하는 것으로 잡게 된 것이다.

필자의 경우는 배우겠다는 목표는 세웠지만 접근하기에는 상당히 힘이 들었다. 컴퓨터나 인터넷이 신세대들만의 전유물은 아니라고 생각하면서 "신세대들이 3개월 만에 컴퓨터를 마스터한다면 나는 6개월 걸리더라도 배우겠다는 의지만 있으면 되는 것이고, 그들이 하루 3시간 배울 때 나는 6시간을 배우면 되는 것이다"라고 다짐하였다. 그래서 일주일 만에 독학으로 컴퓨터의 기본적인 것은 마스터하였고, 1개월 만에 홈페이지를 만들어 지금의 연합창업지원센터 홈페이지로 발전시킨 것이다.

<table>
<tr><td>

성공이라는 목표를 빨리 성취하는 방법

</td></tr>
<tr><td>

- 무엇을 어떻게 할 것인가 생각할 것
- 목표달성에 일정한 기한을 두지 말 것
- 현재 하고 있는 일에 최선을 다할 것
- 난관을 극복할 것
- 신념을 가지고 추진할 것

</td></tr>
</table>

<table>
<tr><td>

목표선정 조건

</td></tr>
<tr><td>

- 이타적이어야 한다.
- 가치가 있어야 한다.
- 명확해야 한다.
- 예측가능해야 한다.
- 확정할 수 있어야 한다.
- 확신이 서야 한다.

</td></tr>
</table>

지금은 각종 프로그램들을 익숙하게 다루고 마음대로 활용하며 컴퓨터로 사업을 하는 소호사업자협회인 사단법인 한국소호진흥협회 부회장직을 맡고 있다. 3개월 만에 끝내겠다는 작은 목표를 세우면 대부분 1~2개월 만에 목표를 달성하기도 하는데, 거기에 안주하지 않고 다음의 작은 목표를 세워 계속 노력한 결과 오늘과 같은 결실이 있지 않았나 생각한다.

컴퓨터는 물론 컨설팅사업도 잘되고 있지만 더 큰 목표 아래 지금도 새롭게 도전하는 작은 목표들이 설정되고 있다. 성공하려면 성공만 생각하고 모든 시간을 최대한 활용해야 한다. 객관적인 생각 아래 올바른 방향으로 창조력을 살려야 할 것이며 자기가 원하는 미래를,

자기에게 맞는 장래를 만들어 가자면 자기의 적성과 취미를 살리는 것이 가장 유리하다.

처음 사업을 결심하게 되면 성공한 자신의 모습을 상상하면서 잠 못 이루는 경우가 많다. 하룻밤에 만리장성이라도 쌓을 것 같아도 시야가 어두워 잘 안 보이게 된다. 그래서 창업 초기 창업과정에서 실패하는 경우가 생기기도 한다. 실질적으로 창업을 해보면 허망한 꿈일 수도 있다는 것을 실감하기도 한다. 전에는 안 보이던 것이 창업 후에 잘 보이는 것이다. 결국 높이 올라가면 잘 보인다. 시야를 넓게 가지면 잘 보이는 것이다.

무슨 일이든지 처음 시작할 때에는 "바로 이것이다"라고 목표를 명확히 결정하는 것이 어려울 것이다. 세상일 자체가 복잡한 것이므로 수천 수만 가지의 일 중에서 자기에게 꼭 맞는 것을 정한다는 것은 쉽지 않은 일이다. 그러나 추진력으로 과감하게 밀어붙여야 할 때는 밀어붙여야 한다. 다만 무모한 추진력이 되어서는 곤란하다는 전제를 두고 하는 말이다.

03

자영업의 경영방침과 원칙

소점포를 창업하고 경영함에 있어서도 인생철학이나 사업목표가 뚜렷하게 있어야 한다. 목표 없는 사업은 성공을 기대하기 힘든 법이다. 성공을 이끌어낸 창업자의 인생관을 살펴보면 그들은 목표가 뚜렷하고 확실한 인생철학이 있는 것을 굳이 예를 들지 않더라도 알 수 있다.

경영자에게 필요한 세 가지 마인드는 무엇을 위해 일하는가, 함께 일하는 사람에 대한 이해심, 그들을 위한 목표설정의 정립이다. 돈을 벌기 위해 또는 살기 위해 하는 것은 목적을 달성하기 위한 수단이지 목적은 아니다. 작은 점포를 경영하는 경영자에게도 행복추구, 봉사 등의 인생철학이 있어야 한다. 경영자의 목표설정이 명확해야 목표달성의 길이 열린다. 그리고 목표를 향해 도전해 가는 정신이 중요하다. 자신이 어떻게 될지 자기점포를 어떻게 만들어 갈지 명확히 하는 것이 중요하다.

　장사는 이익을 남기는 것만이 아니라 고객과 더불어 살고 서로 도움을 준다는 마음가짐이 중요하다. 점포경영방침은 "이 세상은 나 혼자만이 살아갈 수 없다. 타인과 함께 살아가고 있다. 나는 언제나 감사하는 마음으로 살아간다. 때문에 나의 점포도 세상 사람을 위해 도움을 주는 점포로 만들고 싶다. 그리고 이익도 고객들에게 다시 반환하고 싶다." 이러한 열린 마음으로 점포를 경영할 때에만 고객의 진실한 지지를 받을 수 있으며 성공적인 자리매김을 하게 될 것이다. 아울러 연합창업지원센터가 권하는 소자본 창업 10가지 원칙을 소개한다.

소자본 창업 원칙 10가지

1. 빚으로 창업하지 말자. 경험 없는 무리한 투자는 화를 자초하게 된다.
2. 사업 기대치를 낮추자. 마진율이 높을수록 경쟁자가 많아진다.
3. 자신 있고 잘 아는 업종으로 창업을 하자.
4. 충분한 준비과정을 거친 후에 창업하자. 그러나 결단은 빠를수록 좋다.
5. 망하더라도 혼자서 망하고 사업을 끝낼 시점을 결정하자.
6. 가족의 동의와 전폭적인 지지를 얻어내자. 가정의 화목이 사업의 첫째 목적이다.
7. 목표고객을 정해 놓고 창업을 시도하자.
8. 고객의 의식구조와 행동양식을 파악하고 창업을 준비하자.
9. 성장가능 아이템 선정과 노하우를 축적하자.
10. 인간관계를 최대한으로 활용하자. 인맥은 곧 자산이다.

강력한 추진력이 성공의 열쇠

창업에 성공하려면 강한 결단력과 추진력이 필요하다. 흔히들 사업은 아무나 하는 것이 아니라고 한다. 이런 말은 쉽게 결단을 내리지 못한 경우나 결심은 했다 하더라도 추진력이 없어 창업을 포기하는 경우가 다반사이기 때문에 생겨난 게 아닌가 한다. 대부분의 예비창업자들이 벼랑 끝에 몰려 창업을 시도하는 경우가 많은 것을 보면 미래에 대한 불확실성으로 쉽게 결정을 하기가 쉬운 일이 아닌 것만은 사실이다.

그러나 성공한 사업가들의 공통점은 같은 상황에서도 결단력과 추진력이 뛰어나다는 점이다. 이러한 점을 극복하기 위해서는 수집된 정보의 분석과 이해를 위한 노력을 게을리하지 말아야 한다. 준비는 많이, 결정은 빨리, 추진은 과감하게 창업을 시도해야 하는 것이 예비창업자의 올바른 자세다. 또한 변화하는 시대의 환경을 빨리 간파하고 고객이 무엇을 필요로 하며 사업에 어떤 영향을 줄 것인지 분석하는 지혜가 필요하며 적절한 시기에 맞추어 실천하는 것이 중요하다.

이는 창업에 과감성과 추진력이 중요한 요소로 작용한다는 것으로 해석할 수도 있다. 추진력으로 자기의 운명을 지배해야 한다. 다른 사람 또는 회사에 부림을 당하며 자기의 장래와 가족의 장래를 의지하는 것은 곤란하다. 스스로 요구하는 것을 찾아서 그것을 얻기 위한 노력을 하는 것이 무엇보다도 중요한 일이다. 강력한 추진력을 기르기 위해서 지금의 위치에서 체념하지 말고 지금 하고 있는 일에 정신을 집중시켜야 한다. 그리고 자기의 힘을 객관적인 시각으로 정확하게 평가하는 일이 성공으로 향하는 지름길이다.

단 한번의 창업으로 부자가 되겠다는 발상보다는 끊임없는 도전정신으로 새로운 발상과 좀더 과학적인 방법으로 접근하고 부족한 경험을 보강하기 위하여 최선을 다하는 추진력을 갖추게 되면 돈을 벌고 부자가 되는 길은 그리 멀리 있는 것이 아니라고 확신한다.

성공창업은 끝없는 도전정신에서 나온다

창업의 사전적 의미는 '사업을 처음 일으킴'으로 되어 있다. 즉 사업을 처음 시작하는 것이다. 또한 사업은 "일정한 계획과 목적 아래서 하는 경제활동을 말한다"라고 정의되어 있다.

즉 사업의 목적은 돈을 버는 데 있는 것이며 운영을 한다는 것은 돈을 벌 수 있는 구조를 만들어가는 것이라고 볼 수 있다. 창업은 바로 어떤 상품이나 서비스를 필요로 하는 사람에게 이윤을 남겨 판매하는 행위를 함을 주업으로 삼는 것을 말하며 이에 따른 행복추구·사회발전·사회공헌 등의 다른 목적들은 돈을 벌고 난 후의 일이다.

돈을 벌고 부자가 되는 것은 오래 전 시장과 화폐가 생겨나면서부터 선망의 대상이 되어왔다. 더 많은 것을 소유하려고 전쟁을 일으키기도 하면서 현대사회까지 발전시켜온 것이다. 지금도 흔히들 비즈니스사회의 경쟁을 일컬어 '전쟁'이라고 표현하며 물건을 팔기 위해 '판매전략'이라는 표현을 하는 것을 보면 대기업이나 소기업 할 것 없이 상품을 조금이라도 더 팔기 위해 혈안이 되어 있다고 할 수 있다.

돈을 벌고 부자가 되는 방법은 간단하다. 첫째, 상품을 많이 팔면 된다. 단, 손해보고 팔지 않는 경우이다. 둘째, 많이 남기면 된다. 저 렴하게 구입하여 비싸게 팔면 많이 남게 되는 것이다. 셋째, 들어오는 돈보다 적게 쓰면 돈은 분명히 모이게 마련이다. 이러한 경우 그 기간 의 차이만 있을 뿐 부자가 되는 것은 분명하다.

최근 국가는 물론 대기업·소기업 할 것 없이 서로 부자나라가 되 고 부자기업이 되고 부자가정이 되기 위한 과정 속에서 생존경쟁·구 조조정·초일류 상품개발·마케팅전략 등의 단어가 파생되고 있으며, 국가적으로는 유리한 고지에 서기 위해 세계무역기구(WTO)협정, 미 국의 무역법 301조, 우루과이라운드, 자유무역협정(Free Trade Agreement) 등 헤아릴 수 없는 국가조약 및 협약을 만들어 내고 있다.

경제원리 중 하나의 보편화된 원리가 수요와 공급의 법칙이다. 모 든 상품은 수요와 공급의 법칙에 의해 가격이 결정되고, 경쟁원리에 의해 수급이 조절되는 것이 보편적이다. 상품이 남아돌면 가격이 떨 어지고 상품이 모자라면 많이 남기고 팔 수 있는 법칙이다. 산업혁명 이후부터 20세기 말까지 교통수단이 발달하고 정보가 빠른 나라에서 이러한 법칙을 잘 활용하여 성공한 나라들이 소위 오늘날의 선진국들 이다.

그러나 이러한 선진국들도 통신수단의 발달과 인터넷의 등장으로 정보공유가 가능해짐으로써 위기의식을 느끼고 보다 유리한 조건을 갖추려고 안간힘을 쓰고 있다. 이러한 이야기는 국가나 대기업만의 일은 아니다. 직장생활만 하고 사업이나 장사라고는 해본 적이 없는 사람들이 실직으로 갑자기 창업시장으로 내몰리고 가정에서 살림만 하던 주부들마저 위기의식을 느끼고 나도 남들처럼 무언가 해보겠다고 전쟁터로 뛰어들고 있는 것이 오늘의 현실이다.

이때 충분한 사전준비 없이 주관적인 판단 아래 많은 돈을 번다거나 월급보다야 더 벌 수 있지 않겠나 하는 환상에 사로잡혀 잘못된 창업을 시도하게 되면 실패는 당연한 것이다. 누구나 창업에 대한 꿈을 꾸게 되지만 창업 또한 그리 쉬운 일이 아니다. 창업을 하려면 창업자 · 창업자금 · 아이템 · 사업장을 갖추면 가능하다. 그러나 성공과는 전혀 별개의 문제이다. 창업으로 돈을 벌려면 구조적으로 장사가 잘 될 수밖에 없도록 만들어놓고 장사를 해야 하는 것이다.

앞서 말한 첫째, 많이 판매하는 방법을 시도하려면 사람들이 많이 다니는 곳에서 장사를 해야 한다. 즉 입지가 좋은 곳이어야 한다. 물론 권리금이나 보증금이 만만치 않다는 점도 고려해야 한다.

둘째, 많이 남기는 장사를 하면 된다. 많이 남기는 것 역시 누구나 갈망하는 일이다. 이 경우 입지가 다소 좋지 않다 하더라도 귀한 신상품을 구매하여 판매하거나 만들어 내야 한다. 여기에서 상품이라 함은 어떠한 제품을 뜻하는 것만이 아니라 서비스까지 포함하는 것이다. 즉 고객이 필요로 하는 상품과 서비스를 말하는 것이다. 또한 입지가 다소 좋지 않을 경우이므로 고객이 자연스럽게 들어오기 쉽고, 보기 쉽고, 사기 쉬운 점포로 기획해야 하는 것이 필수이다.

셋째, 많이 팔거나 많이 남긴다 하더라도 앞으로 남고 뒤로 적자보기 쉬운 것이 장사이다. 철저한 경영을 해야 하고 수익률을 높여야 돈을 벌게 되는 것이다. 가정에서부터 씀씀이를 줄이는 구조조정을 하고 창업할 때 철저하게 거품을 제거하여 창업 투자금액 대비 수익률을 높이는 것이 중요한 과제가 될 것이다.

회사라는 조직 속에서만 생활해오던 직장인들이나 가정이라는 테두리 안에서만 살아오던 예비창업자들은 새로운 환경에서 삶의 터전을 마련하는 일인만큼 '텃세'라는 말을 새겨볼 필요성이 있다. 먼저 장사하는 사람이 뒤에 들어오는 사람을 업신여기거나 횡포를 부리는 행위 말이다. 정보가 부족하거나 준비가 소홀할수록 '바가지' '창업사기' 등의 용어에 휘말릴 공산이 크며 곧장 실패로 직결될 가능성이 있다. 이러한 과오를 겪지 않으려면 다양한 루트를 통해 창업정보들을 숙지해야 한다.

지금은 우리 나라도 물질이 풍부하고 수요보다는 공급과잉의 시대를 맞이하였다. "고객은 왕이다"를 넘어 "고객에게 감동을 주는 시대"가 아니면 살아남을 수 없다는 말이 설득력 있게 들리는 시대이다. 이러한 시대 속에서 창업준비에 관련된 모든 의사결정은 항상 고객의 입장에서 생각하고 고객을 배려할 줄 아는 마음가짐으로 상품이나 서비스 또는 경영이 기획되어야 한다는 것이다.

06

정보마인드와 노하우

인터넷이 생활화되면서 정보는 열려 있다. 이러한 정보의 수집이나 탐색은 창업준비에 있어서 대단히 중요한 일임에 틀림없다. 그러나 정보화시대에 있어서 정보노하우는 바로 정보를 탐색한 후 오프라인에서 실천하고 습관화하는 데 있는 것임을 강조하고자 한다.

창업성공은 정보와 지식을 습득하고 도전해야 얻을 수 있다. 그리고 경험을 축적한 후에 습관화하는 과정이 중요하다. 즉 정보화시대의 창업의 성공과 실패의 차이는 정보와 지식을 실천하느냐 안 하느냐에 달려 있다.

어느 초보창업자의 경우 점포를 개업한 후 손님이 찾아왔는데 "어서 오십시오"라는 인사말이 왜 그렇게 쉽게 안 나오는지 애를 먹었다고 호소한 적이 있다. 실제로 그런 경우가 초보창업자들에게 예상외로 많이 있다는 데 놀랐다. 내성적인 성격의 소유자들이 직장생활을 할 때 그러한 애로가 있었던 것으로 기억한다.

우리는 누구나 손님이 오면 인사를 해야 한다는 사실을 잘 알고 있다. 또한 웃음으로 표정관리까지 잘할 수 있다면 고객을 맞이하는 (greeting) 데 있어서는 후한 점수를 줄 수 있을 것이다. 물론 이름을 기억해준다거나, 고객의 기호를 재빨리 파악하여 몇 마디 인사치레의 말까지 덧붙인다면 고객맞이에 관한 한 만점일 것이다. 그러한 경험과 습관화가 바로 노하우인 것이다.

정보화시대의 노하우는 실천과 습관화에 있는 것이라는 점은 아무리 강조해도 모자란다. 인터넷 사이트를 방문하다 보면 원하는 정보와 지식들이 무궁무진하다. 여기에서 올바른 정보를 습득하는 요령은 본인에게 알맞고, 피부에 와 닿는 그리고 실천 가능한 정보를 찾아 실천에 옮기는 것이다. 자칫 정보홍수 속에서 방황하다 보면 정보 무기력증세가 생겨난다.

이럴 경우 아무리 좋은 정보일지라도 그 말이 그 말이고 내가 다 아는 지식인데 하고 자신이 전문가인 양 착각하게 된다. 정보를 제공하는 사람의 측면에서는 심사숙고하여 정보를 제공하고 또 타인의 정보를 공유하여 진일보 발전시키고 가공하여 신선한 정보를 제공하도록 노력하는 것이 노하우일 것이다.

이러한 귀중한 정보를 많은 사람들은 정보쓰레기로 만들어버린다. 아무리 좋은 정보일지라도 실천하지 않으면 '돼지 목에 진주목걸이를 걸어주는 격'이 된다. 자신이 필요한 좋은 정보를 습득하였을 때 실천하고 습관이 되도록 노력하자. 그리고 고마움의 대가로 진일보시킨 정보를 공유하도록 제공한다면 바람직한 정보화시대가 열릴 것이다.

　나의 소유물을 타인에게 대가없이 나누어준다는 것은 쉬운 일이 아니다. 많은 지식과 오랜 경험을 이론화해 한순간 인터넷을 통하여 대가없이 제공한다면 허무하고 아깝다는 생각이 참 많이 들 것이다. 빠르게 진행되는 정보화시대의 정보는 시간이 지나면 가치가 사라지고 정보쓰레기에 불과하다. 이렇게 귀중한 정보를 '돼지 목의 진주목걸이'로 만들지 않도록 노력해주었으면 한다.

07

성공사례를 찾아라(벤치마킹)

한 사람의 성공한 기업가가 탄생하는 과정에는 보이지 않는 수많은 과정들이 있다. 우리는 하루에도 다양한 종류의 성공사업자들을 보게 된다. 각종 언론매체나 강연회 등을 통해 수많은 성공한 사람들을 보며 무슨 생각을 하는가? 대부분 "와! 역시 성공하는 사람은 뭔가 다르구나!" 하고 그냥 지나쳐버리거나 부러워할 뿐이다.

그러나 성공한 많은 사람들의 이야기를 들어보면 몇 가지 공통점을 발견할 수 있다. 성공한 사람들의 공통점을 소개하기에 앞서 사업과 장사의 차이는 무엇이라고 생각하는지 묻고 싶다. 정답은 스스로가 사업이라고 생각하면 그것이 바로 사업이고 장사라고 생각하면 장사가 된다는 것이다. 바로 규모의 차이이다. 과거에는 규모의 개념이 강해서 외형적 규모가 크면 사업이고 작으면 장사라는 생각이 지배적이었다. 정보화시대로 접어들면서 이제는 모든 것이 사업이고 더 이상 장사라는 개념으로는 생존경쟁에서 살아남기 힘들게 되었다.

어떤 업종을 창업하든지 사업이라는 생각으로 부단히 노력해야 한다. 점포 없이 하루에 순수익 30만 원을 벌고 있는 사람이 성공한 사업자라 해도 별 무리는 없다고 할 때 하루 30만 원씩 벌고 있는 사람은 평범한 쥐포사업을 하는 사람이다.

1998년경 동네에 인터넷 PC방이 생길 때 큰 기술 없이 인터넷만 설치해 놓고 시간당 얼마의 요금을 받기만 하면 되니까 돈을 많이 버는 유망업종이라고 소개되는 시점이었다. 예비창업자들은 인터넷 PC방을 창업하지 못해서 안달이 날 정도였다. 하지만 그 사람의 경우 PC방이 뜰 거라는 걸 알고 남보다 먼저 쥐포배달업을 시작했고 한두 집씩 거래처를 늘려갔다. 모두가 인터넷이다 미래가 어떻다 하면서 돈 될 정보만 찾던 시절 그 사람은 쥐포배달을 시작하여 간식거리 배달까지 겸하면서 사업영역을 넓혀갔다. 물론 무점포로 가능했으니 실천에 옮기는 것은 별 문제가 되지 않았을 것이다.

어떤 사업이 유망하다고 소개되면 그 사업보다는 연계된 사업을 찾아보는 것도 방법 중 한 가지다. 이 사람의 경우도 다른 성공한 사람들과 공통점은 있다. "시대흐름을 읽는 능력이 뛰어나다"는 점과 자신이 가진 능력을 잘 판단했다는 것이다. PC방이 성공할 것이라는 시대흐름을 먼저 읽었고 자신의 현재능력을 고려해서 직접 PC방을 운영하기보다는 경쟁이 적고 비교적 적은 돈으로 사업이 가능한 쥐포배달 사업을 선택한 것이다.

모든 기업들이 인터넷 쇼핑몰을 준비할 때 택배시장의 규모를 알고 택배시장으로 눈을 돌린 기업 등이 바로 유망사업과 연계된 사업이다. 어떤 사업을 해서 성공했다는 사례가 나오면 누구나 그 노하우를 배우려 하고 따라하려고 하게 된다.

여기서 노하우는 두 가지다. 그중 하나는 성공한 사업의 직접적인 노하우로 쥐포사업을 할 때 물건은 어디서 받아오며 가격대는 얼마 정도이며 거래처는 어디 위주로 해야 한다는 등이다. 그리고 또 다른 노하우는 그 사람의 사업방식이 될 것이다. 성공하고 싶다면 성공한 사람들의 이야기를 많이 들을 기회를 가져야 한다. 전국 어디일지라도 찾아가고 여러 가지 노하우들이나 영업방식을 연구하여 보다 나은 사업아이템으로 만들어야 할 것이다. 그리고 사람들의 보이지 않는 성공한 내면적인 요소도 살펴보아야 할 것이다.

08

창업은 제2의 인생창출

"이제 믿을 것은 나와 나를 믿는 사랑하는 내 가족뿐." 어느 퇴직자의 목소리다. 지금까지 회사를 위해 나의 능력을 팔았지만 더 이상 믿을 수 없다. 나와 내 가족을 위해 마지막 남은 내 능력과 경험을 바탕으로 불타는 의지로 새로운 인생을 개척해야 한다. 사실 지금까지는 회사라는 조직사회에서 살아온 것이다. 업무도 전반적인 것보다는 부분적인 일에 많이 종사해왔을 것이다.

그러나 지금부터는 혼자 기획하고 혼자 판단하고 혼자 결정하고 혼자 해결해 나가야 하는 자영업에 돌입한 것이다. 대기업이나 소기업·자영업 가릴 것 없이 경영 전반에 많은 지식을 터득해야 한다. 그렇지만 대부분 새로운 세계에 도전하기보다는 현실에 대한 원망이 앞서는 것이 사실이다. 필자에게 문의 온 몇 가지 사례를 소개하고 현실에 어떻게 대처해야 하는지 알아보기로 하자.

우리는 IMF라는 긴 터널을 통과하며 아마 어쩌면 자신감마저 잃은 것 같군요. 회사 생활도 예전 같지 않고 동료를 바라보는 눈 또한 여유가 없어 보입니다. 그것은 상대방 또한 그렇겠죠. 아무튼 모두가 경직된 모습들입니다. 평생직장이라 생각했던 일터를 이젠 지키기에 안간힘을 써야 하고 앞날을 생각하면 정말이지 갑갑함마저 드는 어려운 현실이군요. 우리는 언젠가는 창업을 해야 하는 예비창업자가 맞다면 정말로 그렇다면 지금 무엇을 해야 할까요? 지금 이 시간 이렇듯 창업관련 아이템을 찾아 관련 사이트를 헤매고 있답니다. 좋은 조언 부탁합니다. ― K올림

저는 47세로 건설회사를 퇴직한 전형적인 직장인입니다. 창업이란 생각해보지도 않던 것이라 정보에 어둡기도 합니다. 막상 창업이라고 해야 할지 장사라고 해야 할지, 뭔가에 다시 도전해보고 싶은 욕망은 가지고 있습니다. 어떤 사업을 해야 할지 막막합니다. ― L올림

저는 196X년 생이고 XX사 생산 및 해외영업과장을 하다가 이번 빅딜로 명퇴를 한 사람입니다(대학전공은 전자공학과며 컴퓨터 쪽으로는 잘 알고 있습니다). 저는 컴퓨터를 이용한 사진점에 관심이 많습니다(사진편집, 합성(대·소형), 스티커제작, 명함제작 등). 그런데 이 일을 어떻게 시작하고 사업성은 있는지를 고민 중입니다. 그래서 같이 명퇴한 다른 한 명과 같이 하려고 합니다. 장·단점이라면 성실·책임감이 장점이며, 소심한 것이 단점입니다. 어떤 판단 기준을 가지고 시작해야 하는지도 궁금하고 해서 문의 드립니다. ― C올림

　지금까지 회사를 평생직장으로 생각하고 살아온 자신이 원망스럽기까지 한 창업현장이다. 창업을 통하여 제2의 인생을 창출하는 인생경영이 필요하다. 자신의 재능과 소양에 맞게 새로운 삶을 만들어나가야 한다. 이를 위해서는 시대의 흐름을 정확하게 꿰뚫고 그에 적응하는 안목, 기회와 위기에 적절히 대처하는 능력이 필요하다. 자기 개발에 인색한 채 안일하게 경영되는 인생은 또 다른 실패를 맞이하기 십상이다.

　최근 이러한 목소리로 상담을 원하는 사람들이 부쩍 늘어났다. 앞서 소개한 상담문의 사례를 통해 창업환경이나 직장생활에 한계를 느끼고 있다는 사실을 알 수 있다. 과연 무엇을 해야 하며 어떻게 생활해 나가야 할지 막막한 심정일 것이다. 그러나 어떤 경우일지라도 돌파구를 찾아야 한다.

　적자를 내는 기업이 경영합리화로 돌파구를 찾듯 적응하기 어려운 직장인이나 이미 퇴직한 실직자들은 새로운 길을 찾아야 한다. 직업이나 직장을 바꾸는 것도 그 방법 중의 하나이며 실제 우리 주변에는 과감하게 인생의 경로를 바꾸어 성공한 사람이 적지 않다. 특히 최근에는 기업의 감원바람이 확산되면서 상담문의 사례와 같이 직장생활에 회의를 느끼고 독립을 꿈꾸는 사람들이 크게 늘어나고 있다.

　자기사업을 한다는 것은 노력한 만큼 결과가 나타나고 높은 소득을 올릴 수 있다는 점에서 분명히 매력적인 일이다. 그러나 사업은 자기 책임하에서 시도되는 만큼 위험 부담도 커 자칫 모든 것을 잃을 수도 있다. 따라서 창업을 생각하는 사람은 치밀한 사전 검토와 준비를 거쳐야 한다. 시작하려는 사업이 자기의 적성에 맞는 사업인지, 자금은 충분한지, 전망은 있는지 다각도로 면밀히 따져보아야 한다.

유망사업이라고 해서 무조건 성공하는 것은 아니며 여러 가지 복합적인 요소와 운도 따라야 하는 만큼 요행을 꿈꾸기보다는 창업을 통한 제2의 인생창출이라는 목적 아래 가족들의 안녕을 위하여 자신의 몸을 아끼지 않는 노력이 필요하다.

09

4, 50대의 안전창업,
치밀한 집념으로 이룬다

잘되는 업종을 찾기보다는 무엇을 가장 잘 팔 수 있을 것인가를 생각해야 한다. 산업사회의 주류계층인 4,50대가 디지털세대인 2,30대에 밀려 '퇴출세대' 딱지를 달고 있다. 구조조정의 회오리를 피해 직장에 다니고 있는 어느 직장인은 "회사생활도 예전 같지 않고 동료를 바라보는 눈 또한 여유가 없다"고 토로한다.

앞날을 생각하면 정말이지 갑갑함만 드는 게 바로 오늘날 4,50대 직장인의 현주소다. 이를 반영하듯 최근 여러 기관에서 실시하고 있는 창업설명회에 참가하는 예비창업자들은 4,50대가 주축을 이루고 있다. 구조조정에 따른 퇴직자의 증가에서 비롯된 문제이겠지만 창업대열에도 합류하지 못하고 계속 적체되기 때문으로 풀이된다.

강도 높은 구조조정과 경쟁력 강화를 부르짖고 있는 기업의 현실을 감안할 때 더 이상 정년퇴직은 보장받기 어려워졌다. 4,50대의 경우

나이·소득·자녀양육 등 여러 가지 여건을 고려할 때 딱 들어맞는 업종을 찾는 게 어려울 것이다. 그렇지만 퇴직 뒤의 시간이 직장에서 생활한 인생만큼 길게 남아 있는 현실을 감안할 때 창업을 준비하지 않을 수 없다. 업종에 따라 여러 가지 제약이 따를 수 있으나 신세대가 갖지 못한 사회생활의 경험과 노하우를 활용한다면 오히려 창업에 유리할 수도 있다. 우선은 잘되는 업종을 찾기보다는 무엇을 가장 잘 팔 수 있을 것인가를 생각해야 한다.

이와 함께 창업에 관한 올바른 정보수집과 판단 잣대를 가져야 한다. 창업을 가로막는 가장 큰 장애물은 먼저 퇴직한 선배 창업자들이 대부분 실패한 데 따른 막연한 공포감이다. 실패에 대한 두려움은 바로 정확한 창업정보의 부족에서 비롯된다. 너무 많은 정보의 습득으로 올바르게 판단할 수 있는 잣대가 실종되었기 때문에 일어나는 현상이다.

일부 창업자들 가운데에는 남다른 노력으로 성공을 거둔 사람들도 속속 등장하고 있다. 시도도 해보지 않고 의기소침할 필요는 없다. 창업목표를 세우고 정보를 수집하되 자신만의 잣대를 정해놓고 정보를 수집하면 자신감이 생길 것이다. 특별한 기술이나 전문성이 있는 사람은 그 분야를 직장의 연장선으로 보고 소규모로 창업을 준비하면 별 무리가 없을 것이다. 문제는 특별한 능력이나 기술이 없는 경우인데, 어떤 업종이 잘될 것인가를 찾기 이전에 무엇을 팔 수 있을 것인지 생각해야 한다.

또한 '기본생활비 확보'를 최우선으로 고려해야 한다. 적합한 업종 몇 가지를 알아보면 임대관련업, 직장생활의 연장선에서 시도할 수 있는 아웃소싱, 나이의 영향을 적게 받는 저가 할인점·편의점, 외식업 분야에서는 고객접객 부분보다는 경영 또는 조리부분 등에 도전해 볼 수 있을 것이다. 또한 상담분야나 컨설팅, 사회사업 등 휴먼서비스 분야는 4,50대의 경험과 노하우를 잘만 활용한다면 매우 유리한 분야이다.

창업자가 최우선적으로 고려해야 할 부분이 기본생활비 확보문제다. 안전창업을 지향하는 만큼 자녀교육비와 생활비 등을 최대한으로 확보하고 사업을 시작하는 전략이 필수다. 돈에 관한 문제들을 해결하기 위해 가장 먼저 해야 하는 일은 바로 자금계획을 세우는 것이다. 우선 창업에 쓸 수 있는 자기자본 규모를 알아봐야 한다. 순수자기자금인 현금예금·적금 해약금 등 동원 가능한 금액을 측정하고 규모에 알맞은 아이템으로 도전하는 것이 필수적이다.

그 다음에 사업을 위한 입지선정이나 아이템에 관한 정보수집과 함께 사업계획서를 작성해야 한다. 직장생활과 더불어 시간 나는 대로 휴가나 수면도 줄이면서 창업에 관한 집념으로 창업공부를 하고 창업지식을 습득해 나가는 것이 절실하게 필요하다. 머릿속의 구상으로만 그치지 말고 치밀한 계획으로 사업계획서를 작성하고 실천하는 것만이 안전창업의 지름길이다.

10

보다 빨리 그리고 크게 성공하는 마음가짐

　장사를 한다는 자체가 돈을 벌기 위한 것이다. 상품을 팔아 이윤을 챙기는 것이다. 여기에도 장사꾼이 장사하는 방법은 여러 가지인데 공통점은 누구나 돈을 많이 벌고, 남보다 빨리 벌고 빨리 성공하고 싶다는 것이다.

　이러한 공통점의 원인을 살펴보면 급변하는 환경 속에 살아가는 현대인들은 심리적으로 안정적인 생활보다는 항상 도전받는 느낌으로 살아가게 된다는 것이다. 직장생활을 하면서도 후배들이나 부하직원에게 쫓기고 또 선배나 상사를 쫓아가는 웃지 못할 달음박질을 하고 있는 것이다. 그래서 경쟁자보다 빨리 출세하여 도전을 받지 않도록 멀리 달아나고 싶은 심정에서 빨리라는 문화가 생겨나지 않았나 본다.

　여기에 안락한 문화생활의 혜택이나 정보를 받을 만큼 받은 요즈음 현대인들은 누구나 다 똑똑하다. 예전 같으면 집에서 라디오를 듣거나 텔레비전을 보면서도 대통령 각하라고 호칭하고 모 장관님하며 존경하던 것이 국가원수인 대통령도 이름을 함부로 부르며 저 잘난 듯이 지껄이는 세상이 아닌가?

이렇게 모든 국민이 다 똑똑한데 어떻게 얄팍한 상술이나 별 것 아닌 아이디어로 성공을 꿈꾸는지 이해가 되지 않는 측면도 있다. 통신문화가 주도하는 정보화시대의 어제와 오늘 그리고 내일은 전혀 다른 세상으로 어제 이름이 없던 사람이 오늘 우뚝 솟아오르기도 하고 오늘 높이 평가되던 사람이 하루 사이에 무너지기도 하는 세상이다.

이런 환경에서 성공사업을 지향하려면 비정상적인 방법보다는 기본적이고 정석으로 삶을 살아가야 가장 빠르고 안전한 성공이 아닌가 한다. 즉 기초공사를 튼튼히 해야 쉽게 무너지지 않는 것처럼 지킬 것은 지키고 남을 속이지 않으며 정당한 수입이나 노력의 대가만을 추구하는 것이 가장 많이 벌고 가장 빨리 성공하는 지름길이다. 지금까지 신뢰받지 못하고 비정상적인 방법으로 돈을 벌어 살아온 사람들이 잘살던 시대를 겪어온 우리가 피해의식을 갖기도 하고 나도 그런 방법으로 잘살아야겠다는 생각을 하는 것은 지극히 당연한 일일지도 모른다.

그러나 큰돈이나 벼락부자를 꿈꾸며 초장부터 승부수를 두는 사람도 있지만 한 걸음 한 걸음 건실하게 사업을 추진하며 먼저 주고 나중에 받는 것을 원칙으로 하는 사람도 있다. 우리가 성공의 환상을 꿈꾸기 이전에 실패의 위험을 먼저 생각하고 그 여파를 한 번이라도 생각해 본다면 '토끼와 거북이'에서 거북이처럼 한 걸음 한 걸음 부지런히 가는 것이 빨리 가고 확실하게 도착하는 것이다.

빨리 돈을 버는 방법 중 발명·혁신·능률제고·생산성 향상·원가절감·경영합리화 등을 통해서 얻은 이익이라면 정당한 이익일 것이고, 탈세·밀수·노임 착취·부당 폭리·매점매석·투기·불공정 거래행위 등을 통해 얻은 것이라면 도덕적인 비판과 법적인 처벌을 받는 것이 당연하다.

요행으로 한두 번은 피해갈지도 모르나 쉽게 버는 돈은 쉽게 없어지고 쉽게 버는 요령은 평생을 마약처럼 따라다니는데, 꼬리가 길면 밟힌다는 속담이 있듯이 결국 결과는 뻔한 일이 아닌가? 빨리 성공하고 많이 번다는 것이 좋은 일임에는 틀림없으나 그 절차나 방법이 정당하지 않다면 결코 빠르고 많이 버는 것이 아니라는 것이다.

11

아는 것이 병인 창업자의 마음가짐

어떤 것이 문제이고, 해결책인가? 필자는 수많은 창업상담을 하면서 의사와 비슷한 점이 참으로 많다고 생각한다. 환자도 여러 부류의 별의별 환자가 다 있을 것이다. 감기의 경우만 하더라도 의사의 처방을 잘 듣고 진찰을 받는 경우가 대부분이지만 때로는 스스로 감기라고 단언하고 약을 조제해달라고 부탁하는 환자들도 있다. 이런 사람들은 병원에 왜 오는지 궁금하다. 아마 "내 몸은 내 자신이 더 잘 안다. 전에도 감기증세는 이랬으니까" 하는 생각을 가졌을 것이다. 의사 앞에서 검증받아야 아픈 게 낫는 심리적인 요인 그 자체가 바로 병일지도 모른다.

컨설턴트에게 자문을 구하는 이들도 세 부류로 나눌 수 있다. 전문지식이 부족한 사람은 문제점을 지적하고 지시하는 대로 잘 실행한다. 또한 지식이 해박한 사람도 문제점을 지적한 대로 이해하고 잘 실천하여 성공하도록 최선을 다한다. 전자는 컨설턴트를 맹신하고 후자는 컨설턴트에게 얻을 수 있는 것을 얻고 진일보시켜 더욱더 발전시킨다. 두 사람이 모두 자신을 발전시키는 계기가 될 것이고 바람직한 일이다.

문제는 이것도 저것도 아닌 사람이다. 어설프게 아는 지식으로 전문성도 없는 사람이 전부 아는 것처럼 실천도 하지 않으면서 혼자 잘난 척하고 조언을 무시하는 사람이 문제이다. 왜 상담하러 왔는지 이해가 안 될 정도이다. 문제가 발생했지만 문제를 문제로 인식하지 않고 자기 정당화나 자기 합리화만 하려고 하는 심정을 이해는 하지만 참으로 안타깝기 그지없다.

전문가의 진단은 멀리 보이지 않는 곳에 있는 것이 아니고 가장 가까운 곳에 있다. 기본에 충실하고 지킬 것은 지키면서 진실하고 성실한 점을 고객에게 표출한다면 고객으로부터 진실된 지지를 얻게 되고 점포가 번성하게 되는 요인이 된다. 일반적으로 문제가 제기된 업소나 기업체를 방문하면 5백여 가지의 문제점을 제기할 수 있어야 훌륭한 컨설턴트가 될 수 있다.

같은 사람의 눈인데 왜 다르게 보이는지? 경영자가 바라보는 점포의 경영, 종업원이 바라보는 시각, 컨설턴트가 바라보는 시각은 각자 다를 것이다. 예비창업자는 좀더 객관적인 시각에서, 고객의 입장에서 문제를 바라보는 현명함과 더불어 객관적인 입장에서 타인의 조언을 수용하는 자세가 필요하다.

12

창업자의 안목개발

　시기와 경기흐름 파악이 창업 제1의 우선순위이다. 돈을 버는 데는 장사가 최고이기는 하지만 이 말은 아무나 장사만 하면 돈을 번다는 것이 아니다. 예전이나 지금이나 망하는 사람도 있고 흥하는 사람도 있는 법이고 보면 나름대로 성공하는 이와 실패하는 이에게는 충분한 이유가 있는 법이다.

　이런 원인을 분석하지 않고 돈을 많이 번다는 마력 때문에 무턱대고 덤벼든 창업이 다행히도 압도적인 수요우세로 실패의 쓴맛을 보지 않고도 성공한 사례들이 다반사로 있다. 그러나 IMF체제를 지나오면서 세계화·정보화시대, 디지털혁명 등의 유행어와 함께 자유경쟁체제로 전환되었다.

　하지만 이러한 변화의 흐름을 인식하지 못하고 과거 성장일변도의 정책에서처럼 확장일변도로 사업을 진행하던 사람들은 된서리를 맞으며 한 번의 실패로 재기불능의 상태에 빠진 사람들이 부지기수이다. 반성보다는 그런 일이 나에게까지 일어난 것은 IMF 때문이라고 생각하는 사람들도 있을지 모르나, 원인을 살펴보면 시대의 흐름을 의식하지 못한 것이 주요 원인이다.

경기흐름에 편승할 줄 아는 능력을 개발해 나가야 한다. 사업은 경기흐름을 탈 줄 아는 것만으로도 어느 정도 성공했다고 할 수 있다. 즉 장사를 하려면 안목이 있어야 한다. 재테크로 부동산이나 증권투자를 해보면 알 수 있듯이 막차를 타는 사람은 항상 막차를 탈 시점만 만난다. 때로는 쉬어가며 경기흐름에 편승할 수 있는 지혜가 필요하다. 창업해야 할 시점 포착이 중요한 과제가 되는 것이다.

제반 경제지표가 상승곡선을 그리고 있을 때는 다소 창업환경이 어렵더라도 소비가 살아나기 때문에 매출이 높아질 가능성이 많으나, 사회가 불안해지고 경기가 하향곡선을 그릴 때는 권리금이나 점포임차료는 낮아질 수 있지만 상대적으로 매출이 낮아지기 때문에 망할 확률이 그만큼 높아지는 것이다.

예비창업자가 쉽게 경기흐름을 파악하려면 고객의 입장에서 판단하는 것이 중요하다. 외식업을 창업하고 싶다면 경기가 언제쯤 매출로 이어질 것이냐 하는 판단을 해볼 수 있을 것이다. 불경기 때는 소득이 줄어들면서 우선 외식 횟수를 줄이고 에너지나 생필품을 아끼고 절약하는 풍조가 생겨난다.

반면 경기가 성장세로 돌아서면 수출이 잘된다. 그리고 제조업이 활기를 찾고 기업은 설비를 확장하게 되고 건축경기 또한 활기를 띤다. 선취매로 부동산과 증권이 움직이고 모든 기타 산업으로 성장세가 파생된다. 이런 징후에도 불구하고 노동자나 서민들의 호주머니 사정이 좋아지기까지는 꽤 시간이 걸린다. 수입이 증가하더라도 그 동안 가계적자를 메우고 나야 소비나 문화생활로 이어진다.

이런 점을 감안한다면 경기가 회복되었다 하나 최소한 1~2년은 더 지나야 어느 정도 소비심리가 살아나리라고 본다. 지금보다야 형편은 서서히 나아지겠지만 아직도 여전히 창업하기 부담스러운 경제상황이라 할 수 있다. 그러나 경기가 회복되면 점포 임대료도 급속히 상승하고 권리금도 급상승한다. 내가 창업하여 성공할 수 있을 것 같으면 남들의 생각도 마찬가지이다. 그렇다고 너무 일찍 창업하면 경기가 회복되기도 전에 도산해버리거나 경영압박 요인을 발생시킨다.

시기와 흐름에 적절히 대처하려면 첫째, 정보를 수집하고 분석하는 본인의 노력과 추진력이 중요하다. 너무 실패를 의식하고 준비만 하다 보면 모처럼 찾아온 창업기회를 놓치기가 쉽다. 인터넷이나 창업지원기관들을 통하여 최근 정보를 수집하고 분석하는 노력과 적극적인 자세가 필요하다. 창업시점에 창업하고 추가 투자하고 확장해야 할 시점에 사업을 확장할 수 있는 능력을 본인이 스스로 습득하는 것이다.

둘째, 경기회복에도 먼저 수혜를 받는 지역이 있고 나중에 수혜를 받는 지역이 있다. 즉 경기회복 초기에는 중심 1급지 상권에서 창업을 시도하는 것이 바람직하며 2·3급지 상권까지 파급효과를 누리기까지는 일정 시일이 걸린다는 점을 고려하여 어떤 지역에서 창업할 것인지 결정하고 추진하는 것이 좋다.

셋째, 경기회복 초기에는 소비력 있는 부유층을 상대로 한 아이템과 고가정책을, 경기 활황기에는 중·서민층을 상대로 중·저가 아이템과 박리다매 전략을 시도하는 것도 경기흐름에 따르는 성공전략의 방법 중 하나가 된다.

이외에도 예비창업자의 안목을 넓힐 수 있는 방법과 경기징후를 판단하는 방법은 여러 가지가 있으나 무엇보다 중요한 것은 소비자의 입장에서 객관적인 시각으로 경기를 판단할 수 있는 자세가 중요하다.

2장
창업 기초설계

창업의 4요소

사실 창업을 한다는 것은 별로 어려운 일이 아니다. 그러나 창업을 한다는 것과 성공을 한다는 것은 별개의 문제이다. 지난해 외식업 창업에 도전하여 성공한 확률은 20퍼센트 대에 머무르고 있다. 소자본 창업의 경우 투자금액대비 수익률을 4퍼센트만 올려도 언론에 성공사례로 소개되는 현실을 감안할 때, 처음 준비 단계부터 주먹구구식 창업을 탈피하여 체계적으로 준비해야 한다는 말을 반증하게 되는 것이다.

창업의 4요소를 살펴보면 창업자 · 창업자금 · 아이템 · 사업장이다. 이 네 가지만 충족되면 창업은 시작되는 것이다. 그러나 경쟁력 있는 점포로 성공하려면 기본적으로 상품의 질 · 서비스 · 청결유지(QSC : quality, service, cleanness)에 충실해야 한다. 이를 바탕으로 추가적으로 점포가 있음을 알려 고객이 자연스럽게 점포를 방문하게끔 시설을 꾸미고 홍보활동을 해야 하는 것이다. 그리고 아무리 고객이 많이 오고 상품을 많이 판다고 해도 살림을 잘못하게 되면 앞으로 남고 뒤로 밑지게 되는 경우가 발생하기도 한다. 즉 효율적인 경영을 해야 한다.

▪ 창업자

창업을 하는 데 필요한 기본요소 중 가장 핵심은 창업자인 인적 요소이다. 창업은 개인의 의지로부터 시작되며 창업을 결심하기 위해서는 돈이나 아이템, 사업장 등도 고려해야겠지만 이것은 고려사항일 뿐 창업을 결심하게 되는 주체는 창업자인 점을 감안하면 역시 제1의 요소는 인적 요소이다.

창업자인 인적 요소는 경영자뿐만 아니라, 생산·영업·관리 등의 인적 자원을 총칭하는 것이다. 소자본 창업의 경우 창업자 자신이 바로 조직이 되고 인사나 경영 등을 스스로 결정해야 하며 사업의 성패에 따른 모든 책임을 져야 하는 경우가 대부분이다. 따라서 창업의 성패에 따른 결과는 창업자의 인간적 요소에 달려 있다.

창업자 자신에 관한 원칙
• 철저하게 장사꾼으로 다시 태어나야 한다. 예전의 직책과 체면·영화가 성공의 발목을 잡는 경우가 많다.
• 건강은 본인 스스로 철저히 책임져야 한다.
• 사업이 안정기에 들 때까지 샐러리맨 시절의 몇 배는 노력해야 한다.
• 남의 말에 귀를 기울이되 본인의 원칙을 벗어나지 않는다.
• 사업계획단계부터 영업을 하는 데까지 철저한 사전준비와 계획적인 행동이 필요하다.

사업장

개점입지(where)는 자신의 주력상품을 판매하기 쉬운 장소를 선정해야 한다. 선택한 업종 또는 아이템이 잘 판매될 수 있는 장소를 정해야 한다. 상품을 구매하게 될 예상고객이 충분히 잠재해야 한다. 잠재고객을 파악하기 위해서 통행인구수, 배후지역의 인구수, 라이프사이클, 연령, 소득수준을 조사해야 한다. 통행인구와 배후지역의 인구수는 점포의 매출을 결정짓는 중요한 요소가 된다.

창업자금

무엇보다 가장 중요한 것이 창업자금이다. 장사를 하려고 하는 이유도 바로 돈 때문이다. 입지가 중요하다고 명당점포를 구하려 해도 사사건건 걸리는 것이 바로 자금인 것이다. 사업은 욕심만으로 되는 것이 아니다. 성장기에는 빚을 내서라도 규모가 있는 창업을 시도해도 별 무리가 없지만 불황기에는 철저하게 규모를 줄이고 수익위주의 창업을 지향해야 한다.

총소요자금의 70~80퍼센트만을 투자하여 창업을 하는 것이 좋다. 실제 사업을 추진하다 보면 창업과정에서 불확실성 또는 불예측성 요인이 많을 뿐만 아니라, 창업 소요기간의 연장에 따른 가산분, 즉 창업 초기 1, 2년 또는 2, 3년간의 소요자금 산정만으로는 창업이 본궤도에 오를 수 없는 경우도 허다하기 때문에 어느 정도의 여유자금을 갖고 사업을 시작해야 한다는 의미이다. 개업준비지연 그리고 매출액 증가에 따른 추가 운전자금 소요 등의 이유로 창업 초기 약 1∼2년간 소요될 총자금을 정확히 산정할 수 없다는 제약점 때문에 이들 요소를 충분히 감안함으로써 창업절차상 부족한 자금을 사전에 예방하자는 데 큰 뜻이 있는 것이다.

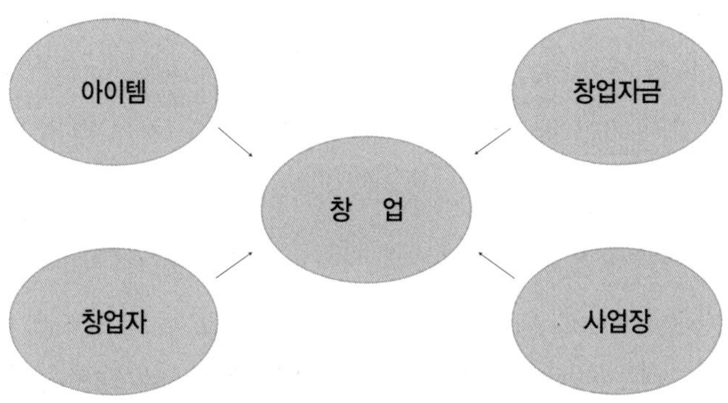

아이템	창업자금	창업자	사업장
창업자금 고려	창업자금의 최소화	건강 · 성격	입지 및 상권분석
상권 · 입지 고려	자기자본의 확대	전문성 · 기술 · 자격증	권리금 분석
업종 사이클 고려	사업운영비 확보	경험 · 취미 · 적성	점포 분석
창업자와의 조화 고려	창업자금 지원제도 활용	가족관계	점포임대차 계약

아이템

아이템(item)이란 업종이나 판매할 외식상품과 서비스의 총칭이다. 외식업을 준비하는 예비창업자가 가장 먼저 선택해야 할 첫 번째 관문이 바로 아이템 선정에 관한 문제이다. 이는 외식업이 아닌 다른 사업을 준비할 때에도 마찬가지다. 아이템 선정은 창업의 성패가 달려 있다고 할 수 있을 만큼 큰 비중을 차지한다. 따라서 신중한 자세로 여러 가지 아이템과 관련된 정보와 자료를 분석해 사업에 관한 타당성을 검토한 후에 창업을 결정해야 한다.

예비창업자들의 최대 관심사는 이러한 잘되는 아이템을 찾는 것이다. 예비창업자들은 아이템을 잘 선택하면 성공을 보장받는 것처럼 생각하는 경우가 많다. 쇠퇴기의 업종이나 경쟁포화상태인 업종의 선택은 피해야 하며 유망 아이템을 선정한 경우일지라도 그 선정 자체가 곧바로 성공으로 이어지는 것이 아니라는 것을 인식하고 업종선택에 임해야 한다.

02

창업비용을 대폭 절감하는
효율적인 창업계획

점포형 창업에 종사해오던 경영주들이 공감하는 부분이 창업시 투자비용을 상당히 줄일 수 있을 텐데 하는 생각이다. 대부분의 창업자들이 점포입지와 판매하고자 하는 상품과 광고는 신경을 쓰지만 인테리어나 체인점 가맹부문은 그다지 효율적으로 대처하지 못하고 있다. 창업자들이 나름대로 비용계획은 세우지만 비효율적이어서 지출이 예상보다 많았던 것을 대부분 공감할 것이다.

그 이유는 그 분야는 자신이 전문가가 아닐 뿐만 아니라 대충 얼마가 든다더라 아니면 남이 얼마가 들었는데 나는 조금 더 깎아서 얼마선에서 공사를 맡겨야지 하는 무지에서 비롯된 것이거나, 공사업자나 체인점을 믿고 일임해버리는 행동을 하였기 때문일 것이다. 그러한 행위는 내 재산을 내 스스로 지키기를 포기한 행동이라 할 수 있다. 비용도 절감하고 경쟁력도 갖추고 위험요소도 사전에 제거하여 보다 나은 조건에서 창업을 하면 성공할 확률이 그만큼 높아질 것이다.

첫째, 내 창업자금을 모든 사람이 노린다는 생각을 한다.

창업과 연관된 다른 사업자들은 여러분의 창업자금을 매출로 직결시키려고 노력할 것이다. 우선 부동산업자부터 입지에 관한 장황한 설명으로 계약을 체결하려고 노력할 것이다. 그리고 인테리어 업자 · 프랜차이즈 본사들도 창업자와 계약을 체결하려고 노력할 것이다. 입지선정과 관련된 부동산업자 또는 인테리어 업자 · 프랜차이즈 본사 등으로부터 피해를 당한 사례가 창업초기부터 많이 거론되어 온 것이 현실이다.

예비창업자들은 이러한 위험요소를 사전에 제거해야만 한다. 위험요소를 제거하기 위해 잘 모르는 분야라고 기피하거나 남을 믿고 위임하기보다는 자신이 지식을 습득하고 정확한 정보를 수집하면 창업비를 최소한 30퍼센트 이상 절감할 수 있을 것이다. 개업 당시에는 느끼지 못하여도 3개월 정도 지나면 이런 사실 자체를 창업자 자신이 느낄 수 있다. 나는 그 분야는 잘 모른다는 고정관념을 탈피해야 한다. 안다는 것은 창업자금 절약과 직결되기 때문이다.

둘째, 창업원칙을 무시하지 마라.

효율적인 창업자금은 다음과 같이 사용해야 한다. 업종별 · 점포유형별로 다소의 차이는 있겠지만 창업자는 자금집행에 있어서 원칙을 정해 놓고 사용 또는 집행을 해야 한다. 예를 들자면 창업자금을 100퍼센트로 볼 때 점포선정비 50퍼센트, 다시 세분화하자면 20~25퍼센트를 점포임차비용으로, 인테리어 및 가맹비로 20~25퍼센트(시설이 필요치 않을 경우 이 항목은 권리금 지출로 보아도 좋다), 행정절차와 광고비로 10퍼센트, 초도상품비로 35~40퍼센트, 위험요소 대비방안으로 예비비 15~20퍼센트를 책정하여 두고 이 원칙 안에서 지출하기를 권한다.

그리고 예비비는 영업을 하다 보면 아무리 사전조사가 치밀하였다 하여도 현실과 이론 사이에 괴리가 발생하기 때문에 궤도수정이 불가피할 때가 발생할지도 모르기 때문에 이때야말로 예비비가 여러분을 늪에서 탈출시켜주는 데 일익을 담당할 것이다. 이를 바탕으로 예비창업자들은 사업계획서를 작성해야 한다. 사업계획서야말로 예비창업자들의 창업자금을 확실하게 절감해 줄 수 있는 안내자이기 때문이다.

창업절차는 쉬운 것 같지만 매우 어렵고 복잡하다. 때로는 예기치 못한 일이 발생되기도 하고 순서가 틀려 비용이 많이 지출되기도 한다. 사소한 것이라도 빠짐없이 순서대로 작성하길 권하며, 기본에 충실한 경영자가 실패하지 않는다는 것을 명심해야 한다.

셋째, 항상 배우는 자세로 창업을 준비해야 한다.

요즈음의 창업환경은 원가는 상승하는 데 비하여 점포마다 생존 자구책으로 가격인하경쟁까지 벌이게 되는 어처구니없는 현실에 직면해 있다. 예비창업자들이 새로운 아이템을 개발하고 영업에 성공하였다 하더라도 더 좋은 아이템이나 모방 아이템과 저가격으로 무장한 타 점포들이 '나도 역시(me too)' 전략으로 경쟁하려 할 것이다.

영원한 성공 아이템은 없는 법이므로 지속적으로 고객이 싫증나지 않게끔 새로운 아이템이나 서비스의 개발이 필요하며, 인건비 절감과 계수관리를 철저히 하고 이를 분석하여 매출을 늘리고 효율적인 경영을 할 수 있도록 항상 공부하고 동종업계의 정보를 수집하는 노력을 게을리하지 말아야 할 것이다. 최소한 창업 전에 앞에서 열거한 세 가지 사항에 관해서라도 명심하고 창업에 임해야 보다 성공확률을 높일 수 있다. 21세기에 창업을 준비하는 이들은 주변 창업환경을 잘 인식하고 서두르지 않고 침착하게 창업하여 성공하는 지혜가 필요한 사회다.

03

정보가 빨라야 창업이 살아난다

창업의 첫 번째 관문은 정보수집이다. 정보화시대에 정보가 남보다 늦다면 이는 바로 경쟁력 상실과 직결된다는 것을 말한다. '지피지기(知彼知己)면 백전백승(百戰百勝)'이라는 말처럼 소비자나 경쟁업체를 모르고 창업을 한다는 것은 바로 실패를 의미하는 것이다.

지금까지의 생활과 전혀 다른 새로운 분야인 창업에 도전하는 예비창업자들의 경우 정보가 부족하면 창업비용의 과다지출로 이어질 수밖에 없다. 정보수집의 중요성을 깨닫고 효과적으로 대처하려면 먼저 수집방법을 찾아야 할 것이다. 물론 다양한 방법이 있겠지만 여기에서 소개하려는 정보수집의 방법은 일곱 가지로 요약된다.

인터넷과 친해져라

정보화시대가 열리면서 창업자에게 가장 큰 도움을 준 것은 바로 인터넷의 활용이다. 왜냐하면 인터넷의 생활화로 최신의 정보를 공유할 수 있게 되었기 때문이다. 인터넷에는 창업정보만을 다루는 전문사이트가 1백여 개 정도 개설되어 있으며, 각종 창업전문정보가 봇물처럼 쏟아져나오고 있는 실정이다. 인터넷에서의 구체적인 정보수집 방법은 각 검색엔진에서 '창업' '외식업' '창업정보' 등의 키워드를 입력해 해당되는 분야의 전문정보와 접속하는 것이다.

언론매체를 활용하라

신문·방송·전문잡지 등을 활용하는 방법이 있다. 구제금융이 실시되던 1998년부터 각 신문이나 방송 등에서 실업대책의 일환으로 경제면에 창업뉴스가 빠지지 않고 나오고 있다. 언론매체마다 지정 날짜에 기사가 나오고 있는 만큼 관심 있게 살펴볼 만한 기사들을 모니터하는 것이 필요하다. 잡지 또는 월간지·경제 관련 주간지들의 경우에 창업과 관련된 성공사례가 다양하게 실린다. 이런 정보들은 기사화되기까지 어느 정도의 검증과정을 거치기 때문에 객관적인 내용을 접할 수 있지만 정보가 한정된 관계로 창업보도를 주로 하는 언론매체를 선별해 살펴야 하는 어려움이 있다.

광고를 분석하라

체인 본사들마다 자사의 사업확장이나 홍보를 위해 광고를 내는 경우가 많다. 이 광고들의 공통점은 최근 뜨는 업종광고라는 것이다. 따라서 광고를 자주 보면 창업시장의 흐름을 파악하게 된다. 그러나 광고는 광고주의 입장에서 좋은 면만 홍보하기 때문에 정보를 수집하는 입장에서는 객관적인 시각으로 판단해야 하는 어려움이 따른다. 광고를 액면 그대로 믿고 창업을 하기에는 위험부담이 크다고 할 수 있다.

전문서적을 정독하라

일반적인 정보는 언론매체나 인터넷을 통해 쉽게 접근할 수 있으나 시장조사 · 사업 타당성 · 아이템에 관련된 전문정보 등은 도서를 통해 수집하고 공부하는 것이 가장 좋다. 때로는 여러 권을 구입해야 하기 때문에 경제적으로 부담이 될 수 있으므로 국 · 공립도서관 등을 이용하는 것이 좋다.

창업강좌에 참여하라

실업대책의 일환으로 정부기관이나 민간창업 관련업체 등 여러 곳에서 박람회나 창업설명회를 개최하는 경우가 많다. 창업 전 한두 번 이상 설명회나 강좌에 참여해 전문가의 강의를 듣는 것은 예비창업자에게 상당한 도움을 준다.

창업은 가족의 생계를 유지하기 위한 것인 만큼 개인적으로 판단하기보다는 전문가들의 의견을 참작하는 것이 창업에 따르는 실패요인을 줄일 수 있는 방법이 된다.

아는 사람의 도움을 받아라

전문지식을 필요로 하지 않는 단순판매업의 경우 먼저 창업을 경험한 지인들이 큰 도움이 된다. 먼저 창업으로 노하우를 익힌 만큼 비교적 정확한 정보와 현장의 생생한 정보를 그대로 전수받을 수 있기 때문이다. 따라서 도움을 받을 수 있는 가까운 사람부터 도우미 목록에 올려야 한다.

전문컨설팅사의 도움을 받아라

주변의 도움을 받기 어렵거나 전문지식이 부족할 경우에는 창업컨설팅사에 의뢰하는 것이 가장 효과적이다. 그러나 비용이 문제가 될 수 있다. 비교적 적지 않은 컨설팅 요금 때문에 고민할 수 있으나 창업비용에 관한 거품을 제거하고 실패확률을 줄일 수 있는 가장 확실한 방법이다. 컨설팅업체들은 대부분 창업 관련 컨설팅을 한꺼번에

서비스하는 곳이 대부분이지만 후발업체들이 난립하면서 마케팅 전략 · 브랜드 네이밍 · 프랜차이즈 · 점포창업 · 외식업 · 소호 등 창업 분야별로 특화된 경우가 많다.

04

프랜차이즈 창업 대 독립점포 창업

　예비창업자가 창업을 준비하는 데 있어서 중요한 부분의 하나가 프랜차이즈 가맹 창업을 할 것인지 독립점포로 창업할 것인지를 결정하는 것이다. 이런 결정을 내리기가 쉽지 않은 것은 창업비용과 향후 점포운영에 관해 직접적인 영향을 끼치기 때문이다. 이러한 창업과정에서 중대결정은 창업구상에서 점포계약 사이에 일어나는 부분으로 창업자는 사업타당성을 검토하고 프랜차이즈 가맹 창업과 독립점 창업을 동시에 저울에 올려 보아야 한다.

　예비창업자가 독립점포로 창업하는 일이 쉽지 않은 것은 틀림없으나 상당수의 창업자들이 독립점을 선호하는 것은 국내 프랜차이즈 본사들을 신뢰하지 못하는 경우가 많기 때문이다. 최근 들어 기업퇴출에 따른 실직자나 명퇴자·주부 등 소자본 예비창업자를 겨냥한 프랜차이즈 사업이 봇물처럼 쏟아지면서 가맹점 피해사례도 속출하는데,

가맹점이 계약내용을 제대로 이행하지 않거나 가맹금 반환거부, 인테리어 설비공사 특정업체 지정, 원 · 부자재 구입 강요 등의 사례들이 그것이다.

프랜차이즈 사업과 관련한 피해사례가 급증하고 있지만 법적 보호장치는 마련되어 있지 않고 축적된 노하우를 가르쳐주어야 할 본사들이 가맹점 늘리기에만 혈안이 되어 사회적 문제로 대두되고 있는 것이다. 이러한 분쟁해결을 위해 공정거래위원회에서는 가맹사업분쟁조정 협의회도 설립하였고 표준약관, 정보공개의무화 등 제도적 장치를 마련해 두었다.

프랜차이즈와 독립점 창업

프랜차이즈(체인사업 · 가맹사업) 시스템은 다양한 업종과 업태에 적용될 수 있으며 많은 패턴과 비즈니스 방식이 존재한다. 예비창업자들이 이와 같은 프랜차이즈 시스템을 잘만 이해한다면 나름대로 새로운 형태의 뉴 비즈니스를 창출해내는 데 별 어려움이 없을 것이며, 본사는 가맹점의 도움으로 짧은 기간 안에 단독사업의 몇십 배, 몇백 배의 사업효과를 거둘 수도 있다는 본사와 가맹점간의 원원(win-win)전략이 가능하다.

이처럼 초보창업자에게는 무척 유리한 시스템인데도 불구하고 신뢰하지 못하는 것은 외식업의 경우 국내 최초로 패스트푸드 체인화를 시도한 (주)롯데리아의 사례로 알 수 있다. (주)롯데리아가 롯데리아

1호점(소공점 롯데 1번가)을 개점한 것이 1979년 10월, 그 이후 34년이 지나면서 대기업 관련 체인점을 포함해 2014년 9월 현재 정보공개서 등록된 브랜드가 3,710개 본사에 이르고 있다. 하지만 그 과정에서 수많은 가맹점 피해사례와 체인 본사의 도산, 본사로서의 요건을 충분히 갖추지 못하고 있는 업체들로 인해 사회적인 물의를 일으켜왔다.

독립점 창업은 창업 초기 단계인 입지선정부터 업종선정·점포건설·상품의 구입과 판매·운영·홍보 등을 스스로 판단하고 창업하는 형태이다. 초보창업자보다는 경험자에게 유리한 사업형태로 독립점의 최대 장점은 창업비용의 절감이다. 독립점을 창업할 경우 업종에 따라 다소 차이는 있겠지만 창업비용을 5백만 원에서 3천만 원 정도는 줄일 수 있으며(체인 본사에 지불하는 가맹비·보증금·로열티·인테리어 비용 같은 부대비용의 절감) 또한 마진율이 높다는 것이 강점이다.

그리고 고객욕구나 시장변화에 따라서 빨리 대처할 수 있으며, 창업자의 능력에 따라 창의적인 경영 노하우를 최대한 빨리 배울 수 있고, 성공했을 경우 프랜차이즈 본사로 도약할 수 있다는 장점이 있다. 반면, 단점은 경영 노하우가 없으므로 초보자의 경우 창업하기가 어렵고, 노하우가 필요한 패스트푸드 업종 및 기계 설비가 있는 일부 업종은 창업이 불가능할 뿐 아니라 창업에 필요한 많은 정보와 경험이 있어야 하는 만큼 창업하기까지 시간이 오래 걸린다는 점이다.

창업자의 선택과 의지가 성공의 열쇠

21세기 정보화시대를 맞아 정보는 본사나 예비창업자나 가릴 것 없이 공개되어 있다. 따라서 얄팍한 상술로 타인에게 피해를 줄 수 있는 행동이나 간단한 노하우로 가맹비를 많이 받는다거나 적절치 못한 갖가지 옵션으로 이익을 취하려는 본사를 가려내는 것도 어려운 일만은 아니다.

프랜차이즈 가맹점으로 창업할 경우는 본사에 관한 충분한 정보를 수집하고 분석해보아야 하며, 독립점으로 창업할 경우는 관련 업종의 충분한 정보를 수집하고 전문가나 선배창업자의 도움을 받아 창업을 하는 것이 무엇보다 중요하다고 할 수 있다.

사업이란 프랜차이즈 가맹이나 독립점포 창업 할 것 없이 본인 책임 아래 하는 것이다. 따라서 가맹점의 미래상을 제시할 수 있는 본사가 나타나지 않거나, 창업자의 노력이나 철저한 준비가 있는 경우라면 독립점 창업으로 창업비용을 절감하고 본인의 의지를 점포에 담아 고객들로부터 사랑받는 점포로 키워나가는 것이 바람직한 창업의 형태가 될 것이다.

05

얼마를 벌어야 성공창업이라 부르는가

창업시장에서도 심화된 부익부빈익빈 현상으로 대형점만 호황을 누리고 있으며, 기존의 소자본 창업자들은 영업부진으로 상대적 박탈감만 커지고 있다. 이런 상황에서 소자본으로 창업을 준비해야 하는 사람들은 어떤 업종이 사업성이 있는지 판단하기 어렵다.

목표수익 설정이 분명해야 한다

흔히 사업가는 미래를 내다보는 눈이 있어야 한다고 말한다. 즉 안목과 결단력이 있어야 하는 것이다. 그러나 결단력 이전에 충분한 사업준비가 우선시된다. 창업을 망설이는 가장 큰 이유는 "창업으로 과연 성공할 수 있을까" 하는 불안심리 때문이다. 소자본 창업자는 생계

유지나 일자리 창출이 목적인 만큼 최소생계비 창출을 감안한 목표수
익설정이 중요하다. 수익률은 투자자금 대비이므로 아무리 수익률이
높다 하더라도 생계비 창출이 어려우면 도전은 어렵게 마련이다.

사업성이란 무엇인가

자신이 투자한 자본에서 어느 정도 이상 수익을 얻었을 때 '사업성
이 있다'고 말한다. 이러한 사업성을 재무·회계 용어로는 '투자수익
률'이라고 표현한다. 투자수익을 측정하는 중요한 세 가지 요소는 수
익성·성장성·안정성이다. 예비창업자들이 주먹구구식으로 "유동인
구가 풍부하니까 돈을 벌 수 있을 것이다" 또는 "아이템이 좋으므로
돈을 벌 수 있을 것이다"라는 막연한 상상만으로 창업을 준비하는 것
은 자살행위에 가깝다. 아무리 고객이 많은 점포일지라도 사업성이
부족해 적자를 면치 못하는 업소도 많다는 점을 간과해서는 안 된다.

수익성을 보장하는 적정비율은 월 3퍼센트

'수익성'이란 사업에서 얻는 이익의 상태를 말한다. 인체에 비유하
면 영양적인 측면이라 할 수 있으며, 투자한 금액이 얼마만큼의 이익
을 창출해 내는가에 관해 따지는 것이다. 1억 원 미만의 소자본 창업에
있어서는 월 3퍼센트의 수익률을 최소 기대수익으로 잡아야 한다. 연

간 36퍼센트 수익이라면 수익금 전액을 저축했을 때 3년이면 투자금을 회수할 수 있다는 결론이 나온다. 수익성에 대한 판단 척도는 은행 정기예금 이자율과 비교해 판단해야 한다. 어떤 업종을 선택하고 투자하는 것도 결국 금융상품에 투자하는 것과 마찬가지다. 총투자액은 점포 보증금·권리금 등 고정비용에 인테리어비·초도상품비·홍보비 등 개발비용을 합한 금액이다. 순이익은 매출액에서 원가를 뺀 매출이익에 다시 인건비·임대료 등 각종 경비를 뺀 금액이다.

이를 분류하면 고정비와 변동비로 나눌 수 있는데 고정비는 인건비와 월세, 시설비의 감가상각비, 보증금 및 권리금에 대한 은행이자금액, 각종 공과금이 포함된다. 반면 변동비에는 매출증감에 따라 변화하는 재료비나 인건비 등이 포함된다. 변동비 중 재료비는 장사가 잘되면 증가하지만 고정비는 매출이 감소하더라도 일정하게 지출된다. 따라서 수익을 높이기 위해서는 고정비 지출을 최소화하는 것이 가장 바람직한 방법이다. 이 때문에 소자본 창업은 '인건비 따먹기'라고도 표현한다.

안정적으로 운영하려면 자기자본으로

안정성이란 지금 갖고 있는 돈이 얼마이며 경영의 건강척도를 따지는 것으로 '자기자본비율'을 말한다. 경기가 호황일 때는 공급보다 수요가 우세하므로 성장일변도의 판매정책을 시도하게 된다. 따라서 총 가용자본의 30퍼센트 정도를 대출해 창업을 해도 별 무리가 없다. 그러나 장기불황기에는 빚을 내어 창업을 하면 곧바로 원리금상환 등으로 자금 압박으로 이어질 확률이 높다. 불황기에는 가급적 자기자본 위주로 투자를 하는 것이 좋다. 일부를 대출하더라도 자기자본비율을 80퍼센트 이상으로 끌어올려 창업하는 것이 안전하다.

자기자본비율이 낮고 예비비가 부족한 상태에서 매출이 떨어지면 마음이 조급해져 고객에 대한 서비스의 질이 떨어지고, 매출부진의 악순환으로 이어지기 쉽기 때문이다. 일단은 자기자본으로 창업을 하고 손익분기점까지 운영자금으로 가능하면 20퍼센트 정도의 예비비를 남겨 두는 것이 불황기의 안전창업이다.

매출증대보다는 지출비용절감으로 저성장을

성장성이란 사업의 규모와 발전의 상태를 나타내는 것이다. 일반적으로 경영자본의 회전율인 매상자본이 1.5배 정도 이루어지고 있을 때 균형잡힌 성장성을 지녔다고 판단한다. 매출이 늘어날수록 고정비가 줄어들게 되며, 종업원이 제몫을 해낼 때 성장성이 높아지게 마련이다. 적정한 종업원 배치를 위해서는 업종에 따라 차이가 있지만 1인당 연간매출 5천만 원 이상이 되어야 한다.

사업방향은 호황기에는 매출증대 쪽으로 방향을 잡고 영업을 해야 하지만, 불황기에는 매출증대보다는 지출비용을 절감하는 쪽으로 목표를 설정해야 한다. 결론적으로 말하자면 창업 전 사업성 판단은 점포개설 후 수익률 3퍼센트 이상, 투자금 3년 이내 환수가 관건이다.

06

미리 생각해두어야 하는
상호와 간판

고객에게 다가가는 상호가 최선이다. 점포를 창업하는 과정에서 상권을 정확히 분석하고 입지를 선정하는 것도 중요한 일이지만 그에 못지않게 중요한 것이 바로 점포의 이름을 정하는 일이다. 무엇을 파는 곳인지 알리려면 우선 점포 이름 정하기와 간판 제작이 선행되어야 한다. 점포 이름은 점주가 원하는 이미지에 맞아야 하며, 사회 분위기나 시대 흐름, 또는 소비자기호 등을 파악해 이에 알맞은 상호를 짓는 것이 창업자에게 제1의 과제라 할 수 있다.

고객을 배려한 네이밍 작업

간판을 제작하기 전에 정해야 하는 상호는 창업자의 의지나 희망을 담게 마련이다. 그러나 고객에게 사랑받는 점포가 되려면 창업자의 입장이 아닌 고객의 욕구를 반영한 상호와 문구여야 효과적이다. 어떤 상품을 누구에게 판매할 것인지 타깃을 설정한 뒤 상호만으로도 무엇을 판매하는 점포인지 쉽게 연상할 수 있어야 한다.

어떤 상품·분위기·서비스를 팔 것인지 상호만 들어도 알 수 있을 만한 이름을 생각해야 한다. 고객들이 즐겨 사용하는 언어를 이용하는 것도 중요하다. 신세대를 위한 점포라면 신세대에 맞는 이름으로, 장년층·노년층·여성·어린이 등 특정 목표고객이 있는 경우는 고객들에게 어울리는 용어를 사용하는 것이 고객을 배려하는 이름이 될 것이다.

상호는 무엇보다 읽기 쉽고 발음하기 쉬워야 한다. 특히 모방에 그친 외국어를 남용해 고객을 혼란스럽게 하거나 불쾌감을 주는 상호는 좋지 않다. 발음하기 쉬운 상호여야 고객도 자연스럽게 상호를 부를 수 있으며 친숙하게 느낄 것이다. 기억하기 쉽고, 생각나기 쉽게 지어야 한다. 약속장소로 꼽힐 만큼 기억하기 쉬운 상호라면 성공적이다. 이 경우 순수하게 상호를 잘 지은 덕분에 고객을 쉽게 확보할 수 있다. 때로는 긴 이름이나 순수한 우리말을 사용하는 것이 효과적이다.

이름을 지은 후 나만의 상호로만 사용하려면 상표등록은 필수다. 미리 특허청이나 인터넷을 통해 이미 등록된 상표인지 검색해보고 상호를 정하는 것도 방법이다. 상표등록은 비교적 간단한 절차로 끝난다.

변리사에게 의뢰할 경우 비용은 출원시 비용, 의견제출시 비용, 등록시 비용으로 이루어지는데, 의뢰비용 20만~30만 원에 등록비용을 추가하면 된다. 특허청 비용은 출원시 비용, 등록시 비용으로 이루어지는데, 오프라인 서면출원하면 등록비는 72,000원이고, 전자출원하는 출원시 비용은 10,000원이 적은 상품류 1류당 62,000원을 납부해야 하고, 등록시 비용은 상품류 1류당 211,000원(10년분 등록료)이다. 상표는 10년마다 갱신등록을 할 수 있으며, 갱신등록시에는 상품류 1류당 211,000원을 추가로 납부해야 한다(특허청 비용에 관하여는 특허로(www.patent.go.kr)에 자세하게 안내되어 있다).

한눈에 들어오는 간판기획

회사나 점포를 대표하게 되는 간판은 그 회사의 주체성이나 이미지를 표현하는 데 효과적으로 이용된다. 즉 점포의 얼굴이 되는 것이다. 점포의 첫인상은 고객에게 호기심과 친근감을 유발시킬 수 있도록 기획해야 의도한 바대로 성취할 수 있다. 고객확보는 성공점포가 되는 첫째 요건으로 매출이 높아야 하는 만큼 점포가 지향하는 상품의 목표고객을 잘 유인할 수 있도록 강력한 메시지 전달효과를 지녀야 하는 것이 간판기획의 기본이다.

간판기획은 사용하는 문구 · 색채 · 디자인 · 재질에서부터 점포 외부장식과 조화를 이루도록 해야 하며, 광고매체로서 기능을 한다는 것을 명심해야 한다. 예를 들어 색채는 돌출효과가 있는 것을 선택하며, 식별이 쉽고 강한 전달력이 있어야 한다. 모든 설계는 고객의 관심과 시선을 끌기 위한 것이라야 하며, 넓이나 크기 등의 구조적인 측면은 건물의 특성을 고려해 전문가와 상의하는 것이 좋다.

간판의 종류는 메인간판, 아치형간판, 돌출간판, 보조간판 등이 있으며, 돌출간판은 구청에서 '도로점용 허가'를 받고, 기타 부착용 간판은 동사무소에 신고를 해야 한다. 간판 인·허가에 필요한 기간은 5일 정도이며, 4층 이상의 벽면 돌출간판, 4m 이상인 지주이용 간판 등은 허가사항에 해당된다. 또한 재질은 네온사인, 파나플랙스, 하이플랙스, 아크릴 등이 소점포에서 주로 사용되며, 기타 특수 재질을 사용하는 경우도 있다.

옥외광고물(Outdoor Advertisement)

상시 또는 일정기간 계속해서 건물 외부에 표시되어 사람들이 자유로이 통행할 수 있는 장소에서 볼 수 있는 광고물로서 가로형 간판 등 16개의 종류와 기타 이와 유사한 것들을 말한다. 사람들이 자유로이 통행할 수 있는 장소는 지하철역, 고속국도의 교통시설과 열차·전동차, 자동차관리법에서 규정하는 자동차와 항공법에서 규정하는 비행선 등 교통수단을 포함하는 것이다.

공중(公衆)이란

불특정 다수인을 말하므로 특정인만이 볼 수 있는 장소인 운동경기장 내부 등에 표시하는 것은 제외한다. 다만, 운동경기장 내에 표시한 것이라 할지라도 공중이 자유로이 통행할 수 있는 곳에서 볼 수 있는 것은 이 법의 적용대상 광고물로 보아야 한다.

게시시설이란

옥외광고물을 표시하기 위한 구조물로서 광고물 게시틀을 말한다. 즉 옥상간판을 표시하기 위한 구조물이나, 지주이용간판을 표시하기 위한 지주·앵글 또는 돌출간판을 표시하기 위한 구조물, 아치광고물을 표시하기 위한 시설 등을 말한다.

여성창업, 이것만은 알고 갑시다

통계청 2012년 기준 전국 사업체 조사에 의하면, 대표자가 여성인 사업체 수는 전체 사업자 3,601,950개 업체 중 37.7%로 전년대비 0.2% 증가했다. 여성 대표자가 선호하는 업종은 '숙박 및 음식점업'(64.2%), '교육서비스업'(53.7%), '보건업 및 사회복지서비스업'(44.8%) 순이다. 여성창업자의 특징은 많은 수익을 바라기보다는 가계에 보탬이 될 만한 소자본으로 안정적인 업종을 선택하는 것이 큰 흐름이다.

이처럼 기대수익과 창업자금 규모가 작아짐으로써 업종선택의 폭이 좁아진 것이 아니라 오히려 점포창업만 생각하던 여성창업자들이 인터넷의 보급으로 소호로 창업이 가능한 업종으로 영역을 확대하면서 업종선택의 폭이 넓어졌다는 것이 특징이다.

최근 인터넷이 생활화되면서 창업시장에서는 500만 원 미만으로 시작할 수 있는 소호업종부터 여성특유의 감성으로 경쟁우위를 차지할 수 있는 점포사업에 이르기까지 다양한 여성창업 아이템이 소개되고 있다. 그러나 모든 사람이 창업을 원하고 가계에 보탬이 되고 싶어하지만 창업성공 확률은 20퍼센트 정도인 점을 감안하면 성공하기보다는 실패하기가 쉽다는 결론이다.

성공창업을 위해서는 부익부빈익빈 현상의 심화, 대형할인점의 등장과 전문점, 평생직장개념 실종, 생활지원과 관련된 새로운 업종의 등장, 인터넷의 대중화로 인한 생활패턴의 변화 등 다양하게 달라진 사회현상과 창업환경을 잘 파악하고 어떤 업종이 유망업종이며 나에게 유리한지 잘 살펴보아야 한다.

공부하는 주부로 변신해야 한다

요즈음 창업환경은 원가는 상승하는 데 비하여 점포마다 생존자구책으로 가격인하 경쟁까지 벌이게 되는 어처구니없는 현실에 직면해 있다. 예비창업자들이 새로운 아이템을 개발하고 창업에 성공하였다 하더라도 보다 나은 아이템 또는 모방 아이템들이 저가격으로 무장하여 '나도 역시(me too)' 전략으로 경쟁하려 할 것이다. 영원한 성공 아이템은 없는 법이므로 지속적으로 고객이 싫증나지 않게끔 새로운 아이템이나 서비스 개발이 필요하다.

한편으로는 인건비 절감과 계수관리를 철저히 하고 이를 분석하여 매출을 늘리고 효율적인 경영을 할 수 있도록 항상 공부하고 동종업계의 정보를 수집하는 노력을 게을리하지 말아야 할 것이다. 또한 사업의 목적은 돈을 벌기 위해서가 아니고 행복한 가정을 영위하는 데 있다는 것이다. 돈을 번다는 것은 수단이지 최종 목적은 아닐 것이다. 주부들은 가정에서만 생활해왔기 때문에 대인관계나 경험부족으로 창업텃세를 지불하기 쉽다. 정확한 가격정보와 지식이 부족하면 '바가지'라는 이름 아래 창업텃세를 지불할 수밖에 없을 것이며 결과는 잘못된 창업으로 직결되고 추구하는 가정의 행복이 뿌리째 흔들릴 수도 있다는 점을 유의해야 한다.

창업할 때 고려할 사항

여성은 사회진출이나 사업에 대해 막연한 공포감을 갖고 있고, 사업과 가정을 양립시켜야 하는 문제를 안고 있다. 창업환경의 악조건(가족의 동의 부족·육아·가사 조력자 부족 등)에도 불구하고 체력적으로는 남성에 비해 열세인 입장이다.

창업 후에는 거의 하루에 10~14시간을 일에 매달려 있어야 하고, 창업기간 동안 지속적으로 영업을 해야 하므로 체력이 감당할 수 있어야 한다. 점포입지는 가족들의 도움을 받을 수 있고 가끔씩 가사를 돌볼 수 있는 거리인 30분에서 1시간 이내의 위치가 적합하다. 또 고객들을 상대하다 보면 자신의 자존심을 버려야 하는 일도 종종 생기게 되는데 이런 고비를 어떻게 넘기느냐에 따라 점포의 성패가 달라질 수 있으므로 남다른 인내력이 필요하다고 할 수 있다.

08

부득이 동업을 하겠다면?

창업을 추진하다 보면 창업자금조달문제로 동업을 시도하게 되는 경우가 흔히 발생한다. 그러나 동업은 깨지게 마련이라는 게 대체적인 분위기이다. 부부끼리도 가끔 사소한 문제로 다투게 되어 있는 법인데, 하물며 친척이나 제3의 사업 파트너야 당연히 문제가 많을 수밖에 없다는 것이다.

아무리 사이좋은 친구나 선·후배일지라도 돈을 벌기 위한 창업을 시도하다 보면 결국 마음이 갈릴 수밖에 없는 것이다. 부득이한 경우 동업을 한다면 동업의 실태와 장·단점 등을 파악하고 찰떡궁합인 동업자를 선택하여 준비와 마음가짐을 확실히 해두어야 동업에 따른 효과를 극대화할 수 있다.

동업의 실태

개인사업과 법인형태의 사업이 있는데 오늘날 문제가 제기되는 것
이 바로 개인사업에서 공동사업(동업)을 할 경우이다. 동업절차는 개
인사업의 경우 동업계약서를 작성해 사업등록을 신청해야 하는데 점
포임대차계약까지도 공동명의로 계약해야 하는 문제가 파생된다. 이
런 경우는 좀 나은 편이고 "사업자등록은 갑이, 물품과 운영은 을이"
하는 식으로 충분한 역할분담 없이 창업을 하거나 어느 한쪽은 아이
디어를, 다른 한쪽은 자금을 대는 방식이거나 공평하게 출자해 창업
하는 경우가 대부분이다.

동업의 장·단점

동업할 때 공동명의절차부터 문제가 생기기도 한다. 동업자 중 어
느 개인의 사정상 탈퇴가 불가피할 때 다른 동업자의 처분만 바라볼
수밖에 없는 실정이며, 영업부진으로 사업체를 매도할 때도 많은 문
제점이 생길 수 있다. 영업이 잘된다면 다행이지만 영업부진으로 인
한 동업자의 내분도 충분히 고려되어야 한다. 내분의 경우 이익분
배·성격·업무추진 스타일·성실성·경제성 등이 달라 겪게 되는
어려움이 가장 큰 갈등 요인이 된다.

동업이 꼭 나쁜 쪽으로만 해석되어서는 곤란할 것이다. 대학생 창
업동아리들의 경우 대다수가 공동창업, 즉 동업을 선호하는 것으로

알려져 있다. 우선 소규모의 자본들이 뭉쳐 좀더 규모 있는 창업에 도전하게 되고 자본과 기술 또는 아이디어가 결합해 시너지효과를 창출할 수 있다는 장점도 있다. 이밖에도 실패에 대한 심리적 불안감을 줄일 수 있고, 아이디어창출이나 경영에 관한 의사결정이 주관적으로 치우치지 않는 점이나 동업자들이 주인의식을 갖고 일하게 되어 업무 효율적인 측면에서 높이 평가되기도 한다. 보통의 공동창업자들은 이러한 동업에 관한 효율성이나 시너지효과 등의 좋은 면만 생각하고 불협화음에 관한 점들은 고려하지 않고 창업을 시도했다가 나중에 낭패를 보고 마는 경우가 많다.

▪ 동업 준비

초기 시작부터 구체적인 역할 분담을 상세하게 기록, 서면계약을 하고 가능하다면 공증 절차까지도 마치면 좋다. 구두로 언급했던 내용은 서로 해석을 달리하게 되어 복잡한 문제를 야기할 수 있기 때문이다. 따라서 체면이나 어설픈 신뢰나 의리를 앞세워 대충 넘겼다가 손해 보는 일이 없도록 해야 한다. 공동사업자 가운데 한 사람을 선정해 대표자로 할지, 공동대표명의로 할지를 결정한다. 동업자가 여러 명일 경우 공동사업자 전원의 주민등록등본을 붙여 대표자 명의로 신청해야 한다.

공동으로 사업을 한다는 사실을 증명할 수 있는 동업계약서 등의 서류를 함께 제출한다. 동업 내역은 명확히 문서화하고 공증을 해두어야 하며, 동업계약서에는 참여지분·직책·임금·경영권·수익금 배분 방식·재투자비율·계약파기 조건·결재방식 등의 항목을 반드시 기록해 놓아야 한다. 동업의 단점들을 보완하기 위해서는 초기부터 법인형식으로 출발하는 것이 여러 문제들을 정관에 삽입해 자연스럽게 풀어갈 수 있어 부담이 적고, 고객에게는 규모 있는 사업체로서 신뢰감을 줄 수 있다.

동업자 선택을 위한 마음가짐

동업에 성공하려면 공동창업자는 동반자를 고를 때 인간적인 친밀함보다는 상호 부족한 면을 보완할 수 있는 사람인가를 꼼꼼히 살펴야 한다. 사업상의 책임을 상대방에게 전가하려는 태도를 버리고 내가 조금 더 양보한다는 열린 마음으로 상대방의 능력이나 관심분야를 고려해 객관적이고 합리적으로 업무를 분담하며, 자신의 장점을 부각하고 단점은 상호 보완하겠다는 지혜를 발휘해야 성공적인 동업이 가능하고, 궁극적으로는 공동목표인 성공창업에 이를 것이다.

09

대형점포 속의 소점포 창업전략

매장효율 제일주의는 성공의 관건이다. 점포의 대형화 또는 다양화 추세가 가속화될 것이라는 전망과 새로운 형태의 통신판매인 카테고리 킬러형 소형점 체인, 하이퍼마켓, 최고급형 전문점 체인 등 외국에서 성공을 거둔 신업태가 속속 출현할 것으로 예상되고 있다. 이에 따라 치열한 판매경쟁에 따른 가격파괴현상이 점점 심해지고 있다.

이러한 창업환경을 증명이라도 하듯이 동네마다 들어선 대형 할인점과 대형식당으로 조그마한 점포와 식당은 설자리가 없어졌다. 경쟁력이 떨어진 점포를 유지하고 있는 점주나 새로 창업하게 될 예비창업자들은 "어떤 아이템으로 창업을 할 것인가"에서 "어떤 방법으로 창업을 할 것인가"로 사고를 바꾸어야 할 것이다. 소형점포는 대형점포와 다른 방식으로 차별화해야 생존할 수 있기 때문이다.

대형점포의 틈새를 찾아라

소형점포로 지역상권에서 창업하려는 예비창업자는 반드시 인근에 대형점포나 할인점들이 있는지 파악하고 그 틈새를 찾아야만 성공할 수 있다. 대형점과 같은 경영전략으로 경쟁하려고 한다면 창업을 포기하는 것이 좋다. 대형점의 틈새에서 성공적으로 소점포를 창업하려면 우선 창업 전 단계에서부터 아이템·지역에 맞는 영업전략을 세워야 성공할 수 있다. 고객이 대형점을 찾는 이유를 살펴보면 상품이 다양하고 가격이 저렴하고 쇼핑이 편리하기 때문이다. 대형 음식점의 경우 음식 맛이 좋고, 주차하기 쉽고, 음식재료의 신선함에 대한 신뢰감이 생긴다는 것 등을 꼽을 수 있다. 그러나 대형점의 경우에도 약점은 있게 마련이다.

성장기 상품판매에 주력하라

성숙기의 상품은 가격경쟁이 심하고 마진폭도 적기 때문에 피해야 한다. 소형점포의 경우 대형점과는 달리 목표고객이 분명해야 하므로 불특정 다수를 위한 만물상 형태의 창업을 배제해야 한다. 취급하는 품목이 많으면 많을수록 재고상품도 많아지게 마련이다. 또한 대형점을 이용하는 고객은 다양한 품목의 상품을 구매하기 때문에 운반하기 불편한 무거운 상품이나 부피가 크고 금액이 적은 상품은 구매를 기피할 수 있다.

따라서 소형점은 운반이 어려운 상품을 선택하거나 보관이 어려운 상품 또는 시장규모가 작은 상품을 선택하는 것이 좋다. 이런 틈새를 찾아서 품질·색상·브랜드·사이즈 등 한 가지 상품으로 아이템을 확대한다거나 식료품점의 경우 신선도가 중시되는 상품들 중 한 가지 품목을 선정하고 그 종류와 수량을 풍부하게 구비한다.

허가가 있어야 취급할 수 있는 상품은 그 허가를 취득해 한 가지라도 그 지역에서 잘 팔리는 상품이 되도록 전문점으로 만드는 전략이 필요하다. 이때 소형점포는 구색 맞추기에만 급급해서는 안 된다. 여러 종류의 상품을 취급하는 점포는 많지만, 정작 사고 싶은 상품은 없는 경우가 많다. 무엇을 누구에게 팔 것인가를 충분히 고려하지 않은 결과다.

성공전략

소형점포를 운영하는 점주는 큰 꿈을 꾸기보다는 작은 지역상권에서 제일 잘되는 점포를 꿈꾸어야 한다. 즉 지역상권에서 매장효율 제일주의를 표방한다. 상품선택에 신중을 기해 그 지역에서 매출이 가장 높은 점포로 소비자에게 인식시킬 수 있도록 노력한다.

자기점포의 경영능력을 파악하고 경쟁점포와의 역학관계를 고려해 주력상품의 성격 등을 분석한 뒤 중점 공략지역과 영업범위를 결정해 그 지역에서 제일가는 점포를 지향해야 한다. 소형점포 창업은 상품의 수를 최대한 적게 하고 업종을 집약하는 것이 중요하다. 또한 경쟁상대가 많은 대도시는 상품의 수를 최소화하고, 경쟁상대가 적은 지방도시는 상품의 품목을 조금씩 늘려가는 것이 올바른 창업방법이다.

홍보전략

어떤 고객층을 상대할 것인지 먼저 결정하면 자연스럽게 인테리어나 점포구성이 결정된다. 따라서 소형전문점의 경우 우선 고객층부터 결정하는 것이 중요하다. 그리고 판매를 위한 전단을 돌리는 경우에도 광범위한 지역에 신문지 삽입 등 무차별로 돌리는 것보다는 특정지역에만 직접 전달하는 방법 등을 이용하는 것이 바람직할 것이다.

소형점포의 판매전략은 반경 500m 이내의 일차 상권이 공략대상이다. 소형점포는 유망아이템보다는 점주의 영업능력이 성공을 좌우한다. 결국 소형점포는 광고에 의존하기보다는 소비자에게 직접 판매하는 방법을 선호하고 소비자와 인간관계를 유지해 구전홍보와 자기점포를 찾아올 수밖에 없는 고정고객의 확보에 최선을 다해야 할 것이다.

10

창업설계에서 고려할 일곱 가지 사항

예비창업자가 창업을 하기 위해 가장 고민하는 것은 현재의 창업자금으로 어떤 장사를 해야 할 것인가이다. 예전처럼 수요가 왕성하고 공급이 부족하던 시절에는 점포만 개설하고 물건만 채워 놓으면 저절로 굴러갈 수 있었지만 인터넷이 주도하는 정보화시대에서는 점포창업도 신선한 아이디어로 무장하지 않으면 소비자에게 도외시된다. 이중 창업자금에 관한 내용은 다음 기회에 다루기로 하고 기본적인 구상에 관해 필수적으로 생각해야 할 창업 전 고려사항 일곱 가지를 제시한다.

주력상품(what)

고객에게 무엇을 팔 것인가를 생각해야 한다. 어떤 상품을 선정해

야 고객에게 잘 팔리고 자신이 잘 소화해낼 수 있을 것인지 판단하여
야 한다. 최근 유행을 타는 업종보다는 자신의 성격이나 전문성 또는
경험이 있는 업종을 선택하는 것이 보다 유리할 것이다.

내점동기(why)

어떤 고객이 점포를 찾아올 것인지를 고려해야 한다. 이는 차별화
전략을 세우는 시발점이 될 것이다. 가령 가격이 저렴해서, 주변에 물
건을 살 만한 장소가 없어서, 서비스가 뛰어나서, 주인과 친해서, 시설
이 마음에 들어서, 상품구색이 다양하여 등의 이유를 먼저 생각해 보
아야 한다. 대부분의 창업자들은 가격만 저렴하고 상품의 질이 좋으면
손님은 무한정 있을 것으로 착각하는 경우가 많기 때문이다.

목표고객(who) 설정

소자본 창업이니만큼 백화점처럼 모든 상품을 진열하고 모든 계층
의 고객을 상대한다는 것은 무리다. 이는 고객을 전혀 배려하지 않는
행위이며 비생산적이라고 볼 수 있다. 소점포일수록 전문성이 있어야
한다. 어떤 고객계층을 상대로 영업을 할 것인지 고려해야 하는 것이
다. 젊은 신세대를 대상으로 판매할 것인지 장년층을 대상으로 판매할
것인지 남성 · 여성 · 주부 · 노년 등으로 목표고객을 설정해야 한다.

영업시간(when) 설정

판매하고자 하는 상품을 사는 주고객이 찾아오는 시간대를 생각해야 한다. 점포 문만 오래 열어 놓으면 많이 팔 수 있는 것은 아니다. 모든 지역이 사람들이 주로 많이 다니는 시간이 있고 소비하는 시간이 별도로 있기 때문이다. 출근시간에는 사람들이 많이 통행하지만 구매 또는 소비는 하지 않는 것처럼 주로 소비하는 시간이 별도로 정해져 있게 마련이다.

개점입지(where) 선정

주력상품을 판매하기 쉬운 장소를 선정해야 한다. 선택한 업종 또는 아이템이 잘 판매될 수 있는 장소를 정해야 한다. 상품을 구매하게 될 예상고객이 충분히 잠재해야 한다. 잠재고객을 파악하기 위해서 통행인구수, 배후지역의 인구수, 라이프사이클, 연령, 소득수준을 조사해야 한다. 통행인구와 배후지역의 인구수는 점포의 매출을 결정짓는 중요한 요소가 된다.

판매방식(how) 결정

상품과 서비스의 질을 고려한 판매방식의 결정이다. 입지에 관한 잠재고객의 생활수준이나 소비습관·소비행태 등을 고려하여 어떤 판매방식이나 관련서비스를 제공할 것인지 고려해야 한다. 이는 점포 차별화를 위한 기본전략을 세우는 데 있어 중요한 역할을 하게 된다.

가격(how much)책정

위와 같은 모든 조건이 결정된 후 최종적으로 판매가격을 책정하여야 한다. 내 점포에서 어떤 상품을 어떤 가격에 판매할 것인지 고려해야 하는 것이다. 가격을 결정하는 기준은 원가기준·경쟁기준·수요기준으로 나눌 수 있으며, 원가기준에 의한 가격결정은 단순히 상품의 원가에 적당한 마진을 감안하여 정하는 것이고, 경쟁기준은 경쟁점포의 가격을 고려하여 정하는 방식이다.

수요기준은 소비자 수용가격에 따라 가격을 정하는 것으로 최근 들어 가장 중요시되는 방법이다. 소비자 수용가격을 파악한 후 이 수용가격을 기준으로 판매가를 정하고 목표원가를 정한 다음 그 목표원가에 맞추기 위한 원가절감 방안을 찾는 방식이 가장 바람직한 가격결정이라고 볼 수 있다.

가정에서도 필요한 구조조정

생존경쟁이라는 용어가 나온 것은 어제오늘의 일이 아닌데도 불구하고 요즘처럼 피부에 와 닿을 정도로 실감난 적은 없을 것이다. 그리고 인터넷환경이 본격적으로 전파되면서 정보전쟁이라는 말까지 공공연하게 나오고 노하우(know how)란 말이 요즈음은 노웨어(know where)로 불리기도 한다. 이 같은 말은 인터넷을 검색하다 보면 없는 정보가 없이 방대하다는 것을 나타낸다.

이처럼 시시각각 변하는 현대사회에서 우리 자신도 변해야 하는 것은 자명한 사실이다. 따라서 창업컨설턴트의 시각에서 창업에 앞서 몇 가지 선행조건을 논하고자 한다. 상담을 해보면 예비창업자들이 창업하기 어려운 이유 중 하나가 바로 가정에서 충분한 동의를 얻지 못한다는 데 있다.

어느 예비창업자와 한 상담에서 그는 실직한 지 2년 가까운 세월을 창업과 취업을 하려고 노력했으나 좀처럼 실직 신세를 면키 어려웠다. 몇몇 업종을 창업해 보려고 생각도 해보았으나 이나마 가진 창업 자금을 사업에 실패해서 날리면 어떡하나 하는 불안감 때문에 엄두를 내지 못하다가 급기야 무기력증에까지 빠지게 되었으며 그나마 퇴직금도 점점 줄어들어 이제는 창업을 꿈도 꾸지 못할 신세라고 한탄하는 것이었다. 그리고 요즈음은 가족들이 바라보는 시선마저 곱지 않으며 부부싸움을 벌이기가 일쑤라는 것이었다. 그 당시 2002년 6월 30일부로 시한이 끝나는 생계형 실직자금 대출에 한 가닥 희망을 가지고 창업을 준비하는 모습을 바라보니 마음이 좋지 않았다.

분명 변해야 한다!

아버지만 변한다고 될 일이 아니다. 가족도 함께 변하고 구조조정은 가정에서 출발해야 한다. 경쟁력 있는 가정이 되어야 하며 창업이나 제2의 인생창출이나 모든 것의 원천적인 힘은 가정에서 우러나온다는 것을 우리는 명심해야 한다. 무엇을 위해 돈을 벌고 무엇을 위해 일을 해야 하는가 하면 그 이유는 행복한 가정을 영위하는 데 있다. 돈을 번다는 것은 단지 수단이지 인생목표는 아닌 것이다.

현대인은 급변하는 사회와 생존경쟁 속에서 자기 자신을 돌이켜 볼 겨를도 없이 다람쥐 쳇바퀴 돌듯이 생활해왔는지 모른다. IMF로 어려워진 환경 속에서 길거리로 나오게 된 실직자들이 한때 2백만이 넘기도 했다. 가장이라는 막중한 책임감에 제2의 인생을 창출하려고 안간

힘을 쓰는 오늘날 우리 아버지들의 모습은 처참할 정도로 느껴졌다. 외환위기를 겪으면서 이혼율이 사상최대로 늘었고 매스컴마다 가정이 무너지고 있다고 여러 차례 보도한 바 있다. 하루아침에 부도로 직장이 문을 닫는가 하면, 퇴출·정리해고·명예퇴직이라는 이름 아래 고통의 쓴맛을 보고 심리적으로 불안한 가운데 가정에서조차 왕따 당해야 하는 아버지들의 심정을 어떻게 헤아릴 수 있단 말인가? 처음에는 "아빠, 힘내세요" 하며 격려하던 가족들도 시간이 갈수록 달라지고 때로는 원망의 시선으로 바라보는 느낌까지 든다고 호소하는 사람들이 주위에 너무나 많다.

과연 우리 아버지들의 모습은 많이 변한 것일까? 회사도 구조조정이라는 미명 아래 거듭나기를 시도하는 과정에 지난날 평생직장이라는 관념은 사라졌고, 정부도 변하는 세계정세에 알맞는 정책을 시행하기 위하여 안간힘을 다하는 모습을 보이지만 부익부빈익빈 현상은 더욱더 심화되어 소외계층들의 불만은 늘어만 가고 있다.

우리 가정도 경쟁력을 갖추고 지금까지의 고정관념을 탈피하고 변화되어야 하는데, 차세대를 위하여 탈바꿈하려면 과거를 돌이켜볼 필요가 있다. 인간은 불편함을 편리함으로 발전시키기 위하여 지속적인 노력과 발전을 거듭하지만 한번 편리하고 안락함에 안주하면 불편을 참기 힘든 습성이 있다. 잘살던 사람이 갑자기 망하기라도 하면 재기하려고 발버둥치지만 뜻대로 되지 않는 현실 속에 그만 고귀한 생명까지 버리는 나약함은 바로 불편함의 고통을 감내하지 못하는 데서 오는 현상이라고 본다.

88서울올림픽 이후 급성장한 경제여건에 비하여 올바른 소비문화가 정착되지 못한 가운데 여가시간이 많아진 주부들은 남편이 출근하고 나면 여가시간을 활용하기를 바라고 인간 삶의 질을 추구한다는 명목 아래 때마침 보급된 카드문화로 과소비를 발생하지 않았던가? 쓸만한 물건들을 버리고 백화점을 선호하지나 않았는지 한번 정도 반성해 보아야 하지는 않을는지?

성실하고 근면함을 미덕으로 여기며 살아온 과거 어려웠던 모습들은 어디론가 자취를 감추고 일확천금을 노리며 증권투자나 부동산투기가 판을 치는 세상으로 변하지 않았나 하고 생각하면 차세대가 염려스럽게 느껴지지만 불행 중 다행으로 IMF가 우리에게 좋은 교훈을 준 것 같다. 우리 자신을 다시금 되돌아보게 하고 인생철학이나 목표를 재정립하여 주었을지 모른다.

평생직장의 개념이 무너진 현 실정에서 재취업의 어려움을 인지하였으면 창업을 준비해야 한다. 눈높이를 낮추고 창업자금에 알맞은 맞춤창업으로 재기해야 하는 것이다. 자신이 가장 자신 있게 생각하는 업종을 선정하여 창업비용절감을 위하여 창업에 관련된 지식을 풍부하게 쌓아나가며 사업계획서를 작성하고 부부간의 실추된 신뢰관계를 만회하기 위하여 서로 의논하고 협력하는 자세가 필요한 시점이다.

말로는 가족간에도 설득하기 어려울 것이다. 모든 것은 문서로 작성해야 신뢰성과 함께 부인의 협조를 전폭적으로 받을 수 있다. 자녀들과도 설득력 있게 이야기를 나누자. 학원도 줄이고 전가족이 합심하여 새로운 가정을 만드는 데 노력해야 한다. 자신감도 좋지만 가부장적인 태도를 버리고 가장 민주적인 방식으로 창업에 대하여 토론도 하고 아이디어도 내도록 하자. 창업은 처음부터 돈을 벌 수 있을 확률이 없다. 돈을 벌 수 있는 구조를 만들어 놓았을 따름이다. 따라서 창업 이후의 노력이 절실하게 요구되는 것이다.

온 가족이 스스로 구조조정을 하고 생계비부담을 줄였을 때 창업에 관한 강박감이나 불안감이 어느 정도 해소되며 오로지 성공창업에 전념할 수 있는 계기가 되는 것이다. 이 시점에서 자신감이 결여되면 창업전문가의 상담을 통하여 조언을 구하는 것도 바람직하다.

초보창업자들은 경험부족으로 본인이 올바른 길로 가고 있는지 항상 불안한 상태이기 때문에 확인해보고 싶은 욕구가 강하기 때문이다. 성공창업의 최종목표는 또 다른 나의 삶과 행복한 가정을 만드는 데 있다고 생각하므로 가족간의 화목과 협력을 바탕으로 창업이든 재취업이든 제2의 인생을 추진해야만 성공이 한 걸음 다가올 것이다.

3장
창업 자금계획

창업자금의 기본설계

중장기계획과 단기계획을 동시에 수립

사업자금조달은 중장기계획과 단기계획을 세워 추진하는 것이 합리적이다. 하나의 기업을 창업해서 그 사업을 본궤도에 올리기까지는 창업자의 정열과 고충이 필요하고, 수많은 시행착오와 실패의 위험도 항상 도사리고 있다. 준비가 완료되어 본격적인 사업이 가능하리라 생각했던 창업이 절차에서부터 개업까지 여러 가지 장애로 말미암아 지연되는 경우는 얼마든지 있으며 또한 예상했던 매출보다 부진하여 곤혹을 치르고 업종변경을 시도해야 하는 경우도 얼마든지 있을 수 있다.

이와 같은 관점에서 장기적인 자금계획을 세우지 않고 즉흥적으로 창업에 도전하다 보면 사업을 본궤도에 올리기도 전에 여러 가지 장애에 부딪혀 본격적인 사업은 해보지도 못하고 실패하게 된다. 따라서 사업자금도 중장기계획과 단기계획을 세워 추진하는 것이 사업실패를 줄이는 지름길이다.

사업자금 운용계획 수립절차 및 고려사항

사업자금 운용계획을 수립하는 제1단계는 총소요자금 규모에 따라 자금계획을 수립하는 것이다. 창업단계에서 총소요자금 사정은 여러 측면에서 정확한 산정이 현실적으로 어려운 것이 사실이다. 여러 가지 시설에 따른 견적서의 부정확, 점포구입에서 오는 소요자금 차이뿐만 아니라, 예측하지 못한 여러 상황에 따라 추가로 자금이 소요되는 경우가 많다. 따라서 자금계획을 수립할 때는 총소요자금을 최대한 정확히 산정하되, 소요자금의 불확실성 및 소요자금 산출상의 누락분 등을 감안하여 총소요자금의 1.5배 정도를 미리 확보한 후 사업을 시작하는 것이 좋다.

총소요자금의 1.5배는 실제 사업을 추진하다 보면 창업과정에서 불확실성 또는 불예측성 요인이 많을 뿐만 아니라, 창업 소요기간의 연장에 따른 가산분, 즉 창업 초기 1, 2년 또는 2, 3년간의 소요자금 산정만으로는 창업이 본궤도에 오를 수 없는 경우도 허다하기 때문에 어느 정도의 여유자금을 갖고 사업을 시작해야 한다는 의미이다.

개업준비 지연, 그리고 매출액 증가에 따른 추가 운전자금 소요 등의 이유로 창업 초기 약 1~2년간 소요될 총자금을 정확히 산정할 수 없다는 제약점 때문에 이들 요소를 충분히 감안함으로써 창업절차상 부족자금을 사전에 준비하자는 데 큰 뜻이 있는 것이다. 예를 들면 의류판매업을 창업하는 시기가 여름철이라면 겨울철 상품의 단가를 산정할 수 없다든지 여유자금을 충분히 계획하지 못하여 구색을 못 갖춘다면 사업은 실패로 돌아갈 수밖에 없을 것이다.

규모를 줄이고 창업자금에 맞게 창업하라

총소요자금 대비 자금계획이 수립되면 창업자의 자금조달능력을 검토하여야 한다. 자금조달능력은 경영자의 인적 자원, 금융기관 인맥, 담보력, 신용력 등의 총체적 개념이며, 조달형태에 따라 자기자본과 차입금 등 타인자본으로 구분해볼 수 있다. 자금조달능력은 자금조달에 따른 위험정도에 따라 구분해볼 수 있으며 창업자의 실정에 맞춰 그 조달범위를 결정하여야 하는 것이다.

자금조달능력의 적정성 평가는 자금조달능력이 예상자금 조달계획 액수에 이르지 못하면 사업규모를 줄이지 않으면 안 된다. 사업이란 욕심대로만 되는 것이 아니기 때문이다. 이것이 바로 사업규모의 결정 문제인데, 사업규모는 보수성에 입각하여 자금조달능력의 1.5배 정도로 축소하여 결정하는 것이 현명하다. 자금조달계획이 아무리 정확하게 산정되었다 하더라도 사업을 하다 보면 추가로 자금이 소요되는 경우가 반드시 생길 수밖에 없기 때문에 안정적 경영을 도모하기 위해 사업규모를 1.5배 정도 축소 조정함이 타당하다.

자금조달 방법

창업을 시도하면서 가장 큰 걸림돌이 되는 것이 바로 창업자금의 조달이다. 이때 개인적인 차입능력을 제외하면 정부정책자금이 든든한 후원자가 될 것이다. 창업자가 지원자금까지 포함시켜서 창업계획을 세우는 경우가 많은데 정책자금의 개략적 정보만 믿고 집행 계획을 세우면 낭패를 보기 쉽다. 본인의 신용상태, 지원 가능한 자금규모, 필요한 서류와 다른 조건들이 있는지 확인해야 하므로 항상 담당자와 상담을 거친 후 신청하는 지혜가 필요하다.

이른바 '중소기업 창업지원법'은 창업초보자들이 알아두면 편리하게 창업자금을 이용할 수 있다. 창업의 첫걸음은 자금확보 방법을 터득하는 것이라고 하여도 과언이 아니다. 전액 자기자본을 투자한다면 아무런 문제가 없겠지만, 창업자금이 부족하다면 정부가 지원하는 값싼 자금을 시중은행보다 낮은 금리로 대출받는 것도 지혜로운 창업방법이 될 것이다. 고실업에 따른 창업열기의 고조로 금융기관들이 다양한 대출상품을 내놓고 있을 뿐만 아니라 정부 및 지방자치단체들도 자금지원에 나서고 있기 때문이다.

그러나 자금을 마련하기에 앞서 사업수행에 따른 현금흐름과 수익구조를 꼼꼼히 따져봐야 한다. 여유자금이 많지 않은 창업일수록 보수적인 자금조달이 필요하다. 어떤 자금이든지간에 우리 나라의 금융 현장에 있어서는 대출제도보다 오히려 담보가 문제되는 경우가 많다. 담보문제만 해결된다면 어느 은행에 가든지 3천 내지 1억 원 정도는 어렵지 않게 대출받을 수 있게 되어가고 있다.

최근 각 금융기관들이 예금유치를 위해 각종 대출제도에서 복잡한 절차를 간소화하고 있는 추세이며, 인감과 인감증명서도 필요없이 서명으로만 대출이 되기도 한다. 이런 현상은 앞으로도 지속될 것으로 예상된다. 따라서 창업을 하려고 하는 경우 현재 거래하고 있는 은행에 찾아가서 대출상담을 해보면 담보 범위 내에서 종전보다는 쉽게 대출을 받을 수 있을 것이다.

시중은행을 이용한 운영자금조달

예비창업자는 창업을 위해 적금대출제도를 활용하는 지혜가 필요하다. 대부분의 시중은행들은 고객으로부터 적금을 가입받고 일정 회차 이상 월불입금을 입금한 경우 정해진 내부규정에 따라서 통상 계약고 범위 내에서 담보 또는 신용으로 자금지원을 해주고 있다. 따라서 창업예비자들은 필요할 때 시중은행의 대출창구를 통해 적금대출의 가능성도 타진해볼 필요가 있으며, 이러한 적금대출에 대비하여 사전에 창업자금 준비를 일정한 목표하에서 해두는 것도 자금조달의 지혜가 될 수 있다.

정부정책자금과 지원 프로그램을 통한 조달

IMF 경제위기 이후부터 생겨난 중산층과 서민층·실직자·여성가장들의 일자리나 창업을 도와주기 위해 각종 지원책과 저리의 정책자금을 대출해주고 있는데, 이러한 제도를 잘 활용하는 것도 효과적인 자금마련대책이 될 것이다. 어떤 종류의 자금이 나에게 알맞은 자금인지 매스컴이나 인터넷 검색을 통하여 평소 정보를 수집하는 것이 바람직하다.

03

창업자금조달을 위한 점검

　　창업할 때 누구나 화두로 삼는 것이 돈 이야기이다. 물론 자기자본 한도 내에서 창업을 하는 것이 가장 바람직하고, 가능하면 여유자금으로 20~30퍼센트 정도를 남겨두는 것이 최선의 방법임에는 틀림없다. 그러나 현실적으로 창업을 하다 보면 여유자금은커녕 항상 자금이 부족해 돈을 빌리는 데 급급한 현실에 직면하게 된다. 창업자금이 부족한 경우는 대체로 다음과 같다.

창업자금이 부족한 경우
• 창업규모를 크게 잡는 경우
• 가까운 사람에게 빌려주었다가 회수에 차질이 생기는 경우
• 부동산을 매도하려는데 계획대로 팔리지 않는 경우
• 운전자금 등을 예상치 못한 경우
• 목이 좋은 점포 또는 인테리어 · 시설 등을 선호하는 경우

이렇게 창업자금이 부족한 경우 이를 해결하기 위해서는 불가피하게 돈을 빌려야 한다. 그러나 외환위기 이후 가까운 사람들로부터 돈을 빌린다거나 보증을 서 주는 현상은 사라졌다. 이처럼 돈에 관한 문제들을 해결하기 위해 가장 먼저 계획을 세워야 하는 일은 바로 자금계획이다. 우선 창업에 소요되는 비용과 자기자본 조달가능 규모를 점검하고 필요한 자금이 얼마인지 확인해야 한다. 계획성 없이 자금을 조달한다면 실패와 직결되기 때문이다.

자기자금의 보유형태부터 점검

우선 보유하고 있는 순수자기자금인 현금·예금·적금해약금 등 동원이 가능한 금액을 계산하고 만약 회수될 자금이 있다면 창업기간에 맞추어 차질 없이 회수될 수 있는지 확인한다. 또한 부채가 있다면 상환기간이 창업시일과 겹치지 않는지 점검해야 한다. 그리고 창업에 필요한 총투자금액을 산출해보고 부족하다고 판단되면 필요한 만큼 차입규모를 결정한다.

대출가능 여부 확인

각 금융기관마다 대출상품과 금리는 다르게 마련이다. 금융상품의 성격 그리고 본인의 신용도나 거래실적에 따라 대출조건이나 금리가 달라지기 때문이다. 따라서 어떤 자금이 본인에게 유리하고 대출이 가능한지 각 금융기관이나 지원기관의 정보를 살펴보고 차입금액의 금융이자와 대출조건을 꼼꼼히 따져보아야 한다.

▪ 매출추정을 통한 상환계획

　순수자기자금의 수익률을 계산하고 본인의 임금액을 계산해본 다음 취급상품의 타당성(판매가격·시장성 등)과 매출추정을 통한 추정 손익계산서를 작성해보고 상환가능성을 타진해본다. 창업 후 손익분기점까지 업종에 따라 3~6개월 정도 걸리는 경우가 많은데 원리금상환 부담까지 생긴다면 곧바로 사업이 부실해지기 때문이다.

04

다양한 정부지원정책들

　돈을 빌리는 방법은 다양하나 그중 정부에서 지원하는 자금을 빌리는 것이 가장 유리하다. 그러나 정부정책자금이나 지원의 경우 항상 다음의 사항을 유의해야 한다. 정부에서는 중산층과 서민층·실직자·장애인·여성가장들의 일자리나 창업을 돕기 위해 각종 지원책과 저리의 정책자금을 대출해주고 있는데, 이러한 제도를 잘 활용하는 것도 효과적인 자금마련 대책이 될 것이다. 어떤 종류의 지원정책이나 지원자금이 있으며 이용 가능한지 살펴보고 매스컴이나 인터넷 검색을 통해 평소 정보를 수집하는 것이 바람직하다.

　자영업 창업에 관련된 부서는 주로 중소기업청·지식경제부·노동부·지방자치단체 등으로 많은 지원정책들이 쏟아져 나오고 있다. 이러한 제도를 활용하는 데 있어서는 사업계획서나 신청서류를 갖추어야 하는데, 예비창업자가 이용하기 어렵다는 것은 바로 서류작성의 어려움 때문이다. 대출을 신청하기 이전에 반드시 담당자와 상담을 거친 후 도움을 받아 신청하는 지혜가 필요하다.

정부정책자금을 이용하는 예비창업자들의 마음가짐으로는 지원이라는 용어의 해석 때문에 무상지원으로 오해하기 쉽다. 정부정책지원자금은 무상지원의 눈먼 돈이 아니라 저리로 대출받을 수 있도록 보증을 해주는 자금이라는 인식이 필요하다. 빌린 돈이니만큼 대출금을 변제할 수 있는 자금상환계획까지 세워두어야 하는 것은 당연하다.

■ 소상공인 정책자금

▶ 지원대상

• 공통 지원자격

– 상시근로자 5인 미만 업체

※ 단, 제조업, 건설업, 운송업, 광업 : 상시근로자 10인 미만 업체

○ 세부 지원요건

구 분	세 부	신청조건
일반 자금	교육 · 컨설팅	중소기업청장이 인정하는 교육 또는 소상공인시장진흥공단 소상공인컨설팅을 수료한 소상공인
	나들가게	나들가게로 선정된 소상공인(신청일 기준 협약 유지 업체)
	프랜차이즈	프랜차이즈 수준평가 3등급 이상의 브랜드 또는 유망 소상공인, 프랜차이즈화 지원사업 수혜 브랜드에 가맹점 운영 소상공인
	신사업	소상공인시장진흥공단에서 주관하는 신사업 육성지원사업 수혜 소상공인
	물가안정 모범업소	안전행정부 지정 물가안정 모범업소
	장기실업자	최근 3년 이내 고용보험을 납부한 기록이 있는 자 중 아래의

구 분	세 부	신청조건
일반 자금		①, ②항 중 하나 이상을 충족(온라인 교육을 6시간 이상 수료) ① 장기실업자 : 실직 후 고용지원센터에 구직등록 후 취업활동을 6개월 이상하다가 현재 사업을 영위하고 있는 소상공인 ② 실직고령자 : 자금신청시 만 55세가 넘는 자 중 과거 실직 후 구직등록하고 취업활동을 하다가 현재 사업을 영위하고 있는 소상공인
특화 자금	여성가장	경제적 활동능력 없이 부양가족만 있는 여성가장 소상공인(온라인 6시간 수료)
	소공인	제조를 기반으로 한 사업을 영위하는 상시근로자수 10인 미만의 소공인 신청문의 : 중소기업진흥공단(02-769-6700)
	협업화	① 소상공인협업화 지원사업의 협업체에 속한 개별 소상공인(협업인식 교육과정 6시간 수료) ② 소상공인협업화사업 지원협약을 체결한 협동조합
	창조형	소상공인시장진흥공단 지역센터의 현장평가를 통해 창조형 소상공인으로 인정된 업체
	장애인	장애인복지카드(국가유공자카드) 또는 장애인기업확인서 소지자 중 아래의 항목에 하나 이상 충족 ① 2010년 12월 31일 이전 창업자 : 교육 수료 유무에 상관없이 신청 가능 ② 2011년 1월 1일 이후 창업자 : 장애인기업종합지원센터 또는 소상공인시장진흥공단에서 실시한 교육(인정교육 포함) 12시간을 수료한 경우 신청가능
	재해	매년 발생 가능성이 높은 집중호우, 태풍, 폭설, 화재 등으로 피해를 입은 재해 소상공인 재해확인증 발급 : 각 지방 중기청 및 시·구·군청, 읍·면·동사무소

▶ **융자조건** : 공통 대출금리(매 분기별로 변동)
- 대출금리 : '14년 1분기 기준금리 3.69%
  '14년 2분기 기준금리 3.53%
  '14년 3분기 기준금리 3.52%('14. 7. 10일부터 적용)
※ 단, 장애인기업의 경우 연 3% 고정금리 적용
  재해소상공인의 경우 연 2.7% 고정금리('14. 4. 10일부터 적용)

▶ **대출한도** : 업체당 최고 7천만 원 이내
※ 장애인(기업), 나들가게, 창조형 1억 원 이내, 소공인 5억 원(운전자금 1억 원) 이내

▶ **대출기간** : 5년 이내(거치기간 2년 이내 포함)

　※ 장애인(기업)은 7년 이내(거치기간 2년 포함)

▶ **상환방식**

- 거치 한도기간 후 상환기간 동안 대출금액의 70%(또는 100%)는 3개월(또는 1개월)마다 균등 분할상환하고 30%는 상환기간 만료시에 일시상환

▶ **대출 취급은행(20개)**

- 국민은행, 기업은행, 신한은행, 우리은행, 외환은행, KDB산업은행, 한국씨티은행, 하나은행, 부산은행, 대구은행, 광주은행, 전북은행, 경남은행, 한국스탠다드차타드은행, 제주은행, 농협중앙회, 저축은행중앙회, 수협중앙회, 새마을금고, 신협중앙회

▶ **융자절차** : 소공인특화자금은 중소기업진흥공단에서 별도 신청접수

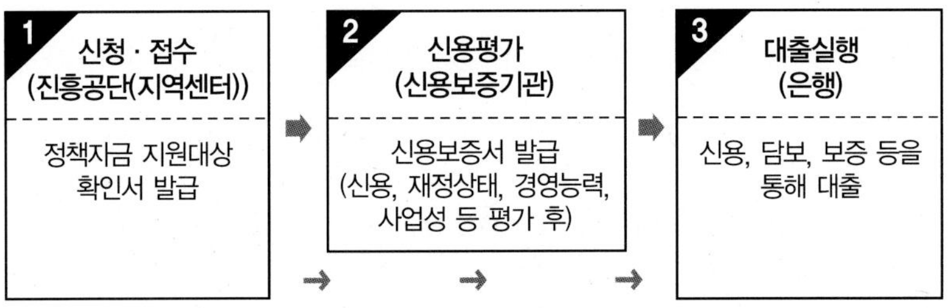

▶ **신청 및 접수** : 소상공인지원센터와 상담 후 신청

▶ **신청시 준비서류**

1. 실명확인증표

　※ 주민등록증, 운전면허증, 노인복지카드, 장애인복지카드, 공무원증, 여권 등 본인을 증명할 수 있는 서류

　※ 방문시 융자신청 담당자의 확인시에만 필요하며 제출 및 보관은 하지 않음

2. 사업자등록증(최근 3개월 이내) 또는 사업자등록증명원 1부(최근 3개월 이내)

3. 상시근로자 확인가능 서류 1부(최근 3개월 이내)

- 상시근로자가 없는 경우 : 대표자 지역건강보험증 사본 또는 보험자격득실확인서 중 선택(최근 3개월 이내)
- 대표자가 다른 직장의 직장건강보험에 가입중이거나 타인의 피보험자로 등재된 경우는 해당 건강보험증 사본 혹은 보험자격득실확인서

- 발급처 : 보험자격득실확인서(국민건강보험공단 : www.nhic.or.kr, 1577-1000)
- 상시근로자가 있는 경우 : '사업장 가입자명부' 또는 '사업장별 고지대상자 현황' (최근 3개월 이내)
  - 발급처 : 4대사회보험 정보연계센터(www.4insure.or.kr), 고용센터(www.ei.go.kr, 국번 없이 1350), 국민연금공단(www.nps.or.kr, 국번 없이 1355), 국민건강보험공단(www.nhic.or.kr, 1577-1000), 근로복지공단(www.kcomwel.or.kr, 1588-0075)
  - 대표자가 다른 직장의 직장건강보험과 해당 소상공업 직장건강보험에 이중가입된 경우 해당 소상공인 직장건강보험 관련 서류를 제출하여야 함

▶ **신용평가(신용보증서 발급)** : 지역신용보증재단, 신용보증기금(2014년 소상공인 정책자금 운용지침 12쪽 참조)
- 신청인의 신용, 재정상태, 경영능력, 사업성 등을 종합적으로 평가하여 신용보증서 발급
- 담보부 대출 또는 순수신용은 소상공인지원센터 상담 후 신용보증기관을 거치지 않고 대출 취급은행에서 직접 대출

▶ **대출실행 : 대출 취급은행**
- 대출 취급은행에서 신용평가, 담보 감정, 보증기관의 신용보증서 확인 등의 절차를 거쳐 대출

▶ **문의처** : 전국소상공인지원센터(1588-5302) 세부 지원요건

○ 2014년 전국지자체 자금지원현황

지 역	자금명 (상품명)	지원규모 (억 원)	지원자격 (대상)
서울시	중소기업육성기금 (시중은행협력자금)	8,000	· 제조업 영위자 · 제조업 관련 지식서비스산업 영위자 · 중소기업지원시설 입주자 · 소기업자 및 소상공인 · 서울형 산업 영위자 · 창업기업 · 여성기업 · 장애인기업

지 역	자금명 (상품명)	지원규모 (억 원)	지원자격 (대상)
서울시			· 중소무역업체 · 공동사업추진 중소기업 관련단체 · 유통업, 건설업 영위자 · Hi Seoul 공동 브랜드화 사업 참여자 · 여객 자동차 운송사업(시내버스, 마을버스, 일반택시) 영위자 · 산업개발진흥지구, 특정개발진흥지구 내 권장업종 영위자 등
	중소기업육성기금 (시설자금)	2,000	· 구조조정사업 · 입지지원사업 · 시장재개발사업 · 유통구조개선사업 · 중소기업공동사업 · 운송업구조개선사업 등
	중소기업육성기금 (특별자금)		· 재해, 재난에 따른 피해기업 · 영세자영업 및 시책추진특별지원 · 일자리창출 우수기업 등
경기도	중소기업육성자금 (소상공인)	350	· 창업자금 : 사업자등록 6개월 이내의 상공인으로서 도가 지정한 교육기관에서 창업교육을 12시간 이상 이수한 자 · 경영개선자금 : 사업자등록 6개월 경과한 소상공인으로서 도가 지정하는 교육기관에서 경영개선교육 12시간 이상 또는 경기도소상공인컨설팅 2일 이상 이수한 자 · 점포임차보증금자금 : 소상공인으로서 도가 지정한 교육기관에서 경영개선교육 12시간 이상 또는 경기도소상공인컨설팅 2일 이상 이수한 자
	2014년도 상반기 김포시 소상공인 운전자금	15	· [소기업 및 소상공인 지원을 위한 특별조치법]상 '소상공인'으로 관련 인·허가 등을 필하고, 신청일 현재

지 역	자금명 (상품명)	지원규모 (억 원)	지원자격 (대상)
경기도			김포시 관내에 사업자등록을 한 소상공인 중 시장이 정한 업종의 사업자
	안양시 소상공인 특례보증지원	32	·신청일 기준 사업장(점포)이 안양시에 소재한 소상공인 ·사업자등록증상 개업일로부터 3개월 이상 경과한 자 – 주류 도소매업, 주점업, 330㎡ 초과 식당업, 성인용 게임장 등 업종은 지원 제외
	과천시 중소기업육성자금	60	·제조업 : 제조전업율이 30% 이상으로 다음 중 하나에 해당하는 기업 – 공장등록을 필하고 가동중인 기업 – 벤처기업 – 사업장 연면적이 500㎡ 미만이고 건축법상 건축물용도가 '공장' 이거나 '제2종 근린생활시설 중 제조업소'인 기업 ·비제조업 – 상시근로자수가 10인 이상인 기업(최근 3개월) ·협동조합기본법에 의한 협동조합 중 상기 중소기업의 기준에 부합하는 규모의 협동조합 ·위 기준에 해당하지 않는 소상공인 등 – 광업, 제조업, 건설업 및 운수업의 경우는 10인 미만 ·위 기준에 해당하지 않는 협동조합기본법에 의한 협동조합
강원도	중소기업육성기금 (경영안정지원자금)	1,000	·유망중소기업(도지사 선정) ·백년기업(도지사 선정) ·향토기업(20년 이상) ·녹색기업(환경부 장관 선정) ·고용우수기업(도지사 선정)

지 역	자금명 (상품명)	지원규모 (억 원)	지원자격 (대상)
강원도			· 사회적 기업(안전행정부 장관 선정) · 마을기업(안전행정부 장관 선정) · 여성기업(여성기업지원에 관한 법률) · 장애인기업(장애인기업활동촉진법) · 이전기업(3년 이내) · 북평공단 및 폐광지역 입주업체 · 재해기업(특별재난기업, 우심재난기업) · 벤처기업 · 수출기업 · Inno-biz, Main-biz 선정기업 · 일반기업
	중소기업육성기금 (창업 및 경쟁력 강화지원자금)	700	· 경쟁력강화지원 : 제조업, 제조업 관련 서비스업, 지식정보 관련산업 · 특별지원지역지원 : 특별지원지역(동해 북평공단) 입주기업 또는 분양(임대)계약을 체결한 입주 예정 기업 · 관광업 : 호텔업, 휴양콘도운영업, 여행사업, 유원지 및 테마파크운영업, 식물원, 동물원 · 건설업 : 건물건설업, 토목건설업, 전기공사업, 통신공사업 · 운수업 : 시외버스운송업, 시내버스운송업, 택시운송업
	중소기업육성기금 (특수목적자금)	200	· 현재 수출계약 체결중인 수출기업 · 창업 후 3년 이내 기업 · 기술력을 바탕으로 성장잠재력을 지닌 유망기업 · 자연재해, 고환율, 원자재난, 물류비 피해 등 피해기업(시장 · 군수 추천기업)
	소상공인정책자금 (일반자금)	0.3	· '12~13년 물가안정 모범업소, 일반자금융자업체 · '13년 여성가장, 소상공인, 일반자금융자업체

지 역	자금명 (상품명)	지원규모 (억 원)	지원자격 (대상)
강원도			· '13년 금강산관광 중단에 따른 피해지역(고성군) 소상공인으로 일반자금 융자업체 · '13년 장애인기업 특화자금융자업체
	소상공인정책 자금(특화자금)	0.67	· '11년 2월 대설 피해 소상공인(강릉, 동해, 삼척) · '12년 8월 가스폭발 피해 소상공인(삼척)
	강원도 행복씨앗드림자금	240	· '13년 1~2월 화재사고 피해 소상공인(속초, 원주)
	춘천시 중소기업육성자금	140	· 도내 영세 소상공인, 도소매업, 음식점, 서비스업 등 · 제조업, 시내버스업, 정기항로도선업, 지식산업, 정보통신산업 · 유통업(도소매업), 숙박업, 일반음식점업, 자동차정비업 · 일반(법인), 택시운송업
	원주시 중소기업육성자금	100	· 제조업 및 지식 · 정보관련업, 건설업(2년 이상 영위 업체), 관광업, 도매 및 소매업, 숙박업, 이 · 미용업, 목욕장업, 세탁업, 일반음식점업, 자동차정비업, 운송업을 신청일 현재 영위하고 있는 업체(단, 본사, 주사무소 또는 사업장 중 하나가 원주시내에 소재하고 있는 중소기업체에 한함)
전라 북도	창업 및 경쟁력강화자금	950	· 중소기업기본법의 적용을 받는 중소기업 – 제조업전업률이 30% 이상으로 공장등록을 한 중소제조업체 – 제조업 관련서비스업(운전자금에 한함) – 소상공인(점포시설개선사업) 등

지 역	자금명 (상품명)	지원규모 (억 원)	지원자격 (대상)
전라 북도	전북 골목 상권활성화특례보증	100	·신용등급 5~10등급 ·업종별 매출 평균 이하 소상공인 ·전통시장주변업종 ·기타 소상공인
	정읍시 영세소상공인 특례보증지원자금	5	·영업기간 3개월 이상 정읍 관내 소상 공인 ·신용등급 6~10등급
	고창군 소상공인 경영안정자금	2	·고창군내에 주소지를 둔 소상공인
	군산시 소상공인 특례보증	10	·영업기간 3개월 이상인 관내 소상공인
	익산시 소상인상생 발전특별보증	52	·전통시장 및 상점가등록 상인, 익산 슈 퍼마켓사업협동조합 조합원(익산시 주소 지 및 사업장을 가지고 있는 종사자수 5 인 이하 소상공인)
	무주군 영세소상공인 특례보증	5	·영업기간 3개월 이상 무주 관내 소상 공인 ·신용등급 5~10등급
	남원시 소상공인 육성금융지원사업	10	·남원시 소재 소상공인
	순창군 소상공인 지원사업	1	·관내 3년 이상 거주 ·영업기간 3년 이상 소상공인
	장수군 중소기업육성기금	8	·소사업장을 장수군 관내로 둔 개별 소상 공인
	완주군 영세소상공인 지원특례보증	10	·영업기간 3개월 이상인 완주 관내 소상 공인
대구시	2014년도 상반기 창업 및 경쟁력강화자금	300	·대구시내에 본점(사업장)을 두고 있는 제조업, 제조 관련서비스업, 지식산업, 영상산업, 건설업 등을 영위하는 중소기 업체
경상 북도	소상공인육성자금	250	·경북도내에 소재하고 있는 소상공인 – 제조업, 건설업, 운수업, 광업 : 상시근로 자 10인 미만 업체

지 역	자금명 (상품명)	지원규모 (억 원)	지원자격 (대상)
경상 북도			– 도소매업, 음식업, 서비스업 등 : 상시 근로자 5인 미만 업체
부산시	중소기업육성자금 1/4분기(소상공인)	60	·부산 소재의 사업자등록 소상공인 – 우선지원대상 : 부산시 창업강좌 또는 창업아카데미 이수자(2013년도 교육에 한함)
제주도	중소기업경영 안정지원자금	3,000	·중소제조업, 벤처기업 ·성장유망중소기업 ·이노비즈기업 ·경영혁신기업(중소기업청장 지정) ·건설업 ·관광관련업 ·수출업체 ·도소매업 ·운수업 ·숙박업 ·기타 지식서비스업 등 ※ 지원제외 대상 : 도박업, 사치향락업, 부동산업, 임대업, 금융업, 보험업, 골프장업, 보건 및 사회복지서비스업, 주류·담배 도매업, 태양광발전업 등
광주시	골목상권특례보증	1,085	·보증신청일 현재 골목상권에서 도매업, 소매업, 음식점 및 주점업, 임대업, 서비스업 등의 업종을 영위할 목적으로 사업자등록증을 한 후 가동(영업) 중이거나 가동(영업)이 확실시되는 소기업, 소상공인 – 골목상권 : 대기업이 경영하는 백화점, 대형 마트, 기업형 슈퍼마켓, 대형 쇼핑센터를 제외한 상권을 의미하며 전통시장을 포함
전라 남도	광양시 2014년도 융자금 이차보전	15	·광양시에 사업장과 주소를 두고 금융 기관으로부터 대출을 받은 소상공인

지 역	자금명 (상품명)	지원규모 (억 원)	지원자격 (대상)
전라 남도	소상공인창업자금	100	· 전라남도내 영업장 보유한 창업 2년 미만의 소상공인 · 업력 5년 미만의 업체로 최근 2년 이내 소상공인시장진흥공단의 창업교육 또는 교육컨설팅 이수자
	나주시 주민소득 (소상공인)융자지원사업	10	· 나주시내 소상공인
	해남군 소상인 경영안정지원(이차보전)	0.7	· 해남군내 소상공인
	장성군 소상공인자금	1	· 장성군내 소상공인
		0.5	
충청북도	소상공인육성자금	350	· 충청북도내 사업장 소재 소상공인
충청 남도	소상공인자금	1,250	· [소기업 및 소상공인지원을 위한 특별조치법]에 따라 상시근로자수가 10인 미만인 소상공인 – 광업, 제조업, 건설업, 운수업 : 10인 미만 – 도소매업, 음식·숙박업, 서비스업 등 : 5인 미만 · '충남형' 예비사회적 기업 및 충청남도 청년CEO교육 수료자 · 도 소상공인자금지원 수혜 후(이자보전 만료 후) 유예기간(1년) 경과업체 – 충청남도 정책자금 한도 이내에서는 유예기간 경과 전이라도 신청가능
	논산시 소상공인 특례보증	12	· 충청남도 자금에 준함
	계룡시 소상공인 육성자금	10	· 사업장이 계룡시에 소재하고 대표자가 계룡시에 거주하는 업체(공고일 전까지 주민등록이 계룡시로 되어 있을 것)
	당진시 특례보증자금	1.2	· 당진시에 거주하고 당진시에 사업장을 둔 소상공인
세종 특별 자치시	소상공인자금	80	· 세종특별자치시 소재의 사업자등록 소상공인 – 건설업, 제조업, 광업, 운송업(10인 미만) – 도소매업, 각종 서비스업(5인 미만)

지 역	자금명 (상품명)	지원규모 (억 원)	지원자격 (대상)
대전시	소상공인경영개선자금	600	· 대전광역시 소재의 사업자등록 소상공인 · 3개월 이상 영업실적, 신용상태 양호
경상 남도	경상남도 소상공인창업 및 경영안정자금	300	· 도내에 사업장을 둔 소상공인 중 경남신용보증재단으로부터 추천을 받은 기업
	창원시 소상공인 육성자금	600	· 창원시(마산, 진해 포함)에 사업장을 두고 사업을 운영중인 소상공인 - 창업자금 : 사업자등록 후 6개월 이내 영업중인 소상공인(신규창업시) - 경영안정자금 : 사업자등록 후 6개월 이상 영업중인 소상공인 ※ 부도, 휴업, 폐업, 타지역 이전시 이자보전 지급중단
	김해시 소상공인 육성자금	150	· 김해시에 사업장을 두고 사업을 운영 중인 소상공인 - 창업자금 : 사업자등록 후 6개월 이내 영업중인 소상공인(신규창업시) - 경영안정자금 : 사업자등록 후 6개월 이상 영업중인 소상공인 ※ 부도, 휴업, 폐업, 타지역 이전시 이자보전 지급중단
	진주시 소상공인 육성자금	300	· 진주시에 사업장을 두고 사업을 운영 중인 소상공인 - 창업자금 : 사업자등록 후 6개월 이내 영업중인 소상공인(신규창업시) - 경영안정자금 : 사업자등록 후 6개월 이상 영업중인 소상공인
	양산시 소상공인 육성자금	120	· 양산시에 주소를 두고 사업자등록을 마친 소상공인으로서 경남신용보증재단 양산지점의 신용보증서를 발급받은 소상공인 - 창업자금 : 사업자등록 후 6개월 이내 영업중인 소상공인(신규창업시) - 경영안정자금 : 사업자등록 후 6개월 이상 영업중인 소상공인

05

각종 금융기관 자금정보

정부지원정책이 어렵다고 판단될 경우에는 금리는 조금 높지만 금융기관을 통한 조달을 이용할 수밖에 없다. 금융기관을 이용한 자금조달 규모는 보통 3천만 원에서 1억 원 정도가 대출 가능한 금액이다. 금융기관 역시 정보에 능통하면 그만큼 이용하기 쉽다. 창업자들의 대부분이 담당자와 상담하는 것을 꺼리는 경우가 많은데, 좀더 적극성을 가지고 대출상담에 응하는 자세가 필요하다. 돈을 빌려주는 입장에서 여러 가지 따지는 것은 당연한 일이다.

금융기관을 이용한 창업자금조달의 경우 시중은행의 종합통장 대출 및 적금대출제도, 보험회사의 부동산담보대출, 새마을금고와 상호신용금고 대출, 마이너스통장 대출, 신용카드회사의 카드론 등을 통해 창업자금을 조달할 수 있다. 이중 가장 일반적인 자금조달방법은 은행의 마이너스통장 대출을 이용하는 것이다. 대부분의 은행은 3

개월 이상(일부 은행은 6개월 이상) 급여이체 실적만 있으면 마이너스 대출을 해주고 있으며, 공과금 납부실적, 신용카드 결제실적, 본인명의 예금의 평균잔액, 환전실적 등을 감안해 대출금 액수를 조정한다.

따라서 예비창업자들은 갑자기 금융기관을 찾기보다는 최소한 창업 3~6개월 이전에 주거래은행을 정해놓고 예금자동이체 · 신용카드 결제 · 환전 등의 거래를 집중하는 것이 유리하며, 신용카드대출의 경우 대출 한도는 신청인의 거래실적이나 신용도에 따라 다르므로 전화로 먼저 대출할 수 있는 금액과 필요한 서류의 종류 등을 알아본 뒤 요건을 갖추어 창구에 문의하면 효과적이다.

○ 은행자금 지원내용

은행	상품명	지원대상	금리(연)	지원한도(억 원)
신한 은행	신한 Tops 오일론	· 신한카드 가맹점 결제계좌를 당행으로 이용(신청 포함)중인 5대 정유사 제휴 주유소 또는 한국석유공사와 제휴한 알뜰주유소 개인사업자 및 법인 고객(자영 주유소 및 충전소에 한하며 임대사업자는 제외) - 5대 정유사 : SK주유소, GS주유소, 현대오일주유소, S-오일주유소, E1 - 알뜰주유소 중 EX(고속도로 알뜰주유소), NH-OIL(농협 알뜰주유소)은 제외	신용평가등급에 따라 차등 적용	유효담보가액 범위내 (담보감정가액의 최고 70%)

은행	상품명	지원대상	금리(연)	지원한도(억 원)
신한 은행	신한 Tops 학원 대출	학원업을 영위하고 있는 신용등급 BB+ 이상인 개인사업자 및 법인	신용평가등급에 따라 차등 적용	· 소요자금 범위내 – 대출한도는 당행 대출 심사를 통해 조정 가능
	신한 프랜차이즈론	당행이 선정한 우수프랜차이즈와 계약을 체결한 가맹점으로 당행 신용등급 BB- 이상이고, 점포임대차계약을 본인 명의 또는 직계존비속 명의로 체결하였으며, 신용카드 가맹점 결제계좌를 당행 계좌로 신청 또는 이용중인 개인사업자	신용평가등급에 따라 차등 적용	신한은행 선정 그룹별 한도범위내 (최고 2억 원)
	신한 특화상권 사업자 대출	은행에서 선정한 특화상권내에서 사업을 영위하는 개인사업자	신용평가등급에 따라 차등 적용	소요자금 범위내(대출 한도는 당행 대출 심사를 통하여 조정 가능)
	신한 어린이집 대출	국가보조금 입금통장이 당행인 고객으로 보육&복지시설 우대통장 가입 및 체크카드(신용카드)가 발급(예정 포함)된 민간보육시설(어린이집)을 운영하고 있는 개인사업자(고유번호증만 소지 고객 포함) 및 법인	신용평가등급에 따라 차등 적용	최고 1억 원 이내(매출액 기준으로 최고 5천만 원 이내)
	신한 G1금 사업자 대출	은행 신용등급 BB- 이상의 개인사업자 및 법인으로서 귀금속소매상을 대상(표준산업분류코드 : 52650 대상)	신용평가등급에 따라 차등 적용	소요자금 범위내(대출 한도는 당행 대출 심사를 통하여 조정 가능)
	신한 가맹점 사업자 대출	신용보증기금이 정한 '창업중소기업'으로 신용보증기금의 창업지원 보증서를 발급받은 창업(사업개시일) 후 3년 이내의 중소기업(개인사업자 포함)	신용평가등급에 따라 차등 적용	최고 3억 원(단, 창업 후 1년 이상 3년 이내인 기업은 5억 원까지)

은행	상품명	지원대상	금리(연)	지원한도(억 원)
신한 은행	신한 창업 지원 보증 대출	신용보증기금이 정한 '창업중소기업'으로 신용보증기금의 창업지원 보증서를 발급받은 창업(사업개시일) 후 3년 이내의 중소기업(개인사업자 포함)	신용등급별 차등 적용	최고 3억 원(단, 창업 후 1년 이상 3년 이내인 기업은 5억 원까지)
	신한 SOHO 명품 대출	당행 신용등급 BB 이상 개인사업자	· 고객별 산출금리에서 조건별로 최고 0.3% 범위내 금리 우대 – 대출 신청업체의 신용평가 등급에 따라 차등 적용	건당 3억 원 이상
	신한 Biz 프리미어론	당행 신용등급 BB 이상 개인사업자 및 법인 신규고객	신용평가등급에 따라 차등 적용	건당 3억 원 이상
국민 은행	KB스타론	사업기간 1년 이상 경과하고 금융거래 실적을 보유한 개인사업자 분들 중에서 고객 본인이 KB Star Club MVP/로얄/골드스타인 고객	고객의 신용도 등에 따라 차등 적용	· 최고 1억 원 이내에서 신용등급 및 KB Star Club 등급에 따라 차등 지원 – 운전자금 소요금액 범위내
	KB프랜 차이즈 대출	KB국민은행이 프랜차이즈 대출 대상 브랜드로 선정한 프랜차이즈 본사와 계약을 체결한 가맹점주로서, 일정 수준 이상의 신용등급 요건을 충족하는 개인사업자	고객의 신용도 등에 따라 차등 적용	운전자금 또는 시설자금 소요금액 한도 범위내에서 본건 및 기여신(가계여신 포함)을 포함하여 10억 원 이내
	KB커머셜 모기지론	기업의 설비·시설로 사용하기 위하여 부동산을 매입하고자 하는 기업고객으로서, 담보비율 70% 이상의 담보를 제공 가능한 고객	고객의 신용도 등에 따라 차등 적용	부동산의 매입에 소요되는 자금과 부대시설 설치에 소요되는 자금의 90% 범위내

은행	상품명	지원대상	금리(연)	지원한도(억 원)
국민 은행	KB릴레이 션십론	예금, 급여이체, 퇴직연금, 신용카드 등의 당행 거래실적이 있으면서 일정 기준을 충족하여 운전자금 및 시설자금을 지원받으려는 개인사업자	고객의 신용도 등에 따라 차등 적용	운전자금 또는 시설자금 소요금액 범위 내
	KB 투게더론	사업개시일로부터 1년 이상 경과한 개인사업자 고객	고객의 신용도 등에 따라 차등 적용	운전자금 또는 시설자금 소요금액 범위내
	KB 스타샵론	사업개시일로부터 1년 이상 경과하고, 매출대금 결제계좌를 당행으로 지정·당행 계좌에 최근 3개월 이상 계속하여 KB카드 매출입금실적이 발생한 가맹점주인 개인사업자	고객의 신용도 등에 따라 차등 적용	최고 7천만 원 이내로 운전자금 또는 시설자금 소요금액 범위내
	KB SOHO 원금 다이어트 결제통장 우대대출	사업기간 1년 이상으로 결제성 자금입금통장을 당행으로 지정한 고객 중 일정 신용등급 이상이고 제한 업종에 저촉되지 않는 SOHO 고객	고객의 신용도 등에 따라 차등 적용	담보금액 등에 따라 최고 10억 원. 다만, 신용여신한도는 5천만 원 이내
농협	행복채움 프랜차이즈론	당행과 업무협약을 체결한 프랜차이즈업체의 가맹점주(창업자 포함)	대출기간, 고객의 신용도, 담보 등에 따라 차등 적용	·담보여신 : 농협에서 정한 기준에 의한 여신 가능금액 범위내 ·신용여신·창업자금 : 소요자금의 80% 범위내에서 최대 2억 원 ·운전자금 : 최근 4개월 매출액 범위내에서 최대 2억 원

은행	상품명	지원대상	금리(연)	지원한도(억 원)
농협	행복채움 농식품기업 성공대출	농식품 관련 법인 및 개인사업자(농업인 포함)	대출기간, 고객의 신용도, 담보 등에 따라 차등 적용	· 담보여신 : 농협에서 정한 기준에 의한 여신 가능금액 범위내 · 신용여신 – 우수농식품기업 : 선도 · 우수농기업, 내 점포(점포 소유), 사회공헌 등에 따라 대출 한도 우대 – 비주거용 부동산 담보대출 고객 : 총 소요자금 한도 범위내에서 차주 신용등급, 담보, 성장성, 기여도 등을 감안하여 결정(비주거용 부동산 담보여신에 추가하여 최대 15%까지 신용여신 가능)
	채움 성공 비즈니스 대출	사업자등록증이 있는 개인사업자(신용대출은 사업기간 1년 이상)	· 운전자금 최저 연 5.17% · 시설자금 최저 연 4.79%(2013. 7. 1 현재)	· 담보여신 : 농협에서 정한 기준에 의한 여신 가능 금액 범위내 · 신용여신 : 최고 1억5천만 원
	채움 베스트 기업론	· 소호CSS 및 기업심사 대상인 사업기간이 1년 이상(우수 프랜차이즈업종은 신규 창업자도 가능)의 사업자로서 다음 각 호에 해당되는 고객 – 당행에 비주거용 부동산 담보대출이 있는 자로서 추가 신용여신을 받고자 하는 고객 – 당행에 신규로 비주거용 부동산 담보대출을 받으면서 추가 신용여신을 받고자 하는 고객	대출기간, 고객의 신용도, 담보 등에 따라 차등 적용	총 소요자금 한도 범위내에서 차주 신용등급, 담보, 업종, 상환능력, 자금용도 및 규모 등을 감안하여 결정

은행	상품명	지원대상	금리(연)	지원한도(억 원)
농협	채움 중소기업우대론	제조업을 영위하는 중소기업 및 개인사업자	대출기간, 고객의 신용도, 담보 등에 따라 차등 적용	동일업체당 보증서 발급금액(당행 책임분담금 포함)
	채움 제조 Up론	제조업을 영위하는 중소기업 및 개인사업자	대출기간, 고객의 신용도, 담보 등에 따라 차등 적용	총 소요자금 한도 범위 내에서 차주 신용등급, 담보, 업종, 상환능력, 자금용도 및 규모 등을 감안하여 결정
	채움 상생론	당행과 상생펀드 구성 협약을 체결한 대기업의 협력 중소기업(개인사업자 포함)	대출기간, 고객의 신용도, 담보 등에 따라 차등 적용	총 소요자금 한도 범위 내에서 차주 신용등급, 담보, 업종, 상환능력, 자금용도 및 규모 등을 감안하여 결정
	SOHO · 가맹점주 우대대출	· 사업기간이 6개월 이상 경과한 다음 각 호 1에 해당되는 자 - PB고객 및 하나로가족고객으로 선정된 개인사업자 - NH독자카드 포함하여 1개 이상 카드사(금융계 및 전문계 카드사)의 신용카드 매출대금 입금계좌를 당행으로 지정(변경)한 가맹점 주인 개인사업자	대출기간, 고객의 신용도, 담보 등에 따라 차등 적용	· 가계자금 : 동일인당 최대 1억2천만 원 이내 · 기업자금 : 총 소요자금 한도 범위내에서 차주 신용등급, 업종, 상환능력, 자금용도 및 규모 등을 감안하여 동일인당 최대 1억2천만 원 이내
	소호사랑 대출 (농 · 축협)	사업자등록증을 소지한 개인 중 자기조정계산서 첨부 대상 개인사업자	개별 조합별로 결정	· 신용대출 : 농협에서 정한 신용대출 가능 금액 이내 · 담보대출 : 담보물평가액에 따른 여신 가능 금액 이내(임금채권 차감) 주택담보는 담보인정비율 최고 80% 이내 적용

은행	상품명	지원대상	금리(연)	지원한도(억 원)
하나은행	하나 마스터스원 소호 신용대출	부동산을 담보로 대출을 받으려는 개인사업자	· 고정금리 최저 연 5.19%(당행 신용등급 1등급 기준, 2013년 7월 9일 현재) · 변동금리 연 4.96%(CD유통수익률(91일물) 연동, 당행 신용등급 1등급 기준, 2013년 7월 9일 현재)	최고 10억 원(부동산 가용가 범위내 또는 부동산 담보비중 80%(신용 20% 발생)
	프랜차이즈 가맹점 대출	당행이 정한 프랜차이즈 본사와 가맹점 계약을 맺은 개인사업자	· 고정금리 연 5.23%(당행 신용등급 1등급 기준, 2013년 7월 9일 현재) · 변동금리 연 5.00%(CD유통수익률(91일물) 연동, 당행 신용등급 1등급 기준, 2013년 7월 9일 현재)	최대 2억 원(브랜드별로 한도 차등)
	파워메디론	현재 개업중이거나 개업을 준비중인 약사	· 고정금리 연 5.23%(당행 신용등급 1등급 기준, 2013년 7월 9일 현재) · 변동금리 연 5.00%(CD유통수익률(91일물) 연동, 당행 신용등급 1등급 기준, 2013년 7월 9일 현재)	최대 3억 원(창업자금 : 최대 1억 원)
	청년 창업대출	· 신용보증기금의 '청년창업특례보증'에 따라 보증서를 발급받은 기업(개인사업자 또는 법인) · 은행권청년창업재단의 '청년창업기업에 대한 금융지원협약'에 따라 보증서를 발급 받은 기업(개인	· 2013년 7월 9일 현재 - 신용보증기금보증서 : 만기 일시상환 및 원금 분할상환 방식의 경우 고정금리만 가능하며 최저 연 3.93% - 변동금리 최저 연 4.95%(당행 신용등급 1등급 기준, CD유통수익률(91일물) 연동	· 신용보증기금보증서 : 동일차주당 최대 3억 원 이내(운전자금 대출 금액과 시설자금 대출 금액 합산 기준), 단, 운전자금 대출은 1억 원 이내에서 취급 · 은행권청년창업재단 보증서 : 보증서 금액 범위 이내

은행	상품명	지원대상	금리(연)	지원한도(억 원)
하나 은행		사업자 또는 법인)	– 은행권청년창업재단 보증서 : 1년 연 4.98%(고정), 4년 연 5.00%(고정)	
	자영업자 바꿔 드림론	연 20% 이상 고금리 대출을 보유하고 있는 신용등급 6~10등급인 자로 연소득 4,500만 원 이하인 개인사업자	최저 연 8%~최고 연 12.5%(보증료 포함, 대출금리 : 고정 연 5.5%, 2013년 7월 9일 현재)	·비전문직사업자 : 소요자금 이내 ·전문직사업자 : 신용등급에 따라 7천만~3억 원
우리 은행	소호 플러스	·우리은행에서 정한 SOHO 사업자로서 다음 각 호에 해당하는 자 – SOHO 개인사업자 : 기업여신 10억 원 이하 및 총자산 20억 원 이하의 개인사업자 – SOHO 법인사업자 : 총자산 5억 원 이하의 법인 – 전문직 사업자로서 해당 자격증을 소지하고 대출신청일 현재 해당 사업을 영위하거나 신규 개업하는 당행 신용등급 BBB–(SOHO 5) 이상인 사업자	·CD 연동기준금리, 기간별 고정금리 대출 기준금리, 기간별 변동금리부대출 기준금리, 3개월 KORIBOR 연동대출 기준금리 ·적용금리 : 기준금리 + 가산금리	·비전문직사업자 : 소요자금 이내 ·전문직사업자 : 신용등급에 따라 7천만~3억 원
기업 은행	IBK 시니어 전용 창업대출	시니어 창업관련 지역신보의 신용보증서를 발급받은 중소기업	연 3.9%(고정금리)	신용보증서상 대출금액으로 최대 5천만 원

창업 총소요자금의 산출과 표 작성

　사업을 처음 시작하게 될 때 자금을 빌리는 데 초점을 두는 것보다 자금을 올바르게 집행할 계획을 먼저 세우고 난 후 필요한 자금부분을 정확히 예측하고 자금을 조달하는 것이 바람직한 소자본 창업의 방법이다. 그 이유는 바로 상환계획이 따르기 때문이다. 물론 동업이나 창투사의 금융비용이 들지 않는 투자자금의 경우도 있지만, 소자본 자영업자들이 조달하는 자금은 대부분 투자자금보다는 상환계획이 수반되는 정부지원자금, 금융기관의 자금, 개인금융 등이기 때문이다.

　이러한 자금은 원리금 상환부담 때문에 그만큼 매출부담이 따르게 된다. 예를 들자면 3천만 원을 2년 균등상환의 조건으로 조달하였을 경우 원금이 약 125만 원에 금리비용 약 20만 원의 부담을 안게 되는 경우 매월 150만 원에 가까운 금액을 상환해야 하는 것이다. 이 경우 판매업의 평균 마진율이 30~35퍼센트인 점을 감안하면 하루 매출 15만 원에 해당하는 월 450만 원의 매출을 추가로 올려야 한다는 결론이 나오게 된다. 창업이 바로 생계수단의 방법으로 운영되는 자영업자들에게는 원금상환부담 때문에 또 다른 실패를 불러오게 되는 요인이 될 수도 있다는 점을 충분히 인지해야 하는 것이다.

대부분의 창업자들은 창업할 때에는 기록을 꼼꼼하게 해두었다고 하는데도 지출된 돈의 잔액이 잘 맞지 않는다고 한다. 그래서 개업이 다가오면 영업계획에 신경을 쓰는 것이 아니라 추가자금조달을 위해 동분서주하는 모습들을 흔히 볼 수 있게 된다. 그만큼 자금계획과 계획에 따른 집행은 영업준비 이상으로 중요한 일이다. 자금부분을 정확하게 산출하기 위해서 소요자금계획표를 작성해야 하는데 먼저 어떤 곳에 얼마만큼의 돈이 소요될 것인지 살펴봐야 한다.

창업소요자금표는 계획된 사업의 업종이나 규모와 형태에 따라서 항목들이 다소 달라질 수 있지만 자영업 창업의 경우 일반적으로 점포임차와 시설 등의 자산을 구입하는 시설자금과 개업초기 운영경비로 지출되는 운전자금 그리고 예비비 등으로 나누게 된다.

○ 창업 총소요자금표

구분	비용항목	금액
시설자금	유형 · 무형 고정자산	
운전자금	인건비 · 재료비 · 경비 등	
예비자금	시설 · 운전자금의 20% 정도 책정	
합계		

07

시설자금 · 운전자금의 항목과 작성

　시설자금은 회사의 고정자산이나 기타 자산을 매입할 때 필요한 자금으로 대차대조표를 만들게 되면 일정한 감가상각을 한 후 회사의 자산가치로 남게 된다. 대부분 외부에서 매입하므로 시설자금 내역서 작성은 예상되는 매입처나 거래처의 계약서나 견적서를 바탕으로 금액을 산출하는 것이 좋다. 운전자금은 창업초기 사업운영에 들어가는 비용으로 크게 인건비 · 재료비 · 경비 등으로 나눌 수 있다. 이중 경비는 여러 가지 세부비용으로 나눌 수 있는데 회사나 점포가 정상적으로 운영될 때까지의 기간을 1회전 기간이라고도 부른다.

　운전자금의 1회전 기간은 업종에 따라 다르므로 이를 감안하여 그때까지 필요 자금을 예비비로 20퍼센트 정도 확보해두는 것이 바람직하다. 시설소요자금표와 운전소요자금표의 항목과 작성서식 등을 표를 활용해 작성하면 자금계획을 세우는 데 유용하다.

○ 시설소요자금 내역서

구분	금액	내용
시설자금		세금 포함(취득세 · 등록세 · 각종 부담금)
건물신축		인 · 허가 비용, 설계비용 포함
부대공사		전기 · 통신 · 상하수도, 냉 · 난방, 구축물 포함
사업장 매입		세금 포함(취득세 · 등록세)
임차보증금		건물수선비용 포함
생산설비		생산설비 내역서 기준
부대시설		전 · 후방 관련시설, 공기구 소모품 포함
차량 운반구		견적서 기준
사무집기비품		세부내역서 기준
가맹비		계약서 기준
인테리어 공사비		공사내역서 기준
기술이전(사용)료		계약서
회사설립 비용		등록세 등 세금 포함
합 계		

○ 운전소요자금 내역서

구분		금액	내용
인건비			기본급 · 상여금 · 수당 등
재료비			초도상품비 · 원자재 · 부자재 등
경비	임차료		임대사업장인 경우
	관리비		전력비, 수도 · 광열비
	외주가공비		하청업체(아웃소싱, OEM 관련) 수수료 등
	운반비		배송료 · 택배비 등
	교통비		차량유지비 등
	제세공과금		각종 공과금
	보험료		회사자산에 관련된 보험료
	복리후생비		직원의료보험 · 식대 · 국민연금 · 고용보험 등
	소모품비		소모품비 등
	기타 경비		도서인쇄비 · 접대비 · 아이템개발비 등
합 계			

08

자금조달 계획과 작성

일반적으로 창업자가 사업을 구상하게 되면 먼저 호주머니 사정을 살피게 마련이며 사업에 필요한 자금을 마련하느라 적금도 해약하게 되고 집도 전세에서 월세로 전환하기도 한다. 부동산도 팔 계획을 세우게 되고 때로는 자금이나 기타 사정으로 동업을 하게 되는 경우도 생기게 마련이다.

이렇게 보유하고 있는 자금을 통해 자기자금조달 내역서를 만들게 된다. 이때 예상보유자금을 제외한 나머지 부분은 모두 빌려야 한다. 보통 타인자본은 정부지원기관·금융기관·사금융·보험회사·신용금고 등에서 대출을 받거나 개인적으로 사채를 빌려 충당하게 되는데, 그 차입처에 따라 이율이나 상환기간 등 조건이 달라지는 것이다.

따라서 구체적인 차입조건들을 타인자금조달 내역서에 명기해 두어야 한다. 이러한 타인자금조달 내역서는 차입금상환 계획서를 작성

○ 자기자금조달 계획표

구분	금액	내용
자기자금		자본금 · 동업자 출자금 · 점포출자 · 기타 투자자금
보유현금		
예　금		
적　금		
퇴직금		
유가증권 매각		주식 · 채권 등
부동산 매각		주택 · 토지 · 건물 · 기타 부동산 등
동업자 출자금		공동경영자가 출자한 현금 또는 현물
주주 출자금		주식인수자가 납입한 출자현금
기관 출연자금		정부기관, 창업투자회사의 출연자금
후원금		친 · 인척 등 주변 인물들의 후원금
보유현물		사업장 · 설비 · 차량 등
타인자금		정부지원자금 · 금융기관차입금 · 개인차입금
소　계		

○ 타인자금조달 계획표

구분	금액	내용
정부정책 지원자금		
은　행		
보험회사/신용금고		
신탁회사/리스사		
개인금융(사채)		
기타 자금		
소　계		

하는 기초가 되는 자료이기도 하다. 이러한 자기자금조달 계획표의
작성은 창업자와 동업자(투자자)의 자금조달여건이나 능력에 따라 그
항목과 내용이 달라질 수 있으나 자기자금조달 계획표와 타인자금조
달 계획표로 나누어 작성하는 것이 일반적이다.

09

계획과 차질이 있는 현금집행

　창업에 필요한 예상소요자금을 파악하는 것은 창업자의 기본적인 사항이다. 이러한 소요자금은 기억만으로는 많은 차질을 빚기 일쑤이다. 그래서 보수적인 자금조달계획서를 작성하게 되는 것인데 자금조달계획대로 사업을 추진한다면 상당한 예산을 절감할 수 있게 된다. 창업을 하면서 1천만 원의 자금으로 창업을 추진한다면 아무리 장부정리를 잘해도 계산이 잘 맞지 않게 되는 것이다.

　흔히 길거리에 버리게 되는 돈도 만만치 않다고 창업자들은 이야기한다. 그래서 자금조달계획서 작성이 필요하며 계획서대로 집행하는 것은 매우 중요하다. 그러나 이론과 실전에 있어서는 항상 틈이 있게 마련이다. 자금조달계획서에 못지않게 중요한 것이 들어오는 돈과 나가는 돈의 흐름을 파악하는 현금흐름표를 작성하는 것이다. 창업을 준비하는 기간은 대개 3개월 이상 걸리는 경우가 보통이다. 물론 전액

○ 현금흐름표

구분	내용	D-3개월	D-2개월	D-1개월	D월	D+1개월	D+2개월	D+3개월
유입	이월현금							
	예금인출							
	적금만기							
	퇴직금							
	유가증권매각							
	동업자출자							
	차입금대출							
	매출대금회수							
	계							
유출	점포보증금							
	인테리어 공사							
	개업비							
	초도상품비							
	광고선전비							
	집기비품구입비							
	직원급여							
	임차료							
	관리비							
	계							
	현금잔액							

현금으로 보유하고 있다면 문제가 될 것도 없지만 정부지원자금을 예상하고 창업을 하는 경우 또는 부동산 매매, 전세자금의 유입, 빌려준 돈의 상환 등을 염두에 두고 사업을 추진하다가 계획에 차질을 빚는

경우 일정이나 사업추진이 난관에 부딪히게 되는 것이다.

이러한 경우는 소자본 창업에 있어 흔히 발생하는 일이기도 하다. 이럴 경우 그 동안 언제 어떻게 돈을 준비해서 어디에 쓸 것인지에 대한 자세한 계획이 필요한 것이다. 필요할 때 필요한 만큼의 가용자금이 없다면 자금조달계획은 의미가 없는 것인지도 모른다.

따라서 창업자는 창업추진 기간 동안의 자금흐름을 면밀히 파악하여 현금흐름표를 작성해두고 이를 토대로 자금관리를 철저히 해두는 것이 바람직한 자세이다. 또한 자금관리를 할 때 잔고는 항상 마이너스가 되지 않도록 유의해야 하며 창업 이후에라도 경영자로서 정기적으로 작성해 보아야 할 일 중 하나다.

10

창업자금이 적은 것은 결코
부끄러운 일이 아니다

창업을 하려는 사람들은 자기의 창업자금이 턱없이 부족하면서도 창업예상자금이 얼마냐는 질문에는 창업자금을 빌릴 수 있는 금액까지 이야기하곤 한다. 예를 들면 창업자의 창업자금이 1천만 원밖에 없는데도 불구하고 2천만~3천만 원으로 창업할 수 있는 업종을 물어보는 것이다. 그렇게 될 경우 상담료 자체가 아까울 것이다. 어차피 못할 창업이고 설사 우여곡절 끝에 창업이 되었다손 치더라도 결과는 뻔한 것이다.

창업컨설턴트는 결코 상담자의 창업자금이 적다고 인격을 무시하고 창업자금이 많다고 존경하지 않는다. 상담자를 창업환자로 보는 창업의사일 뿐이다. 정확한 진단으로 처방을 하고 완쾌되도록 하는 것이다. 창업자금이 적다는 것은 결코 부끄러운 일이 아니다. 또한 굳은 일을 하는 것도 부끄러운 일이 아니며 부끄러운 일은 바로 자기 자신을 속이는 일이다.

성공창업의 지름길은 자신에게 좀더 솔직하고 새로운 정신자세로 사업이라는 영역에서 자신의 능력을 최대한 발휘해보는 것이 핵심이다. 창업을 함에 있어서 가장 먼저 계획을 세워야 하는 일이 바로 자금계획이다. 우선 창업 초기에 자기자본 가능규모를 알아보아야 하는데 경쟁력 있는 창업을 추구하자면 자기자금의 보유형태를 점검하여야 한다.

우선 개인 빚의 규모를 산정하고 순수자기자금, 즉 현금 · 예금 · 적금해약금 등 동원 가능한 금액을 측정한 후에 차입 가능한 자금을 합쳐 초기투자금액을 산출한 뒤 차입금액의 금융이자와 순수자기자금의 수익률을 계산하고 본인의 입금액을 계산해본다. 그리고 난 후에 취급상품의 타당성(판매가격 · 시장성 등)과 추정매출액과 추정 손익계산서를 필히 작성해야 한다.

지출에 있어서는 창업준비단계에서 개업까지 소요 · 예측되는 비용과 지출부분을 빠짐없이 기록한 후 지출이 타당성이 있는지 검토하고 지출시기를 예상해본 후에 투자자금과 시기적으로 일치되는지 검토한다. 계획성 있게 지출하여 불필요한 지출을 삼가도록 한다. 이렇듯 당연한 이론인 데도 머릿속에 생각하고 있는 것과 준비성 있게 계획서를 작성하고 창업하는 것과는 실제 20퍼센트 이상의 자금절약 효과를 가져온다는 것을 예비창업자들은 인지하여야 할 것이다. 창업의 방법론에 있어서도 알고 있는 것으로는 부족하다. 모든 창업은 준비된 자에게만이 성공창업의 영광이 따른다는 것을 명심하라.

지난 1년 동안 예비창업자들의 창업성공확률은 10~15퍼센트에도 못 미쳤다. 전문가들의 사업계획에 관한 조언에 공감은 하면서도 실제 실천하는 사람은 많지 않았다. 창업은 재미로 해보는 것이 아니다. 생존경쟁의 전쟁터에 나서서 살아남아야 한다는 절박한 심정으로 사업을 설계하는 것이다. 성공과 실패는 본인의 의지에 있는 것이지 전문가의 조언에 있는 것이 결코 아니며, 단지 전문가는 실패가능성을 지적해주는 것이란 걸 인지하고 만반의 준비와 실천을 당부하고 싶다.

4장
입지
선정

01

명당자리를 찾아라

창업전문가들과 입지전문가들은 이구동성으로 창업하려면 점포입지가 중요하다고 말한다. 첫째도 입지, 둘째도 입지, 셋째도 입지라고 하며 입지가 성공의 70퍼센트를 좌우한다며 입지당위론만 난무한다. 실제로 창업을 하려고 보면 상권에 관한 책이나 인터넷의 정보도 도움은 되나 피부에 와 닿는 것 같은 느낌은 갖기 힘들다.

그 이유는 현장상황을 직접 접해보지 않은 이론으로는 한계가 있기 때문이다. 실제 점포입지를 선정할 때 꼭 필요한 것은 구체적인 창업정보나 입지에 관한 서적보다는 정확한 수요층 분석과 업종분석이 점포입지를 판단하는 기준이기 때문이다.

상권조사시 유동인구조사는 단지 수요층 분석의 한 가지 방법일 뿐이다. 유동인구가 많다고 해서 점포수익성이 높다고 말할 수 없다. 상권마다 유동인구의 연령별·성별·소비성향별 특색을 파악해야 한다. 그리고 무엇보다 중요한 것은 동종 또는 유사업종의 점포수를 파악하는 것이 중요하다. 점포수가 많아져 공급량이 수요량을 넘어서면 정체상태에 머물고, 점차 쇠퇴기에 빠지게 된다. A상권에서는 호황업종이 B상권에서는 쇠퇴업종이 될 수도 있다. 문제는 그 상권들을 어떻게 정확하게 파악하느냐에 달려 있다.

점포임대료·권리금·개발계획 등의 변화 가능성도 고려해야 한다. 입지는 고정되어 있는 것이 아니라 주변 환경에 의해 변화하기 때문에 영원한 유망입지란 결코 없다. 이런 점들을 명심하고 좋은 점포를 구하려면 본인이 개점을 희망하는 지역에서 발로 뛰어 현장에서 체험하는 것이 가장 좋은 방법이다. 본인의 구미에 딱 맞는 점포입지를 구하기란 현실적으로 어렵고 비용 또한 만만치 않다. 오히려 나쁜 조건의 점포를 피해 나가는 것이 현명한 접근방법이다. 좋은 입지를 선택하려면 우선 입지의 특색을 파악해야 한다.

입지의 특색은 상가지역·사무실가·주택가·대학가·대로변입지·위락지 또는 유원지·공장지역 등의 입지들이 대표적으로 많이 산재해 있으며 이곳의 특색을 파악한 후에 신중하게 고객의 접근이 용이한 곳이거나 자기가 선택한 메뉴에 유리한 입지를 선택하여야 성공의 지름길로 나아가 성공할 수 있을 것이다. 점포창업을 할 경우 입지선정에 신중할 점들과 입지선정의 주안점 그리고 꼭 피해야 할 입지 등을 신중하게 생각하고 고려해야 한다.

02

상권조사 · 분석

어떤 장사를 할까 고민하는 예비창업자들이 업종을 어렵게 선택해도 입지가 문제되어 사업구상 자체가 진척이 되지 않는다. 예비창업자들의 가장 큰 관심사는 요즘 잘되는 업종은 무엇인지 어떤 업종이 유망한지 신문도 열심히 보고 인터넷 검색도 열심히 하고 창업서적도 본다. 하지만 소자본 창업성공의 가장 중요한 요소인 입지선정에 대해서는 유동인구가 많아서 이 정도면 괜찮겠지 하는 생각으로 단순하게 결정하는 실수를 많이 하는 편이다.

소자본 창업에서 입지선정은 아무리 강조해도 지나치지 않다. 오죽하면 입지산업이라고 하겠는가? 좋은 입지는 별다른 노력 없이도 위치 자체만으로 많은 고객을 끌어들일 수 있는 곳을 말한다. 또 흔히 생각하는 남대문의류상가, 동대문시장처럼 전문상점들이 밀집돼 있어 멀리서도 고객을 끌어당길 수 있는 힘이 있거나 이대입구처럼 신세대를 끌 수 있는 상권 등이 일단 좋은 목으로 꼽힌다. 특히 소자본 창업에 있어서 목의 좋고 나쁨은 사업의 성공을 좌우하는 요인이 된다. 그러나 목 좋은 점포를 고르기는 말처럼 쉽지 않다. 장사가 잘되는 지역이 일반적으로 입지여건이 좋은 지역이지만 대부분 높은 임대료에 권리금까지 있어 초기투자비가 많이 들 뿐 아니라 매물도 많지 않다. 따라서 업종선택은 입지(점포의 위치)와 관련해서 정하는 것이 좋다. 업종이 먼저 선정되었으면 업종에 알맞은 입지를 구해야 하며 입지선정이 먼저 되었다면 입지에 알맞은 업종을 찾는 것이 중요하다. 그러기 위해서는 상권조사가 필수적이다.

상권조사는 상권의 중심 또는 점포매물을 중심으로 1차 상권과 2차 상권으로 나눠 그 범위 내에 있는 경쟁점포(유사업종)를 표시한 약도를 그린 다음, 업종과 점포크기 · 상호 · 상품구성 · 가격대 등을 조사하는 것을 말한다. 이는 점포에 대한 수요예측과 마케팅전략수립의 기초가 된다. 상권조사와 분석을 나누어서 실시한다.

상권조사

창업을 위하여 후보점포를 물색하러 다녀보면 정확하게 판단이 잘 서지 않는 경우가 많다. 점포를 고르는 데 있어서 무엇보다도 점포를 중심으로 해서 지나다니는 인구가 얼마나 되느냐, 다시 말하면 유동인구가 점포의 가치를 평가하는 결정적인 요인이 된다는 것을 이해하면 일은 쉽게 풀릴 수 있다. 유동인구를 조사하는 데 있어 기준은 후보점포의 규모, 주변시설의 흡인력, 주변인구의 외식형태, 외부 유출 입동선, 주변 지역의 지형지세, 도로 및 교통시설, 통행인의 성격, 상권의 규모 및 형태, 지리적 위치 등 여러 요인을 감안하여 후보 점포의 1차 상권과 2차 상권의 범위를 정한다.

- 1차 상권 : 약 500m 이내의 거리(걸어서 5분 이내의 거리)
- 2차 상권 : 500~1,000m 이내의 거리(걸어서 5~15분 사이의 거리)

그리고 1차 상권 범위 안에서 후보점포가 위치한 상권의 형태와 규모를 파악해야 하며 그 범위 안의 주민수를 계산해보면 대략 잠재고객수를 알 수 있다. 주민수에 대한 정보는 가까운 구청이나 동사무소 등 공공기관에서 알아볼 수 있고, 인터넷에 개설되어 있는 통계청 자료를 무료로 이용할 수도 있다. 역세권이라면 해당 역의 하루 이용객

상권조사의 주요 항목

- **통계자료 조사** : 인구수 · 세대수 · 가족구성원수 · 주거형태(단독주택 · 아파트 복합형)
- **상권형태 및 규모파악** : 주간상권 · 야간상권 · 고정상권 · 유동상권
- **통행인구조사** : 성별 · 연령별 · 시간대별 · 요일별 통행객수를 관찰하고 통행객과 통행 성격과 통행객의 수준 파악
- **통행차량 조사** : 통행차량의 수와 어느 시간대에 많이 지나가는지 파악
- **경쟁점포 조사** : 예상되는 경쟁점포의 이용객수, 계층 · 제품의 가격대, 매장구성 장 · 단점 파악
- **상권의 향후 전망** : 주변 상권의 확대 · 축소 가능성을 파악하고 대형 집객시설의 개발정보를 수집하며 주변 건물의 신축 · 철거계획 등을 알아본다.

수를 해당 역에 알아보면 자세히 알 수 있고, 주고객층이 1318세대라면 인근 학교들의 학생수를 계산할 수도 있다.

점포앞 통행객 조사

시간대별 · 연령별 · 성별 통행객 조사도 병행해야 하는데 이때 시장조사비가 들어가더라도 아르바이트를 고용하여 통행객들을 대상으로 설문을 받을 필요가 있다. 물론 본인이 직접 조사할 수 있으면 금상첨화이다. 조사하는 도중 상권의 특성이나 소비수준 · 점포권리금 등의 부동산시세도 비교적 정확하게 파악할 수 있기 때문이다. 유동인구가 많은 곳을 중심으로 상권이 발달하기 때문에 주상권이 되며 상권이 확장되면서 인근이 부수상권이 되는 것이다. 유동인구가 많은 주상권에서 상품에 대해 좀더 신경을 쓴다면 많은 고객을 불러들일 수 있는 것은 당연한 일이다.

반면 유동인구가 적은 곳은 고객확보에 많은 노력을 해야 하는 불리한 점이 있으나 점포임차보증금이나 권리금이 싼 장점이 있을 것이다. 유동인구를 조사하기 위해 무작정 점포 앞에 서서 지나다니는 사람들만 보고 있을 것이 아니라 상권조사표를 작성하여 철저한 준비와 계획을 가지고 해야 한다.

○ 상권조사표

연령별 시간별	어린이		주부		청소년		직장인		중년 이상		합계	
	남	여	남	여	남	여	남	여	남	여	남	여
09:00~10:00												
10:00~11:00												
11:00~12:00												
12:00~13:00												
13:00~14:00												
14:00~15:00												
15:00~16:00												
16:00~17:00												
17:00~18:00												
18:00~19:00												
19:00~20:00												
20:00~21:00												
21:00~22:00												
22:00~2300												
23:00~24:00												
합계												
평균												

※ 유동인구 체크 기준(시간별)
A급상권 : 3,000 이상 / B급상권 : 2,000 이상 / C급상권 : 1,000 이상 / D급상권 : 1,000 이하

상권분석

점포를 정한 뒤에는 보다 세밀한 업종분포를 조사해 품목(개별 업

종)을 선정해야 한다. 즉 경쟁점포가 많으면 많을수록 장사가 잘되는 것이다. 물론 외딴 지역에서 독점으로 영업을 할 수도 있겠지만 상권 분석에 있어서는 유동인구가 많고 업종이 몰려 있는 곳을 중심으로 분석을 하며 어떤 업종이 많이 포진되어 있느냐가 바로 소비수준을 판가름하는 잣대이기도 하다.

주변 상권의 업종분포를 조사해보고 전체 업종 중 음식업이 차지하는 비중이 절반이 넘는 지역일 때 음식업을, 판매업이 잘되려면 판매업이 절반 이상을 차지해야 하며 판매업 중에서도 여성관련용품일 경우에는 전체 업종의 3분의 2가 이것을 넘어야 한다. 즉 음식점과 판매업은 지역에 많이 몰려 있어야 장사가 잘되는 것이다. 물론 좋은 상권이라고 영업이 다 잘되는 것은 아니며 개개인의 사업능력에 따라 매출의 판도가 달라진다. 소자본 창업에 있어 입지의 의미는 사업이 잘될 수 있는 환경을 갖추는 일이 될 것이다.

입지특성을 파악해야 한다

번화가 및 상가지역

유동인구도 많고 구매력도 높기 때문에 장사하기에 최적의 입지가 될 수 있으나 보증금·권리금 등이 워낙 비싸기 때문에 초보자가 창업하기에는 위험부담이 크다.

오피스 빌딩

직장인을 상대로 하는 음식점이 가장 잘된다. 오피스가 음식장사의 승부는 맛에 달려 있다. 일단 맛이 알려지면 입소문으로 손님들이 몰린다. 다양한 메뉴보다는 단일메뉴로 다른 음식점과 차별화한다면 성공할 수 있다. 또한 사무편의점 등도 유리하다. 그러나 주말이나 공휴일에 매출이 적다는 것에 유의하여야 한다.

주택가

주택가는 주고객이 인근 주민들이어서 큰돈은 벌 수 없지만 그만큼 위험부담이 작다. 장사를 처음 하거나 여성들이 부업으로 사업을 시작하기에 적당하다. 주택가의 경우 시내에 나가 구입하는 고가품보다는 주민들의 생활필수품에 초점을 두어야 한다. 특히 버스정류장에서 주택가로 들어가는 길목이 좋다.

학원가

학원가라 함은 대도시의 대학가주변, 지방캠퍼스 앞의 학생가, 재수생들이 많은 노량진 같은 학원가로 크게 나눌 수 있다. 주고객층은 대학생과 재수생 등으로 구성된 신세대들이다. 이런 상권에서 잘되는 업종은 젊은 학생들이 먹고 쉬는 것과 관련된 것들이다. 가벼운 주머니 사정을 감안해 고급스러운 레스토랑이나 카페보다는 저가형 음식점과 젊은이들에게 인기가 있는 인터넷 게임방이나 문구점·액세서리점·팬시용품점·서점 등이 무난하다.

대로변 입지

　자동차 천만 대 시대를 맞이한 우리 나라의 현실에 비하여 도로점유율이 낮은 점을 감안한다면 교통체증은 당연한 것이다. 도심지 도로변에 위치한 점포는 시계로 보면 상당히 유리해 보이나 의외로 여러 문제점이 있으므로 주차공간 확보가 필요한 입지다. 고객진입의 간편성, 분위기의 편리성, 빠른 주문품 제공이 필요하다. 주차공간과 차량출입의 편리성(차량출입에 안전성 배려), 100~300미터 전방에 간판 또는 플래카드로 점포위치 안내, 주차안내원을 배치하여 고객차량의 추돌사고를 방지하는 전략구사도 생각해볼 수 있다.

위락지 · 유원지 입지

　유원지 또는 관광단지는 외식업이 대부분이며 기념품점 · 편의점 및 오락관련 업종이 대부분이다. 외식업 점포 특성은 관광버스 또는 자가용 이용고객이 대부분이며 메뉴의 종류나 품질도 천편일률적이다. 점포 분위기를 일치시킨 차별화된 판촉전략을 구사한다.

04

상권에서 조사해야 할 사항들

유동인구조사

주말이라고 해도 토요일과 공휴일에 따라 달라지며 유동인구는 날씨에 따라 차이가 많이 나기 때문에 이 점도 고려해야 한다. 소자본 창업에 있어서 비용을 많이 들일 수는 없지만 최소한의 유동인구를 조사하려면 날씨가 좋은 평일과 주말 각각 하루를 선정한다면 비교적 정확한 조사가 될 것이다.

고객층과 시간대별 통행량 조사

주부들을 대상으로 하는 업종이라면 오전 11시부터 오후 5시까지,

학생들을 대상으로 한다면 하교시간대에, 직장인이라면 퇴근시간대에 정밀조사를 한다.

총유동인구 조사법

자신의 주고객이 몰리는 시간에만 조사하는 것이 아니라 하루의 총 유동인구를 조사해야 한다. 하루의 시간대를 선택하는 방법이 있는데 오전 중 1시간을 선택해 유동인구를 산출하고, 오후부터는 2시간마다 1시간을 조사해서 산출하는 방법이 있고, 매시간의 20분 정도 조사해서 산출하는 등 다양한 방법이 있다. 단 업종에 따라 차이가 있으나 낮 12~오후 2시까지와 저녁시간 6~8시까지, 그리고 밤 9~10시까지는 신경을 써서 조사해야 한다.

내점률 조사

점포후보지의 유동인구와 잠재력을 조사하였다고 다 끝난 것이 아니다. 점포후보지의 내점률을 확인하여야 한다. 여기서 내점률이란 유동인구 100명당 점포를 방문하게 되는 고객의 수를 말하는데 100명 중 점포로 내점하는 고객이 5명이면 내점률 5%이다. 하루 유동인구 5,000명에 내점률 5%이면 250명의 고객방문을 기대할 수 있는 것이다. 내점률은 추정매출을 조사하기 위한 것인데 경쟁점포나 유사업종의 매출을 조사하는 것으로 매출액을 추정할 수 있다. 또 다른 조사방법은 설문조사를 하거나 전문조사업체에 의뢰하는 방법 등이 있으나 소점포를 창업하면서 비용이 많이 드는 조사방법은 여기에서는 생략하기로 한다.

구매품목과 가격대 조사

유동인구를 조사하되 반드시 성별·연령별, 주요구매품목과 구매가격대도 조사해야 하며 점포 앞은 물론 각 방향에서의 입체적인 통행량을 조사해야 한다. 만일 대로변이라면 길 건너까지의 유동인구와 차량통행량까지 조사하는 것은 기본이다.

그러나 상권이나 좋은 목은 언제나 변하는 것이다. 현재는 번화가가 아니지만 발전가능성이 있는 지역, 유동인구는 많지 않지만 주위에 경쟁상점이 없어서 고객확보가 쉬운 곳, 업종의 특성상 극복이 가능한 곳을 찾을 수 있는 안목을 기르면 의외로 좋은 목에 위치한 점포를 찾을 수도 있다.

05

권리금이란 무엇인가

창업을 하기 위하여 좋은 입지의 점포를 선정하여야 하는 것은 당연하다. 그러나 현실적으로 점포를 구하러 다녀보면 권리금이 항상 문제가 된다. 이는 권리금 산정기준에 원칙이 있는 것이 아니고 부동산 중개업소에서 거래되고 있는 지역적인 금액에 의한 경우가 대부분이기 때문이다. 권리금이란 점포임대차와 관련해 임차인이 특별하게 누리게 될 장소 또는 영업상의 이익에 대한 대가로 임차보증금과는 별도로 지급되는 금전적 대가를 말한다. 즉 점포를 매도함으로써 포기해야 하는 시설비와 영업권을 뜻하는 것이다.

점포를 구할 때 대부분 권리금이 다소 얼마라도 붙어 있는 게 현실이다. 권리금을 받아야 할 측과 주어야 할 입장에 있는 사람 사이에는 상당한 거리가 있지만 상호 흥정의 대상이기 때문에 점포를 어떻게 평가하느냐에 따라 그 가치가 달라질 수밖에 없다. 권리금은 건물주인이 묵시적으로 인정해주지만 법적인 보장은 받지 못하는 것이 일반적인 관례이기 때문에 권리금을 건물주로부터 인정받는 것은 보통 어려운 것이 아니다. 대개의 경우 건물주는 권리금을 인정하려 하지 않는 반면에 임차인은 인정을 받으려고 한다. 그래서 임차인끼리 상점을 인수·인계하면서 음성적으로 권리금을 건물주 몰래 거래한다. 따라서 계약서상에는 권리금에 대한 언급이 눈을 뜨고 찾아보아도 없고, 다만 시설물에 대한 설비관계만 기재돼 있는 경우가 일반적이다.

문제는 임대인 몰래 권리금이 거래되다가 임대인이 직접 상점을 인수해 점포를 경영한다거나 계약기간이 끝나자 내보내고 생면부지의 사람을 입주시키려 할 때 혹은 상점을 매매해버림으로써 새 주인이 직접 점포를 경영하겠다고 할 때, 권리금을 단 한푼도 받지 못하고 쫓겨나는 경우가 우리 주변에 비일비재하다. 만약 권리금을 일정금액까지 인정하겠다고 한다면 반드시 계약서에 권리금 관계를 기재해야 분쟁의 여지가 없게 된다.

권리금 문제로 골치를 앓지 않으려면 임대를 전문으로 하는 빌딩을 얻는 것이 최선책이다. 그렇다면 권리금은 없는 것이 좋은가 있는 것이 좋은가 하는 문제에는 일장일단이 있다. 기존 점포의 경우 권리금과 시설비가 없으면 장사가 잘 안 되는 상가일 수도 있다. 그래서 초보자일 경우 점포구입시 권리금이 있는 상가점포를 인수하는 것도 좋은 방법이다.

그러나 수천만 원의 권리금에 점포를 인수하는 것보다 나중에 팔 때 어느 정도의 권리금을 받을 수 있는지 반드시 생각해볼 필요가 있다. 예를 들어 신설점포를 계약할 경우 권리금은 없는 것이 일반적이지만 시설문제가 따르며 시설비 또한 만만치 않다. 창업자의 컨셉에 알맞은 점포를 만들 수 있는 장점은 있으나, 상권형성이 안 되거나 영업부진으로 인하여 시설권리금 자체를 인정받지 못하고 손해를 보아야 하는 위험 부담이 많다.

최근 2~3년간 수도권 신도시지역에서 시설비전액을 날리고 보증금도 겨우 받아 나오는 사례가 많이 있었다. 이러한 점을 염두에 두고 권리금에 대해서는 매수·매도자 사이에 누가 흥정을 잘하느냐에 따라 성공과 실패의 갈림길이 되기도 한다.

06

권리금에 관한 유의사항

권리금에 따른 흐름을 분석해야 한다

권리금은 주변시세와 향후 하락폭 등을 감안해 지불하는 게 좋다. 현재 장사가 좀 잘된다고 달라는 대로 다 줘서는 안 된다는 점이다. 통상 권리금은 1년간의 예상 순이익 규모에서 지불하는 게 좋다고 하지만 지금은 이마저도 줄여야 하는 상황이다. 신도시의 경우 초기에는 부동산투기 붐으로 권리금이 높게 거래되나 입주가 시작되면서 오히려 떨어지는 경우가 있으며 큰 공장이나 큰 회사 등이 이동하거나 폐쇄되는 경우 권리금에 미치는 영향이 아주 크다.

수차례에 걸쳐 임차인이 바뀌면서 고액의 권리금이 형성되었을 경우 임대인이 이를 묵시적으로 동의했다고 판단할 수도 있다.

그러나 어떤 경우든지 약자는 임차인이 될 경우가 많으며 상호간의 분쟁이 발생할 때에는 법에 호소하거나 대형 상가인 경우 집단대응 등의 방법도 임차인에게는 효과적일 수 있다. 법적 대응의 경우 일반적으로 1년 이상의 장시간을 요하고 있어 상호간의 피해 또한 만만치 않을 것이며 원만한 합의가 최선일 것이다. 현실적으로 어렵겠지만 가능하다면 건물주에게 권리금 인정 여부에 대한 서면동의를 받거나 계약서에 권리금 관계를 써넣는 것이 임차인에게 유리하다.

07

권리금에 산정기준은 있는가

　권리금 산정기준은 원칙이 있는 것은 아니나 일반적으로 연간 순수익의 합계와 입지조건·점포 크기·시설비 등을 감안해 평가한다. 1년 동안의 순수익은 점포를 매도하지 아니하고 계속적으로 영업을 할 경우 창출될 수 있는 수익을 포기해야 하는 기회비용을 보상해주는 것이다. 입지조건과 가게크기는 매출에 영향을 주는 요소이므로 권리금 산정시 포함되며 시설비는 초기에 투자된 각종 집기와 비품 등의 비용을 낡은 정도에 따라서 감가상각하게 되는데, 보통 내용연수를 인테리어는 2년으로, 설비는 5년으로 보고 감가상각한다.

　일부 전문가들은 3년 또는 2년 6개월로 보는 경우도 있는데 이는 갈수록 빨라지는 고객의 변화욕구에 맞춘 시설 개·보수 시점을 근거로 하는 것이지 소점포에서 회계상의 감가상각을 의미하는 것은 아니라고 본다.

점포 20평 규모에 월평균 순수익 3백만 원, 초기시설비 3천만 원, 개점 2년 경과를 사례로 들어본다면 순수권리금은 1년 동안의 순수익 3,600만 원(3백만 원×12개월)과 2년 지난 시설비의 감가상각잔존가액 3백만 원(3천만 원×10분의 1)을 합친 3,900만 원이다. 물론 입지조건에 따라서 어느 정도의 차이가 날 것이고 주변 경쟁점의 권리금 시세에 따라 다소 차이가 나기도 하나 역시 매수·매도자간의 흥정으로 이루어지는 것이며 수치상의 의미는 별로 없는 실정이다.

08

기존점포와 신설점포의 장·단점

점포형 창업을 준비함에 있어 신축건물의 신설점포를 마련하는 것이 유리한지 권리금이 대명사처럼 따라다니는 기존점포를 마련하는 것이 유리한지 알아보고 점포를 마련하여야 할 것이다.

기존점포

▶ 기존점포는 그 동안 경영실적이 있고 개발과정을 거친 것이기 때문에 안정성·확실성이 있으나, 권리금이나 시설비명목으로 영업권이 발생한다.

▶ 기존점포는 권리금이 붙어 다닌다. 권리금은 차후 돌려 받을 수 있는 보장이 없기 때문에 공중에 뜨는 돈이라고 할 수 있다.

▶ 권리금을 많이 요구하는 점포를 인수하는 것은 매우 위험하며 권리금을 많이 내고 안전한 점포를 인수하기에 부담이 생길 수 있다.

신설점포

▶ 신설점포라고 다 잘되는 것이 아니라 입지조건이 좋고 개발을 효과적으로 하며, 경영을 알뜰하게 해야 장사가 잘되는 것이다.

▶ 신설점포의 가장 큰 문제점은 전체 상가의 장래가 어떻게 발전할 것이냐 하는 점이다. 혼자 아무리 노력하여도 상가 전체의 향방에 따라 크게 좌우되므로 상가개발 주체의 계획이나 상권형성 전망 또는 개발주체의 운영관리능력 같은 것을 조사해야 한다.

▶ 권리금이 없는 신설점포를 구하여 고생을 해가면서 영업하는 것이 물론 좋은 방법이나 신설점포는 앞으로 영업이 잘될 수 있을까 하는 의문이 제기된다.

점포 임차비용의 구성

점포비용은 크게 점포 임대료와 권리금으로 나뉜다. 점포 임대료는 흔히 계약시 내는 점포 보증금과 매월 일정액을 지불하는 월세로 나뉜다. 점포 보증금은 계약 만료시 다시 돌려받으므로 대부분 묻어두는 돈이라고 생각해왔다.

그러나 최근에는 여유자금을 갖고 있는 게 좋은 상황이다. 안정성을 중요시하는 상황이기 때문이다. 건물주와 협의를 거쳐 부담이 가지 않는 선에서 점포 보증금의 차액만큼 월세로 전환시켜 매월 지불하는 방식을 택하는 게 좋다. 다만 보증금을 너무 많이 줄이려 할 경우 건물주가 이를 허락할 가능성이 적은 데다 월세 부담이 많아지면 무리가 따르므로 적정한 수준에서 결정하는 게 좋다.

보통 점포 임대료는 강남지역을 제외하고는 1부(1%)이자로 계산되므로 창업비용이나 인테리어비용, 초도상품구입비 등을 감안하여 무리없도록 결정하는 것이 좋으며 창업 후의 시행착오나 사업확장을 위하여 예비비를 남겨두어야 만약의 경우에 대비할 수도 있다. 권리금 역시 떨어지는 상황이므로 주변 시세와 향후 하락폭 등을 감안해 지불하는 게 좋다. 현재 장사가 좀 잘된다고 달라는 대로 다 줘서는 안 된다는 것이다. 점포계약에 있어 절대 서두르거나 조급해서는 안 되는 이유이기도 하다.

누군가 나보다 먼저 계약을 해버리면 어쩌지 하는 조급한 심정이 일을 그르치는 경우가 많으므로 항상 조심해야 한다. 이밖에도 점포와 관련된 기본적인 점검사항을 중점적으로 살펴보고 점포계약을 맺어야 한다. 건물에 관한 법률적인 관계, 건물주의 임대성향, 기존 임차인의 점포정리 동기, 점포주변 유동인구와 인구성향 등은 최근의 경제상황과 관계없이 꼭 챙겨야 되는 체크포인트라고 할 수 있다.

10

점포위치와 자택의 상관관계

창업을 하는 목적은 결국 행복한 가정생활을 영위하기 위한 것이라고 항상 생각하고 있는데 자칫 목적과 수단을 혼동하고 돈을 벌기 위해 창업을 한다고 말하는 창업자도 많이 있다. 돈을 벌기 위해서 또는 살기 위해서 하는 것은 목적을 달성하기 위한 수단이지 목적은 아니다(행복추구 · 봉사 등의 인생철학이 있어야 한다).

무엇을 위해 일하는가, 함께 일하는 사람에 대한 이해심, 그들을 위한 목표설정의 정립이 필요한 것이다. 돈을 벌고 행복한 가정생활을 영위하기 위한 사업이 가족과의 대화부족과 무관심으로 불행하게 된다면 사업 자체에 환멸을 느낄 것이며, 심리적인 갈등으로 사업 또한 어려워질 것이다.

대부분의 예비창업자들은 자영업을 하면 아무래도 시간의 제약을 받지 않고 자유로울 테니 쉬고 싶을 때 항상 쉴 수 있다는 생각으로 사업을 시작하지만, 현실은 그렇지 않다. 매상이 오르지 않아 잠도 못 이룰 때가 있는가 하면, 경쟁업소에 뒤지지 않기 위해 밤낮으로 신경 쓰다 보면 마음 편하게 하루 쉬기도 어려운 것이 오늘날 자영업의 현실이다. 장사가 잘되면 가족과 함께 보낼 시간을 낼 수 없는 것은 당연하고, 잘되지 않더라도 새벽부터 도매시장에 나가야 하고 밤늦게까지 손님을 상대하다 보면 출퇴근하는 것도 여간 힘든 일이 아닐 수 없다.

요즈음처럼 창업환경이 어려울 때에는 가정에 시간을 할애하기가 무척 어렵다. 직원들을 많이 고용하자니 수익이 나질 않고 주인이 종업원 몫까지 뛰어야 하는 창업환경에서는 가정생활이 원만할 수가 없다. 특히 장사를 하다 보면 가족문제, 특히 자녀문제로 심각한 상태에 이를 수도 있다.

따라서 점포를 구할 때는 점포와 자택의 거리는 통상 30분~1시간 이내가 좋다. 거주지 주변이나 교통이 편한 곳을 고르는 것이 점포입지의 특성도 파악할 수 있을 뿐 아니라 시간적으로 여유도 생기고 부족한 집안일도 틈틈이 돌볼 수 있기 때문이다.

자녀들과 함께 시간을 보내면서 가족의 이해와 협조를 구하는 것이 좋다. 특히 여성의 경우 자택에서 가까워야 집안일을 돌보기도 좋고 개·폐점 시간도 여유 있게 조정할 수 있다. 또한 그만큼 집에서 휴식을 취할 수 있는 시간도 늘어나 체력도 비축할 수 있다. 최근에는 교통체증으로 출퇴근시간도 만만치 않은 상황이어서 자택과 점포의 거리를 최대한 줄이도록 해야 한다.

11

입지를 선정할 때 고려할 사항

창업준비단계에서 점포 고르기만큼이나 중요한 작업은 없다. 대부분 사람들이 "자신에게 맞는 업종이 무엇일까" 하는 업종선정에만 고심하는 경우가 많은데 점포 고르기 역시 상당한 비중을 둬야 할 부분이다. 점포창업은 입지산업이라는 말이 있을 정도로 점포위치가 영업에 지대한 영향을 끼치기 때문이다. 업종과 입지는 서로 맞아떨어져야 하는 상관관계가 있지만, 특히 입지는 업종을 뛰어넘어 매출액을 결정하는 요소인 셈이다.

점포형 도·소매업 입지선정

점포창업의 성공에 영향을 미치는 여러 가지 요인 중에서 가장 중요한 것은 물론 입지선정이다. 점포의 위치가 좋으면 다소 비효율적인 경영을 하더라도 별 문제가 없으나 점포위치가 나쁘면 아무리 유능한 사업가일지라도 그 능력을 발휘할 수 없게 된다.

실제로 예비창업자가 입지를 선정하는 데 있어 창업자금에 알맞고 목 좋은 입지를 선정하려면 쉽지 않은 것 또한 사실이다. 목이 좋은 곳은 그만큼 임대료와 권리금이 비쌀 뿐만 아니라 가게를 내놓는 경우도 드물기 때문이다. 그러나 IMF체제 이후로는 성장중심에서 수익중심으로 경제체제가 변하고 있는 과정에서 영업부진으로 매물이 많이 나와 있으며 예비창업자도 부지런히 다니며 살펴보면 예상외로 저렴한 비용에 목이 좋은 점포를 구할 수 있는 행운도 얻게 된다. 소비자 입장에서 점포를 보면 소비자들은 가능하면 가깝고 손쉬운 곳에서 자신이 필요한 상품을 구입하는 경향을 보이고 있다.

외식업의 입지선정

▶ 외식업을 창업할 때, 저가형 메뉴를 선정하면 고객접근의 용이성을 고려한 장소를 물색해야 한다. 사람들이 버스정류장이나 지하철 등 대중교통을 이용하는 단거리 골목길이 오히려 우회하는 대로변보다 좋다.

▶ 고급음식점인 일식·한식집, 전문요리점이라면 도로가 넓고, 주차공간이 널찍한 시외 유원지도 좋다(동종업종이 몰려 있는 곳이 유리하다).

▶ 음식점은 업소가 통행로변 1층에 있는 것이 유리하다.

▶ 유동인구도 퇴근인구가 오는 쪽이 유리하다.

▶ 초보일수록 권리금이 있는 가게를 선택하라.

외식업종의 특성
• 외식행위는 식당이 많이 모인 곳으로 몰려드는 소비자 심리를 파악해야 한다. • 김밥전문점은 유동인구와 배후지 인구가 많은 사무실가 · 대학가 · 도심지가 좋다. • 라면전문점은 시장통 · 학교앞 · 역세권주변 · 사무실 빌딩가가 좋다. • 요리주점은 대학가 주변이 성황을 이룰 수 있고, 신세대 유동인구가 많은 곳이 좋다. • 업종 · 업태에 따라서 이면도로나 2층이 좋을 수도 있다.

입지조사의 주안점

• 경쟁점포를 철저히 조사한다.
• 점포의 홍보가능성을 조사한다.
• 상권의 변화 가능성에 유의한다(개발계획이나 대형경쟁점포 입점 가능성).
• 주변지역 기능을 조사한다(주거지역 · 상업지역 · 공장 · 빌딩가 · 유흥가 · 시장 · 숙박시설 · 관공서 · 학교 등).
• 모든 상권조사는 현장조사에 근거한다.

피해야 할 입지

모든 조건이 맞는 점포입지 선택은 현실적으로 어렵고 비용 또한 만만치 않을 것이다. 그러므로 투자금액에 맞추어 악조건인 점포를 피하는 것이 오히려 현명한 점포선택 요령이다.

점포입지의 변화 가능성 및 영향력

12

까다로운 점포 구하기, 이렇게 해결한다

창업을 결심하고 본인의 적성이나 시대흐름에 알맞은 아이템을 찾았다 해도 창업이 쉽지 않은 것은 점포를 구하는 데 따르는 문제가 적지 않기 때문이다. 창업서적이나 강좌를 찾아다녀 보아도 입지선정 요령이나 좋은 점포 구하는 방법만 나올 뿐이지 현실적으로 점포를 구하고 결정하기에는 어려움이 많다. 오늘은 A지역, 내일은 B지역 아무리 다녀 보아도 좋은 매물을 구하기에는 문제가 따르게 마련이다. 효과적으로 좋은 점포를 고르는 요령을 알아본다.

다양한 정보수집 루트

점포매물에 관한 정보를 수집하기 위해서는 부동산 중개업소를 통하는 방법과 일간신문, 부동산전문 월간지와 주간지, 지역정보지, 인터넷 부동산사이트, 지역상권뉴스, 신문에 삽입되어 있는 상가분양 광고 등의 전단, 신문 가판대에서 판매하는 소형 부동산전문신문, 지역유통지 및 광고책자, 가까운 지인 등을 통해 다양하게 접할 수 있다. 이중에서도 부동산 중개업소를 통하는 것이 가장 일반적인 방법이다.

이 경우 구두로 매물을 알아보기보다는 서면으로 점포의 형태, 용도, 필요시기, 예정 점포구입비용, 권리금과 보증금 등의 희망조건을 작성해야 한다. 또 다른 방법은 본인이 신축건물이나 공사현장사무실을 찾아가 확인하는 방법이다. 이 경우에도 부동산 중개업소를 찾아가 중개를 의뢰하는 것도 한 방법인데, 이때 건물주의 인간성이나 신용상태 · 건물현황을 알아볼 수도 있다.

■ 좋은 점포는 금방 거래된다

특정지역에서 집중적으로 매물정보를 찾아보는 것이 효과적이다. 대부분의 매물이 사업성이 부족해 나온 것이라면 좋은 매물은 빨리 거래되게 마련이다. 좋은 점포는 매물의 특성을 이해하면 쉽게 구별된다. 유명상권에서도 권리금이 없는 매물이 나올 수 있다. 예를 들자면 하루 유동인구 10만 명이 넘는 이대상권에서도 얼마 전 권리금이 없는 점포가 나온 적이 있다.

이 경우 한 건물에 8~10평 단위로 3~4개의 점포로 분리된 건물의 1층 점포였는데, 그 건물에는 오래전부터 영업을 해왔던 세입자도 있고 운영한 지 얼마 되지 않은 세입자도 있었다. 이들의 임차비용은 영업해온 기간에 따라 상당한 차이를 보였다. 기존의 세입자에게는 시세보다 저렴하게 인상을 하는 경우가 관례이기 때문이다. 따라서 건물주는 기존의 세입자들이 오랫동안 영업을 할수록 상대적으로 인근 시세보다 적은 임대수익을 올렸다. 그러던 중 세입자가 장사를 그만두자 건물주는 보증금을 인상해 임차료를 시세대로 받을 수 있었으나 권리금을 요구하기는 어려운 상황이 된 것이다. 이런 매물은 나오는 즉시 거래되기 때문에 신속히 판단해 계약을 해야 한다.

가까운 지역의 중심상권에서 구한다

자택과 점포의 거리를 최대한 줄이는 것이 오히려 매출을 유지하고 가정 생활을 원활하게 하는 한 가지 방법이다.

13

점포계약, 이것만은 알고 하자

창업자의 실패사례 중 적지 않은 이유가 바로 점포계약과 관련한 것이다. 건물주나 부동산 중개업자를 믿고 계약금을 치르고 나면 문제는 발생한다. 물론 법 없이도 살아갈 수 있는 사람이 많지만 현실은 그렇지 않으며 실패의 함정은 곳곳에서 예비창업자들을 기다리고 있다. 임대차계약서 작성시에는 일반적인 양식의 마지막 조항인 기타사항에 꼼꼼한 부가조건들을 명시하는 것이 유리하다.

건물주의 신용상태조사

규모가 크고 작고간에 상관없이 계약은 매매하려는 물건에 대한 매도인의 의도를 알아보는 데서부터 시작한다. 매도자가 정보가 어두운 임차인을 일시적인 눈속임으로 속여 권리금을 높여 받으려 한다거나 악의를 가지고 가로채려는 경우도 있기 때문이다. 애초부터 권리금을 부당하게 높여 받으려는 목적을 가지고 있는 경우, 주인이 요구하는 권리금을 그대로 지불하고 들어가는 것은 망하기로 작정한 것과 다름 없다. 단지 권리금문제 때문만이 아니라 이후 사업의 번창을 위해서라면 계약 이전에 주인의 의도에 악의는 없는지 등을 탐색하여야 하는 것이다.

주인의 의도를 파악할 때에는 주인과 비슷한 이해관계를 가지고 있는 사람들은 피해야 한다. 주위환경에 대해 잘 알고 있는 관련자, 점포에 대해 잘 알 수 있는 제3자, 정보지 등을 통해 얻는 정보가 더 객관성이 있기 때문이다. 기존의 주인이 장사가 잘되지 않아 점포를 내놓는 경우에는 여러 형태가 있다.

■ 등기부등본 보는 방법

등기부는 표제부 · 갑구 · 을구로 구분되어 있다. 표제부는 한마디로 그 건물에 대한 표시이다. 예를 들어 건물등기부일 경우 그 건물의 소재 · 번지 · 가옥번호, 주택인지 사무실인지, 면적, 층수, 각층의 면적, 목조건물인지 콘크리트 건물인지 등이 기재되어 있다. 갑구는 소유권을 표시한다.

먼저 '순위번호란'이 있다. 1, 2…의 순서로 나가는데 이것은 등기순서를 나타낸다. 즉 최종번호에 기재된 사람이 현 소유자이며 그 이

전 번호는 그 이전의 소유자들이라 할 수 있다. 그 소유자가 누구인지, 주소, 소유권 이전 연월일, 소유권 이전원인(매매·상속 등)에 대한 사항이 '사항란'에 표시된다. 을구는 소유권 이외의 권리에 관련된 사항이 나타난다. '순위번호란'은 등기한 순서를 나타낸다. '사항란'에는 소유권 이외의 권리, 예를 들면 저당권·임차권·지상권 등의 해당사항이 나타난다. 이것으로써 그 부동산의 소유권자 이외에 또 다른 권리관계와 그 권리의 소유자를 파악할 수 있다.

등기부등본 확인시 주의사항

등기부만 확인한다고 해서 모든 절차가 끝나는 것이 아니다. 등기부의 내용을 확인하면 그 소유자와 목적물의 권리관계가 일목요연하게 들어온다. 하지만 자신과 그 부동산을 계약하려는 사람이 실제소유자인가를 확인해볼 필요가 있다. 등기명의인은 확인했으나 자신이 계약금을 지불해야 할 사람이 등기명의인이 아니라면 큰 실수를 저지르는 것이다. 악의를 가진 사람이라면 원래의 등기명의인의 인감 등을 위조해서 자신에게 이전등기를 하여 자신이 현 소유자인 것처럼 나타나게 할 수도 있기 때문이다.

또한 등기부등본의 확인은 한 번만 떼어 볼 것이 아니라 계약금지불 후, 중도금지불 후, 잔금지불 후에도 한 번씩 떼어 보는 것이 가장 이상적이다. 저당권·압류 등이 그후에도 설정될 수 있기 때문이다.

도시계획확인원과 건축물대장

점포를 구할 때 입지나 상권·계약관계만 명확하다면 다른 문제가 없을 것이라고 생각하면 큰 오산이다. 등기부등본상 소유권과 근저당 유무 및 관할구청에서 발급하는 건축물대장·도시계획확인원 등을 발급받아 해당 점포의 용도나 개발계획을 확인한다. 간혹 대상건물이 사무실이나 주거용도로 되어 있는 건물들도 있다. 이 경우 임차인이 해당 건물에서 영업을 하려면 건물주에게 건물 임차목적에 맞게 건축물의 용도변경을 요구해야 한다. 도시계획이나 업종제한 지역 등의 함정이 도사리고 있는 경우도 있기 때문이다.

그러므로 점포를 얻고 계약을 할 때엔 등기부등본으로 실소유자를 확인하는 동시에 자신이 얻으려는 상가가 도로와 같은 공공용지에 포함된 것은 아닌지, 재개발지역으로서 수년 내에 헐릴 지역은 아닌지를 반드시 확인해야 실패의 위험을 면할 수 있다. 이런 사항을 확인할 수 있는 것이 도시계획확인원이다.

상가소재지에 있는 시·군·구청에 가면 서류를 떼어 볼 수 있다. 도시계획확인원을 열람함으로써 자신이 입주하려는 곳의 상권의 변화를 예측할 수 있는 긍정적인 측면도 있다. 예를 들어, 머지않은 장래에 역세권이 형성될 전망이라면 현재는 좋은 상권이 아니더라도 곧 훌륭한 상권이 형성될 것임을 짐작할 수 있다.

점포 구할 때 유의할 점

▶ 영업이 잘 안 되는 죽어가는 상권의 경우

거주인구가 적거나 유동인구가 적을 때, 영세한 점포들이 밀집해
있는 경우가 이에 해당한다.

▶ 도시계획 등으로 곧 상권이 소멸할 곳

생각보다 임대료가 싼 경우는 비록 눈에 곧바로 드러나지는 않으나
상권에 문제가 있는 경우가 많으므로 주의해야 한다.

**▶ 상권도 좋고 장사가 잘되는 점포를 인수했는데 기존의 주인이
인근에 동종업종으로 대형상점을 내는 경우**

보통 대형상점은 소형상점을 잠식한다. 또한 기존의 주인이 기존의
고객을 끌어가기 때문에 소형상점을 임차하여 들어간 사람은 기존점
포를 임대했을 때 얻을 수 있는 유리한 점을 모두 잃게 된다. 만약 상
당한 권리금을 지불하고 물건을 임차했다면 결국 권리금만큼 손해본
것이나 다름없다.

▶ 상가건물이 영업에 적합한지 분석한다

임차인은 건물주에게 건물 임차목적을 분명하게 밝히고 건물의
인·허가상에 문제가 없는지도 파악해두어야 한다. 가령 일반음식점
을 창업하려 할 때 정화조의 용량부족을 이유로 허가가 안 되는 경우
가 왕왕 있다. 이럴 때에는 건축물 자체의 하자이므로 건물주에게 해

결을 요구해야 한다. 멀티게임방·오락실·만화방의 경우 초·중·고등학교 200m 이내에서는 허가가 안 된다. 임차건물의 위치조건과 구조적인 하자가 없는지 임차목적에 관계되는 사항을 점검하여야 한다.

이러한 경우에는 반드시 도시계획확인원 등의 서류를 통해 여부를 확인하도록 한다. 또한 영업행위에 피해를 줄 만한 세세한 부분까지 살피도록 한다. 습기가 많이 차지 않는지, 누수가 되지 않는지, 배수는 제대로 되는지, 화장실·전기·수도·가스·환기시설이 제대로 갖추어져 있는지의 여부도 살펴본다.

만약 이와 같은 기본시설이 부실하거나 하자가 있을 경우 입주 전 건물소유자에게 공사를 요구하는 편이 좋다. 이미 입주한 후에는 영업행위에 지장을 줄 수 있고, 소유주가 책임전가를 할 수도 있기 때문이다. 하자보수관계가 주인하고 약정이 되면 반드시 계약서에 명기하여 이후 책임전가 같은 문제가 일어나지 않도록 한다.

▶ 등기부등본을 열람한다

임대점포의 정확한 주소와 함께 관할 등기소에서 등기부등본(토지·건물)을 확인해야 한다. 또한 소유자와 임대인간의 임차관계를 확실하게 확인해두는 것이 좋다. 상가나 점포에 법률상의 문제가 있다면 손해보는 것은 결국 임차인 자신이다. 상가건물을 자신의 눈으로 확인했다고 안심하거나, 그 점포의 소유자라고 주장하는 사람이 있다고 해도 실제로 그러한지 믿을 수는 없다. 법률관계는 눈에 보이는 것이 아니므로 반드시 관련서류를 떼어 보아 실수 없는 창업의 길을 밟도록 해야 한다.

한마디로 계약시에는 임대하려는 상가나 점포에 대한 권리관계는 어떠한지, 계약금을 받아가려는 사람이 진짜로 실소유자인지 확인절차를 밟지 않으면 안 된다. 비록 실소유자와 잘 아는 사이거나 중개업자와 절친한 관계라 하더라도 이러한 확인절차를 거쳐야만 말썽의 소지를 없애고 발생하는 여러 사태에 대처할 수 있다. 이 확인은 등기부등본 · 부지증명 · 토지대장 · 건물대장 · 도시계획확인원 등을 떼어 봄으로써 이루어진다.

14

흔히 발생하는 계약과 관련한 사례

영업을 하다 보면 계약기간을 무시하고 계속적으로 영업할 수 있을 것이라는 자기 주관적인 생각에서 시설투자를 하게 되고 뜻하지 않게 어려움에 직면할 수도 있다. 법적인 문제를 항상 염두에 두어 불상사를 방지하도록 노력해야 할 것이다.

[문] 저는 甲과 주택을 전세금 5천만 원, 계약기간 1년으로 전세하기로 계약을 체결하고 전세권설정등기를 마친 후 거주하고 있던 중 계약기간이 만료된 후에도 재계약 등 아무런 조치없이 수개월이 지났는데 이 경우 제 전세권의 효력은 어떻게 되는지요?

[답] 전세권은 전세금을 지급하고 타인의 부동산을 점유하여 그 부동산의 용도에 좇아 사용·수익하며, 그 부동산 전부에 대하여 후순위권리자 기타 채권자보다 전세금에 관한 우선변제를 받을 수 있고, 전세금의 반환이 지체되면 경매를 요구할 수

있는 권리로서 용익물권적 성질과 담보물권적 성질을 겸유하고 있는 권리인데, 그 존속기간이 만료되면 당사자간에 계약갱신을 하지 않는 한 전세권이 소멸되는 것이 원칙입니다.

그런데 민법 제312조 제4항은 "건물의 전세권설정자가 전세권의 존속기간 만료 전 6월부터 1월까지 사이에 전세권자에 대하여 갱신거절의 통지 또는 조건을 변경하지 아니하면 갱신하지 아니한다는 뜻의 통지를 하지 아니한 경우에는 그 기간이 만료된 때에 전 전세권과 동일한 조건으로 다시 전세권을 설정한 것으로 본다"고 하고, 이 경우 전세권의 존속기간은 그 정함이 없는 것으로 본다고 규정하고 있으며, 동법 제313조는 전세권의 존속기간을 약정하지 아니한 때에는 각 당사자는 언제든지 상대방에 대하여 전세권의 소멸을 통고할 수 있고 상대방이 이 통고를 받은 날로부터 6월이 경과하면 전세권은 소멸한다고 규정하고 있습니다.

그리고 판례는 전세권의 법정갱신(민법 제312조 제4항)은 법률의 규정에 의한 부동산에 관한 물권의 변동이므로 전세권갱신에 관한 등기를 필요로 하지 아니하고 전세권자는 그 등기 없이도 전세권설정자나 그 목적물을 취득한 제3자에 대하여 그 권리를 주장할 수 있다고 하였습니다(대법원 1989. 7. 11. 선고, 88다카21029 판결). 그러므로 위 사안의 경우에 전세권등기의 존속기간에 관하여 변경등기를 하지 아니하였다고 하여도 귀하의 전세권은 보호됩니다. 다만, 전세권설정자가 소멸통고를 하고 6월이 경과하면 전세권이 소멸될 수는 있을 것입니다. 그리고 전세권이 소멸한 때에는 전세권설정자는 전세권자로부터 그 목적물의 인도 및 전세권설정등기의 말소에 필요한 서류의 교부를 받는 동시에 전세금을 반환하여야 합니다(민법 제317조).

[상담 사례 2] 동일장소 영업허가 취소 후 제3자 동종 영업허가

창업을 할 때는 권리금을 지불하고 타인의 영업장소를 승계받아 영업을 해야 할 경우가 대부분이다. 그러나 계약 당시 외관만 보고 그 영업장소에서 발생한 행정처분을 간파하지 못하여 낭패를 보는 경우가 비일비재하다. 특히 단란주점영업 같은 업종은 행정처분을 많이 받고 있다. 그러한 사실을 인지하기 위해서는 꼭 영업허가증 이면이나 사업자등록증 이면사실까지 확인하는 세심함이 필요하다.

[문] 저는 최근에 점포를 얻어 대중음식점영업을 하고자 관할구청에 영업허가신청을 했더니, 3개월 전에 같은 장소에서 같은 업종의 영업허가가 취소되었기 때문에 3

개월이 더 지나야 허가가 날 수 있다고 하는데, 영업허가의 취소를 받은 사람이 아닌데도 바로 허가를 받을 수 없는지요?

[답] 식품위생법 제24조 제1항 제2호에 의하면 동법 제58조 제1항 또는 제2항의 규정에 의하여 영업의 허가가 취소된 후 6월이 경과하지 아니한 경우에 그 영업장소에서 같은 종류의 영업을 하고자 하는 때에는 영업의 허가를 할 수 없게 되어 있습니다.

따라서 귀하의 경우는 3개월 전에 영업허가가 취소된 영업과 동일한 장소에서 동종의 영업을 하고자 하는 한 3개월이 더 지나야 허가를 받을 수 있습니다. 또한, 영업허가가 취소된 후 2년 이내에 같은 사람이 같은 영업을 하고자 할 때에도 영업허가를 받을 수 없습니다(동법 제24조 제1항 제3호).

참고로 식품위생법 제61조를 보면, 영업양도나 법인합병의 경우에 행정제재처분의 효과는 처분기간 만료시로부터 1년간 승계되며 행정제재처분 절차진행 중에는 양수인 또는 합병 후 존속하는 법인에 대하여 행정제재처분의 절차를 속행할 수 있다고 규정하고 있으며, 다만 양수인 등이 양수 또는 합병할 때 그 처분 또는 위반사실을 알지 못하였음을 증명한 때에는 그렇지 않다고 규정하고 있습니다.

5장
아이템 선정

"예비창업자들이 가장 먼저 고려해야 할 사항은 바로 업종선정에 관한 문제이다. 무슨 장사를 해야 하지? 뭘 해야 먹고 살지? 요즈음 잘 되는 장사가 없다는데… 이는 단지 소자본 창업시에만 적용되는 문제가 아닌, 모든 산업에 공통적인 것으로서, 성패가 달려 있다고 해도 과언이 아닐 정도로 창업에 있어서 커다란 비중을 차지한다.

디지털시대가 개막되면서 우리나라는 IT산업의 강국으로 부상되었다. 많은 예비창업자들이 인터넷사업, 벤처창업, 아이디어창업을 선호하고 주요사업아이템으로 인기를 끌었지만 모두에게 성공을 안겨준 것은 아니었다. 또한 포화상태로 치부되고 있는 점포창업은 시작만 하면 망한다는 시각으로 바라보는 경향까지 있는데 이러한 잘못된 시각은 곤란하다.

빠르게 변화하는 소비자의 구매욕구로 시설투자금의 환수가 어려운 점이 없는 것은 아니나 일반창업은 당장 수익을 창출할 수 있다는 점의 긍정적인 측면도 있다. 이러한 어려운 창업환경 속에서도 변화하는 환경을 인식하고 업종선정을 잘한다면 성공은 좀더 가까이 다가온다. 따라서 결코 서둘러서도 안 되고 신중한 자세로 여러 가지 정보와 자료를 분석하여 실제 상황, 즉 국내외 시장조사과정을 거쳐 결정하여야 한다."

01

체질만 알아도
아이템 선정이 쉬워진다

돈을 잘 벌려면 아이템과 입지, 창업자의 궁합이 삼위일체로 맞아떨어져야 성공할 수 있다. 어느 한 요소가 좋다고 영업이 특별히 잘되는 것은 아니라는 얘기다. 전자가 창업의 외부적인 요소라면 후자는 창업의 내부적인 요소가 될 것이다.

대부분의 창업전문가들은 후자의 내부적 요소에 대해 강조를 많이 하고 있으며 한결같이 적성과 전문성, 건강, 자신 있는 분야를 강조한다. 이러한 문제를 일시에 해결할 수 있는 것이 바로 사상체질이다. 한의학에서 주로 사용되는 사상의학(四象醫學)은 조선 말엽에 실학사상의 영향으로 태동한 것으로 동무(東武) 이제마(李濟馬) 선생이 창안한 것이다. 태양인(太陽人), 소양인(少陽人), 태음인(太陰人), 소음인(少陰人)의 네 가지 체질을 설정하고 각 체질에 대한 생리, 병리, 진단, 치료에 이르기까지 서로 연계를 갖고 있는 우수한 이론이라고 한다. 이러한 자신의 체질을 이해하면 아이템을 선정하는 데 있어서도 많은 도움을 줄 것으로 보인다.

태양인에게 어울리는 아이템

사고력이 뛰어나고 누구와도 잘 사귀며 판단력과 진취적인 기상이 있는 태양인은 과단성 있는 지도자형 또는 독재자형으로 불린다. 이러한 체질을 지닌 예비창업자는 두뇌가 명석하고 창의력이 뛰어나며 기발한 사업착상을 해내는 경우가 많아 새로운 사업을 개발하면 성공하기 쉽다. 특히 발명사업가 · 벤처사업가 등 모험성이 다소 높은 미래지향적인 사업분야에 접근하는 것이 성공할 확률이 높다.

태음인에게 어울리는 아이템

말이 적어 조용한 편이고 이해타산을 따지는 데 뛰어나며 한번 시작한 일은 소처럼 꾸준히 노력하여 성취하는 지구력이 있어 크게 성공하는 일이 많다. 때로는 잘못된 것을 알면서도 미련스럽게 고집을 부리며 밀고 나가는 불도저형 사업가로 불리기도 한다. 개인사업은 전기전자제품 및 주택관련 수리업 등 공급자 중심형 사업이 어울리며 조직적인 사업은 건강 및 레포츠사업 · 건설업 · 주점업 · 이삿짐센터 등 종업원 컨트롤에 다소 노하우가 필요한 업종이 유리하다.

소양인에게 어울리는 아이템

밖으로 나다니기를 좋아하고 자신의 일이나 가정을 소홀히 여기는 경향이 있으며, 남의 일에 희생을 아끼지 않고 남을 위해 일하는 데 보람을 느끼는 의리형. 판단력이 빠르지만 계획성이 적어 사업을 시작하기는 잘하나 용두사미가 되는 경우가 많다. 이러한 체질을 지닌 예비창업자는 영업력이 아주 뛰어나 유통판매업·세일즈사업 등 대인접촉이 비교적 많은 업종이 유리하다. 그러나 필히 사업계획서를 작성한 후에 창업에 접근하는 것이 좋다.

소음인에게 어울리는 아이템

내성적이며 소극적이고 사교적인 면이 있어 부드럽고 겸손한 듯하나 내면적으로 강인하고, 조직적이고 치밀한 면이 있는 소음인은 총명하고 판단력이 빠르며 사무적이어서 고객에게 지나치게 아첨하기도 하며 자기본위로 사고하는 경향이 강하다. 이러한 체질을 지닌 예비창업자는 큰 영업활동 없이도 고객이 일상적으로 찾아오는 생활용품 및 신변잡화 관련업종과 취미 관련분야, 아동 및 교육사업, 컨설팅 사업 등 지식산업분야에 접근하는 것이 좋다.

○ 체질별 아이템 선정사례

사상체질	아이템	유망입지	주 영업시간대	자금규모(점포제외)
태양인	벤처업, 광고업 등 변화와 재창조를 요구하는 일이 적당하다.			
	개업 홍보 이벤트사	SOHO	영업, 인터넷	2,000만 원
	프랜차이즈 본사	오피스	영업	1억 원 이상
	연예기획사	SOHO	영업, 인터넷	2,000만 원
	홍보대행사	SOHO	영업, 인터넷	1,500만 원
태음인	유행보다는 유망한 배달업종이나 회원관리형 사업이 적합하다.			
	찜질방	주택 밀집지역	24시간	2억 원 이상
	치킨, 피자전문점	상업지역	15~24시간	3천만 원 이상
	원룸텔 임대사업	오피스, 역세권	24시간	1억 원 이상
	제과점	역세권, 주택지역	10~23시	7,000만 원
	휘트니스 클럽	상업지역	7시~23시	2억 원 이상
소양인	대인관계를 중시하므로 외식업이나 서비스업이 적당하다.			
	정육점형 쇠고기 전문점	상업지역	15~24시간	6,000만 원
	피부·비만관리업	역세권	10~10시간	7,000만 원
	퓨전 요리주점	상업지역	15~24시간	6,000만 원
	참치 전문점	오피스, 역세권	11~23시	5,000만 원
	정수기 판매업	오피스	영업	1,000만 원
소음인	판단력이 빠르고 꼼꼼한 스타일이므로 안정적인 아이템이 적합하다.			
	자산관리, 재테크 컨설팅업	SOHO	영업	1,000만 원
	휴대폰 튜닝업	역세권, 상업지역	11~11시간	2,000만 원
	어린이 논술학원	주택지역	10~10시간	2,500만 원
	애완견 소품전문점	역세권, 주택지역	9~21시간	4,000만 원
	노래방, PC방	상업지역	18~2시	4,000만 원 이상

살아가는 모습을 살펴보면 창업이 보인다

가족들의 생계를 짊어진 보통사람들이 주로 어떤 곳에 소비하는지 항목을 살펴보면 어떤 창업을 해야 하는지 판단할 수 있다. 최근 중산층으로 자칭하던 허리부분이 취약해지면서 고소득층과 저소득층으로 양극화되었다는 주장도 만만치 않다.

생활관련업종

사람들은 생활하면서 의식주를 해결해야만 기본적인 생활이 가능하다. 이러한 생활에 관련된 아이템으로 사업을 하는 것을 의식주 아이템 또는 생활관련업종이라 부르기도 한다. 이들 업종은 주로 외식업과 판매업으로 분류되기도 한다. 이들 업종에도 최근 세대교체의 바람이 거세게 불고 있다. 동네마다 있던 다방이 사라지고 테이크아웃 커피전문점으로 바뀌었고 세탁소가 세탁편의점으로, 슈퍼마켓이 24시편의점으로, 지물포가 인테리어장식전문점으로 변하였다. 갈수록 대형화로 가고 있는 가운데 전문화를 통하여 차별화해 고객에게 다가가지 못한 소형점포들이 설 땅이 없어지고 있다. 전문화를 하지 못한 이들 소형점포들은 업종전환을 통하여 브랜드가 중요시되는 프랜차이즈로 이에 대응하고 있는 추세다.

미래대비업종

자식이나 본인의 미래를 대비하여 교육이나 보험·저축 등에 투자를 하게 된다. 우리 나라는 교육에 대한 열망이 높은 나라다. 자식만큼은 잘 키워 보자는 것이 바로 부모들의 소망이다. 유치원이나 유아원들도 이미 포화상태에 들어간 지 오래다. 유아들을 위한 교육업체는 부익부빈익빈의 현상이 날로 심화하고 있다. 차별화나 경쟁력을 갖추지 못하면 신규진입하기에는 약간 부담스러울 지경이다. 성인관련 교육업체들도 마찬가지다. 대학교에 들어가기 위한 학원이나 과외가 기승을 부리고 있다. 유학원들도 호황을 누리기는 마찬가지다.

인터넷이 등장하고 난 뒤부터는 온라인교육업체들도 등장하고 있으나 아직까지는 뚜렷하게 수익을 내는 업체는 흔치 않다. 그러나 전반적으로 교육관련업종들은 호황을 누리는 편이다.

건강관련업종

　살아가기 위해서는 본인의 건강도 유지해야 하므로 병원에도 다니고 운동도 하게 되며 정신건강을 위하여 스트레스를 풀기도 하고 취미생활도 즐기게 된다. 근래 불어닥친 금연바람, 고령화시대에 돌입하면서 노인계층의 관심도, 직장인들의 스트레스 해소와 주 5일제 근무에 따르는 레저활동·취미활동, 여성들의 다이어트 열풍, 피부미용에 대한 관심, 컴퓨터 이용으로 인한 시력저하, 소화불량 등 건강에 관한 관심이 점점 높아지고 있다.

　핵가족화하고 맞벌이 부부가 늘어나는 추세로 가정에서 혼자 있는 시간이 늘어남에 따라 애견을 기르는 풍조가 생겨나는 것도 정신건강을 위한 아이템으로 여겨진다.

사업관련업종

　돈을 벌기 위해서는 필히 돈을 써야 하는 것이다. 이 분야는 산업 전분야에 포진되어 있다고 보는 것이 좋다. 예를 들면 인터넷 PC방을 하려면 인테리어·컴퓨터·전용선·자판기·기타 집기비품 등 여러 가지 구입해야 할 것들이 무척 많다. 이러한 품목마다 사업이 가능한 것이다. 최근 뜬다는 업종을 바라보지 말고 이에 따르는 부수적인 사업들을 눈여겨보아도 아이템은 많은 법이다. 인터넷 PC방으로 사업하는 것보다 인터넷 PC방에 쥐포나 간식거리를 판매하여 부자가 된 사람들도 있다는 점에 주목해야 할 것이다.

사업관련 소비시장은 무궁무진하고 시장규모를 별도로 측정할 수 없을 만큼 크다고 할 수 있다. 특히 정보통신분야와 관련된 업종들이 유망해보이고 소자본으로써는 점포구입비용이 부담스러워 소호로 인터넷을 통해 사업을 추진하는 추세이기 때문에 이와 관련된 업종들이 유망해보인다.

편의추구업종

선진국으로 가면 갈수록 서비스산업이 발달하였다. 즉 소득수준이 높아지면 높아질수록 육체적인 노동보다는 정신적인 노동을 하게 마련이다. 따라서 육체적인 노동에 해당하는 3D업종을 직접 해결하기에는 노력에 비해 경제성이 없을 수 있으며 귀찮다고 판단할 경우 비용이 다소 들더라도 남에게 시키게 된다. 대부분의 사람들이 하기 싫어하고 귀찮아하는 일을 창업업종으로 선택한다면 성공할 가능성이 아주 높다.

예를 들면 사소한 것일지라도 가정에서 재미있는 텔레비전 프로그램을 시청하고 있는데 누군가 심부름을 시킨다면 귀찮아서 다소 비싸도 배달을 시키기도 하는 것이 현대인들의 생활 모습인 것이다. 결국 이러한 고객들을 위하여 고객이 필요로 하는 상품을 판매하고 이윤을 남기는 것이 바로 장사인 셈이다. 살아가는 모습 속의 소비를 파악하면 어떤 사업을 해야 성공하게 되는지 안목이 생기게 된다.

입지와 업종, 우선순위는?

대부분의 창업자들은 창업을 하는 데 있어서 입지와 업종 이 두 가지를 두고 고민하는 경우가 많다. '입지' '업종' 중 과연 어느 것을 먼저 정해야 하는 것일까? 업종선정이 먼저라고 하는 사람과 입지가 먼저라고 하는 사람들 모두 일리가 있다. 그러나 선정 자체가 창업자의 환경에서 오는 것이기 때문에 무엇보다 중요한 것은 창업설계를 하는 것이다. 건축공사를 할 때에도 가장 중요시되는 부분이 설계도면이지만 창업에 있어서도 이와 마찬가지로 창업설계가 중요하다.

창업에 관한 전체적인 설계가 사업계획서라면 업종선정에서의 설계는 창업자 자신의 환경과 입지 그리고 업종과 조화를 이루는 것이 무엇보다도 중요하다. 장사가 잘되는 유망업종을 찾으려는 일은 누구나 갈망하는 일이지만 창업자와 주변환경, 시대적인 흐름을 읽지 못한다면 굳이 예를 들지 않더라도 실패와 직결될 것이 자명하기 때문이다.

우선순위를 따진다면 창업자에게 전문성이나 노하우가 있는 경우 당연히 업종이 우선될 것이며 큰 노하우나 전문성이 없는 업종에서는 입지에 따라 장사의 명암이 크게 엇갈린다. 트렌드 측면에서 본다면 도입기·성장기·성숙기·쇠퇴기의 업종인지 판단하고 업종을 선정해야 한다. 이런 의미에서 점포가 위치한 상권형태에 따라 적합한 사업아이템을 살펴보는 것도 중요하지만 조화를 이룰 수 있는 창업설계를 하는 것은 더욱 중요하다. 이러한 점을 고려하여 창업설계를 하고 업종을 선정하려면 첫째, 업종을 결정하기 전에 전체적인 밑그림을 그려본다. 돈을 벌겠다는 의욕만 앞서 있는 것은 곤란하며 실패에 관한 것도 한번 정도는 생각해보고 업종을 선정하도록 해야 한다.

업종선정이 어려우면 최소한 어떤 상품(유형·무형)을, 어떤 고객에게(N세대·1318세대·20대·30대·40대 또는 남성·여성 등), 어떤 장소에서, 어떤 시간대(영업시간)에, 어떤 방법으로, 어느 정도 가격에 팔 것인지 결정해야 하며, 고객이 왜 찾아오는 것인지, 어떻게 하면 찾아올 것인지 충분히 검토한 후에 창업을 결정해야 한다. 즉 목표(target)고객이 분명해야 업종선정이 쉬워진다.

둘째, 자기가 좋아하는 업종을 선택한다. 업종선정에 있어 적성은 매우 중요하다. "행복한 가정을 만들기 위해서" "명퇴 후 제2의 직업 창출을 위해서"라는 창업목적이 분명히 있다면 자신의 적성에 맞는 업종을 선정해야 한다. 원론적인 애기지만 삶에는 질이 있기 때문이다. 질 높은 삶은 자아계발과 그로 인한 성취감이 있을 때에 더욱 빛을 발한다. 적성에 맞는다는 것은 일에 의욕을 느낀다는 것이며 의욕은 추진력을 낳고 추진력이 있다는 것은 성공확률이 그만큼 높다는 의미가 될 수도 있다.

현재 시중에서 매우 인기 있고 잘 팔리는 상품이라 할지라도 창업자 스스로 그 상품에 대한 지식이 부족하거나, 창업자의 취미나 적성에 맞지 않은 아이템이라면 포기하고 다른 업종을 찾아보는 것이 좋다. 오랜 직장생활 끝에 자영업이라는 새로운 직종에 적응하는 것 자체도 쉽지 않은 일인데, 품목이나 업종의 특성까지 처음부터 배워가며 적성을 새로 맞춰 나간다는 것은 매우 어렵기 때문이다. 자신에게 어떤 일이 맞나 살펴보아야 한다. 외향적인 사람은 유통판매업 등 대인접촉이 많은 사업을, 내성적인 사람은 고객이 일상적으로 찾아오는 생활용품·신변잡화 등이나 컴퓨터 관련업 등의 업종을 선택하는 것이 좋다.

셋째, 눈높이를 낮추면 업종선정이 쉬워진다. 대부분의 예비창업자들은 자기의 창업자금이 부족하면서도 창업규모를 높게 설계하는데 이러한 방법의 창업설계는 1997년 이전 공급보다 수요가 우세한 성장기시절의 창업방법이다.

1997년 이후의 창업은 창업거품을 빼고 경쟁력 있는 창업이 요구되는 흐름으로 변화되었다. 따라서 경험이 부족한 예비창업자는 상대적으로 실패할 확률이 그만큼 높으므로 창업규모를 줄이고 창업에 대한 노하우를 습득한 후 영업이 활성화되고 자신감이 있을 때 규모를 늘리는 것이 바람직하다. 이러한 점을 참고하여 규모의 창업보다는 눈높이를 낮추어 창업을 설계하고 업종을 선정하려 할 때 도전가능 업종이 많이 보이며 또한 변화하는 흐름에 대처할 수 있는 능력과 함께 이 시대 성공창업자의 대열에 합류할 수 있을 것이다.

잘 고른 아이템 하나,
열 기업 안 부럽다

아이템이란 업종이나 판매할 상품 또는 서비스의 총칭이다. 자영업을 준비하는 예비창업자가 가장 먼저 선택해야 할 첫 번째 관문이 바로 아이템 선정에 관한 문제이다. 이는 소규모 자영업이 아닌 다른 사업을 준비할 때에도 마찬가지다. 아이템 선정은 창업의 성패가 달려 있다고 할 수 있을 만큼 창업에서 큰 비중을 차지한다. 따라서 신중한 자세로 여러 가지 아이템과 관련된 정보와 자료를 분석해 사업에 관한 타당성을 검토한 후에 창업을 결정해야 한다.

어렵게 창업을 결정한 뒤 예비창업자들의 최대 관심사는 잘되는 아이템을 찾는 것이다. 예비창업자들은 아이템을 잘 선택하면 성공을 보장받는 것처럼 생각하는 경우가 많기 때문이다. 쇠퇴기의 업종이나 경쟁포화상태인 업종의 선택은 피해야 하며 유망 아이템을 선정한 경우일지라도 그 선정 자체가 곧바로 성공으로 이어지는 것이 아니라는 것을 인식하고 업종선택에 임해야 한다.

창업 전 주의사항

자영업 창업을 성공적으로 이끌기 위해서는 업종선택에 필수적으로 따르는 부분이 입지이다. 그리고 창업자와 궁합이 잘 맞는지도 보아야 한다.

결국 창업 후 돈을 잘 벌려면 아이템과 입지, 창업자와 궁합이 잘 맞아떨어져야 성공할 수 있다. 어느 한 요소가 좋다고 영업이 특별히 잘되는 것은 아니라는 얘기다. 아이템과 입지가 창업의 외부적인 요소라면 창업자와의 궁합은 창업의 내부적인 요소가 될 것이다. 따라서 유망업종을 골라내는 혜안도 필요하지만 그것 못지않게 장사에 임하는 사람의 태도가 무엇보다 강조되는 것이다. 그리고 될 수 있으면 시장에 등장한 지 얼마 안 된 도입기 업종이나 쇠퇴기 업종 등은 피해야 한다. 최근 경기불황으로 소비자의 구매력이 떨어진 만큼 지역에 따라서는 고가의 상품을 파는 업종도 피해야 할 것이다.

아이템 선정 요령

창업할 때 아이템 선정은 어떻게 해야 할지를 숙고해야 한다.

첫째, 아이템을 선정함에 있어 무엇보다 상품성을 봐야 한다. 모든 상품은 도입기·성장기·성숙기를 거쳐 쇠퇴하게 된다. 아무리 잘 팔리는 상품이라도 성숙기에 있는 상품이라면 얼마 가지 않아 급격히 쇠퇴할 가능성이 있다. 성숙기에 있는 상품보다는 성장기에 접어든 상품이 보다 수익성이 높다는 점을 고려해야 한다. 반면 안정성 면에서는 성숙기 업종을 권장할 만하다.

먼저 아이템 선정을 위해서는 상품의 성격을 파악해야 한다. 라이프사이클·소모성·계절성·명예성·운영성·인건비·현금회전율 등이 상품의 성격에 해당된다. 그리고 해당 아이템의 특징을 파악한다. 즉 인기도·지명도·지속성·위험성·필요성·애프터서비스 등이 미치는 영향을 파악해야만 체인점을 할 것인지 독립점을 할 것인지 결정할 수 있을 것이다.

둘째, 시장성도 무시할 수 없다. 현재 잘 팔리는 물건, 소비자들에게 인기를 끌고 있는 상품이 무엇인지 둘러보아야 한다. 시장성을 파악하기 위해서는 경기동향, 시중의 소비경향, 유행의 흐름을 면밀히 분석하고, 기존 시장에 새로 참여할 만한 여지가 있는지 살펴야 한다. 이때 후보 점포입지에 관련된 업종현황도 파악해야 할 것이다. 즉 희망입지에서 경쟁여건을 파악하고 진입 가능성을 보는 것이다. 아이템은 전문성이 있어야 한다.

현재 시장에서 인기 있고 잘 팔리는 상품이라 할지라도 창업자 스스로 그 상품에 대한 지식이 부족하거나, 창업자의 취미나 적성에 맞지 않는 아이템이라면 성공하기 어렵다. 또한 선정한 아이템에 대한 전문성을 부여할 수 있는지도 검토해야 한다. 자격증·노하우·판매기술·경영능력 등이 이에 해당한다.

셋째, 아이템 선정이 어려운 가장 큰 이유는 전문성 부족 때문이다. 결국 어떤 상품을 고객에게 판매하려면 판매할 아이템에 관한 전문지식을 습득해야만 고객을 설득해 판매할 수 있다. 즉 아이템의 유통·판매·소비과정 등을 꿰뚫고 있어야 한다는 것이다. 전문성이 부족하다면 우후죽순처럼 생기는 경쟁업소를 대적할 수 없다. 평생 직장생활만 해오던 퇴직자들로서는 품목이나 업종의 특성까지 처음부터 배워가며 적성을 새로 맞춰 나간다는 것이 쉽지 않은 일이지만, 창업 자체가 새로운 직종을 개발하는 일이므로 부단한 노력 없이는 성공하기 어렵다.

한마디로 아이템 선정을 위해서는 창업자가 어떤 과정에서 창업을 할지, 아이템 자체의 상품성과 시장성 여부를 살펴 전문성을 부여할 수 있을지, 전문성이 없다면 전문인력을 고용해 이들을 컨트롤할 수 있는 능력이 있는지를 검토하는 것이 아이템 선정시의 요령이라 할 것이다.

05

아이템 선정과 내부적 요소

좋은 입지에서 유망 아이템으로 창업을 한다 해도 창업자에 따라 전혀 다른 결과를 가져오는 것이 바로 사업이다. 따라서 후보 유망 아이템이 선정되었을 경우라도 내부적인 요소와 조화를 이룰 수 있어야 한다. 창업자의 내면적인 요소가 부합해야 후보 아이템을 성공시킬 수 있기 때문이다. 그렇다면 유망 아이템과 관련된 내면적인 요소들은 어떤 것이 있는지 살펴본다.

사업은 복합적인 변수가 많이 따르는 만큼 창업자의 지식 · 외모 · 생활환경 · 화술 · 사회 경력 · 성격 · 건강 · 취미 · 재산상태 · 운세 등의 요인들이 아이템 선정에 영향을 미칠 수 있다. 창업에 실패하는 사람들의 요인을 분석해보면 한결같이 겉모습만 바라보고 내재된 위험성이나 변수를 파악하지 못한 공통점을 발견할 수 있다.

따라서 다음과 같은 요인들에 유의해 아이템을 선정한다면 성공은 훨씬 가까이 찾아올 것이다.

환경

　무조건 돈 잘 벌리는 아이템을 고른다면 곤란하다. 그것이 혹시 가족들에게 혐오감이나 거부감을 주거나, 교육환경에 지장을 주지는 않는지 고려해야 한다. 만약 어려운 사업환경에서 지치도록 일하고 집에 갔을 때 위로해주고 감싸주는 배우자나 가족이 없다면 용기가 나지 않고 일에 대한 회의가 들어 재기의 기회를 스스로 놓칠 수도 있다.

경험 있는 분야가 유리

　경험이 없는 사람이 실패할 확률이 높은 것은 창업의 이면에 내재한 위험성이나 변수를 파악하지 않은 데서 기인한다. 따라서 초보창업자의 경우 배우자나 주변 친지들의 도움을 받을 수 있는 아이템이 있는지 고려해야 한다. 그렇지 않은 경우 차선책으로 주위 사람들에게 쉽게 판매할 수 있는 아이템이나 흥미를 가질 만한 분야를 선정하는 것이 좋다

■ 성격

창업자의 성격이 중요하다. 판매하는 과정에서 상대하는 고객의 성격은 천차만별이다. 매출규모가 큰 경우 인내심으로 해결할 수 있겠지만 자영업에서는 판매금액 자체가 아주 미미한 경우가 많다. 이러한 고객들을 상대해줄 만한 융통성이나 인내심이 있는지 고려해야 할 것이다.

■ 체력

자영업은 겉보기와는 달리 상당한 체력과 인내심을 요하는 업종이 많다. 때로는 엄청난 노동력을 필요로 하는 아이템도 많다. 단 돈을 번다는 것에만 치중해 건강을 고려하지 않는다면 사업을 장기간 끌고 갈 수 없다. 건강을 잃으면 돈도 귀찮아지는 법이다. 창업자는 영업시간대나 노동력의 과다 여부를 반드시 고려해야 한다.

■ 전문성

창업자의 전문성과 관련된 아이템을 선정하는 것이 좋다. 창업 자체가 생존경쟁이다. 경쟁점포보다 경쟁력 우위를 점유하려면 전문성이나 노하우가 있는 아이템을 선정해야 한다. 자신이 특별한 기술, 자격증, 전문분야가 있는 경우라면 불경기시 타개할 수 있는 위기관리 능력이 생길 수 있으며, 흥미유발이 가능하기 때문에 사업에 열정을 기할 수 있다.

자금규모

한때 공급이 달려 물건을 못 팔던 시절이 있었다. 이러한 시기에는 빚을 내서라도 사업을 확장하는 전략으로 사업을 전개했으나, 지금은 공급은 많은데 수요가 부족하여 질 좋은 상품과 서비스를 제공해 고객을 많이 확보하는 사람이 성공하는 시대이다. 따라서 규모가 큰 창업을 시도하기에는 위험이 많다. 조그만 아이템이라도 실속 있고 자금규모에 무리가 따르지 않는 범위에서 선정하는 것이 좋다.

능력

체인점을 할 것인지 독립점포를 운영할 것인지 등을 결정할 때 이외에도 업종을 선택할 때 자신의 연령과 경력에 어울리는지, 사업을 추진할 수 있는 능력이 있는지를 검토해볼 필요가 있다. 아무리 좋은 아이템이라도 그것을 끌고 나가는 창업자의 능력이 받쳐주지 못하면 오래 버틸 수 없기 때문이다.

이런 점들을 고려한 후에는 창업자의 목표설정이 명확해야 성공창업의 길이 열린다. 그리고 목표를 향해 도전해가는 정신이 중요하다. 자신이 어떻게 될지, 자기점포를 어떻게 만들어 갈지 명확히 하는 것이 중요하다. 자영업 성공의 포인트는 이익을 남기는 것만이 아니라 고객과 더불어 살고 서로 도움을 주어야 한다는 마음가짐이 아닐까 한다.

06

아이템 선정과 외부적 요소

　창업의 길에서는 전후좌우 신호를 잘 살펴야 한다. 성장기에 있는 유망 아이템일지라도 주변 여건에 따라 사업의 성패는 달라지게 마련이다. 명동에서 성공한 아이템이 강남지역에서도 성공한다는 보장은 없다. 또한 같은 장소에서 같은 아이템으로 창업을 한다 해도 창업자에 따라 그 결과는 판이하게 달라지기도 한다. 후보 유망 아이템이 선정되었다 해도 내·외부적인 요소와 조화를 이루지 않으면 성공이 어렵기 때문이다.

　모든 아이템은 제조·유통·판매·소비과정을 거치게 된다. 이때 예비창업자는 이러한 과정의 어떤 위치에서 창업을 할 것인지를 결정하는 것이 급선무다. 아이템을 생산하는 제조위치 또는 유통업, 그리고 최종적으로 소비자를 접하게 되는 마지막 단계인 도·소매 판매업 중 어떤 위치에서 창업을 할 것인지 결정해야 한다는 것이다. 이 같은

결정에 의해 점포의 유형인 도매업 · 소매업 · 대리점 · 체인점 · 편의
점 · 전문점 등으로 결정되는 것이다.

아이템 선정시 고려할 외부사항

창업시점도 결정했고 아이템 자체에 관한 성장성에 확신이 가는 경
우일지라도 잠재고객의 여부, 경쟁점포의 수, 상품의 구매여건, 인력
수급 여부, 법적 규제, 신규업체나 대형업체의 참여 가능성 등 외부적
으로 고려해야 할 사항들은 산재해 있다.

▶ 잠재고객 파악

상품을 구매하게 될 예상고객이 충분히 잠재해야 한다. 잠재고객을
파악하기 위해서 통행인구수, 배후지역의 인구수, 라이프사이클, 연
령, 소득수준을 조사해야 한다. 통행인구와 배후지역의 인구수는 점
포의 매출을 결정짓는 중요한 요소가 되기 때문에 결과적으로 상권과
아이템은 떼려고 해도 뗄 수 없는 사이이다.

▶ 경쟁점포의 파악

아무리 유망한 아이템과 잠재고객이 있다 해도 경쟁점포가 너무 많
으면 그 지역에서는 유망 아이템이 되기 어렵다. 아이템을 선정할 때
수요와 공급 측면을 고려해 경쟁점포의 수를 파악하고, 경쟁점포의
장 · 단점을 파악한 후 진입이 가능한지 확인한다. 자영업은 몰려 있

을수록 유리하지만, 포화상태일 정도면 성공하기 어렵다. 따라서 경쟁점포의 매출추정으로 사업성이 있는지 따져봐야 할 것이다.

▶ 구매처 선정

아무리 잘 팔리는 아이템일지라도 공급이 어렵다면 아이템은 무용지물이 될 수밖에 없다. 공급자로부터 상품구입이 쉽고 저렴해야 한다. 따라서 지속적으로 생산될 수 있는 아이템인지, 단종될 상품인지 확인해야 한다. 그리고 구매처까지의 거리, 상품가격의 적당성, 공급처의 배달관계, 친절 등의 서비스관계, 품질 · 유행 · 신선도에 관한 만족도를 고려해야 한다. 프랜차이즈에 가맹할 경우 신중을 기하고 본사의 능력을 확인해야 한다.

▶ 위험부담 적어야

모든 사업은 위험성이 따르게 마련이지만 마진율이 높다는 이유로 위험이 많이 따르는 아이템을 선정하는 것은 초보창업자로서는 무모한 일이다. 수익성이 높다면 그만큼 경쟁업체가 생겨나게 마련이다. 따라서 신규참여가 어려운 업종과 쉬운 업종을 구별할 수 있어야 한다. 영원한 유망 아이템도 없고 독점 아이템도 없다. 매스컴에 많이 나오는 업종일수록 유행업종이 될 가능성이 많다.

최근 대형할인점으로 인해 조그만 점포들은 판로가 막히는 실정이다. 소점포로 아이템을 선정할 경우 몇 가지 특정상품만 집중적으로 다루는 전문점을 개발하는 것이 좋다. 대형점포들은 재고품 경비가 급증하기 때문에 가장 잘 팔리는 종류만 취급할 뿐 한 종류의 상품만을 집중적으로 다룰 수가 없다. 대기업이 손댈 수 없는 대인서비스·직접판매·융통성·민첩성 등을 고려해 아이템 선정 기회를 찾는 지혜가 필요하다.

법적 규제 여부 확인해야

많은 업종들이 허가를 필요로 하는 경우가 있다. 만약 규제가 따르는 업종이라면 충족요건을 확인해야 할 것이다. 때로는 현재 규제가 따르지 않는 업종일지라도 규제가 따를 만한 업종이 될 수도 있다. 한때 유행하던 전화방이나 성인용품 전문점 등이 바로 이런 경우다.

또한 학교 출입문으로부터 직선거리로 50m까지의 지역인 절대정화구역에 해당하는 업종의 여부, 학교 경계선으로부터 직선거리로 200m까지의 지역 중 절대정화구역을 제외한 지역인 상대정화구역에 해당하는 업종 여부 등도 아이템을 선정할 때 고려해야 한다.

이와 더불어 아이템에 따른 신상품개발의 가능성 여부, 아이템의 계절성 여부, 경상비용지출의 과다 여부, 인력수급의 용이성 여부 등이 고려될 수 있다.

유행업종과 유망업종

유망업종을 발굴하는 것이 바로 성공창업의 길이라 믿는 예비창업자의 기대심리는 지극히 당연한 것이다. 창업이란 사업을 시작하는 것이고, 사업이란 일정한 계획과 목적을 위한 경제행위로 그 목적은 돈을 버는 데 있으며, 운영을 한다는 것은 결국 돈을 벌 수 있는 구조를 만들어가는 것이라고 볼 수 있다.

소비욕구가 충족되어야 한다

유망업종의 장점은 예전에 없던 소비자시대의 변화와 더불어 소비자의 새로운 소비욕구를 충족시키며, 지속적으로 소비가 증가한다는 것을 들 수 있다. 반면 유행업종은 이런 소비욕구가 지속적이지 못하고 일시적인 현상으로 그칠 때를 지칭한다. 결국 유망업종이나 유행업종 모두가 현재 또는 가까운 미래에 소비자의 인기를 얻고 있는 업종임에는 틀림없다. 그러면 왜 유망업종을 선정하고 유행업종을 피해야 하는지, 또 구별할 수 있는 잣대는 무엇인지 살펴보기로 한다.

소비행위를 유발해야 한다

대부분의 업종이나 상품은 도입기 · 성장기 · 성숙기 · 쇠퇴기의 '라이프사이클'이 있다. 일반적으로 유행업종이라 함은 도입기에서 성장기와 성숙기를 거치지 않고 곧바로 쇠퇴기로 건너가 버리는 특성을 갖고 있는 아이템을 말한다. 업종이나 상품에 따라 그 주기가 긴 것도 있고 짧은 것도 있다. 유망업종을 탐색할 때에도 그 업종이 창업자 자신에게 적합한 것인지, 위험이 적은 성장기의 업종인지를 확인해야 한다. 그리고 소비행위의 근간이 되는 수요가 꾸준한지 살펴야 한다.

인기도 무시할 수 없다

자영업 창업을 하려면 판매하려는 상품 이외에도 점포임차료, 시설 및 인테리어, 점포권리금, 홍보비 등 여러 가지 투자가 이루어지게 된다. 사업 자체가 돈을 버는 일이므로, 예비창업자는 당연히 이러한 투

자금액의 회수를 고려해야 한다. 보통 점포창업에서 투자한 투자금액을 모두 회수하려면 3년이 걸린다. 이러한 관점에서 본다면 최소 2~3년 동안은 꾸준히 고객들로부터 인기를 누리는 업종이 유망업종이라고 볼 수 있으며, 유행업종은 짧은 기간 동안 높은 수익을 얻을 수 있지만 유행기간이 짧아 결국은 투자금을 회수하기 어렵다. 점포경영이 어려워지면 점포권리금을 제대로 받기 어려운 것이 현실인데 유행성 창업아이템은 바로 이런 점에서 위험성이 있다.

과열경쟁에서 물러나라

유망업종일지라도 창업자 모두에게 성공이 보장되는 것은 아니고,

장소나 창업자의 능력에 따라 결과가 달라지기도 한다. 유망업종은 일반적으로 언론이나 창업전문가들로부터 추천을 받고 기사화되기도 한다. 일단 유망하다고 거론이 되면 많은 사람들이 창업을 시도하게 되고 우후죽순처럼 짧은 기간 내에 경쟁점포가 난립한다. 머지않아 과열경쟁으로 연결되고 금방 고객들로부터 식상한 아이템으로 인식되면서 점차 사라지게 되는 것이 현실이다.

최근 들어 인터넷의 보급 등으로 정보가 개방되어 있으므로 창업자나 소비자 누구에게나 업종이나 상품의 정보들을 파악할 기회가 많아졌다. 이 경우에도 유망업종을 찾기보다는 유행업종이 될 소지가 많은 업종을 배제하는 방법을 선택하는 것이 최선이다.

성숙기의 업종을 택하라

예비창업자는 사업경험이 없는 만큼 성장기에서 성숙기로 넘어가는 업종으로 창업을 시도하는 것이 비교적 안전하다. 도입기 업종은 소비층이 형성되지 못한 상태라 불안하고, 성숙기 업종은 소비층이 두텁다는 장점이 있지만, 경쟁이 치열해 경험이 부족한 예비창업자에게는 경쟁력이 상대적으로 약하다. 따라서 업종선정은 성장기에서 성숙기로 접어드는 시점에서 선택하는 것이 좋다. 소비자가 늘어나 시장규모가 확대되는 시기이므로 경쟁점포가 많지 않고 창업기회가 넓은 편이기 때문이다.

가치의 극대화 요령을 기른다

유행업종이 될 가능성이 많은 업종의 특징을 살펴보면 신상품 개발이 불가능하거나, 개발이 된다 하더라도 새로운 시설투자가 이루어져야 하는 업종, 계절적인 업종이나 비수기가 있는 업종, 창업 후 경상비의 지출이 높은 업종, 영업시간이나 회전율이 짧은 업종, 문화적으로 미풍양속을 해칠 우려가 높은 업종, 국내법규에 저촉되거나 라이프사이클이 짧은 업종이 유행업종이 될 가능성이 높다.

선택한 업종이 유행업종으로 둔갑해 시장성이 부족하거나 수요량이 약하다고 판단된다 할지라도 아이템 자체가 신선할 경우는 낮은 시장성을 극복하기 위해서 또 다른 품목을 함께 판매하는 복합 마케팅을 실시함으로써 매출을 극대화시켜 유행업종의 징후를 극복해 나갈 수 있다. 결국 영원한 유망업종은 존재하지 않는다. 새로운 아이템이나 서비스를 개발하고 창업자 스스로 시장을 개척해나가야 하는 것이다.

외식업 업종선정

외식산업의 현황

외식이란 집 밖에서 하는 식사로 가족단위의 외식, 학교급식, 직장에서의 식사, 음주 등을 포함한 일체의 행위를 말한다. 외식은 2014년 2/4분기 기준으로 우리나라 가구당 소비지출에서 13.6퍼센트를 차지하고 있으며, 가구당 월평균 337,300원을 지출하고 있다. 전체가구소비지출 규모로 볼 때 73조 원에 해당하는 금액이다.

외식업창업이란 앞서 말한 집 밖에서 먹게 되는 음식이나 술이나 음료 등을 상품으로 하여 장사하는 것을 말하게 되는 것이다. 이러한 우리 나라의 외식산업은 경제적인 성장을 토대로 식생활 습관의 변화와 여성의 사회적 진출에 따른 외식의 보편화, 자가용의 보급, 해외여행의 증가 등 사회 · 경제적인 환경의 변화로 질적 · 양적인 면에서 크게 발달해왔다.

　외식산업역사의 시작은 1950~60년대 미국의 경제발전에 따른 식생활의 변화와 함께 미국에서 'Foodservice Industry'라는 용어로 정착되기 시작했으며, 일본에서는 1970년대 '마스꼬미'라는 잡지에서 지금 우리가 사용하고 있는 '외식산업'이라는 용어를 처음 쓰기 시작하였다. 우리 나라에서는 1979년 국내 롯데리아가 일본 롯데리아의 기술지원을 통해 도입되면서 1980년대 초 외식산업이란 용어를 사용하기 시작하여 기존의 요식업, 식당업, 음식업의 명칭이 외식산업으로 보편화되어왔다. 그 이후 우리 나라 외식산업시장은 1980년대의 성장을 지나 1990년부터 2014년 현재까지 한식업, 일식업, 피자시장, 패밀리레스토랑시장, 치킨시장 그리고 단체급식시장 등으로 형성되고 있다. 최근에는 체인경영기법을 도입한 패밀리레스토랑의 등장으로 외식산업이 새로운 시장을 형성하기에 이르렀다.

　외식산업은 소비자의 존재를 전제로 하는 소비산업으로 다른 여타 제조업과는 달리 지속적으로 반복수요가 창출되는 전형적인 소비산업이며 재료를 가지고 조리·가공하여 제공하는 서비스까지 일련의 행위가 한 장소에서 이루어지는 특성을 지니고 있기 때문에 마진율이 상당히 높은 고부가가치의 전형적인 서비스산업이다.

　이러한 외식산업의 중요성을 깨닫고 전통적으로 자영업자들이 운영하던 음식업에 대기업에서도 앞을 다투어 참여함으로써 미래의 유망산업으로 각광받고 있다. 따라서 소자본 창업자들은 과거의 주먹구구식 경영방식에서 탈피하여 좀더 체계적으로 창업을 해야 하는 어려움도 있으나 외식산업 전체의 질을 한 단계 높이는 긍정적인 측면도 있다.

외식업의 업종선정

비교적 높은 고정투자비에도 불구하고 시작만 하면 돈을 버는 황금 알을 낳는 거위에 비유되는 외식업계는 이제까지 해방직후부터 한번 도 불황국면을 맞이한 적이 없으며 오늘날 먹는 장사는 망하는 법이 없다는 전설을 가지고 있다. 타 업종의 경영주들이 몇 차례 석유파동 등으로 불황을 맞이하고 극복타계 방안으로 고육지책(苦肉之策)을 내 놓을 때 외식업 경영주들은 안일하게 대처해왔던 것도 사실이며 변신 을 거부하고 재투자를 마다한 것도 사실이었다. 먹는 장사를 하면 성 공한다는 전설도 외환위기를 거치고 21세기를 맞이하면서 디지털문 화 앞에서는 무릎을 꿇을 수밖에 없게 되었다. 정보화시대의 고객은 많은 변화를 요구하고 있기 때문이다. 더구나 정보화시대의 고객은 돈의 가치를 인식하고 소비생활을 재정립하고 있기 때문이다.

지금까지 거품이나 충동구매, 과시소비의 늪에서 살아오던 고객이 화폐의 가치를 주장하고 나선 만큼 점주들도 고객의 요구에 부응해야 한다. 그렇다면 무엇으로 원가를 절감하고 어떤 방법으로 고객을 유인할 수 있을까? 고육지책을 내놓아야 한다. 그리고 고객의 입맛에 알맞은 메뉴를 개발해야 한다. 고객의 소비심리만 변한 것이 아니라 입맛도 변하고 있다. 이러한 욕구를 충족시키기 위한 대응책으로 업종선정에 신중을 기해야 하며 외식업의 업종선정 핵심인 메뉴운영에 있어서 차별성이나 묘책을 강구해야 한다. 업종은 다음과 같은 열 가지 점을 고려하여 선정해야 한다.

일반적인 업종선정 요령은 앞서 거론하였다. 그러나 실제 창업에 앞서 업종을 선정하려고 하면 피부에 와 닿지 않을 것이다. 보편적인 한식에서부터 양식 관련 전문점, 커피숍, 패스트푸드 등이 있지만 막연하기만 할 것이다. 업종선정의 가장 기본적인 것은 어떤 음식을 어떤 방법으로 팔 것이냐 하는 문제이다. 물론 타 업소와는 차별화를 해야만 성공할 확률도 높아지게 된다.

소자본 창업의 업종선정 내면을 살펴본다면 우선 ○○전문점들이 대다수이다. 이 전문점들은 주로 음식의 주메뉴를 강조하는 것이다. 모든 외식업소들은 기본적으로 음식물을 판매하기 때문에 맛은 최우선으로 고려되어야 한다.

다음은 요리 방법들로, 화로구이 · 숯불갈비 · 맥반석구이 · 자연석돌구이 등의 굽는 방법들이 있으며, 제공하는 방법으로는 셀프음식점과 테이블서비스 방법에 따라 음식점 유형이 달라질 수도 있다. 같은 생맥주를 판매하면서도 동네 호프집 · 생맥주전문점 · 이벤트전문주점 · 요리주점 등으로 다양화되는 것이 바로 차별화의 기법이다. 이러한 차별화를 통하여 업종선정을 하는 이유는 외식상품인 음식을 많이 파는 데 있으며 많이 팔아야 돈을 벌고 성공하기 때문이다.

그러나 외식업 점포의 수가 통계청의 2012년 전국사업체조사 기준으로 673,767업소에 이르렀고, 2007년 623,064업소 대비 8.1퍼센트나 증가했다. 인구 74명당 1개 업소 꼴이다. 하지만 그렇게 많은 외식점포 가운데서 성공할 확률은 15퍼센트에 불과하고 개업한 지 2년 이내에 70퍼센트 정도가 문을 닫는 것이 현실이다. 말 그대로 외식업 자체가 치열한 생존경쟁이고 보이지 않는 또 하나의 전쟁인 것이다. 외식업에 있어서의 기본은 QSC(quality, service, cleanness), 즉 맛 · 서비스 · 위생이다. 그중 가장 핵심이 바로 맛이다. 서비스와 청결은 맛의 효과를 극대화하는 역할을 하게 될 따름이다.

식당을 운영하려면 기본적으로 음식이 맛이 있어야 한다. 그러나 대부분의 창업자들이 잘못 인식하고 추진하는 창업전략이 가격이 저렴하고 맛이 뛰어나다면 성공할 것이라 믿는다는 것이다. 여기에 한수 더한다면 창업비용 절감부분이다. 원칙 없이 비용을 줄인다고 이

것도 아끼고 저것도 아껴 때로는 식재료의 질까지 떨어뜨리는 경우가 빈번하다. 다시 말한다면 고객을 전혀 고려치 않은 비용절감을 위한 발상이 경쟁력을 잃어가게 만들어 놓는다는 것이다. 고객의 의사를 전혀 무시한 상태로 창업을 한다면 많이 팔려는 음식(상품)이 팔릴 리가 없다. 고객은 가격이 저렴한 것만을 원하지 않고 전문적으로 맛을 낼 수 있는 식당을 선호한다.

■ 경쟁력 강화를 위한 업종선정 준비

구 분	적 용	내 용
주력상품	what	어떤 상품을 선정해야 잘 팔리고 자신이 잘 소화해 낼 수 있을지 판단
고객의 내점동기	why	가격이 저렴해서, 주인과 친해서, 주변에 물건을 살 만한 장소가 없어서, 서비스가 뛰어나서, 상품구색이 다양하여, 시설이 마음에 들어서
목표고객 설정	who	어떤 고객계층을 대상으로 영업할 것인가(1318 · 신세대 · 장년층 · 남성 · 여성 · 주부 · 노년)
영업시간 설정	when	주고객이 이용하는 시간대 고려(편의점 · 의류점 · 호프집 · 식당 · 해장국 · 문구점)
개점입지 선정	where	아이템이 잘 판매될 수 있는 장소 선정(통행인구 · 배후지 인구 · 라이프사이클 · 연령 · 소득수준 등을 조사하여 잠재고객 파악)
판매방식 결정	how	상품의 질을 고려한 판매방식의 결정(생활수준 · 소비습관 · 소비행태를 고려한 판매방식이나 관련 서비스 제공)
가격 책정	how much	잠재고객의 소비수준을 반영한 가격결정(원가기준 · 경쟁기준 · 수요기준(소비자 수용가))

○ 업종선정을 위한 목표고객 설정

성 별 \ 연령대	유아 · 어린이	10대	20대	30대	40대	50대	60대	60대 이상
남	〈용돈	세대〉		〈—생계비	창출을	위한	소비—〉	노후 소비
여	〈용돈	세대〉		〈——	생활비	집행—	——〉	노후 소비

고객 방문목적에 따른 음식점 선택기준

방문목적	방문목적에 따른 중요도
일반적인 경우	음식의 질(맛), 서비스의 질, 청결과 위생상태, 위치 · 교통의 편리성, 분위기, 건물외양, 실내장식, 가격, 주차의 편리성, 평판과 이미지 순으로 중요시한다.
직장에서 점심식사를 위한 경우	가격, 맛, 근접성, 간편성, 분위기, 서비스 순으로 중요시한다.
교제 · 비즈니스가 목적인 경우	분위기, 맛, 서비스, 가격, 근접성, 간편성 순으로 중요시한다.
가족외식인 경우	맛, 분위기, 가격, 서비스, 근접성, 간편성 순으로 중요시한다.

위의 표와 같이 기본적인 업종선정을 위한 방법을 객관적인 시각으로 고려하여 목표고객을 설정하게 된다면 업종선정은 한결 쉬워질 것이다. 이러한 자료를 토대로 지역특성에 알맞은 메뉴를 선정하고 차별화해야 되는데 외식업 중에서도 창업자가 요리수준이 낮더라도 얼마든지 외식업을 하는 경우가 많다는 점을 인식하면 예상외로 업종선정이 수월해질 수 있을 것이다. 예를 들면 생고기전문점의 경우 고기

자체의 맛은 굽는 방법으로 해결되기 때문에 좋은 재료만 구매한다면 얼마든지 고객을 유인할 수 있는 것이다. 이렇듯 업종선정을 위한 유형별 업종선정 방법을 살펴보면 다음과 같다.

유형별 업종선정	
음식재료에 따른 업종선정	게요리전문점, 낙지전문점, 오리고기전문점, 복요리, 생고기전문점, 산채요리전문점, 껍데기전문점, 보양탕
국적에 의한 업종선정	한식, 일식, 중식, 양식, 기타 국적요리
주방기물에 의한 업종선정	화로구이전문점, 자연석 돌구이전문점, 맥반석구이
요리방법에 의한 업종선정	철판구이, 석쇠구이, 꼬치구이, 징기스칸요리, 전골요리전문점, 바비큐전문점, 숯불구이전문점
서비스 방법에 의한 업종선정	뷔페전문점, 카페테리아, 정통레스토랑, 배달전문점
시설 컨셉에 따른 업종선정	비행기레스토랑, 기차레스토랑, 보물선, 랭귀지카페
영업시간에 따른 업종선정	24시해장국, 야식전문점 등

업종분포에 따른 메뉴선정

주변상권의 업종분포를 조사해보고 전체 업종 중 음식업이 차지하는 비중이 50퍼센트가 넘는 지역일 때 비로소 점포계약을 해야 한다. 만약 음식점이 차지하는 비중이 50퍼센트가 안 되는데 계약을 했다면 판매업이나 서비스업으로의 전환을 고려해보아야 한다. 음식업이 잘되려면 그 지역의 업종분포에서 음식점이 차지하는 비중이 50퍼센트를 넘어야 하고, 판매업이 잘되려면 60퍼센트가 넘어야 한다. 음식점과 판매업은 일정지역에 많이 몰려 있어야 장사가 잘되기 때문이다.

점포를 정한 뒤에는 보다 세밀한 업종분포를 조사해 품목(개별업종)을 선정해야 한다. 음식업의 경우, 한식점을 하려고 한다면 그 지역의 음식점 중에서 한식점이 20~50퍼센트를 차지하고 있을 때가 장사에 성공할 확률이 높다. 좀더 자세하게 말한다면 그 지역에 음식점이 50군데 있는데 자기가 하려는 품목(예를 들어 돼지갈비)과 관계가 있는 품목(돼지갈비를 포함해 보쌈/설렁탕·등심·바비큐 등)이 10~25군데(20~50퍼센트)일 경우 누구라도 그 장사가 잘된다고 판단할 수 있는 것이다. 그 가운데서도 10~15군데(20~30퍼센트)일 때가 더욱 좋으며, 가장 좋은 것은 15군데(30퍼센트) 정도일 때다.

그 품목이 25개(50퍼센트)가 넘는다면 장사가 잘되기는 하지만 경쟁이 너무 치열하기 때문에 초보자가 하기에는 위험하다. 또 10개(20퍼센트)가 안 된다면 그 지역 사람들이 그 품목을 선호하지 않는다고 볼 수 있다. 그리고 15개(30퍼센트) 정도라면 사람들이 선호하고 있으면서도 발전 가능성이 높기 때문에 가장 좋은 것이다.

음식점은 브랜드에 별로 구애를 받지 않는다. 입지조건은 좋은데 사업성이 있느냐 없느냐를 판별하는 관건은 동종업체수의 분포도이다. 경쟁점포를 잘 파악하고 수요와 공급의 측면을 고려하여 추정매출과 손익계산을 산출할 수 있는 지혜가 필요하다. 메뉴운영의 성공 포인트는 메뉴수는 적게 구성하여 원가절감을 모색하고 운영에 있어서는 변화 컨셉을 도입하고 밑반찬을 정해놓고 바꾸어 내기도 하며 스페셜 메뉴도 시도하여야 한다. 또한 이벤트로 고정고객화할 수 있는 다양한 방법을 모색하며 직장인 상대 음식점은 점심은 푸짐하게 원하는 양을 충분히 먹도록 배려하고 서비스 속도는 점심인 경우

10~15분 내에 제공되어야 한다. 매출은 10~20퍼센트 늘리고 원가는 10퍼센트 줄일 수 있는 방법을 모색하는 것이 성공 포인트이다.

<table>
<tr><td colspan="1">메뉴 선정할 때 고려할 사항</td></tr>
</table>

- 자신이 좋아하는(관심 있는) 메뉴를 선택한다.
- 독립점인가, 프랜차이즈인가 고려해본다.
- 가격과 소비층, 소비수준을 고려해본다(업종과 입지의 조화를 고려한다).
- 주메뉴와 보조메뉴를 생각해본다(전문점에서도 보충메뉴는 필요하다).
- 지역정서를 고려한다.
- 전문가의 조언을 받아본다.
- 메뉴수와 품질수준을 결정한다.
- 조리 레시피를 작성한다.
- 경영주의 주관보다 소비층에 알맞은 객관성이 있어야 한다.
- 세트, 오리지널(창작메뉴)런치, 디너스페셜 등 고객의 선택의 다양성 고려
- 메뉴의 브랜드화를 고려한다(향후 체인본사가 될 것을 염두에 둔다).
- 요리와 기물의 조화를 고려한다(기물에 따라 음식이 달라 보인다).
- 가격은 경쟁업소와 비교하여 결정하라.
- 자기점포만의 독특한 음식을 판매하라.
- 주류 판매시에는 안주메뉴에 충실하라.

메뉴 개발시 고려할 일곱 가지 사항

외식업을 창업하면서 가장 고민하는 부분이 맛을 어떻게 내느냐 하는 것이다. 이는 매우 쉽게 생각할 수도 있지만 그 업체의 분위기, 고객의 수준, 주변의 상황들을 고려하여 조화를 이루는 것이 그 업체의 맛을 결정하는 요인이다. 그러나 대부분 이러한 요인들을 배제하고 메뉴를 결정함으로써 매출감소를 불러와 경영을 악화시키고 창업에

실패를 가져오게 하는 경우가 많다. 메뉴를 개발하면서 고려해야 할 중요한 요인을 살펴보면 첫째, 고객의 소비심리를 파악하고 둘째, 지역의 특성을 고려하여야 하며 셋째, 외식업체의 고객 타깃(target)이 설정되어 있어야 한다. 또한 기타 요인으로는 판매전략상 메뉴 개발 또는 메뉴의 단가를 결정하면서 객단가를 고려하는 전략 등 많은 요인들을 포함하여 새로운 메뉴개발에 임하여야 한다.

▶ 고객층에 알맞은 메뉴 개발

외식업체가 지향하는 정확한 고객 타깃에 맞추어 그 고객층에 맞는 메뉴를 개발하여야 한다. 즉 신세대를 대상으로 영업을 하는 업체에서 30대나 40대가 좋아하는 음식을 개발하여 판매하는 형태나 40대 고객을 지향하는 외식업체에서 신세대들이 좋아하는 음식을 개발하여 판매하는 것은 곤란하다.

▶ 마케팅(marketing)을 고려한 메뉴 개발

메뉴 마케팅을 고려하여 메뉴를 개발하여야 한다. 최근의 업체들은 메뉴도 마케팅의 한 수단이라고 느끼고 있기 때문이다. 따라서 이벤트화할 수 있는 메뉴를 개발하는 것이 중요하다. 고객에게 음식의 조리과정을 보여주어 고객으로 하여금 기다리는 시간의 지루함을 달래고 재미를 주는 이벤트 메뉴는 이제는 메뉴 개발의 필수적인 방법 중 하나가 되었다고 생각한다. 고객의 수준이 향상되고 양적인 면보다 질적인 면을 중요시하는 고객이 점차 증가하므로 이제는 단순히 주방에서 조리하여 서비스하는 메뉴보다는 고객의 앞에서 조리 또는 고객이 직접 조리를 하는 이벤트적인 메뉴 개발이 필요하다. 고객의 앞에서 직접 조리를 하면 시각적인 맛을 더하여 고객으로 하여금 맛을 창출할 수 있으며 조리되는 시간에 지루함을 잊게 되고 위생에 관해 안전함을 느끼게 된다.

▶ 재고관리를 고려하여 개발한다

같은 재료를 사용한 메뉴가 다양하게 개발되고 있어 식자재 재고를 현저하게 줄일 뿐만 아니라 경영에도 큰 영향을 줄 수 있다. 원재료 구매가 지속적으로 조달가능한지 또는 조달이 어려운 원재료가 있는가를 파악하는 것도 중요하다. 최소의 원재료를 재고로 할 수 있고 재고가 줄어든 만큼의 재원을 다른 곳에 활용할 수 있는 이점이 있다.

▶ 기획메뉴 상품개발

어떤 상품을 주력상품으로 판매할 것인가에 중점을 두고 메뉴 개발이 이루어져야 한다. 기획메뉴 상품은 개발된 메뉴에서 판매를 촉진하기 위하여 전략상 만든 메뉴이므로 두 가지 이상이 혼합된 메뉴를 상품으로 만드는 것이 유리하다. 또한 가격 측면에서는 저렴하게 하여야 하고 기획메뉴에 있어서 세 종류의 기획메뉴가 개발되었다면 그 중 가장 판매에 역점을 두어야 할 메뉴를 메뉴 북(menu book)의 가운데에 위치하게 하는 것이 좋다.

▶ 건강메뉴 개발

현대인은 다양한 질병과 너무 많은 영양섭취로 인한 비만에 상당한

관심을 가지고 있으며 식자재 또한 화학약품을 사용한 원재료나 유전
자 변형의 원재료가 많이 있다. 그러므로 고객은 항상 의심을 가지고
메뉴를 주문하는 경우가 많다. 따라서 저칼로리 또는 다이어트 메뉴
를 한 가지 이상 개발하거나 청정 원재료를 사용한 메뉴 개발에 중점
을 두어 고객의 욕구에 부응하는 것이 좋다. 물론 이러한 메뉴는 영양
학적으로 입증할 수 있어야 한다.

▶ 주방설비를 고려하는 메뉴 개발

주방의 조리기구나 조리기계의 가격이 너무 높아 주방설비를 제대
로 갖추지 않고 경영하는 업체들이 많다. 주방설비를 고려하지 않은
메뉴를 개발하여 음식의 맛을 떨어뜨리고 고객으로 하여금 새로운 메
뉴에 대한 실망감을 줄 수 있으므로 메뉴를 개발하기 전에 주방설비
를 고려하여 조리시 음식의 맛이 제대로 나도록 한다.

▶ 메뉴 북(menu book)

현재의 상당수 음식점에서는 메뉴 북을 단지 고객이 음식을 주문하
는 한 부분으로만 생각하여 다른 외식업체에서 사용하는 것을 모방하
는 경우가 많다. 메뉴 북은 개발된 메뉴에 부가가치를 높이는 중요한
요소가 되기 때문에 어떠한 메뉴 북을 사용할 것인가를 생각하고 시
각적인 면을 고려하여 도안하는 것도 메뉴의 부가가치를 높이는 중요
한 요인이라 할 수 있다.

유행업종 타개방법

유행업종이 될 가능성 때문에 하고 싶은 사업을 포기할 필요는 없다. 아직까지는 전문점을 선호하는 것이 소비자의 추세이다. 하고 싶은 업종이 시장성이 없는 경우, 즉 수요량이 약하다고 판단되거나 아이템 자체가 신선할 경우는 점포의 외형은 전문점으로 노출을 시켜 신뢰감을 심어주고, 업종자체의 낮은 시장성을 극복하기 위해서 점포 내부에서는 또 다른 연계품목을 함께 판매하는 전략을 세우면 매출부진의 어려움을 극복해 나갈 수 있다.

예를 들면 하고 싶은 업종이 간식용 아이템이어서 혹은 계절음식이기 때문에, 가동시간이 짧아서, 라이프사이클이 짧아서 등의 이유로 어려움이 있을 때에는 그러한 한계를 극복하게 해주는 다른 업종과 함께 판매하는 방법도 고려할 수 있다. 예를 들어 떡볶이 전문점을 하고 싶은데 간식업종이라서 망설여지는 경우는 우동이나 국수를 함께 팔면 된다. 꽃게전문점이나 칼국수전문점을 하고 싶은데 가동시간이 짧다고 망설여지는 경우 아구탕이나 해물탕, 만두나 국수전골 같은 메뉴를 개발하면 반짝업종의 한계를 극복할 수 있다.

서비스업 업종선정

서비스의 일반적 정의

서비스(service)의 사전적 정의는 '행위, 과정 그리고 성과(deeds, processes, and performance)이다. 우리 주변에서 발생하고 있는 많은 행위들, 예를 들면 병원에 가서 의사의 진료를 받는 것, 호텔에 투숙하는 것, 은행에 돈을 맡기고 찾는 것, 비행기를 타고 여행을 하는 것, 그리고 영화관에 가서 영화를 보는 것 등은 주로 고객들을 위한 행위이며 과정이자 성과라고 볼 수 있다. 그러나 이와 같은 '서비스'는 비단 서비스 부문에서만 일어나는 것은 아니며 많은 제조업 부문에서도 종합적인 형태로 제공되고 있다.

예를 들어서, 컴퓨터 회사들은 판매시 품질 보증서를 제공하고 애프터서비스도 강조하고 있다. 많은 가전제품 회사들도 가전제품 그 자

서비스의 특성		
무형성	구매 전 보거나 만지거나 냄새를 맡을 수 있는 유형적 대상이 결여되어 있어서 실체를 객관적으로 느낄 수 없다.
소멸성	제품과는 달리 향후 수요에 대비해서 저장할 수 없다.
비분리성	서비스의 생산 과정에서 소비가 동시에 이루어진다. 제품은 먼저 생산되고 그 다음에 판매될 수 있다.
가변성	고객이 어떤 서비스를 선호해서 그 서비스를 구매할 때 제공되는 서비스의 품질수준이 항상 일정할 수 없음을 말한다.

체의 품질 못지않게 애프터서비스 활동에도 많은 신경을 쓰고 있다. 또한 자동차 회사들이 일정 수준의 무상보증 서비스를 제공하는 것과 가전제품 대리점에서 에어컨 등 가전제품을 구매하면 무상으로 배달해주고 설치까지 해주는 것 등이 있다. 이와 같이 제조업 부문에서 나타나고 있는 서비스들도 행위, 과정, 그리고 성과라고 할 수 있다.

따라서 이와 같은 상황을 감안해본다면 서비스에 대한 단순하고 추상적인 정의는 좀더 확장된 형태로 바뀐다고 볼 수 있다. 즉 서비스는 "최종 산출물이 물리적인 제품이나 구조물과 같은 형태로 나타나는 것이 아니고, 생산과 동시에 소비되는, 편의성·적시성·즐거움·안락함 혹은 건강함 등과 같은 형태로 나타나 부가가치를 제공해주는 모든 경제활동"으로 정의할 수 있다. 서비스업이란 바로 이러한 서비스를 상품화 또는 상품에 부가해 판매하는 것을 주업으로 하여 사업을 하는 것이라 할 수 있다. 선진사회로 진입하면 할수록 발전되어가는 업종이다.

소자본 서비스업 창업의 유형

　서비업의 업종선정은 고객이 어떤 서비스를 필요로 하여 구매하는 가라는 문제에서 업종선정 작업에 들어가게 된다. 소자본 창업에서는 1층 점포가 아니어도 무관하며 많은 홍보를 필요로 하며, 마진율이 높고, 맨몸으로 창업할 수 있는 업종이 우리가 흔히 생각할 수 있는 서비스 업종이다.

　현대인들은 소득수준이 향상될수록 편의추구와 건강·미용 등에 관심을 두게 되며 불확실한 미래에 대비하기 위해 노력도 하는 것이 일반적인 생활모습들이다. 여러 가지 다양한 아이디어를 바탕으로 사업에 성공하는 사례도 많아지고 있다. 그러나 창업비용이 많이 소요되지 않는 반면 보이지 않는 허점도 많은 것이 바로 서비스 업종이다. 그러나 꼭 기술이 있고, 아이디어가 탁월하고, 전문성이 있는 사람들만 서비스 업종에 종사할 수 있는 것은 아니다. 서비스 업종의 유형을

서비스 업종의 창업유형	
기술력·전문성을 바탕으로 한 창업	헤어숍, 카센터, 안경전문점, 약국 등
지식기반에 의한 창업	변호사, 컨설팅, 상담직, 교육서비스 등
자금력에 의한 창업	각종 사금융서비스
기계·장비·시설에 의한 창업	오락실, 노래방, PC방, 당구장
영업방법에 의한 창업	전자상거래, 온라인인쇄편의점, 방문교육 등
용역에 의한 창업(편의추구)	인력파견업, 쇼핑대행업, 꽃배달서비스, 청소대행업 등의 대행업무(3D업종으로 분류)
장소에 의한 창업	테마카페, 주차장, 커피숍, 산후조리원 등

살펴보면 비록 기술력이나 전문성이 부족하더라도 도전할 수 있는 분야가 많은 만큼 업종선정에 많은 도움이 될 것이다.

서비스업의 아이템 탐색과 선정

창업의 출발점은 사업대상인 사업 아이템을 확정하는 것으로 출발하게 된다. 대개의 성공적인 창업자의 경우는 처음에는 창업의지나 사업 아이템 등이 명확하지 않은 상태에서도 창업을 해서 크게 성공하는 경우가 있는가 하면, 처음부터 전략적으로 창업기회와 사업 아이템 등을 찾아서 성공하는 경우도 있다. 사업 아이템, 즉 사업의 대상이 탐색되면서 이에 대한 타당성 등이 검토되고 추진되는 것이 상례이나, 우선 창업을 하고 나서 사업 아이템을 찾는 경우도 상당히 많으므로 창업기회의 선정은 전적으로 예비창업자의 여건과 주변환경에 따라서 결정되는 것이 일반적인 경우이다.

그 대상이 기존에 있는 아이템이든 새로운 아이템이든 관계없이 분명한 목표시장을 갖고 있는 서비스나 상품을 사업 아이템으로 정해야 한다. 아이템을 선정할 때에는 여러 가지 고려해야 할 부분이 많지만 그 핵심은 창업자가 판매할 상품이나 서비스가 시장수요를 반영하고 있는지 명확히 파악하여 시장과 결합시키는 것이라고 할 수 있다. 사업 아이템의 선정을 위한 기법과 절차를 알아보면 후보 아이템을 몇 가지 선정하고 난 후 후보 아이템 중 우선순위를 결정하여야 하며 마지막으로 예비사업의 성공가능성을 검토하는 순서로 이어진다.

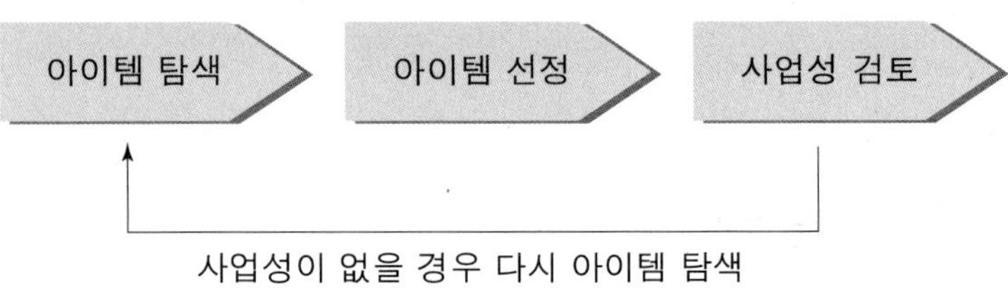

아이템 탐색과정

사업 아이템 탐색과정은 무엇을 가지고 창업을 할 것인가의 문제로 창업의 가장 핵심단계라고 할 수 있다. 사업 아이템은 매우 다양한 경로를 통해서 탐색될 수 있다. 우선은 예비창업자 자신의 주변에서부터 사업 아이템을 찾는 것이 중요하다. 직장·친구·가족 등 예비창업자의 주변환경은 창업을 수행하는 기본토양이 되므로, 일단은 사업 아이템을 찾는 것도 자신의 주변에서부터 찾아나가는 것이 비교적 쉽다고 볼 수 있다.

기술을 가지고 창업하는 경우에는 관련 기술, 제품의 국내외 현재 수준(state of art)을 명확하게 파악하고, 기술이나 제품의 발전방향, 수요의 방향예측 등이 사업 아이템을 선정하는 데 매우 중요한 출발점이 된다. 창업자 본인이 관련 기술, 제품 분야의 상세한 정보가 없는 경우에는 유사분야 내지는 관련분야에 종사하고 있는 사람들의 기술동향 내지는 수요예측 등에 대한 객관적인 정보가 큰 도움이 된다. 사업 아이템 탐색은 여러 개의 후보 사업 아이템을 놓고 전후 관계 내지는 기술의 난이도·시장성 등에 대한 입체적인 자료가 많은 도움이 된다. 예를 들어 기술의 전후관계 등으로 보아서 사업 아이템의 우선순위, 경제성 등을 고려해서 포트폴리오를 작성하는 것이 도움이 된다.

사업 아이템 선정을 위해서는 추진하고자 하는 사업에 대한 분석이 필수적이다. 이는 분석이 없이 시작하면 실패할 가능성이 매우 높기 때문이다. 너무 자세한 분석을 하다 보면, 사업기회가 사라지기도 하고, 창업자의 열정이 식어버리게 된다. 따라서 창업자는 새로운 사업의 생존가능성, 매력도 등을 미리 분석해보는 것이 필요하다. 그러므로 제한된 자원과 상당한 정도의 애매모호한 상태에서 상충되는 자료로부터 우선순위와 결론을 내리기 위한 판단과 지름길을 찾아내고, 행동방안을 모색해야 한다.

다시 한번 정리하자면 업종탐색은 서비스상품과 시장과의 관계 및 성공가능성을 검토하고 성공가능성이 높은 서비스 유형을 선별한 뒤 성공가능성이 높은 아이템 유형과 기본요건을 바탕으로 아이템의 실태조사를 함으로써 업종선정의 절차가 완료된다고 할 수 있다.

서비스 업종의 아이템 선정 키워드

외식업이나 일반소매업의 경우 시설 투자금의 환수가 어려운 단점이 있는 반면 당장 수익(손익분기점 3개월 이내)을 창출할 수 있다는 점이 강점이라면 서비스 업종의 경우 수익창출(최소 손익분기점 1년)에 시간이 소요되는 특징이 있다. 그러나 업종 특성상 장점으로 대두되는 것이 위험부담이 적고, 소자본 창업이 가능하며, 공간과 시간의 제약이 상대적으로 적다는 점이다. 나에게 맞는 서비스 업종 아이템을 찾으려면 요즘 잘되는 장사에 초점을 두기보다는 시대에 따라 소비흐름이 변한다는 점을 인식하고 자신의 상황에 가장 알맞은 아이템을 선정하면 그것이 바로 유망업종이 되고 경쟁력을 갖추는 데 무리가 없다.

그러기 위해서는 우선 자신의 창업자금에 무리가 없고, 적성이나 성격 그리고 경험 등의 전문성이 고려된 업종을 선정한 뒤 21세기에 걸맞은 상술로 사업을 펼쳐나가야 할 것이다.

시작하기 위해서는 기존의 시장에 도전해야 하는 만큼 기존시장의 틈새를 발견해내야 한다. 틈새시장의 유형은 사업 전분야에 걸쳐 다양한 방법으로 생길 수 있을 것이나 비교적 창업비용이 적게 들고 장소에 구애받지 않는 아이템이 많이 포진되어 있으므로 그만큼 홍보나 판촉활동에 의존하는 경우가 많은 것이 서비스 업종이다.

이러한 서비스업의 틈새시장을 효과적으로 공략하기 위해서는 서비스상품의 경쟁력과 함께 이에 따른 영업능력이 요구되는 만큼 사업 준비에서부터 기획과 전략을 충분히 세운 뒤에 사업에 접근하는 것이 좋겠다.

상품개발의 유형은 세 가지로, 지역의 수요와 공급을 분석하여 취약한 곳에 침투하는 시장분석형, 새로운 서비스 개발로 침투하는 신서비스형, 신기술 개발로 시장에 진입하는 신기술형 서비스 업종으로 기존 시장의 틈새를 노려볼 수 있을 것이다.

사업의 방법적인 접근은 자신의 지식과 경험 또는 영업력을 팔아야 하는 만큼 발로 뛰는 노력이 필요하며 가상공간을 영업장으로 활용하

서비스업의 트렌드와 유망업종

서비스 업종의 아이템 선정
• 풍부한 경험과 전문지식을 활용할 수 있는 분야
• 실패를 할 경우 자본금 회수에 부담이 없는 분야
• 부업의 형태나 겸업으로 시작할 수 있는 분야
• 자기자본비율이 높은 사업 분야
• 가족의 동의와 협조를 얻어낼 수 있는 분야
• 소비시장을 파악하고 업종의 성장가능성 고려
• 경험을 필요로 하는 업종의 경우 직·간접적인 충분한 경험축적
• 허가·인가 등의 법적 사항 확인
• 사전준비 필요(손익분기점까지 1년 정도의 기일이 필요)
• 유행의 흐름을 파악하고 생활 속에서 발견

고, 서비스를 이용하게 될 목표 고객을 설정한 뒤 소비수준에 알맞은 가격전략을 구사하는 것이 서비스 업종의 틈새개발과 성공전략이 될 것이다.

10

판매업 업종선정

판매업의 현황

판매업은 우리가 살아가면서 의식주를 해결하기 위해 필요로 하는 생필품에서부터 사업을 하기 위한 물품 등 각종 유형의 상품들을 점포라는 곳을 통해 판매하게 되는 업종이다. 즉 고객이 필요로 하는 상품을 다른 곳으로부터 매입하거나 생산 또는 제조해 최종소비자인 고객에게 판매하는 것을 주업으로 하는 유통업으로, 도소매업이라고 이해하면 쉽다.

전형적인 판매업종이 편의점 · 각종의류점 · 장식품 · 가정잡화 · 일용잡화 · 귀금속잡화 · 식료품 등의 품목으로 구성되어 있으며 흔히 우리가 "장사를 한다" 하면 바로 판매업을 지칭하는 것이다. 판매업의 업종선정은 상품이 다양하므로 매우 쉬운 것 같지만 대량생산의 체제를 갖춘 1980년대 후반부터는 수요와 공급의 역전현상으로 판매업에 있어서도 많은 변화를 가져왔기 때문에 업종선정이 가장 까다로워졌다. 소비풍조 또한 대형유통업체의 등장, 프랜차이즈의 활약, 할인점의 등장, 백화점의 사세확장경쟁 등의 틈바구니에서 소매점들의 갈 곳은 그리 흔치 않은 것이 오늘의 현실이다.

백화점과 대형할인매장의 수가 인구비율로 따져 본다고 해도 이미 적정수준을 넘어섰고 향후 2년 이내에 약 30여 개의 백화점과 할인매장이 오픈할 예정이다. 말 그대로 판매업 자체가 치열한 생존경쟁을 벌이고 있고 보이지 않는 또 하나의 전쟁인 것이다. 이렇게 되면 갈수록 중소규모의 점포들은 대형업체에 밀려 점점 더 살아남기가 힘들어진다.

결국 경쟁에서 살아남기 위한 차별화 방법의 일환으로 지금 이 순간도 각 점포에서는 서비스와 판매촉진에 대한 많은 투자와 노력을 하고 있지만 소매업의 전망은 어둡기만 하다. 조그만 소매업을 하는 점포들은 몇 가지 특정상품만 집중적으로 다루는 전문점을 개발하는 창업방법이 필요하다. 대형점포들은 재고품 경비가 부담되기 때문에 가장 잘 팔리는 종류만 취급하기 때문이다. 또한 대기업이 손댈 수 없는 것은 대인서비스·직접판매·융통성·민첩성 등이다.

대인관계에 주안점을 둔 사업분야에서 사업기회를 찾는다. 대기업은 대인사업에는 경쟁력이 약하다. 그러므로 대기업이 개인사업과 경쟁할 수 없는 독자적인 영역을 찾아야만 한다. 갈수록 대형화·전문화되어가고 있는 유통판매업에 관심을 두고 창업하려면 판매업의 특징이나 성격을 파악하고 이에 따른 충분한 계획을 세워 창업을 시도하는 것이 바람직하다.

특별한 기술 없이도 상품이 우수하고 유망 아이템이라고 판단되면 뛰어들게 되는 판매업종은 점포라는 곳을 통해 영업을 하게 되는 것이 일반적이다. 물론 최근에는 홈페이지라는 가상점포를 통해 판매를 하는 방법도 있지만, 전자상거래는 서비스업이나 인터넷비즈니스로 분류하는 것이 바람직하며, 도·소매점으로 불리는 판매업종에서는 제외하기로 한다.

최종소비자를 접하게 되는 점포란 판매활동을 하는 장소로, 좁은 의미로는 불특정 다수의 고객을 상대로 상품을 판매하는 상점을 말한다. 점포는 소매업 최소 단위인 사업장과 같은 개념으로 건물 내 일정한 공간을 점유하며, 내·외장을 하고 상품을 진열해 판매활동을 벌이는 곳이다.

판매업의 특징

▶ 주로 의식주에 관련된 소비재를 취급한다

소비자들의 생활에 필요한 상품을 대신 구매해 적정 이윤을 남겨 적당한 가격에 판매하게 된다. 따라서 소비자들이 어떤 종류의 상품을 필요로 하고 가격은 어느 정도의 수준이 적당한지 지역의 특성을 파악해 상품구성 전략을 세운 뒤 창업을 준비해야 한다.

▶ 도매업체에서 상품을 구매해 판매한다

고객이 필요로 하는 다양한 상품을 구성해야 하는 만큼 제조나 생산을 하기보다는 생산자나 도매업체로부터 물품을 구매해 판매하는 형태이므로 창업자는 구매처 선정에 신경을 써야 한다. 남보다 좋은 물건을 저렴한 가격에 구매하는 것이 바로 경쟁력을 갖게 되는 것이다. 따라서 구매처를 발굴하기 위해 발로 뛰는 노력이 수반돼야 할 것이며, 상품의 가격경쟁력을 확인한 후 구매하는 것이 좋다.

▶ 소비자에게 최종적으로 판매한다

점주는 항상 소비자를 접객하게 되는 업무를 하는 만큼 고객의 소리를 간파해 고객 편의를 위해 노력해야 한다. 즉 어떤 상품을 원하고 어떤 서비스를 원하는지 잘 파악해 이에 따른 전략을 세운 뒤 창업을 하는 것이 좋다. 또한 수요를 가능한 정확히 예측해 불필요한 상품구성이나 과도한 물품의 구성을 피하고, 재고를 줄이는 것이 좋다. 이 같은 판매업은 유통산업으로 최종소비자를 상대하며, 입지에 민감하게 영향을 많이 받는 입지산업이다. 또한 상권 내 고객들을 상대하는 지역산업이기도 하다.

판매업의 주요 활동으로는 비록 소규모로 운영되긴 하지만 거래선 연구·상품지식을 요구하는 구입활동, 접객판매, 재고품의 조절, 실내의 배치와 진열, 매상계획과 실시를 위한 판매활동, 소규모 인원이지만 영업장규칙·복리문제·종업원교육 등을 위한 인사활동, 현금출납·지불과 청구·결산·세무·물품출입 확인 등의 경리활동으로 나눌 수도 있다.

업종선정을 위한 점포의 기본 이해

점포란 판매활동을 하는 장소로 좁은 의미로는 불특정 다수의 고객을 상대로 상품을 판매하는 상점을 말한다. 점포는 소매업 최소 단위인 사업장과 같은 개념으로 건물 내 일정한 공간을 점유하며 내·외장을 하고 상품을 진열하여 판매활동을 벌이는 곳이다. 일반적으로 '물건을 파는 곳'이라고 한다.

그러나 수많은 점포 가운데 특정점포에 들어가는 고객은 '그 점포가 어떤 점포인지(취급 품목, 가격, 상품 구성, 기호 등)' 미리 알고 있지 않는 한, 구매 의지를 갖지 않는다는 사실을 이해해야 한다. 각 점포는 무엇을 팔고 있는 점포인가를 알리기 위해 점두에 간판을 걸고, 쇼윈도를 만들고, 플래카드, POP, 전단 따위 광고수단을 이용한다. 이 일련의 수단은 점포 밖 예비고객들에게 우리 점포는 이런 점포라고 호소하는 것이다.

고객이 여러 점포 가운데 한 점포를 선택하여 상품을 사기까지 '점포의 존재를 인식하고, 상품을 만나고' 하는 과정을 통하여 구매를 결정한다는 사실을 이해하는 것이 중요하다. 상품을 사는 고객의 뒤를 따라다녀보면 알겠지만, 고객은 여러 점포에서 많은 상품을 만나고 구매가 가능한 여러 매장을 돌아다니지만, 그들이 정작 구매하는 상품은 아주 적다는 사실을 알게 될 것이다. 점포에 대한 고객 기대치는 "원하는 상품이나 서비스가 다양하게 갖추어져 있어 많은 상품 중에서 고르고 싶다"는 것이 가장 크고, 그 기대에는 '저렴한 가격이면서 품질도 우수한 상품'이란 욕구도 포함되어 있다.

고객이 구매할 때 구매에 대한 판단을 가능케 하는 질이 높은 정보를 점포에 대해 요구하고 있는 것이다. 그러므로 그와 같은 기능, 즉 상품의 선택을 가능하게 하는 기능을 어떻게 구성하면 좋은가를 설계하는 일이 필요하다. 그러기 위해 점포는 다른 점포와 차별화된 감각을 풍기는 점포, 고객의 쇼핑이 편리하고 종업원이 근무하기에 능률적인 점포를 만들어야 한다.

대형점이나 소형점을 막론하고 '점포 디자인'의 기본은 '고객이 들어오기 쉽고, 보기 쉽고, 사기 쉬운 점포'를 만드는 것이다. 점포는 단순한 건축물이 아니라 판매하는 측의 의지를 구체적으로 표현하는 곳이며, 판매를 촉진하기 위한 연출이 어우러진 결합체이다. 고객과 상품이 만나는 유일한 장소이다. 흔히 점포는 고객을 위해 존재한다고 한다. 왜냐하면 고객이 상품을 찾아내고 선택하여 사는 곳은 점포이지, 제조업체 공장이나 소매점포 본부가 아니기 때문이다.

판매업 업종선정의 성공전략

한마디로 판매업의 성공열쇠는 입지선정, 아이템 선정, 디스플레이, 적절한 자금운용에 있다. 물론 기타 부수적인 홍보나 판매기법, 운영전략 등은 창업 그 이후의 일이 될 것이다. 창업을 준비하다 보면 입지선정과 아이템 선정이 가장 큰 비중을 차지하는데, 주변을 둘러보아도 내가 하려는 아이템은 주변에 많이 있다는 데에 주눅이 드는 경향이 있다.

01

과학적인 창업으로
성공에 다가선다

생존경쟁이라는 용어가 나온 것이 어제오늘의 일이 아닌데도 요즘처럼 피부에 와 닿을 정도로 실감한 적은 없다. 이제는 인터넷환경이 본격적으로 전파되면서 정보전쟁이라는 말까지 공공연하게 나오고 있다. 이렇게 공개되어 있는 기본적인 정보를 수집하고 분석을 통해 주먹구구식 창업을 탈피하고 좀더 체계적으로 접근한다면 성공창업의 길로 가까이 다가갈 수 있을 것이다.

판매범위 · 대상 설정해야

시시각각 변하는 현대사회에서 우리 자신도 변해야 하는 것은 자명한 사실이다. 그러나 어떻게 하면 변할 수 있고, 좀더 체계적인 방법

으로 창업을 할 수 있는 것인지, 그 방법 자체를 알기란 그리 쉬운 일
이 아니다. 물론 전문가에게 의뢰를 한다면 보다 나은 결과를 도출해
낼 수도 있겠지만 자금이 영세한 소자본 창업자들에게는 이것 역시
쉽지 않은 일일 수 있다. 유동인구가 많고 팔려는 상품이 인기가 있으
니 점포만 문을 열면 장사는 되겠지 하는 발상이나, 나름대로 판매하
는 방식을 달리하면 많이 팔리고 이익이 남을 것이라는 안일한 생각
으로는 성공하기 어렵다.

자영업에서 판매를 전개할 때에는 먼저 점포의 판매범위를 설정하
고, 다음에 취급하는 상품에 대한 판매대상을 정해야 하는 것이 기본
이다. 즉 새로운 상품을 판매하려면 그 범위 내에서 팔리는 규모, 즉
매출액을 충분히 연구해야 한다는 것이다. 구매하는 고객을 알지 못
하는 경우라면 자기점포에서 상품제공도, 판매노력도 할 수 없다는
사실을 인지해야 한다.

예상매출산정은 필수

▶ 상권범위를 통한 산정법

일반적인 자영업 상권은 점포로부터 반경 500m를 1차 상권으로 규
정하고 있다. 2차 상권은 반경 1~2km이다. 3차 상권은 1·2차 상권
을 벗어난 지역으로 본다. 범위를 정하고 나서 그 범위 내의 인구를
조사하면 판매액을 산출할 수 있다. 인구조사는 구청 홈페이지를 이
용하면 된다. 1인당 월간 소비금액이 3만 원이고 상권범위 내의 인구

가 5천 명인 경우 1억 5천만 원의 소비시장이 형성되며, 그 금액이 최대한 팔리게 될 시장규모인 것이다. 여기에 상권범위 내 동종업종의 점포수를 나누면 자기점포의 몫인 예상 월매출이 산출되는 것이다. 점유율을 계산해보려면 시장규모인 1억 5천만 원의 2퍼센트가 가능한 목표라 할 때 '시장 규모×예상시장 점유율' 하면 산출된다. 이 방법은 시장규모에 따른 매출액 산정법이다.

▶ 유동인구에 따른 산정법

예비창업자가 점포를 구할 때 주로 유동인구를 살펴보게 된다. 유동인구가 많다고 생각하고 "이만하면 장사가 잘되겠지" 한다면 바로 주먹구구식 창업이 된다. 유동인구를 정확하게 이해하고 활용해 체계적으로 접근하려면 유동인구에 따른 매출액이 반드시 산출되어야 한다. 예정 후보점포 앞의 유동인구가 하루 2만 명이라면 '통행인구수×내점률×객단가' 를 하면 예상매출액이 산출된다(이때 객단가는 인근지역의 유사업종이나 동종업종에서 고객 1인당 평균구매액을 말하는 것이며, 내점률은 유동인구 중 자기점포로 입점하는 비율을 말하는 것이다).

예비창업자의 경우 개업을 하지 않아서 확인할 수 없으므로 인근 유사점포를 조사하면 된다. 유동인구 대비 점포로 들어가게 되는 인구수를 파악하는 것으로 1천 명당 5명이면 내점률 0.5퍼센트임을 알 수 있다. 따라서 2만×0.005×7,000원일 경우 하루 예상매출액은 70만 원임을 알 수 있다.

이외에도 투자금액으로 산출하는 법, 총자산법, 종업원수, 점포 면적, 회전율에 의한 산출법 등 다양한 방법이 있다. 이러한 방법들을 동원해 예상매출을 산출하게 되면 보다 여러 가지 매출전략을 수립할 수 있을 뿐 아니라 사업규모와 범위를 책정할 수 있을 것이다. 그러나 개업을 하고 나면 예상과 다른 결과도 나타날 수 있으나 이는 경영능력에 따른 것이다. 다만 예상매출은 자신의 몫을 파악하고 전략을 세우기 위한 기초 자료로 활용하기 위해 산출하는 것이다.

개업 후의 조사

예상매출은 말대로 예상일 뿐이다. 개업 후에는 자기점포를 이용하는 고객에 대한 조사가 필요하다. 따라서 점포를 방문한 고객들의 주소나 거주지를 슬쩍 물어보고 주로 이용하는 고객의 거주범위를 확인해 기록해두어야 한다. 전단지 배포로 확인하는 방법도 있다. 전단을 배포할 때 배포범위를 한정해 돌린 다음 그 횟수에 따라 점포를 방문한 고객들의 범위를 정하는 방법이다.

이외에도 고객에게 설문조사를 실시해 조사하고 자료를 활용해 상권의 범위나 고객의 선호도 등을 파악해 판매활동을 강화시키는 노력을 기울여야 성공점포로 태어날 수 있다.

예정상권의 매출을 알면
성공이 보인다

부실기업퇴출이 본격화되고 장기불황이 우려되는 가운데 창업을 준비해야만 하는 예비창업자들이 창업을 망설이는 것은 지극히 당연한 일이다. 그러나 추가구조조정과 대량실직이 예상되는 안개 자욱한 경제현실 속에서 해당 퇴직자나 미취업자들은 창업을 준비할 수밖에 없으므로 철저한 준비가 선행되지 않으면 실패의 고배를 마실 수밖에 없다.

IMF 이후 지속적인 구조조정 여파로 많은 퇴직자들이 창업으로 몰렸다. 이로 인해 현재의 창업시장은 과포화상태로 표현되기도 한다. 소비심리가 얼어붙은 경기불황에 창업을 하려면 우선 소비시장을 조사해 창업틈새시장을 발견해야 한다.

예비창업의 관문

안전하고 수익성이 좋은 유망 아이템을 찾는 일은 예비창업자들이 갖는 당연한 욕구이다. 예비창업자들이 이처럼 유망아이템을 찾아 방황하는 동안 창업자금 보따리는 점점 줄어들게 마련이다. 자신의 적성과 자금에 알맞은 아이템을 찾고 난 후 창업을 위해 점포를 구하러 다니다 보면 기존의 동종업종의 점포가 너무 많아 창업할 용기를 잃고 마는 경우가 많다.

여러 번 사업을 한 경험이 있는 경우라면 어떤 곳에서라도 그 지역에 알맞은 아이템으로 창업을 한다든가 자신의 아이템에 알맞은 입지를 선정해 창업을 하겠지만, 초보창업자의 경우에는 상황이 달라진다. 대부분 창업에 관한 막연한 불안감이나 인근의 경쟁업소에 기가 꺾여 창업을 주저하게 되는데, 그 이유는 시장상황을 잘 파악하지 못하는 데서 오는 것이다.

전망 있는 소비시장 판단 요령

예로 포화상태라는 인터넷 PC방을 사례로 든다면 동네마다 포화상태에 있다고 판단되는 와중에도 또 창업을 하는 사람이 있다. 예를 들어 어느 한 지역에 인터넷 게임방이 반경 500m 내에만 10곳의 업체가 있다면 창업을 포기하는 것이 일반적이다. 그도 그럴 것이 눈에 보이는 것이 인터넷 PC방이니 누구라도 창업을 말릴 수밖에 없을 것이다.

그러나 이것은 주관적인 시장판단이라고 할 수 있다. 정확한 소비시장을 파악한다면 같은 지역에 동종업소가 있다 해도 걱정하지 않을 것이다. 소비시장 판단방법은 간단하다. 각 업체의 하루 매출액을 조사하는 방법이다.

업체 평균 하루 매출이 40만 원이고 10곳의 업체가 영업을 하고 있다면 그 지역에서 하루 4백만 원의 소비가 발생한다고 쉽게 예상할 수 있다. 그리고 자신이 창업을 하면 11개 업체가 되므로 36~37만 원의 매출을 올리게 되는 것이다. 이것이 후보점포지역에서 경쟁점포의 매출을 조사해 소비시장을 파악하는 요령이다.

이 같은 조사방법은 특정지역의 소비시장을 판단하는 잣대가 되므로, 분기별로 조사한다면 지역상권의 확대나 축소를 예견할 수 있다. 현재 지역 전체 시장에서 하루 4백만 원의 소비가 이루어졌는데 3개월 후 하루 440만 원으로 조사되었다면 10퍼센트 성장이 이루어졌다는 판단을 할 수 있는 것이다.

사업 가능성 검증

예상매출을 추정한 후 자신의 투자금액과 예상지출을 꼼꼼히 따져 사업타당성을 검토하고 창업을 하게 된다면 창업에 관한 불안감은 한결 없어질 것이다. 여기에서 유의할 점은 직접 자신의 눈으로 경쟁업소의 매출을 정확하게 파악하는 것이다.

기본적인 상황판단과 자신의 몫이라 할 수 있는 추정평균 매출액에서 경영자의 능력에 따라 실제 매출은 다소 달라지게 된다. 모든 장사는 창업자의 주관적인 시각보다는 고객의 입장에서 다시 한번 판단할 수 있는 객관적인 시각과 지혜가 성패를 가늠하는 유일한 잣대가 된다고 할 수 있다. 고객들은 새로 개업한 집이면 꼭 한 번은 방문하려는 심리가 있다. 막연하지만 서비스에 대한 기대감이나 호기심 등이 있기 때문이다. 이런 고객의 심리를 놓치지 않고 개업을 준비하면 90퍼센트는 성공한 것이나 다름없다.

창업 전의 철저한 개업준비와 정보수집, 그리고 고객에 관한 지속적인 연구 등을 게을리하지 않고 예술가가 작품을 완성시키는 열정처럼 자신의 점포에 예비창업자의 능력을 마음껏 펼쳐본다면 얼마든지 성공창업의 틈새시장은 열려 있다고 할 수 있다.

사업계획서 작성의 필요성

대부분의 소자본 창업자들은 사업계획서 작성의 필요성을 간과하는 경우가 많다. 그러나 사업계획서는 반드시 필요하다. 아무리 유능한 사람이라도 창업을 준비하다 보면 예기치 못한 일들이 발생하기 때문이다. 따라서 사업계획서에 의한 사업추진만이 문제를 해결하는 데 일조를 할 것이다.

중소기업이나 대기업은 물론이거니와 비록 소자본 창업이라 할지라도 사업을 하려면 제일 먼저 필요한 것이 사업계획서다. 창업자가 기업을 설립하기 위하여 그리고 자신의 사업을 지속적으로 성장시키기 위한 구체화된 의지를 체계적으로 정리한 것이 계획서이다. 그러나 이런 중요성에도 불구하고 기본사업계획서도 없이 사업을 시작하는 창업자들이 의외로 많으며 어렵게 창업한 기업이나 점포가 부실해지고 실패로 끝나는 것도 사업계획서 없이 주먹구구식 창업에 기인하는 바가 크다고 볼 수 있다.

　대부분의 소자본 창업자들은 조그마한 가게 하나 차리는 데 무슨 사업계획이 별도로 필요하냐며 간단하게 넘겨버리는 경우가 많은데 반드시 사업계획서를 작성할 필요가 있다. 아무리 유능한 사람일지라도 여러 가지 복합적인 프로젝트를 수행하다 보면 예기치 못한 일들이 발생하며 순서가 달라 사업을 추진하는 데 차질을 빚기도 한다. 이때 사업계획서에 의한 사업추진이 이러한 문제를 해결해주는 데 일조를 할 것이며, 경비절감의 효과도 노려 볼 수 있다.

　작업순서가 달라서 창업시기에 맞추려고 무리하게 일을 추진하는 과정에서 예산에 없는 비용이 드는 경우가 있다. 예를 들자면 시급한 공사기일로 견적서 한번 받아보지 못하고 물품구매가 이루어지는 경우나 허가를 요하는 업종에 있어서는 뇌물성 자금이 지출된다거나 하는 일이 다반사로 벌어지는 것이 창업현장이다. 물론 최근에 많이 정화되어 부패가 사라졌다고는 하나 현실은 항상 그렇지 않은 것을 감안한다면 사전에 생길 수 있는 모든 문제점을 파악하고 사업계획서를 작성하여 순서에 의한 체계적인 창업을 추진할 필요성이 있는 것이다. 사업계획서 작성이 필요한 이유는 다음과 같다.

▶ 사업계획서는 체계적인 사업준비를 하는 데 유리하다

　창업절차는 매우 복잡하고 시행과정상 예상치 못한 문제로 차질을 빚는 경우가 많아 사업계획서를 미리 작성한 후 사업을 준비하는 것이 꼭 필요하다.

▶ 사업성공 가능성을 높여준다

사업계획서를 작성하는 과정에서 창업가는 사업에 관한 여러 가지를 살펴보게 되며 성공가능성, 위험부담 시장조건 등을 객관적으로 빠뜨리지 않고 살펴볼 수 있는 기회가 되므로 사업계획을 짜며 위험요소를 사전에 체크하고 대책을 수립한 후 사업에 착수하면 실패위험을 줄일 수 있다.

▶ 사업계획서는 자본조달수단이다

계획사업의 효율적 추진을 위해 도움을 줄 동업자 · 금융기관 · 투자자 · 일반고객 등에게 자기사업을 설명하고 홍보하는데 구두로 하는 것보다는 사업계획서가 훨씬 설득력이 있다.

▶ 점포경영의 지침서다

일단 사업이 시작되면 사업계획서가 점포경영과 평가의 지침이 될 수 있다. 이런 기록이 없으면 처음 시작할 때 의도했던 목표나 예측을 잊어버리고 그때그때의 평가 기준에 의해 성과를 평가하여 경영을 잘못하는 수가 있다.

▶ 사업계획서는 창업자의 인격이다

사업계획서가 얼마만큼 잘 작성되었는지 여하에 따라 상품의 공급 또는 수요관련 거래처들에게 사업목표 · 경영방침 등을 효과적으로 알릴 수 있으며 창업자 자신의 인격이나 성품을 알릴 수 있는 수단이 된다.

04

사업계획서의 주요 항목

사업계획의 내용과 용도에 따라 작성이 다르나 금융기관 제출용이나 허가를 위한 관공서 제출용이 아닌 소점포 성공창업을 위한 용도라면 형식이나 절차에 구애받을 필요는 없으며 작성하기 편리한 대로 다음 항목을 참조하여 작성하면 될 것이다.

번호	목차	주요항목
1	사업개요	설립일 · 자본금, 상품의 용도 및 특성 · 목적 · 필요성 등
2	창업자	지식 · 이미지 · 화술 · 경력 · 성격 · 건강 · 취미 · 재산상태 · 운 등
3	업종조사	적성 · 환경 · 자금규모 · 건강 · 특기/자격 · 상품성 · 사업성 · 성장성 · 입지성 등
4	상품성조사	상품의 성격 · 특징 · 구매 · 결제 · 가격 · 품질 및 기술수준 · 재고 · 불량률 · 판매방식 및 경로 · 경쟁상품 종류 · 대금회수 등
5	시장성조사	정보입수 · 시장조사방법 · 기존업체 탐방 · 사업예정지 물색 · 투자규모 예측 · 시장성 분석 · 점포조사표 등

번호	목차	주요항목
6	입지선정과 상권분석	입지탐색 · 일반적 위치선정 · 상권분석 · 경쟁점포 설정 · 상권분석 및 평가
7	점포건설 계획	점포면적 · 상품구성 · 외부장식 · 내부장식 · 소요인력 · 레이아웃 등
8	판매 및 운영계획	판매가격 · 재고계획 · 상품매입 · 광고선전계획 · 판촉계획 · 매출계획 · 점포컨셉 · 종업원 교육 · 서비스 등
9	비용계획	점포투자비용 · 개업투자비용 · 매출원가 · 판매비 · 일반관리비 · 기타비용 · 소요자금 및 비용
10	이익계획	마진율 설정과 목표매출 및 매출증대계획 등
11	자본조달계획	총소요자금의 내역과 자기자본 · 차입금 상환계획 등
12	사업성분석	추정손익계산서 · 현금흐름표 · 자금상환계획 · 추정대차대조표 · 손익분기점 · 종합분석 등
13	일정계획	전반적인 일정, 점포건설 · 인허가 사항 · 자금투입 · 상품구매일정 등
14	위험분석 및 대책	사업적 위험요소와 환경적 위험요소 등
15	종합의견	전문가 또는 가까운 사업경험자에게서 객관적인 의견 첨부. 여기에서는 앞에서 삽입하지 못했던 자료, 상품의 사진, 신문 스크랩 등을 첨부한다. 제출첨부 서류를 예시하면 대표자 및 동업자의 이력서, 도시계획확인원, 등기부등본, 보증관련서류, 사업자등록증 사본, 세무관련자료, 동업관련자료와 기타 필요하다고 인정되는 서류 등이 있다.

사업계획서 작성시 유의사항

객관성 있게 사업계획서를 작성하라

사업계획이 너무 과대포장되어 자기 주관으로 치우치면 사업실행에 오류가 생길 수 있으며 제3자로부터 신뢰를 얻는 데도 문제가 생길 수 있다. 가능하면 창업의 목적이 개인적인 이익을 추구하는 것이 아니고 공공의 이익을 위한 것이면 좋다.

자금조달계획은 차질 없도록 정확하게 하라

자금조달 운용계획은 정확하고 실현가능성을 확보해야 한다. 자금에 차질이 생기면 사업위험이 클 수밖에 없다. 추측이나 가정은 배제해야 한다. 소요자본이나 운영비를 너무 적게 예측하지 않는다.

사업계획서는 상황에 따라 수정되어야 한다

사업계획서는 한번 만들면 그만인 것이 아니라 상황에 따라서 새로운 요소가 발견되면 그때그때 수정해야 한다. 그리고 계획사업에 잠재되어 있는 문제점에 대해 항상 점검하고 수정해야 한다.

사업계획서는 자신감을 바탕으로 작성하라

창업자 자신이 가지고 있는 목표 아이템을 제3자에게 설득력 있게 납득시키는 것이 사업계획서의 목표인 것을 감안하여 자신 있게 작성해야 한다. 사업내용이 다른 것들과 차별화되도록 핵심 사업내용을 강조해야 하며 되도록이면 전문용어의 사용을 피하고 보편적으로 설득력 있게 작성해야 한다.

경쟁점포의 시장점유율을 과소평가마라

틈새시장을 집중적으로 공격할 전략을 제시하고 구체적인 숫자의 예측으로부터 사업이 성공할 것이라는 객관적인 자료를 내보여야 하며 특히, 제품의 가격 · 이윤 · 판매량 · 시장점유율 등을 예측할 때는 지나치게 낙관적인 자세로 임해서는 안 되며 예상되는 경쟁관계에 대해서도 지나치게 과소평가하지 말아야 한다. 이와 함께 사업계획에 잠재되어 있는 문제점과 향후 발생 가능한 위험요소를 심층 분석하고, 예기치 못한 사정으로 창업이 지체되지 않도록 별도로 점검할 필요가 있다.

사업계획추진

사업을 추진함에 있어 사업계획서 작성에서 사업자등록신청, 점포 (사무실) 입지선정, 계약 체결, 점포 인테리어, 종업원 충원, 상품구매, 영업활동, 개업준비, 영업개시 등 사업추진에 필요한 모든 사항에 대한 추진일정을 체계적으로 수립하여야 한다.

또한 다음과 같은 사업추진계획 일정표를 만들어 체계적인 사업추진을 하는 것이 바람직하다.

○ 개점추진 계획 일정표

개업 D-day	공사부문			영업 및 판촉부문				
	내장	외장	기타시설	상품구매	레이아웃	인·허가	직원교육	광고
D-60								
D-50								
D-40								
D-30								
D-20								
D-15								
D-10								
D-7								
D-5								
D-3								
D-2								
D-1								
개 점								
1일								

07

매출액 추정

소규모 창업을 시작할 때는 무엇보다 치밀한 계획이 필요하다. 그 중에서도 사업의 성공 여부에 가장 큰 영향을 미치는 것이 매출액 추정 및 그외에 재무분석이라고 할 수 있다. 이제 막 시작하려는 사업에 대하여 종합적인 계획을 어느 한 시점에서 마련한다는 데에는 적지 않은 문제가 있다.

앞으로 어떠한 일이 일어날지도 모르고, 무엇을 알고 있어야 할지도 모르며, 알아야 할 것을 파악했다 하더라도 이에 대한 정보를 얻기가 쉽지 않기 때문에 그런 것이다. 이럴 때에는 조금씩 더듬는 방식으로 직접 행동을 취해보는 것이 유익하며, 언제라도 수정해야 할 사항이 발생하면, 신속하게 신축적으로 대처해 나가면서 창업방향을 잡아 나가는 것이 유리하다.

그러나 종합적으로는 계획을 세우기가 불가능하더라도, 부분적으로 필히 계획을 갖고 있어야 할 때가 있다. 창업시에 우선적으로 중요한 계획은 판매예측에 관한 것이며, 창업의 단계를 헤아려 선후관계에 따라 이치에 맞게 정렬하면서 창업활동의 순서를 조직화해놓는 활동진행계획, 현금 과부족의 상태를 미리 내다볼 수 있도록 하는 현금흐름계획이 있다.

이밖에도 창업 초기에 필요한 또 하나의 사전준비사항은 앞으로 일어날 수 있는 중대한 문제들을 사전에 예상해서, 문제의 종류라든가 성격을 미리 파악해놓음으로써, 이들 문제가 실제로 발생하여 창업을 망치지 않도록 대응조치를 마련하는 문제예방계획이다.

▪ 매출은 사업성공에 가장 중요한 요건이다

매출이 손익분기점에 될 수 있으면 빠르게 도달할 수 있게 만드는 능력은 사업을 성공시키는 데 필요한 다른 모든 능력 가운데서 중심이 된다. 매출은 창업자가 앞으로 창조해야 하는 것이다. 그러므로 매출을 창업 초기에 예상한다는 것은 쉽지 않은 일이다. 왜냐하면 창업자가 의지로 만들어내는 일이기는 해도, 매출은 시장상황, 파는 방법, 제품의 성격, 경쟁자들의 움직임 등이 변하면서 따라 변할 것이기 때문이다. 그래도 매출액 수준을 미리 추정해보지 않을 수 없다.

자금의 수급필요를 가늠하기 위해서 판매의 예측은 필수적이다. 얼마만큼 팔아야 이익이 나기 시작하게 될 것인지를 알아보기 위해서도 그렇다. 또 애당초 들어가는 투자자본액에 대해 은행금리수준 이상으로 이윤을 발생시켜 주게 될 것인지 등을 비교해보려 해도 역시 매출의 전망을 가늠해보아야 한다. 무엇보다도 중요한 것은 판매로 들어오는 수입현금이 적어도 일정수준을 항상 넘도록 해놓아야 한다. 그렇게 만들어놓지 못하면 전망 좋은 사업이라도 현금부족이란 치명적 위기의 순간에 몰리게 될 수가 있다. 일반적으로 매출액은 아래와 같이 정의 내릴 수 있다.

• 매출액 = 고정비 + 변동비 + 이익
• 고정비 = 인건비 + 점포 임대료 + 보험료 + 금융비용(이자)

08

매출액을 추정하는
원론적인 접근방법

하향식 매출추정

하향식 방식은 전체시장으로부터 자기 사업체의 몫을 계산해 내려오는 방식이다. 전체 시장규모를 사전에 연구해낸 후 창업기업의 시장점유정도를 계산해내는 것이다. 이 방식이 흔히 범하는 오류는, 시장규모를 너무 과대하게 평가하는 경향이 있는 데다가, 자기사업의 점유율을 역시 과대하게 높여 잡는 경향이다.

상향식 매출추정

상향식 방식의 판매추정은 하향식 추정방식보다는 좀 수고스러운 방식이기는 하지만 훨씬 더 정확할 수 있다. 이 방식을 취하면 우선 주변을 세세히 관찰하여 가능하다면 구매 고객별로 시장을 세분화해 분석한다. 그 다음 창업기업이 획득할 수 있는 특정 고객집단이나 세부시장을 기초로 하여 매출액을 각각 계산해내고, 이들을 모두 더하여 합산하게 되는 것이다.

이 방식은 꼼꼼하게 구석구석 찾아서 매출처를 수색해내야 하는 수고를 해야 한다. 그러나 구체성이 높고 실제로 실현해낼 수 있는 가능성을 더 안고 있으며, 이렇게 예측해나가는 과정에서 자기사업의 실체를 좀더 현실적으로 깨달을 수 있게 된다.

수평적 매출추정

수평적인 방법은 창업기업과 유사한, 이미 설립되어 성공한 기존의 사업체들의 수준과 단순하게 비교해보는 방법이다. 조심할 점은 새 회사는 언제나 기존회사와 조건을 달리한다는 것이다. 또 이 방법이 효과적이라면, 새 회사는 비교회사의 여러 조건을 고루 갖추도록 해주어야 한다.

위의 원론적인 방법 세 가지 중 어느 방법도 충분한 것은 없다. 필요하다면 세 가지를 병행해서 사용해볼 수도 있다. 판매예측은 대단히 노력이 많이 들어가는 활동이다. 특히 사업장의 영업시간은 가장 긴요한 창업자원인데, 판매액을 가늠한다고 해서 여기에 파묻혀 많은 시간을 소모한다면 어리석은 일이 아닐 수 없다. 새로 탄생하고 있는, 그야말로 작은 회사는 조금씩 시장을 점검해가면서, 오직 시장이 허락하는 범위 내에서 창업을 키워가는 것이 더 성공적일 수 있다. 말하자면 지금 출발하고 있는 이 작은 사업체가 바로 시장조사의 도구인 것처럼 사용해 나가듯이 행동하는 것이다.

창업자는 시장이 창업기업을 마치 기다리고 있는 것처럼 생각하지 말고, 본격적으로 시장을 개척하고 좀더 구체적으로 고객을 개척하고 만들어내야 하는 것이다. 이렇게 하기 위해서는 보다 구체적인 시장(고객)창출활동인 상향식 방식을 더 중요시할 필요가 있다.

▶ 투자금액×회전율(음식업 100~150%) = 추정매출액/년

(유통업계의 경우 150~200%, 서비스업계의 경우 200~300%)

▶ 총자산×총자산 회전율(음식업 100%) = 추정매출액

(유통 150%, 서비스 200%) 위의 경우와 동일한 방법으로 추정할 수 있다.

▶ 종업원수×종업원 평균인건비/년×3 = 추정매출액

(재료 구입시×4, 매입 없을시×3)

×3, ×4는 재료구입이 필요한 업종(음식업 등)과 재료구입이 필요 없는 업종(사무실(office)형 서비스업종 등)의 추정매출이 다르기 때문이다.

▶ 예상시장규모×예상시장점유율 = 추정매출액

소비시장의 판단방법은 간단하다. 방법 중에 알기 쉽고 이해하기 쉬운 방법을 소개하면 각 업체의 하루 매출액을 조사하는 방법이다. 업체평균 하루 매출이 40만 원이고 열 곳의 업체가 영업을 하고 있다면 그 지역에서 하루 4백만 원의 소비가 발생한다고 쉽게 예상할 수 있다.

그리고 자신이 창업을 하면 11개 업체가 되므로 36~37만 원의 매출을 올리게 되는 것이다. 이렇게 매출을 추정한 후에 자신의 투자금액과 예상지출을 꼼꼼히 따져본 후 창업을 하게 된다면 창업에 관한 불안감은 한결 없어질 것이다. 여기에서 유의할 점은 직접 자신의 눈

으로 경쟁업소의 매출을 정확하게 파악하는 것이 중요하다.

예상시장이 월 120,000,000원 규모에 15%의 시장을 점유한다고 추정이 되면 (120,000,000원 × 15% = 18,000,000원/월)이므로, 월 18,000,000원으로 추정할 수 있다.

▶ 테이블수×회전율(음식업 약 10회)×1인 구매단가(객단가) = 추
정매출액

회전율은 음식점을 생각하면 이해가 가장 빠르다. 음식점 외부에서 그 집의 하루 평균 회전수를 조사하는 방법이다(점심시간에 3회전, 저녁시간에 4회전 정도로 조사되었다면 해당하는 숫자를 대입하는 방법 등으로). 예를 들면 PC방의 21번 자리에 하루 종일 17명이 있었다면 17회전이 되는 것이다.

▶ 점포면적×평당 매출액(음식업 1만 원/일) = 추정매출액

10

불확실한 상황에서 접근하는 방법

판매량을 전혀 예측할 수 없을 때는 다음 두 가지 방법을 사용할 수 있다.

최소예산

향후의 판매량을 예측할 수 없을 때 경영인은 조직을 운영하기 위한 최소비용을 기준으로 예산을 편성할 수 있다. 먼저 각 부서를 유지하기 위한 최소비용을 책정한 다음, 영업을 하면서 수익실적이 생기면 더 많은 자금을 지원해줄 수 있다.

필수예산

　판매량이나 예산계획을 세우기 위한 확실한 자료가 없을 경우에는 일정예산이 산출되는 데 반드시 선행되어야 할 필요조건들을 토대로 해서 예산을 편성할 수 있다. 실패를 목표로 하는 예산은 있으나마나 하다. 성공하고 싶다면 성공을 보증할 수 있는 치밀한 예산을 세워야 한다.

11

사업성 분석 사례

사업성 분석

항목		내용	비고
월매출액		1일 예상매출 영업일수(30일 기준) = 월매출액	
한계마진율		외식업(65%)·판매업(35%)·서비스업(90%)·음료판매업(85%)	
매출이익		월매출액 × 업종별 한계마진율 = 매출이익	
경상비용		임대료 + 관리비 + 인건비 = 경상비(감가상각비 제외)	
경상비	임대료	월임대료(점포 임대차계약서 기준)	
	관리비	점포임대 평수 × 2만 원 = 월관리비(전기·수도·광열비 등)	
	인건비	정직원수 × 100만 원 = 월인건비	
월 순이익		매출이익 − 경상비 = 월순이익	
세금 및 손실		부가세 등 각종 세금	
월 당기순이익		월순이익 − 세금 및 손실 = 월 당기순이익	
종합의견		사업성 분석은 점포형의 경우 3개월을 기점으로 작성	

사업성 분석 사례

항목	금액	비고
목표이익	300만 원	1억 원 × 3부 이자(본인 인건비 포함)
경상비용	180만 원	임대료 + 관리비 + 인건비 = 180만 원
매출이익	480만 원	이익목표 + 경상비 = 480만 원
마진율	35%	
영업목표	740만 원	480 ÷ (1−0.35)
1일 매출목표	29만 6천 원	740만 원 ÷ 25일 = 29만 6천 원
객단가	2,000원	
1일 고객수	148명	29만 6천 원 ÷ 2,000원 = 148
종합의견		

12

사업계획서 작성 사례

※ 본 사업계획서는 2002년 5월 대학로에서 '와인숙성 삼겹살' 전문점을 창업하기 위해 작성한 것으로 메뉴가격, 인건비, 임차료 등은 현재시세와 많이 다르므로 창업시 작성법 위주로 참고 활용 바랍니다.

대학로 와인숙성 통삼겹살 전문점 사업계획서

차 례

1. 사업방향
2. 대학로 상권분석
3. 영업계획
4. 메뉴계획
5. 인력운영계획
6. 시설계획
7. 판매촉진계획
8. S.W.O.T 분석
9. 대학로 경쟁점포와 유사업종점포 비교·분석
10. 투자예산 및 수지계획(안)

1. 사업방향

▶ 강북의 중심상권인 대학로(혜화동 188번지 소재)의 시네마 텍 극장 앞에 위치한 4층 건물 중 1층, 현재 황소곱창(전용면적 20평) 점포의 성공적인 오픈 프로젝트를 전개한다.

▶ 인접해 있는 고기집들과(한라 도야지, 황토골 등) 차별화, 반대편 블록에 위치한 '등나무집'에 대해 경쟁력을 강화하기 위해 자체적인 고유 브랜드를 가진 모던스타일의 시설과 인테리어를 설치한다.

▶ 고객층은 대학로를 이용하는 직장인들과 대학생들을 포함한 젊은 층을 주고객층으로 하고 같은 분위기와 음식을 선호하는 중년층들을 2차 고객층으로 한다.

▶ 업종선택은 외식할 때 한국인들의 대부분이 한식(고기종류)을 우선적으로 선호하는 것을 감안, 최근의 직장인들과 젊은 층들을 중심으로 급속하게 성장하고 있는 와인숙성 통삼겹살 전문점으로 한다.

▶ 메뉴는 객단가와 매출을 높이기 위한 방법의 일환으로 와인숙성 통삼겹살 외에 점심 메뉴(2~3종)와 야채구이를 포함한 주류를 함께 판매한다.

▶ 기존 삼겹살 전문점과 차별화된 메뉴와 분위기 그리고 최상의 서비스를 제공하여 고객의 흡입요소를 극대화한다.

사업방향을 설정할 때는 사업자의 정책과 전략이 포함된 컨셉이어야 한다.

○ 고객 감동 실현

메뉴의 차별화	• 3 S 시스템 구축 1. 메뉴의 표준화 2. 메뉴의 전문화 3. 메뉴의 신속한 제공
최상의 서비스	• 고객만족 시스템 구축 1. 적시, 적온 서빙 2. 위생 및 청결한 점포관리 3. 정성스런 친절한 서비스
합리적 운영	• 효율적인 운영 시스템 구축 1. 인력의 최소화 2. Eat-in / 셀프서비스

2. 대학로 상권분석

지하철 4호선과 연결되어 있는 대학로 주변 상권은 젊음, 패기, 힘이 있어 보여 보기 좋은 곳이다. 먹을거리, 마실 거리 그리고 쉴 수 있는 문화공간이 충분히 있어서 젊은 층에게 더욱 사랑을 받고 있는 명실공히 이 시대 마지막 문화예술의 터전이다. 유동인구가 많은 세 곳은 마로니에 공원 방면의 KFC, 성균관대 방면의 편의점 페밀리마트와 아이스크림점 베스킨라빈스, 동성고 방면의 편의점 써클 K다. 서울 대학로의 뿌리는 역시 연극 공연장이다. 대학로가 명실상부한 '문화의 거리'로서 한국을 대표하는 것은 바로 연극 극장들이 주류를 이루고 있기 때문이다. 대학로를 한번 훑어보면 '젊음의 자유 특구'임을 금세 알 수 있다. 거리마다 다양한 볼거리와 함께 먹고 마시며 즐기는 곳으로 뿌리 내리고 있다.

구 분	경 계 점	특 성
중심지	혜화역 앞, KFC	지하철 4호선 혜화역 2번 출구와 혜화동 버스정류장 등 대중교통을 이용해 인구가 유입되는 인구 밀집지점으로 1일 유동인구는 16,998명
동단	중산 시민아파트	지하철 4호선 혜화역 2번 출구와 혜화동 버스정류장 등 대중교통을 이용해 인구가 유입되는 인구 밀집지점으로 1일 유동인구는 16,998명
서단	성균관대 입구	창경궁로를 경계로 성균관대 상권과 구분되며, 성균관대 입구 버스정류장을 통해 인구가 유입되는 지점 중심지와는 약 380m 거리
남단	종로소방서	대학로 남쪽 방향으로 인사동, 관철동 인구 유출지점 중심지와 거리는 약 400m
북단	혜화동 입구	대학로, 동소문로, 우암길, 창경궁로 등이 교차하는 곳으로 도로에 의해 상권이 단절되며, 북쪽 방향으로 주거지역이 형성됨. 중심지와 거리는 약 450m

3. 영업계획

구 분	내 용	비 고
기본 컨셉	차별화된 맛과 퓨전 스타일의 와인 숙성 통삼겹살 전문점	
운영일수	연중무휴	추석, 설 명절 임시휴업
서빙방법	Full Service at Table / Self Service 방식 병행	주문에서 제공까지 테이블 서비스 방식, 추가 야채와 소스 및 물은 셀프 서비스
정산방법	현금, 신용카드	빌지를 이용한 레지스터 계산
메뉴 · 상품	통삼겹살 : 1품목 점심 메뉴 : 2~3품목(계절별 변화) 야채구이 : 1품목 기 타 : 음료수, 소주, 맥주, 와인, 청하, 전통주	
점포이미지	밝고 쾌적한 흑백 컬러 분위기 연출	(참고점포 : 젠젠, 등나무집)
가격대	평균 객단가 8,000원	
좌석수	40석	드럼통 R-Type
영업시간	11:30~02:00	
부가서비스	커피	셀프 서비스

4. 메뉴계획

구 분	메뉴명(상품명)	가격대(판매예정가)	비고(개요)
주 메 뉴	와인숙성 통삼겹살	8,000원	소스 · 반찬 제공
	동치미국수	3,000원	반찬 제공
	해물김치볶음밥	5,000원	반찬 제공
	김치찌개	5,000원	반찬 제공
부가 메뉴	모듬 야채구이	3,000원	버섯 + 고구마 + 감자 + 단호박
	주먹밥	개당 1,000원	예 정
주 류	매실소주	3,000원	매실 농축액 제공
	청하	4,000원	
	맥주	4,000원	
	설중매	8,000원	
	백세주	7,000원	
	와인	10,000원	1/2병 또는 1병
음 료	콜라 · 사이다	1,000원	

* 상기 메뉴의 가격은 점포의 여건과 원가율에 따라 변동 사항이 있을 수 있음

5. 인력운영계획

인원계획

인 원		명 (파트타임 포함)	구 분	급 여 내 역
근무시간표	주방	조리장 1명 (점주)	정직원	제외
		보조 1명 (11:00~15:00)	시간제	600,000원(6,000원 × 4시간 × 25일)
		아줌마 1명 (10:00~17:00)	정직원	900,000원
		아줌마 1명 (17:00~02:00)	정직원	1,500,000원
	홀	점장 (11:30~11:00)	가족종사자	제외
		파트타임 1명 (11:00~15:00)	시간제	600,000원(6,000원 × 4시간 × 25일)
		파트타임 1명 (17:00~02:00)	시간제	1,350,000원(6,000원 × 9시간 × 25일)
인 건 비 총 계				4,950,000원

* 파트타임 직원은 영업실적에 따라 조정한다.

채용계획

모집 직종	인원	연령	채용 기한	운영개시 후 기본 직접 인건비
점 장	1	28~35	가족종사자	1,500,000원
주방 아줌마	2	40~50	개점 전 5일까지	90만~150만
주방 파트타임	2	~25	개점 전 3일까지	시급 5,210원~6,000원
홀 파트타임	2	~25	개점 5일까지	시급 5,210원~6,000원

구 분	시 간	교 육 내 용	담 당	대 상
개점 5일전	14:00~ 18:00	조리 실연(음식 만들기)	연합창업 & 조리장	주방직원
개점 4일전	14:00~ 19:00	조리	연합창업 & 조리장	주방직원
개점 3일전	청소	조리준비	주방직원	
개점 3일전	12:00~ 13:00	시식회	주방직원	공사관계자
개점 2일전	10:00~ 13:00	조리준비 및 시식회	주방직원	주방직원 · 관계자
개점 2일전	15:00~ 17:00	서비스 교육	연합창업	홀직원
개점 1일전	10:00~ 13:00	조리준비 및 시식회	주방직원	주방직원
개점 1일전	15:00~ 17:00	서비스 교육	연합창업	홀직원
개점 당일	11:00	미팅 및 교육		
개점 당일	11:00~	영업 개시		

6. 시설계획

점포계획

구 분	내 용	비 고
실 평 수	26평	주방, 홀 포함
주방 면적	6평	
홀 면적 / 좌석수	18평 / 40석 전후	1.8평당 4석
화 장 실	2평	점포 내부의 화장실 이용
영 업 시 간	11:00~02:00	연중 무휴

점포 기본 레이아웃(인테리어와 주방)

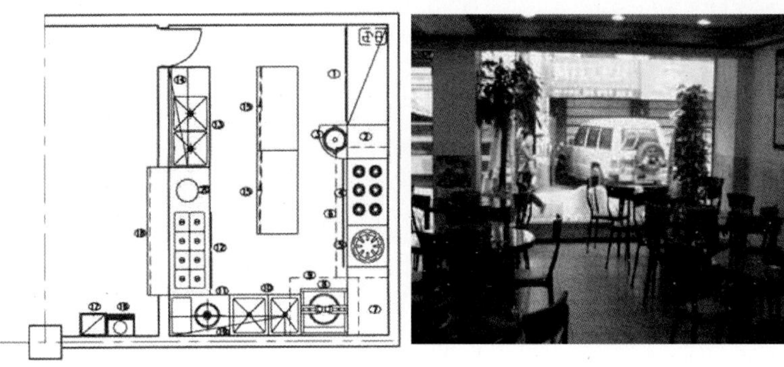

7. 판매촉진계획

준비 사항

항 목	내 용	비 고
현 수 막	상호, 개점 예정일, 업종	오픈 10일 전 부착 · 홍보
간 판	로고, CI 등의 삽입	간판 회사 별첨
전 단 지	상호, 판매메뉴, 약도, 전화번호	20% 할인 쿠폰 포함
사 은 품	저가의 기념품(볼펜, 메모지 등)	
명 함	기존 로고, CI 사용	점주, 점장
상 권 도	점포를 중심으로(상세상권지도)	반경 1km 정도의 상세 상권도
개점 음식물	떡 등/개점 당일 판촉용	주변 인근 건물 · 상인들에 배포
이 벤 트	오픈 당일 저녁 홍보	
보너스 카드	로고, CI, 전화번호 등 삽입	5% 마일리지 적용

준비 기간

스 케 줄	필 요 도 구	내 용
개점 전 10일	현수막	제작 후 점포 전면에 즉시 설치
개점 전 5일	간판	시각적 포인트 및 메뉴의 전문적 이미지
개점 전 1일	전단지	신문 간지를 이용한 배포, 가두배포(대학로)
개점 전 10일	현수막	제작 후 점포 전면에 즉시 설치
개점 당일	개점 음식물(떡 등)	점포 주변 상인들 및 운영 관계자
개점 후~	보너스 카드	방문 고객을 중심으로 배포

8. S.W.O.T 분석

<table>
<tr><td valign="top">

S

- 유동인구가 많다.
  (직장인, 젊은 층 중심)
- 강북의 중심상권이다.
- 지하철역과 버스 정류장이 있다.
- 극장이 위치해 있다.
- 횡단보도 근처이다.
- 주변에 유사업종의 음식점들이 적다.

</td><td valign="top">

W

- 주방 시설물이 노후화되었다.
- 점포 전면의 익스테리어가 보수적이다.
- 간판의 천갈이 및 조명 교환이 필요하다.
- 점포 앞 유동인구가 적다.
- 도시가스가 설치되어 있지 않다.

</td></tr>
<tr><td valign="top">

O

- 점포의 전면이 길다.
- 주방의 동선이 좋다.
- 창고가 있다.
- 화장실이 내부에 있다.
- 권리금이 낮다.
- 점포 전면의 공간이 넓다.

</td><td valign="top">

T

- 타 건물보다 약간 안쪽으로 위치해 있다.
- 출입구 부분에 정화조가 설치되어 있다.

</td></tr>
</table>

9. 대학로 경쟁점포와 유사업종점포 비교 · 분석

상권분석 지도

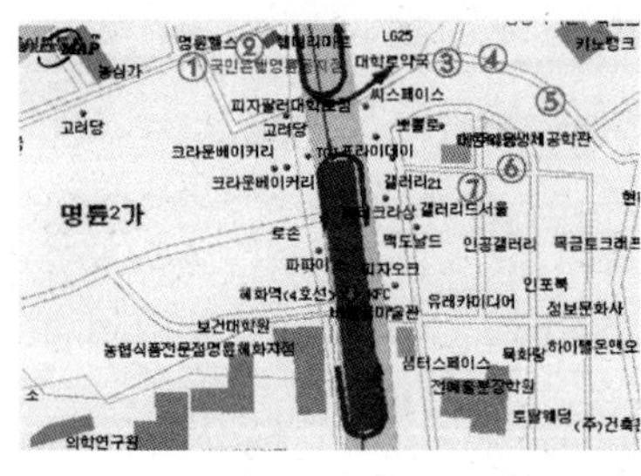

① 등나무집(3층)

② 싸다 돼지마을 / 돈돈 보이네(1층)

③ 소양강 닭갈비(1층)

④ 오성과 한음(지하 1층)

⑤ 한라도야지(1층)

▶ 혜화역 기준 좌우 점포의 특징

- 좌측(성대 방향) : 저가식당이 주류를 이루고 있음. 특히 대패 삼겹살 전문점은 써티원(훼미리마트 건너편) 아이스크림 전문점 뒤편 골목에 현재 4개가 포진되어 있음. 2,000원, 2,300원, 2,500원, 2,800원으로 가격차이가 있고, 평수는 50평 이상으로 중대형 규모다.

- 우측(공원 방향) : 고급식당이 주류를 이룬 것이 특징이다. 예를 들어 병맥주의 가격도 평균 1천 원 이상 높다. 고기 1인분의 가격도 최하 5,000원으로 성대쪽의 대패 삼겹살 가격과는 차이가 크다. 한라산 도야지의 고추장 불고기 5,000원, 오성과 한음의 생삼겹살 6,000원, 곰내미 7,000원, 황토골 5,500원, 흥부마당 6,000원으로 모든 업소가 대형 규모로 운영되고 있다. 특히 곰내미는 정원을 이용해 오픈 공간을 마련해 가장 우수한 고객흡입력을 보이고 있다. 공원 방향 뒷골목의 대다수 점포는 고단가 시설과 대형 평수로 고객을 유인하고 있어 어떤 아이템이든 남다른 차별화 컨셉이 필요하다.

▶ 혜화역 이동 고객의 특징

- 좌측(성대 방향) : 성대 방향에 이동되는 인구의 특징은 연령이 10대와 20대 초반 위주로 낮다는 점이다. 때문에 소비력도 낮아 고급 식당과 판매점보다는 저가 제품을 취급하고 있는 실정이다. 저녁 시간대 이동량은 약 4천 명 선으로 그중에서 10대 중고생과 20대 초반의 남성고객이 가장 많은 분포를 이루고 있다.

- 우측(공원 방향) : 전체 대학로 이용 고객 중 20대 후반 연령층이 왕성한 이동을 보이고 있다. 특히 연인과 가족 단위의 고객 이동이 두드러지며 30대 샐러리맨 고객들도 차량을 통해 잦은 이동을 하고 있다. 저녁 시간대 이동량은 성대 방향보다 다소 낮은 2,500여 명 수준이지만 소비력과 실제 소비의 주체라는 점에서 높은 매력이 있다.

점포분석

▶ 등나무집(3층)

- 기본 컨셉 : 퓨전 스타일의 삼겹살 전문점으로, 와인숙성 통삼겹살이 주메뉴
- 고객층 : 대학생과 직장인을 중심으로 한 젊은 남녀 고객
- 분석 : '등나무집 대학로점' 으로 대학로 내의 생삼겹살 전문점으로 확고한 입지 구축

영업시간	좌석수	객단가	회전율	매 출	메 뉴	가 격
24시간	110석	8,000원	저녁 2.3회전	2,024,000원	통삼겹살 야채모듬 칼국수	6,600원 2,000원 4,000원

▶ 싸다 돼지마을 / 돈돈 보이네(1층)

- 기본 컨셉 : 2,000원 대의 저가를 주무기로 특히 주머니가 가벼운 대학생들을 대상으로 하는 전형적인 4, 50평 이상의 중 · 대형

대패 삼겹살 전문점

- 고객층 : 저가를 선호하는 대학생들과 넓은 식당을 찾는 소극장 단원들이 주로 이용
- 분석 : 주변에 대패 삼겹살 전문점이 몇 개 더 있지만 소개한 두 집이 활성화되어 있다

▶ 소양골 닭갈비(1층)

- 기본 컨셉 : 춘천 닭갈비와 같은 형태의 중저가 닭갈비 전문점
- 고객층 : 젊은 남녀 대학생과 직장인 및 인근 오피스 종사자들
- 분석 : 춘천 닭갈비와 유사한 컨셉으로 영업중이며 코너에 위치해 전반적으로 영업이 잘되고 있다

영업시간	좌석수	객단가	회전율	매 출	메 뉴	가 격
24시간	125석	6,500원	저녁 1.7회전	1,381,250원	뼈없는 닭갈비 닭야채 볶음밥 해물 볶음밥 라면 국수사리	6,600원 2,000원 2,900원 1,500원

▶ 오성과 한음(지하 1층)

- 기본 컨셉 : 25평, 테이블 15개 규모의 의정부 부대찌개가 주메뉴이며 곱창전골 외에 생삼겹살도 취급함
- 고객층 : 젊은 남녀와 중년층이 중심고객, 생삼겹은 5,500원, 갈비살은 7,500원에 판매
- 분석 : 지하에 위치해 입지적으로 불리한 점이 있으며 영업이 다소 부진한 상태임

▶ 한라 도야지(1층)

- 기본 컨셉 : 80평 규모의 한라산 돼지고기를 전문으로 하는 고기 전문점
- 고객층 : 중년층이 중심고객으로 구성되어 있으며 인근 주민의 가족외식과 단체고객
- 분석 : 이 지역에서는 비교적 중·대형업소로 갈비와 삼겹살 위주로 고객을 유치하고 있으나 시설이 젊은 층에 맞지 않는 관계로 영업이 다소 부진한 편임

10. 투자예산 및 수지계획(안)

투자비용

(단위 : 만 원)

구 분	항 목	금 액	비 고
주 방	설 비	228	냉장고 포함
시 설	기구 / 비품	70	파절기 포함
	식 기	200	그릇, 접시, 컵, 소도구류
	가스 설비	150	LNG 배관
인테리어	내장 공사	1,700	화장실, 주방 포함
	간 판	80	전면, 플래카드
홍보관련	광고 판촉, CI, 로고 · 상호제작	150	전단, 현수막, 이벤트, 할인권 등
전산통신	전산 장비		
	보너스카드		
홀 집기	테이블 외	280	테이블, 의자, 로스터기
소모품	냅킨 / 계산서	90	소품 포함
초도상품비		250	식재료 구매비
예 비 비		200	인 · 허가 비용 외
합 계		3,390	

* 상기 비용은 설비, 비품의 확정시 다소 금액의 차이가 발생할 수 있음

고정비용의 분석(초기조건)

(단위 : 원)

항 목		금 액	계 산 방 법
감가상각비	내장공사비투자금	17,800,000	내장공사비와 간판은 5년 정액법으로 계산한다. 비용×0.9(잔존가치)÷60개월=금액 *항목 : 내장공사비용, 간판설치비용, 소품 구입비
	감가상각비용	267,000	
	주방 · 비품투자금	6,480,000	주방설비비는 4년 정액법으로 계산한다. 비용×0.9(잔존가치)÷48개월=금액
	감가상각비용	121,500	
	개업 제경비용	9,700,000	개업 제경비는 1년 정액법으로 계산한다. 비용÷2개월=금액 *항목 : 전산통신, 초도상품비, 컨설팅용역비, 예비비포함
	감가상각비용	808,333	
소계		1,196,833	
지불금리	내 · 외장 공사비	133,500	총투자금액의 연 9%의 금리로 계산 (원) *임대보증금은 9,500만 원으로 계산
	임대 보증금	712,500	
	주방 · 비품 구매비	48,600	
	개업 제경비	72,750	
소계		967,350	
합 계		2,164,183	

* 2008년 현재 지불금리는 통산 연 6% 금리 적용함.

손익분기매출의 계산

(단위 : 원)

항 목		상 인 점	비 고 (계산방법)
변동비율 설정 50%	원가율	40 %	업계 평균 40%(통삼겹 전문점 기준)
	제경비율	10 %	업계 평균 12%
고정비	인건비	4,000,000	종업원 네 명 기준(경영자 제외)
	임차료	1,600,000	
	감가상각비	1,196,833	초기조건 참조
	지불금리	967,350	연 9% 금리 적용
	합계	7,764,183	
손익분기 매출	금 액	15,528,366	변동비율을 매출대비 50%로 설정하면 손익분기매출은 고정비 (7,764,183)÷(1−0.50)로 계산된다.
도산분기 최소매출	금 액	11,200,000	감가상각비와 지불금리를 제외한 최소 필요매출은 고정비 (5,600,000)÷(1−0.50)로 계산된다.

* 인건비율과 제경비율의 설정은 전개지역의 특성과 점포 여건을 감안하여 업계 평균 치에 근접하여 계산하였음

* 손익분기점의 매출이 15,528,366원이므로 객단가 8,000원으로 가정하면 1개월에 1,941명이 입점하여야 하며 1일 65명이 입점하여야 한다.

* 삼겹살은 목우촌 생고기를 사용하는 것으로 계산하였고 업계 평균치로 계산하였다.

매출 계획

(단위 : 원)

구분 \ 내역	항 목	저조매출	평균매출	목표매출
중 식 (11:00~14:00)	객석 회전율	3.0	3.5	4.5
	고 객 수	78명	91명	117명
	객 단 가	4,500	4,500	4,500
	매 출 액	351,000	409,500	526,500
아이들 타임 (14:00~18:00)	객석 회전율	2	2.5	2.8
	고 객 수	52명	65명	73명
	객 단 가	4,500	4,500	4,500
	매 출 액	234,000	292,500	328,500
석 식 (18:00~22:00)	객석 회전율	2.8	3.2	4.0
	고 객 수	73명	83명	104명
	객 단 가	4,500	4,500	4,500
	매 출 액	328,500	373,500	468,000
합 계	객석 회전율	2.6	3.1	3.8
	고 객 수	203명	239명	294명
	객 단 가	4,500	4,500	4,500
	하루 매출액	913,500	1,075,500	1,323,000
	한 달 매출액	27,405,000	32,265,000	39,699,000
	일 년 매출액	328,860,000	387,180,000	476,280,000
비 고	* 객석회전율은 면적 13.5평 / 좌석 33석(평당 2석) / 만석률 80%(26석)를 기준으로 산정. * 고객수는 시간대별 유동인구 대비 유사업종 내점률을 적용하여 계산. * 최저매출은 개업 후 1~2개월 정도 개업초기의 예상매출 * 평균매출은 개업 후 3~6개월 경과 후 통상적인 기대매출 * 목표매출은 개업 후 영업력이 90% 이상 발휘되었을 때 예상되는 매출로 개업 후 6개월 이상 경과하였을 때의 기대매출			

* 유사업종 내점률 3% = 점포앞 유동인구 100명중 점포를 내점하는 인원이 3명일 경우

월차손익계획표준형 P/L

(단위 : 원)

항 목		저조매출	%	평균매출	%	목표매출	%
총매출액		27,405,000	100	32,265,000	100	39,699,000	100
원재료 비용		10,962,000	40	12,906,000	40	15,879,600	40
임차료		1,600,000	6	1,600,000	5	1,600,000	4
인건비	합 계	4,000,000	14.6	5,000,000	15.5	6,000,000	15.1
	총 인 원	4		5		6	
	정 직 원	2		2		2	
	파트 타임	2		3		4	
	평균인건비	1,000,000		1,000,000		1,000,000	
제경비	합 계	2,740,500	10	3,226,500	10	3,969,900	10
	수도 광열비						
	통신/잡비						
	광고/접대						
	연구/교육						
	소모/수리						
감가상각비		1,196,833	4.4	1,196,833	3.7	1,196,833	3.0
지불 금리		967,350	3.5	967,350	3.0	967,350	2.4
세전 이익		5,938,317	21.7	7,368,317	22.8	10,085,317	25.4

* 감가상각 · 금리까지 계산하여 공제하였으므로 그 이익의 폭은 보다 클 수 있다.

7장
프랜차이즈 (franchise)

프랜차이즈의 현황과 전망

소자본업종에도 세대교체 바람이 거세게 불고 있다. 동네마다 흔히 볼 수 있던 다방이 사라지고 테이크아웃 커피전문점으로 바뀌었고, 지물포가 인테리어장식전문점으로 변하였다. 갈수록 대형화로 가고 있는 가운데 전문화로 차별화해 고객에게 다가가지 못한 소형점포들이 설 땅이 없어지고 있다. 전문화를 하지 못한 이들 소형점포들이 경쟁력을 잃어가면서 문을 닫거나 업종전환을 통하여 브랜드가 중요시되는 프랜차이즈로 이에 대응하고 있는 추세다.

IMF의 터널을 지나오면서 자연스럽게 형성된 부익부빈익빈 현상은 소자본 창업 업계에도 형성되어 업소들이 갈수록 대형화하는 추세여서 소형점포들은 독자적으로 이들 대형점포와 경쟁을 하기에 어려움을 느끼고 있는 실정이다. 이러한 여건에 대응할 수 있는 비즈니스 형태가 바로 프랜차이즈 시스템이다. 즉 작은 규모의 자금을 투자해

거대한 일반 대형업소와 경쟁할 수 있고, 독자적인 업소가 시장 점유를 위해 투자하는 돈·인력 등에 비해 아주 적은 수준으로 시장에 대한 대응이 가능해졌기 때문이다.

창업경험이 없어도 쉽게 창업에 도전할 수 있는 프랜차이즈 형태의 창업은 최근 들어 예비창업자들에게 최고의 인기를 누리고 있다.

공정거래위원회 가맹정보제공시스템에 등록된 가맹본부정보공개서 등록현황에 의하면, 2013년 2,973가맹본부, 3,691브랜드, 190,730개의 가맹점이 활동하고 있는 것으로 나타났다.

구 분	가맹본부수	브랜드수	가맹점수	직영점수
2009년	1,505	1,901	132,443	7,695
2010년	2,042	2,550	148,719	9,477
2011년	2,405	2,947	170,926	10,155
2012년	2,678	3,311	176,788	11,326
2013년	2,973	3,691	190,730	12,619

※ 출처 : 공정위 가맹정보제공시스템('08. 8월부터 등록 시작)

프랜차이즈가 국내에 소개된 것은 1978년 초기이다. 외식업 위주로 도입되어 최근에는 소매업, 서비스 업태에 걸쳐 다양한 업종과 업체가 등장하고 있다. 1996년 이후에는 외국계 다국적 프랜차이즈 브랜드의 도입도 눈에 띄게 증가하여 이들의 숫자만도 200여 개에 이르게 되었다. 소자본 예비창업자를 겨냥한 프랜차이즈 사업이 급속도로 성장하면서 가맹점 피해 사례도 속출하는데, 관련내용은 가맹점과 계약내용을 제대로 이행하지 않거나 가맹금 반환거부, 인테리어, 설비공사 특정업체 지정, 원·부자재 구입 강요 등의 사례들이다.

이러한 피해사례는 비단 국내에만 있는 것은 아니다. 미국에서도 1960년대에서 1970년대 초까지 각종 형태의 다양한 프랜차이즈가 양적인 성장과정을 거치는 동안 제약조건이나 규정이 없는 상태에서 가맹점들로부터 자금확보만 하고 사기를 행하는 소위 'franchising's troubled dream world' 라는 사태를 야기한 전례가 있다. 이 때문에 1970년에만 100개가 넘는 프랜차이즈가 도산했고 수천 명의 프랜차이지(franchisee)가 피해를 본 적이 있다.

그러나 기본적으로 프랜차이즈 본사들도 기업을 운영하는 회사인 만큼 영리를 추구해야 하는 것은 당연하며 가맹점을 늘리려면 때로는 과대광고나 감언이설로 예비창업자를 설득해야 하는 행위를 나무랄 수만은 없다. 양적인 성장을 이룬 국내 프랜차이즈산업은 프랜차이즈

육성정책과 함께 2001년 11월부터 시행되고 있는 '가맹사업거래의 공정화에 관한 법률'에 따라 가맹계약 기간 중 사업자가 부당하게 공급을 중단하거나 상품가격 및 거래상대방, 거래지역 등을 제한하거나, 가맹점에게 거래상 지위를 이용해 불이익을 주는 행위 등을 '불공정거래행위'로 규정해 위반할 경우에는 매출액 2퍼센트 범위 내에서 과징금과 벌칙을 부과할 수 있도록 규정하고 있으며 본사에 대한 정보를 공개하도록 하고 있다.

규제법률의 제정을 계기로 국내에서도 양적인 성장은 물론 질적인 성장이 이루어지게 되는 제2의 도약기를 맞이하고 있다. 앞으로 프랜차이즈에 대해서는 도입 초기의 폐해로 인한 고정관념에서 벗어나 21세기 유통산업의 꽃이 될 기간산업이라는 시각으로 바라보아야 할 것이다. 한편 인터넷이 생활화되면서 창업정보는 본사나 예비창업자나 가릴 것 없이 공개되어 있다. 따라서 얄팍한 상술로 타인에게 피해를 주는 행동이나 간단한 노하우로 가맹비를 많이 받는다거나 적절치 못한 갖가지 옵션으로 이익을 취하려는 본사를 가려내는 것도 어려운 일만은 아니다.

이러한 점을 알고 프랜차이즈 본사 또한 가맹점확보에만 초점을 맞출 것이 아니라 서로 윈윈(win-win)할 수 있도록 가맹점을 위한 신경영기법 개발, 대량구매와 공동물류로 인한 원가절감, 서비스의 고급화, 공동브랜드로 브랜드 이미지 상승 등의 지원체계를 갖추어 대형점포와 경쟁체제를 갖추는 데 초점을 맞추어야 할 것이다.

프랜차이즈 가맹사업의 성공전략

점포창업으로 성공 가능성이 높고 소자본 창업으로 인기 있는 프랜차이즈 가맹창업은 '가맹사업거래의 공정화에 관한 법률'이 2007년 8월 3일 개정되어 정보공개서의 의무화 등 건전한 프랜차이즈산업의 육성을 위한 기반조성이 형성되어 가맹점주나 가맹희망자들의 피해를 사전에 막는 제도적 장치가 마련되어 창업에 긍정적 효과를 가져오게 되었다. 또한 예비창업자들의 높은 지식수준을 감안할 때 양적인 성장보다는 질적인 성장이 이루어질 것이다.

또 한편으로는 대형할인점이나 유통조직망을 갖춘 대기업들의 활약 아래 부익부빈익빈 현상이 창업시장에도 적용되고 있어 웬만한 노력으로는 창업시장에서 살아남기 힘든 상황도 함께 맞이하고 있다.

이렇게 어려운 창업환경 아래 경험이 없는 초보창업자들이 가장 선호하는 것이 바로 프랜차이즈 가맹 창업이다. 실패에 대한 불안감 또는 성공에 대한 불확실성 등으로 고민하는 예비창업자들이 창업환경이나 아이템·창업자금·상권의 특성에 따른 여러 변수가 작용하는 창업을 독자적으로 직접 시도하기보다는 가맹비나 기타 비용지불을 감안하더라도 실패나 불안감을 독립점포형태의 창업보다 상당부분 줄일 수 있기 때문이다.

그러나 프랜차이즈 창업 또한 문제가 되는 것이 매스컴에 사기업체 또는 본사 여부에 주의하라는 애기가 많이 나오기 때문에 일부 유명 브랜드를 제외하고는 선뜻 창업을 시도하기에 무리가 따른다는 것이다. 그러나 프랜차이즈 시스템을 충분히 이해하고 창업에 나서면 도움이 된다.

프랜차이즈의 장점은 첫째, 본사에서 기술을 개발하고, 고객을 관리하며, 물건을 배달해주는 등 경영에 필요한 기본적인 사항을 한꺼번에 제공하고 교육까지 시킨다. 둘째, 가맹본사를 중심으로 일괄적인 홍보활동을 실시하기 때문에 개별적으로 홍보하는 것보다는 기대효과가 훨씬 크다. 셋째, 원료비가 저렴하다. 가맹본사에서 재료를 대량구매하기 때문이다. 또 원자재의 품질도 어느 정도 일관성을 확보할 수 있다. 넷째, 기본적으로 프랜차이즈 창업은 이용고객에게 어디서나 동일한 서비스를 받을 수 있다는 기대감을 준다는 장점이 있다. 즉 고객의 신뢰감을 쉽게 얻을 수 있다는 것이다.

따라서 가맹점주는 편리성과 안정성을 부가해 사업을 할 수 있게 되고, 소비자는 동일한 브랜드 이미지로 다점포 체인망에서 양질의 상품을 구매할 수 있으며, 가맹(체인)본부는 가맹비·로열티 기타 상품도매 이익 등의 수입으로 피차간 지속적인 사업을 영위해가도록 하는 시스템이 장점이다.

그러나 이런 많은 장점에도 불구하고 단점 또한 만만치 않다. 프랜차이즈 창업에는 보다 주의를 기울여야 한다는 것은 신뢰성이 부족한 프랜차이즈 본사(가맹본사) 또는 본사로서의 요건을 충분히 갖추지 못한 회사들이 있기 때문이다. 또는 본사끼리 치열한 가맹유치 경쟁을 벌여 가맹비는 적게 받지만 인테리어나 초도상품 등의 옵션으로 배를 불린다거나 부실공사 등 다른 편법을 동원하는 일부 본사들 때문에 문제의 근원이 되어 왔던 것이다.

또한 가맹자들의 본사에 대한 맹신적인 태도 역시 문제다. 물론 타인을 믿고 행동한다는 것은 바람직할 수도 있지만 본사 역시 사업자라는 점을 참고해야 한다. 다소 사업성이 부족하다 할지라도 가맹점을 늘리는 가맹계약을 해야만 사업이 유지되기 때문에 본사의 설명을 액면 그대로 받아들이기에는 무리가 따른다. 아무리 지원체계가 좋고 아이템이 신선하다고 느껴지더라도 사업결과는 달라질 수 있으며, 이 책임은 역시 예비창업자에게 돌아올 수밖에 없는 점을 간과해서는 안 된다.

예비창업자가 프랜차이즈 가맹 창업에서 성공을 거두려면 첫째, 본인에게 가장 적합하다고 생각되는 후보업종을 세 개 브랜드 정도 선정하여 장·단점이나 투자비용을 따져보고 순위를 매겨본다. 둘째, 궁금한 사항들을 미리 적어 놓고 후보업종의 가맹점을 방문해 가맹점주로부터 본사에서의 사후지원체계나 운영할 때 애로사항 등을 꼼꼼하게 질문해본다. 셋째, 앞에서 알아본 내용에 어느 정도 신뢰성이 확보되면 다음 단계로 본사를 방문해본다.

본사를 방문하여 확인해볼 사항은 대체로 회사의 지명도와 조직구성, 개인사업자 또는 법인회사, 본사 설립연도와 대표의 인적 사항(사업자등록 확인으로 가능), 각 가맹점의 평균매출액을 확인해 현재 운영체계와 향후 발전 방향 등을 판단해보는 것이 좋다.

이러한 기본적인 사항 이외에도 최근 포화상태에 이르렀다는 전문가들의 의견도 상당수 있는 만큼 본사의 역량에 따라 성공과 실패의 명암이 결정될 가능성이 높다. 따라서 특정 아이템보다는 고객에게 제공될 어떤 차별화되는 서비스가 존재하느냐를 살펴보는 것과 추가적인 아이템과 서비스가 개발될 수 있는 능력 있는 본사의 선정문제도 함께 고려해야 한다.

마지막으로 앞의 조사내용을 바탕으로 후보업종의 적합성을 따져본 후 본사를 결정하는 것이 좋다. 본사를 결정하고 난 후 점포계약과 가맹계약을 하면 된다. 가맹계약을 하게 될 때 유의점은 계약에 대한 독점권과 관련규정 및 표준약관의 이행 여부, 본사의 입장만 주장하는 일방적인 계약내용, 하자 발생시 보호 여부, 회사의 광고 및 홍보활동, 기타 지원체제, 모든 지원사항의 명시 여부 등을 꼼꼼히 검토하고 계약을 체결하면 된다.

같지만 가맹점이 본부의 지시에 따르지 않고 조직의 주체는 어디까지나 가맹점이며, 전가맹점이 경영의 의사결정에 참여하는 등 가맹점간의 수평적 관계가 중시된다. 사실 이러한 임의적 체인점은 출발 자체가 쉽지 않지만 저렴한 가격정책을 무기로 하는 연쇄점이나 슈퍼 등의 업종에 적합하며 국내에서는 한남체인, 썬마트, 빅세일마트 등이 활동하고 있다.

외식업의 경우 1997년 1차적으로 명예퇴직 바람이 불 때 이들을 대상으로 삼성동 모호텔에서 사업설명회를 개최하고 가맹점을 모집한 후 부도를 내고 없어진 '돈가야우가야'라는 본부의 경우 처음 프랜차이즈 시스템으로 출발하였으나 본부 도산 이후 가맹점주들이 모여 다른 브랜드(Y갈비)와 제휴를 맺어 임의적으로 프랜차이즈 시스템을 갖추고 영업을 하였지만 끝내 성공하지 못한 사례도 있다.

이렇듯 가맹점주들끼리 임의적으로 모여 어떤 사안해결이나 경쟁력을 갖추기 위해 시스템을 갖추고 운영하는 수평적 관계를 지닌 프랜차이즈 시스템이므로 가맹자에게 명령할 권리가 없기 때문에 충분한 성과를 올리기 어렵다고 볼 수 있다. 볼런터리 체인이 프랜차이즈 체인과 다른 점은 가맹비 수입 등으로 돈을 벌기 위한 조직이 아니고 체인화에 의해서 가맹점의 매출을 신장시키는 것을 목적으로 하는 것이다. 따라서 회비는 실비 또는 무료인 경우도 있다. 이러한 점이 프랜차이즈 체인과 구별된다.

프랜차이즈 체인(franchise chain)

체인본사와 각 가맹점이 모두 독립자본에 의한 사업자이지만 운영의 주체는 체인본사에 있으며, 가맹점은 체인경영의 의사결정에 적극적으로 참여하지 않는 프랜차이즈 시스템이다. 일반 개인인 가맹희망자가 혼자서는 가질 수 없는 사업에 관한 각종 개점 및 경영 노하우를 본부가 먼저 구축·제공해줌으로써, 점주는 편리성과 안정성을 부가해 사업을 할 수 있게 되고, 소비자는 동일한 브랜드 이미지로 다점포 체인망에서 양질의 상품을 구매할 수 있으며, 가맹(체인)본부는 가맹비, 로열티, 기타 상품 도매 이익 등을 수입으로 피차간 지속적인 사업을 영위해가도록 하는 시스템을 말한다.

우리 나라 공정거래위원회가 1997년 내린 공식적인 프랜차이즈의 정의는 다음과 같다. "프랜차이즈(franchise)란 가맹사업자(franchisor)가 다수의 가맹계약자(franchisee)에게 자기의 상표·상호·서비스·표·휘장 등(이하 영업표지라 한다)을 사용하여 자기와 동일한 이미지로 상품판매, 용역제공 등 일정한 영업활동을 하도록 하고, 그에 따라 각종 영업지원 및 통제를 하며, 가맹계약자는 가맹사업자로부터 부여받은 권리 및 영업상 지원의 대가로 일정한 경제적 이익을 지급하는 계속적인 거래관계를 말한다." 즉 이러한 관계는 본사와 가맹점간의 수직적 관계가 중시된다.

프랜차이즈 시스템은 가맹점을 모집하는 본부를 프랜차이저(franchisor)라고 하고 가맹점을 프랜차이지(franchisee)라고 부른다. 즉 프랜차이저(franchisor)는 맥도날드 햄버거 등 가맹점 영업권을 주는 본사를 말한다. 프랜차이저는 가맹점의 계약은 물론 영업관련 노하우와 음식의 경우 제조비법 등을 전수해주고 가맹점매출의 일정비율을 수수료로 받는 경우가 많다. 프랜차이지(franchisee)는 프랜차이저와 계약을 하고 영업을 하는 개별 가맹점을 말한다. 프랜차이지의 수는 프랜차이저가 벌이는 프랜차이즈업종의 사업성에 따라 달라지게 된다.

본사가 미국에 있고 한국에 지사를 개설한 뒤 한국지사에서 프랜차이지를 모집할 경우 한국지사를 마스터 프랜차이지(master franchisee)라고 한다. 마스터 프랜차이지는 미국 본사인 프랜차이저와 계약에 따라 지점이 개설된 해당국가에서 프랜차이지 계약에 관한 독점권 등을 갖거나 우선권을 갖는 경우가 많다.

이러한 프랜차이즈 시스템은 다양한 업종과 업태에 적용될 수 있다. 즉 프랜차이즈 시스템은 많은 패턴과 비즈니스 방식이 존재한다. 예비창업자들이 이와 같은 프랜차이즈 시스템을 잘만 이해한다면 나름대로 새로운 형태의 뉴 비즈니스를 창출해내는 데 별 어려움이 없을 것이며 가맹점의 도움으로 짧은 기간 안에 단독사업의 몇십 배, 몇백 배의 사업효과를 거둘 수도 있을 것이다.

06

프랜차이즈 본부를
운영하는 주체

프랜차이즈 체인에 관한 일반적인 원칙은 이해가 되었을 것으로 보지만 실제적인 로열티에 관하여서는 본부와 가맹점간의 제휴방식은 천차만별이다. 우선 프랜차이즈 시스템을 운영하는 본부나 가맹점은 어떤 목적을 가지고 있는지 살펴보도록 하자.

먼저 상품이나 부가서비스 유통을 통한 판매가 효과적으로 이루어지도록 개발되었기 때문에 이를 바탕으로 체인본사가 교육·영업·인테리어 등을 지원하게 되며, 통일된 상표와 상호를 사용하므로 가맹점 역시 효과적인 영업을 지속적으로 할 수 있다. 이런 점을 활용하여 제품을 유통시키는 아주 간단한 방식은 제품메이커에서 독점계약을 체결하고 상품을 가져다 판매하는 것이다. 점포는 단지 상품판매를 하는 프랜차이즈 시스템구축이 주된 목적이며 실제로 점포에서는 본부로부터 지원받을 것이 별로 없는 단순판매형태가 될 가능성도 있다. 이러한 유형의 사업주체는 주로 제조업체 · 도매업체 · 점포인테리어회사 · 주방설비 · 기물회사 등이 본부가 되는 경우가 많으며, 제품 · 점포인테리어비 · 주방기구판매 등을 하는 것이 목적인 경우다.

또 다른 유형은 프랜차이즈 시스템 판매를 목적으로 하는 경우를 들 수 있다. '프랜차이즈 패키지'라고 불리는 상표와 상호의 제공, 상품 및 자재의 판매, 각종 교육 및 조직관리의 지도와 지원 등을 포괄적으로 규정한 프로그램을 개발한 다음 가맹점을 모집하고 가맹점으로부터 받은 가맹비 및 로열티 등으로 이익을 취하게 되는 프랜차이즈 시스템이다. 이러한 경우 사업주체는 프랜차이즈 본부에 종사했던 인력이나 조직력에 비교적 이해가 빠른 군장교출신, 신규브랜드 개발로 인한 프랜차이즈 사업자, 독립점포로서 성공사업자 등이 될 수 있을 것이다.

이러한 유형이 가장 바람직한 프랜차이즈 형태라고 보이나 우려되는 부분은 본부가 체인점운영의 기법이 전혀 되어 있지 않으면서 광고로 가맹점을 모집하고 가맹점에서 가맹비를 받을 것을 목적으로 사기를 치는 사람들도 있을 수 있다는 것이다.

설사 가맹점에게는 직접적인 피해가 없다 하더라도 인테리어나 상품 등을 외상으로 구입하고 한꺼번에 부도를 내고 잠적하게 되면 가맹점은 그대로 피해를 보게 된다. 매출증대를 위해 체인 프랜차이즈인 것처럼 하여 직영점만 운영하고 조직기구가 없는 흥미를 유발하기 위한 곳도 있을 것이다.

이외에도 최근에는 중소기업이나 대기업에서 사업의 다각화 일환으로 프랜차이즈 사업에 뛰어드는 경우도 많아졌다. (주)대상의 테이크아웃전문점 '로즈버드,' (주)태창의 '쪼끼쪼끼' 등은 회사 조직력과 자금력으로 단숨에 가맹점을 확보하고 업계 선두주자로 나서기도 했다. 때로는 가맹사업자가 본부를 견제하기 위해 프랜차이즈 경영자들이 정기적으로 모여 정보교환을 하는 등의 조직화로 그 조직이 체인 전체에 영향력을 발휘하고 있는 곳도 있다.

이것은 실제로 업주들의 단체모임으로 체인에 따라서는 어떤 번영회 등의 명칭을 붙여 사용하는 경우도 있다. 이러한 소모임에서는 친목이 주된 목적인 경우도 있지만 특정사안의 중대한 변경이나 가격변경 등 체인전체의 문제에 관하여 협의하는 것이 주목적인 셈이다.

07

독점권별로 보는 프랜차이즈

가장 많이 거론되는 독점권은 업계의 문제거리로 대두되어 왔다. 본사에서는 가맹점을 많이 내어 줄수록 매출증대를 꾀할 수 있고 가맹사업자는 지역권을 확보해야만 영업이 잘될 가능성이 있기 때문이다. 독점권에 따른 프랜차이즈 방식은 세 가지로 분류할 수 있는데 점포단위 프랜차이즈, 지역단위 프랜차이즈, 지사형태의 지역별 하위가맹점 모집권 부여 프랜차이즈 방식이 존재하고 있다.

점포단위 프랜차이즈 방식은 최초로 개설된 가맹점에 일정지역 내에서 일정기간 동안 본사가 갖고 있는 권리 및 모든 영업권을 부여하는 방식이며 소지역 단위가맹점에 일정한 지역범위의 영업권을 확보해주는 장점이 있다. 둘째 지역단위 프랜차이즈 방식은 일반적으로 중소도시 내에서 일정기간 동안 하나의 가맹점에서 여러 개의 점포개설권을 부여하는 방식으로, 이 경우에는 지역단위 가맹점이 본사와 지역별 사업개발계약을 맺고, 개발에 대한 대가를 지불한 후 일정지역의 사업개발에 대한 권리를 취득하게 되는 형태이다.

마지막으로 지역별 하위가맹점 모집권 부여 프랜차이즈 방식은 일정지역 내에서 정해진 기간 동안 가맹점에게 본사의 권리를 부여하며, 이 권리를 부여받은 차 하위의 체인본사가 다시 프랜차이즈 권리를 차 하위 가맹점에 부여하는 형태로서, 차 하위 체인본사는 차 하위 가맹점에 교육을 포함한 체인 본사로서의 모든 서비스를 제공하고 그에 따른 대가를 취하는 방식이다.

본사가 갖추어야 할
열 가지 기능

초보창업자가 경험이 없이 앞서 열거한 프랜차이즈 시스템의 장·단점을 이해하고 프랜차이즈 시스템에 편승할 경우 우선 가맹비와 로열티를 제외하고도 창업을 위한 총투자비용을 본부가 집행하게 되기 때문에 상당히 불안할 수 있다. 그러면 창업자는 본부에 가맹비와 로열티를 지불하는 대가로 무엇을 얻어내야 하는지, 본사는 어떠한 기능을 하는지 살펴보기로 하자.

표에 예시한 열 가지 기능이 얼마나 잘 갖추어져 있느냐 여부가 좋은 본사의 기준이 된다. 프랜차이즈 체인의 최대 특징은 개별점포를 조직으로 만들어 본부와 점포의 역할을 분담하는 것이며, 기능분담을 통하여 최대한의 힘을 발휘할 수 있도록 만들어 놓은 것이다. 점포는 소비자를 직접 대하는 곳이다. 여기서는 상품과 서비스를 제공하여 판매하는 것(컨셉 실현)만 잘하면 된다. 소비자와 직접 대면하지 않는 업

○ 본사의 기능 열 가지

번 호	기 능	내 용
1	시스템개발	인적 · 물적 · 환경적 요인을 고려하여 판매상품을 만든다.
2	원자재개발	가격 · 품질 · 감각적인 요소 등의 측면에서 원자재를 개발한다.
3	사업장기획	시범사업장을 경영하며 사업내용의 표준화를 추구한다.
4	서비스개발	가격의 저렴, 상품의 차별, 선택의 다양성 등을 계속해서 개발한다.
5	교육훈련	교육훈련을 통하여 가맹점주에게 지식과 기술을 전달한다.
6	경영지도	실무를 통해 경영이념 및 상품교육 · 영업방법 등을 주기적으로 지도한다.
7	판매촉진	판촉물 · 기념품 · 시상품 등 각종 광고 및 홍보활동으로 판매를 촉진시킨다.
8	이익계획	가맹점주가 요구하는 사업의 이익성을 추정손익계산을 통해 충분히 전달한다.
9	금융지원	예비점주의 투자규모가 부족할 때 본사가 일정액을 지원한다.
10	경영관리	장부기재에서 고객응대에 이르기까지 종합적인 경영기법을 표준 관리한다.

무는 본부가 맡아서 하게 되는 것이다. 다시 말하자면 본부의 기능은 점포가 담당하지 않는 분야의 전부이다. 경영기구가 본부와 점포로 나누어져 있으므로 본부가 사령탑으로서 점포는 본부의 지시를 따르고 준수하면 된다고 하는 사람도 있으나, 그것이 정확한 답은 아니다.

체인경영조직은 명령시스템으로 움직이는 군대조직과는 다르다. 본부의 기능은 입지의 선정과 평가, 개발, 점포설계, 메뉴작성, 정보시스템의 고안과 실시, 마케팅 및 전체적인 판매활동실시, 광고 선전활동 등이다. 종업원의 월급지불은 점포에서 하는 것이 좋은가, 본부에서 하는 것이 좋은가? 그것은 정하기 나름이지만 본부가 준다고 해도 단지 각 점포에서 은행계좌로 넣어주면 본부가 맡아서 진행하는 것일 뿐이다.

우리 나라 체인에서는 직영체인을 제외하고는 급여부분까지 실시하는 곳은 아직 없다. 체인본부와의 관계가 영화나 연극이라고 하면 시나리오구성은 본부가 맡고 연출과 역할은 점포가 맡아서 하는 것으로 보면 쉽게 이해할 수 있다. 어느 정도까지 역할분담을 할 것인지 계약에 따라 다르겠으나 고객이 실제로 접하는 곳이 점포(종업원)이므로 그 배후에 기획·디자인·교육하는 본부가 있다고 보면 된다. 어디까지나 본부와 점포는 기능을 분담한 것이라고 이해하면 좋을 것 같다.

09

업종별 특성과 외식 프랜차이즈 시스템

프랜차이즈 체인 시스템이 본부와 점포라는 기구의 기능분담관계로 성립된다는 것에 대하여 앞서 설명하였다. 이 시스템은 어떤 업종을 막론하고 적용될 수 있다는 것도 이해할 것이다. 그중 전체적인 공통부분을 제외하면 업종별로 어떤 차이가 있는지 간단하게 살펴보자면 유통관련 프랜차이즈 시스템의 경우 최대 장점은 대량구매로 인하여 매입비용을 낮출 수 있다는 점이다.

조직이 상품을 조달할 때 대량으로 구매하게 되므로 생산업자나 도매업자에 대한 입지가 강화되고 가격인하를 요구할 수 있는 것이다. 또 물량이 많아지면 OEM방식으로 직접 생산에 참여할 수도 있고 직접 수입할 수도 있을 것이다. 이러한 점이 가격경쟁력을 갖추게 되는 원동력이 되는 것이다. 사실 유통도매업의 경우 어떤 특정제품이나 상품을 집중으로 매입하게 되면 생산업자로부터 백마진(back margin)을 보장받기도 한다. 이와 함께 물류배송기능을 잘 갖춘 것이 특징일 것이다.

이러한 점이 유통 프랜차이즈 시스템의 최대 장점이라면 서비스업종의 경우 주로 교육관련 또는 편의추구 업종에서 프랜차이즈 시스템이 많이 포진되어 있는데, 개발된 서비스상품을 판매하기 위해 어떠한 장비나 도구를 활용하게 되므로 경험이 부족한 창업자가 전문가의 역할을 충분히 수행할 수 있도록 단순화·표준화시켜 놓은 교육시스템과 매뉴얼이 최대의 장점이 될 것이다.

이에 비하여 외식업의 경우 어느 점포를 방문하게 되더라도 똑같은 맛의 요리가 나온다는 점이 최대의 장점이 된다. 독립점포가 주방인력 때문에 골치를 앓고 고민을 하는 것은 점포의 음식 맛이 사람이 변할 때마다 수시로 변한다는 점 때문이다. 또한 인건비도 만만치 않아 요리코스트가 높아지게 된다.

프랜차이즈 체인 점포에 큰 매력이 있다면 첫째, 체인에서는 같은 메뉴로 영업하므로 조리과정도 모든 가맹점이 동일하다는 점이고, 본사에서는 숙련도나 전문성이 고조되어 요리의 품질향상을 가져올 수 있다는 점이다. 즉 본사에서 제공하는 완제품 또는 반제품을 각 점포에서 재가공하여 고객에게 제공하게 되므로 요리의 질이나 안정된 맛을 유지할 수 있다. 둘째는 점포의 주방면적이 절약된다. 셋째는 조리시간이 짧아지고 점포의 노동인력을 줄이며 노동의 대체도 가능하다는 점이 최대의 장점이 된다.

이러한 점을 위해서 본사가 필연적으로 갖추어야 하는 것이 바로 중앙키친시스템(Central Kitchen System)이다. 자본력이 든든한 본사는 직영으로 중앙키친시스템을 갖추기도 하지만 규모가 작은 대부분의 국내 체인본사의 경우 경제적 효율성을 고려하여 아웃소싱 형태의 OEM공장이나 식품회사와 제휴를 맺어 공급체계를 갖춘 업체들이 많다. 중앙키친시스템에서는 고객이 직접 이용하게 되는 가맹점은 필요한 최소한의 업무로 고정하고 외식사업을 펼쳐 가는 데 필요한 점포 이외의 업무는 본부가 전부 맡게 된다.

주방장이 없어도 요리가 잘 나올 수 있다는 장점을 지닌 체인업체가 어떤 경로로 고객에게 요리를 제공할 수 있느냐 하는 문제가 관심이 있을 것이다. 특히 주방에서 요리부분은 일정한 맛을 유지하기 위해서 중앙주방에서 반가공 또는 완제품의 형태로 배송하게 되는데 이를 위해 중앙키친시스템이 필요한 것이다.

조리가공과정을 전공정(前工程)과 후공정(後工程)으로 구분할 때 후자는 가맹점에서 담당하고 전자는 점포 외부(체인본부)로 이양하는 방법이다. 조리의 전공정을 실시하는 방법의 하나로서 중앙키친방식을 이용하는 것이다. 중앙키친시스템은 외식업체가 식품공장을 설계하여 대응하는 것을 말하고 대규모 전공정전용조리장(前工程專用調理場 : 식품공장)을 말한다. 중앙키친시스템에서 주로 하는 일과 기능은 식재조달 및 발주 업무(판매한 분량만큼 자동적으로 발주가 되고 보충해주는 시스템), 조리가공공정, 조리보관기능, 점포로 배송하는 기능 등을 담당한다.

간단하게나마 외식 프랜차이즈 체인 시스템의 특징을 설명했지만 이러한 시스템이 없거나 이름뿐인 회사도 많다고 한다. 예비창업자는 외식프랜차이즈에 가맹할 경우 가맹비와 로열티를 주는 대가로 본부가 이러한 기능을 충분히 수행할 수 있는가 하는 본사능력을 점검하고 가맹을 결정해야 하며 중앙키친시스템이 없는 프랜차이즈의 경우 사업개시 후에 무엇을 어떻게 지원해줄지도 충분히 고려해보아야 할 것이다. 끝으로 창업시장에서 프랜차이즈 체인의 경쟁은 점포나 상품 등 직접 소비자가 보는 부분만이 전부가 아니고 그것을 지원하는 시스템과 시스템의 경쟁이라는 것을 반드시 이해해야 한다.

좋은 본사선정은 창업성패의 관건

프랜차이즈 체인에 가맹하고 나면 곧바로 성공할 거라고 생각하는 창업자는 자신의 인생을 본사에게 일임하는 행동이라 할 수 있다. 앞서 열거한 프랜차이즈 시스템의 요점을 살펴보면 결국 독립적인 점포라는 점이다. 영업이 어려워져도 매출의 일정액은 로열티로 지불해야 할 것이고 이미 투자된 창업비용은 거품덩어리일 수도 있다.

체인본사의 주고객은 역시 가맹점주이다. 가맹점주의 주고객은 점포를 이용하는 소비자이다. 그렇다면 독자적인 사업체가 대상이 다른 주고객을 성공이라는 이름 아래 서로 윈윈할 수 있게 결합된 조직이라는 점이다. 사업이 실패할 경우 독자적인 사업체이므로 이에 따른 책임 역시 독자적으로 질 수밖에 없다는 결론이다.

따라서 좋은 본사, 신뢰할 수 있는 본사를 고르는 일이 바로 성공과 직결된다는 점을 인지하면 보다 더 신중하고 준비를 철저히 할 필요성이 있다. 좋은 본사의 기준은 "가맹점의 성공을 통해 본사가 발전한다"는 올바른 기업이념을 실천하는 회사다. 객관적인 기준을 갖고 선별해야 하며 선별과정에서 브랜드의 인지도에 너무 맹신할 필요도 없다. 본사는 예비창업자를 위한 봉사단체가 아니라 영리를 추구하는 회사라는 점을 항상 잊지 말아야 한다.

필자가 잘 아는 상당히 인지도가 있는 모 주류전문점의 경우 가맹희망자가 예약없이 상담하러 방문을 하게 되면 꼭 돌려보낸다. 상담해줄 시간이 없을 정도로 상담자가 밀려 있는 것도 아니지만 가맹계약체결이 담당자의 목적이므로 처음부터 심리전을 펼칠 수밖에 없다는 설명을 들으니 충분히 이해가 되었다. 그들은 가맹희망자만 대상으로 하루 종일 상담을 하기 때문에 가맹계약에 관해서는 프로이다. 경우에 따라서는 어떠한 수단과 방법도 동원할 것이라 생각된다. 이런 가운데 가맹희망자가 어떻게 판단하는가 하는 문제는 역시 가맹희망자의 몫인 것이다.

너무 선의적으로 판단하거나 그릇된 판단을 할 경우 곧장 실패와 직결될 가능성도 배제할 수 없다. 내 가족과 인생을 책임져야 하는 창업자로서는 보다 폭넓은 시각으로 본사를 선정하는 혜안을 가져야 할 것이다.

좋은 본사를 선정하고 난 뒤 창업에 앞서 가맹계약자는 사업주체로서 가맹계약자인 동시에 사업의 성과도 가맹점주에 귀속된다는 점을 인식하고 가맹점과 본사와 상호역할에 대한 올바른 이해가 필요하다. 본사가 바로 자신의 회사라는 생각은 물론 본사의 정해진 사업의 틀을 바탕으로 자신의 노력과 아이디어를 보완하여 사업의 성과를 극대화시킬 수 있는 긍정적인 자세가 필요하다. 그러면 좋은 본사를 선정하려면 어떤 기준으로 무엇을 조사해야 하는지 살펴보기로 하자.

1. 본부의 재정 · 운영상태 · 임원의 전직을 확인하라.
- 체인사기, 신용불량자, 소송 등의 전력이 있는 사업자가 예상외로 많은 편이다.
- 이러한 경우 대표사업자가 수시로 바뀌는 경향이 있다.

2. 직영점이 있는지 확인하라.
- 직영점이 없으면서도 있는 것처럼 활동하여 가맹점을 모집하는 경우
- 이 경우 운영경험이 없으므로 노하우가 부족하다고 볼 수 있다.

3. 체인점수가 몇 개나 되는지 확인하라.
- 체인점수가 사업성을 대변하므로 허수로 가맹점이 많은 것처럼 안내한다.
- 이 경우 가맹점 가입현황에 관련된 정보를 요구하고 발로 뛰어 물어볼 것

4. 안정적인 제조 · 유통라인이 구축되어 있는지 확인하라.
- 물품제조 및 배송체제가 없는 경우로 본사에서 받을 것이 별로 없다.
- 인테리어 · 주방설비 · 점포컨셉 등으로 가맹비 및 창업자금을 챙기는 경우

5. 체인점 지원을 확실히 하는지 확인하라.
- 가맹비 없음, 로열티 없음 등으로 가맹점을 모집하는 경우
- 추후 무엇을 지원해주겠다는 것인지 목적을 파악할 필요성 대두

6. 모집광고를 지나치게 많이 하는지 확인하라.
- 적지 않은 광고비임에도 불구하고 모집광고를 계속하는 경우
- 본사가 부실해지면 가맹점도 함께 부실해지기 때문이다.

7. 급부상하는 신종업종은 추이를 지켜본 후 판단하라.
- 탕수육전문점, 조개구이, 안동식 찜닭 등 갑자기 업계가 난립하면 시장포화상태
- 유망업종 · 유행업종의 판단과 더불어 본부의 경쟁력검토가 필요하다.

8. 신규 브랜드를 마구 늘리는 본부를 주의하라.
- 가맹점 지원보다는 가맹비와 로열티 등에 관심이 더 많은 본부는 아닌가?

9. 독점영업권을 주는지 확인하라.
- 독점권을 보장해주겠다고 했지만 본사도 가맹수입을 늘려야 하므로 재확인

10. 체인점주들의 직접 경험담을 들어 보라.
- 말과 실제가 다른지 현장 가맹점주의 말을 귀담아 들어 볼 것
- 본사는 성공점포만 지정해줄 가능성이 있으므로 다른 가맹점을 확인해볼 것

본사 선정을 위한 조사 내용	
주요 조사사항	계약 전 본부에 요구할 정보 및 자료
• 자본금이나 부채의 규모 등 신용도 • 계약 및 해약조건 • 인테리어비, 설비의 조건 (본부 설치의 강제 유무) • 마진율 • 보증금 환불조건 • 지역 내 독점영업권 보장 조건 • 반품, 환불 조건 및 애프터서비스 관련 사항 • 신상품 개발능력 • 본부의 지속적인 교육 및 판촉사항 • 기존 가맹점 현장방문 등	• 재무구조 또는 자본규모 • 연간매출액 • 영업개시일 • 직영점 보유 여부 • 가맹점수 • 임원경력 및 직원수(전문인력) • 사업자등록증 사본

11

가맹계약을 체결할 때 주의사항

프랜차이즈 체인 사업에 참여하는 것은 계약서작성으로 이루어진다. 따라서 계약서를 작성하고 서명하기 전에 최종적인 점검을 해보아야 한다. 우선 가맹계약 체결과정을 살펴보면 앞서 열거한 본사의 사전정보가 부진할 뿐만 아니라 가맹점주가 불공정거래행위의 기준을 전혀 모르고 있는 실정이 대부분이었으며 가맹본부로부터 가맹사업과 관련된 정보제공이 상당히 미흡할 뿐만 아니라 설사 제공받았다 하더라도 가맹점주가 필요로 하는 정보와 실제로 제공받은 정보(홍보 성격의 자료)에는 상당한 차이가 있는 부분이 많을 것이다.

실제 중소기업청의 실태조사에 따르면 가맹점 관련 정보(자료) 제공 요구조차 않는 경우도 많았고, 요구한 경우도 구두로 요구한 경우가 대부분이었다. 대부분의 피해자들은 일반적으로 계약서를 제대로 읽어보고 충분한 검토를 해볼 틈도 없이 계약체결 당시 계약서를 처

로열티에 관한 사항

- 징수하는 비용의 액수 또는 산정방법의 기준 확인
- 상호사용료, 경영지도료, 기타비용의 성격 확인
- 징수시기와 징수방법 확인
- 체인본사가 제공하는 교육 프로그램유무 확인(교육내용과 교육비 부담의 소재 파악)
- 로열티의 지불기한(같은 업종의 로열티와 비슷한지 여부 확인)

운영실태와 문제점

부실한 본사들이 운영과정에서 보여주는 문제점들을 살펴보면 물품공급과 관련하여, 주문과 달리 주문량과 품목을 임의로 조정하거나, 납기 지연, 하자물품·재고품의 처리를 가맹점에 떠넘기거나 계약기간 내에 보증금·로열티·공급물품가격 등을 사전동의 없이 일방적으로 인상하여 가맹점에 추가적인 금전부담을 지우는 등 본사의 횡포가 있으며, 가맹점 모집을 위해 판촉지원 및 소득관련 사항 등에 대해 다소 무리한 약속을 하거나 광고를 하는 경우가 있다.

또한 약속된 가맹점의 실적에 따른 인센티브 제공, 광고판촉활동, 시설물 유지보수 등 가맹본부의 판매지원이 불충분한 경우도 있고, 가맹본부에 불만을 시정해달라고 요구해도 해결되지 않거나, 오히려 불이익만 받는 경우도 다반사인 것이 오늘날 창업현장이다.

그러나 최근 이러한 문제점들은 정부의 프랜차이즈 표준약관 이행과 더불어 가맹희망자들의 의식수준 향상으로 본사의 경영방침도 상당히 개선되고 있다. 프랜차이즈 체인의 최대 장점인 본부를 통해서 상품을 싸게 매입할 수 있고 유명한 프랜차이즈 체인의 간판 덕분에 대량으로 팔 수 있게 되면 로열티를 지불해도 순수익이 늘어난다. 다만 경쟁업체 난립으로 본부들끼리의 경쟁이 격화되는 상황에서는 반드시 경영이 잘된다고는 할 수 없을 것이다. 그래도 여전히 가맹 희망자가 줄을 서는 것이 현재의 시장상황이다. 개인 독립점포의 영업부진이 지속되는 현실에서 앞으로도 프랜차이즈 체인화는 한층 빠른 속도로 추진될 것으로 보인다.

잘못된 판단으로 창업을 하고 보니 상품도 저렴한 것이 아니고, 생각보다 많이 알려져 있지도 않고, 투명하게 보이던 본사가 숨기는 것이 너무 많고, 지원도 말뿐이면 결국 금전적 손실, 사업의욕 저하와 함께 정신적인 고통 등으로 스스로 자멸하게 될 것이다. 우리 주위에 이런 모습의 창업자들이 너무 많이 보이는 것이 안타깝다.

정상 체인점 유형	부실 체인점 유형
본사(직영점)가 영업 노하우를 가지고, 구체적인 사업계획을 세운 뒤 가맹점을 모집	영업 노하우도 없고 구체적인 사업계획 없이 무조건 가맹점을 많이 모집하려고 함
사업설명회를 본사 사무실에서 실시	사업설명회가 지나치게 화려(호텔 · 연예인 동원)
사전교육을 철저히 실시	점주들을 동원해 고소득을 주장하며 성공 사례를 말하나 과장된 경우가 많음
점포알선 및 입지분석 · 손익계산서 · 매출액 보장을 구체적으로 설명	점포선정 전 가계약금 요구, 계약금 · 가맹금 · 시설비 내역이 불분명하며 계약을 서두르는 경우
경영지도원이 개업 후에도 정기적으로 출장상담	사후관리부실(영업상담이 없고 후속조치 미흡)

12

분쟁이 생겼을 경우 해결방법

아무리 계약서를 잘 작성하였다 하더라도 계약내용대로 진행되지 않을 때는 법적으로 대응할 수밖에 없다. 유통산업발전법시행세칙 제37조 제2항에는 프랜차이즈형 체인점(가맹점) 가맹계약 체결시 가맹계약서에 의무적으로 명시하여야 하는 기본적인 내용 14개 항목을 규정하고 있으나, 대부분의 프랜차이즈 가맹 사업자는 이 법의 적용대상에서 제외되어 있는 실정이다.

법은 멀고 주먹은 가깝다는 말이 실감되는 경우인 것이다. 가맹을 하여 성공했을 경우에는 별 문제가 안 될 수도 있으나, 다변화시장에서 본사 자체도 조금만 방심하면 무너지는 현실을 감안할 때 본사의 도산이 가맹점의 창업실패로 이어지게 되면 대응능력이 부족하고 영세한 소자본 창업자가 대부분인 현실에서 법으로 해결한다는 자체가 시일이나 정신적 고통으로 인간을 황폐하게 만들 수 있다. 당장 영업이 안 되어 문을 닫는 현실 앞에 법으로 호소한다고 해결되는 일도 아닐 것이며 규모 있는 본사로써는 경험상 이런 경우의 대처방법이 원활하나 영세한 소자본 창업자의 경우 눈앞이 캄캄해질 것이다. 따라서 사전에 이런 일이 생기지 않도록 철저한 준비가 필요하며 만일의 경우를 대비하여 어떤 해결방책이 있는지 미리 살펴보는 것도 계약 못지않게 중요한 일이 될 것이다.

한국공정거래조정원 분쟁조정 이용(02-3445-9898)

한국공정거래조정원은 각종 불공정거래행위로 인해 발생하는 분쟁을 별도의 비용 부담 없이 공정하고 신속한 조정절차를 통해 피해를 실질적으로 구제하고 자율적인 경쟁질서를 확립하기 위해 설립한 정부출연기관이다.

● 분쟁조정제도 안내

◈ 도입 목적

불공정거래행위로 인한 피해 발생
↓
실질적 피해구제의 어려움
↓
조정을 통한 자율적 해결 유도
↓
소상공인, 중소기업 등의 신속한 피해구제

◈ 분쟁조정제도의 장점

경제적이고 신속한 분쟁해결

자율적이고 우호적인 분쟁해결

피해에 대한 실질적 구제

공정하고 중립적인 분쟁해결

전문가에 의한 합리적인 분쟁해결

◆ 공정거래분쟁 조정대상

(불공정거래행위로 인한 분쟁)

· 거래거절행위
· 차별적 취급행위(가격, 거래조건 등)
· 경쟁사업자 배제행위
· 부당한 고객유인행위
· 거래강제행위(끼워팔기 등)
· 거래상 지위의 남용행위
· 구속조건부거래
· 사업활동 방해행위

예시
– 정당한 이유 없이 일방적으로 거래를 끊거나 거부하는 행위
– 가격이나 거래조건을 차별하는 행위
– 불합리하게 낮은 가격을 책정하여 경쟁사업자를 배제하는 행위 등

◆ 고정거래분쟁 조정대상

(가맹본부와 가맹점사업자간의 분쟁)

· 가맹본부의 허위 · 과장된 정보제공 (예상 매출액 등)
· 부당한 계약해지 및 종료
· 영업지역의 침해
· 기타 가맹본부의 불공정거래행위 등

예시
– 투자유인을 위한 허위 · 과장된 정보제공
– 가맹계약의 일방적인 해지 또는 물류 공급중단
– 가맹본부가 가맹점사업자 영업 지역 내 자기 또는 계열회사의 직영점 또는 동일 업종의 가맹 점을 설치하는 경우 등

◆ 분쟁조정신청

· **신청방법** : 서면으로 신청
　　　　　● 직접 방문 또는 우편 제출
　　　　　　(신청양식 : 홈페이지 다운로드)
· **신청비용** : 무료
· **처리기간** : 60일 내외

◆ 상담안내

· **전화상담** : 02-3445-9898(대표전화)
　　　　　　02-3445-1197(FAX)
· **홈페이지** : www.kofair.or.kr
· **상담시간** : 09:00~18:00(월~금)

※ 민원 및 업무량이 많으므로 방문상 담 전에 전화로 일정 협의 요망

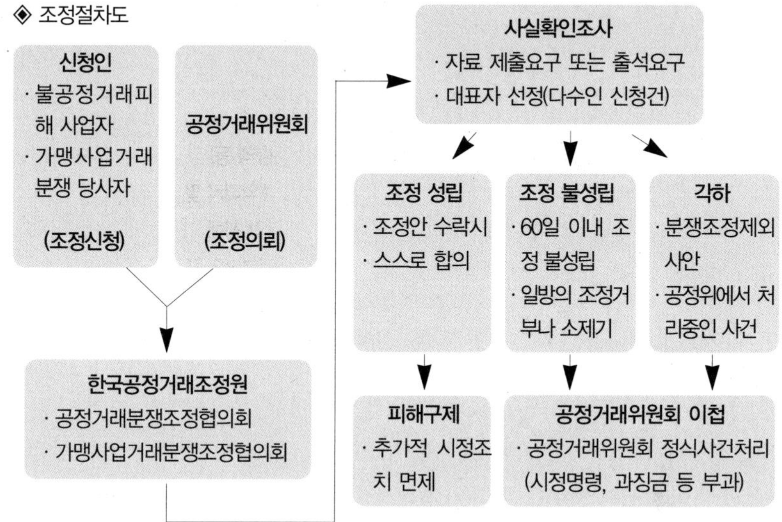

◼ 소송 이외의 분쟁해결방법

모든 분쟁은 인간의 감정이 극도로 악화된 상태에서 나온 만큼 법적으로 해결하기가 일쑤이다. 그러나 영세한 자영업자인 개인이 기업에 대처하여 대응하기에는 현실적으로 너무 큰 어려움이 상존한다. 변호사 선임이나 법원에 수도 없이 출석해야 하는 어려움과 함께 문서에 비교적 취약한 점 등이 있고 상대방이 교묘하게 시일을 연장하려 든다면 최소 2년 이상은 매달려야 하는 번거로움이 생길 수 있다. 결국은 이겨도 승자는 없고 패자들만 생길 수 있다는 것이 현장 속의 문젯거리가 아닐 수 없다.

그러면 다른 묘안은 없는 것인지 소송 이외의 방법들을 찾아보자면 화해(和解)에 의한 방법, 조정(調停)에 의한 방법, 중재(仲裁)에 의한 방법, 중재 알선(斡旋)에 의한 방법이 있다. 먼저 화해(和解)에 의한 방법은 분쟁해결이 오로지 당사자의 의사 합치에 달려 있으므로 일방 당사자가 화해를 거부하면 해결이 불가능하다. 화해의 형식이나 절차에 특별한 제한은 없으며 화해에는 민법상의 화해계약과 재판상의 화해가 있다.

둘째, 조정(調停)에 의한 방법은 국가기관인 법관과 조정위원회가 분쟁 당사자를 중개하여 화해의 성립을 원조·협력하는 제도로 조정에 의하여 당사자 사이에 합의가 성립하면 재판상 화해와 동일한 효과가 인정된다. 그러나 국가기관의 노력에도 불구하고 당사자 사이에 합의가 성립하지 아니할 때에는 분쟁 해결에 성공할 수 없다.

셋째, 중재(仲裁)에 의한 방법은 분쟁 당사자간의 중재계약에 따라 사법상의 법률관계에 관한 현존 또는 장래에 발생할 분쟁의 전부 또는 일부를 법원의 판결에 의하지 아니하고 사인인 제3자를 중재인으로 선정하여 중재인의 판정에 맡기는 동시에 그 판정에 복종함으로써 분쟁을 해결하는 자주법정제도로 국가공권력을 발동하여 강제집행할 수 있는 권리가 법적으로 보장된다. 단심제, 신속성, 비공개성이 특징이며, 외국에서도 중재판정의 승인과 강제집행이 보장되는 등의 장점이 있다. 마지막으로 중재 알선(斡旋)에 의한 방법은 상거래 등 사적인 법률분쟁을 제3자가 개입하여 양 당사자의 의견을 듣고 해결합의를 위한 조언과 타협권유를 통하여 합의를 유도하는 제도이다.

알선 단계에서는 특히 분쟁 당사자간의 협력이 필요하며 중재합의가 없는 경우에 많이 이용된다. 당사자간의 비밀이 보장되고 거래관계를 지속시킬 수 있는 장점이 있으나, 효력은 양 당사자의 자발적인 합의를 통한 해결이기 때문에 법률적인 구속력이 없다. 따라서 당사자간 합의가 불가능한 경우 중재합의(계약)를 통하여 중재로 해결하거나 부득이한 경우 소송으로 해결하여야 한다.

현재 공적인 중재·알선기관으로 대한상사중재원이 있으며, 알선의 경우 성공률이 50%에 이르고 알선절차에 소요되는 경비는 전액 무료이다. 현실적으로 개인이 기업을 상대로 법적 절차를 밟는다는 것은 시간낭비뿐만 아니라 정신적 고통까지 생각하면 그리 쉬운 일이 아니다. 그리고 대부분의 계약서가 본부에 유리하게 작성되어 있으므로 본사와 최대한 타협하여 스스로 해결방법을 찾는 것이 가장 바람직한 방법이다.

13

프랜차이즈 본사 설립

'프랜차이즈 본부를 운영하는 주체'에서 언급하였지만 본부들은 특성과 목적에 따라 본사를 설립하게 된다. 가맹점확보를 발판으로 서로 성장할 수 있는 계기가 되므로 본사는 충분한 준비과정을 거친 후에 창업해야 하고, 본사의 자본이 넉넉해야 가맹점의 미래가 보장되며 또한 지원할 서비스 패키지가 완벽하여야 한다. 가맹을 시켜 돈을 벌 수 있다는 사업에 매료되지 않고 가맹점과 함께 성장한다는 건실한 사업가 정신으로 프랜차이즈 체인 사업을 전개해나가는 자세가 전제되어야 한다.

▶ 체인사업 경영의 본질은 단순화 · 표준화 · 규격화에 있으며 경영의 속성은 제도화 · 매뉴얼화 · 집중화에 있다.

▶ 본사의 사업계획 방향설정은 상품·서비스 및 점포 이미지를 확립시켜야 하며 입지선정 기준이 결정되어야 한다. 또한 가맹비·로열티 및 상품공급 수수료율을 정해야 한다.

프랜차이즈 시스템 패키지의 작성

프랜차이즈 시스템 패키지 구축
• 원료 및 자재의 개발결정 • 점포 표준설계 결정 • 상품 및 서비스 개발연구 • 교육, 훈련 방법의 연구, 개발 • 판매촉진 방법 결정 • 표준이익 계획서 작성 • 경영관리 시스템 결정

프랜차이즈 시스템 패키지란 체인본사가 체인사업을 성공적으로 이끌 수 있는 경영 노하우를 구체화·명확화하는 과정을 말한다. 구축과정은 우선 이익계획을 수립하고 경영 노하우를 구체화시켜 실제적인 평가를 거친 후에 비로소 가맹점을 성공적으로 모집할 수 있다는 확신이 생기면 이를 시스템 패키지로 만들어서 가맹점에게 제공하고 이를 바탕으로 가맹점을 지속적으로 지도·관리할 수 있는 체제를 구축함으로써 완성된다.

가맹점 교육시스템 구축

　가맹점 교육시스템 구축이 중요한 이유는 사업경험이 없는 대부분의 예비 가맹점주들이 우수한 기업인으로 성장하기 위해서는 체인본사의 교육시스템의 역할이 매우 크며, 뛰어난 가맹점 관리전문가를 양성하는 것도 이 교육시스템의 구축 여하에 달려 있기 때문이다.

　교육매뉴얼은 체인본사가 가맹점에 제공하는 상품과 서비스의 결정체인 동시에 가맹점이 영업을 하는 데 필요한 각종 지식과 정보를 담고 있는 안내서로서 역할을 충분히 수행해야 한다. 교육매뉴얼 작성방법은 매뉴얼 작성테마를 결정할 때 각 테마의 구성요소를 될 수 있는 대로 많이 추출한 다음 추출된 모든 테마를 어떠한 순서와 방법으로 구성해야 통일된 행동기준이 나올 수 있는지를 결정해야 한다. 이를 위해서 직영점포 또는 시범점포의 개설이 필요하며 운영을 하면서 모든 문제점을 도출해내고 가장 합리적인 교육방법을 매뉴얼화해야 한다.

가맹점 교육시스템 구축을 위한 의사결정시 고려할 사항
1. 가맹점 본사의 지도 · 관리업무
• 개점준비를 위한 지도 · 지원업무
• 개점 후의 지도 · 지원업무
• 사후관리 및 교육훈련업무
• 경영계수의 데이터작성지도와 수집업무
• 건의처리를 위한 업무와 감사업무
2. 업무범위 결정시 고려사항
• 정보수집 및 정리, 결과보고 업무
• 업무연락 및 의견전달 업무

매뉴얼의 역할

프랜차이즈 체인의 매뉴얼은 어떠한 업종이나 가릴 것 없이 마찬가지겠지만 가장 이해가 빠른 외식업 프랜차이즈의 경우를 예로 들면, 동일한 이름에 같은 모습으로 꾸미며 메뉴의 가격도 같고, 또한 같은 수준의 서비스를 제공하며 다수의 점포를 동시에 운영하는 것이다. 하지만 이것을 현실적으로 실행하는 것은 대단히 어려운 일이다. 점포건설·인테리어·주방기기 등 이른바 하드부문, 다수의 점포가 시행하는 공통사항은 특별히 어려운 점이 없다. 문제는 조리를 하는 노동·청결유지·접객 서비스 등 사람이 움직이는 분야이다.

인간의 성격이나 행동은 각양각색이다. 같은 사람이라도 때에 따라서 컨디션이 다르다. 또 조리노동이나 접객서비스의 기술이 경험이나 적성에 따라서 전혀 다르다. 다수의 점포가 같은 수준으로 운영하기 위해서는 많은 종업원이 필요하고 점포운영의 최고 책임자인 점장도 점포의 일원으로서 할 일을 다해야 하는 것이다.

같은 부류의 종업원을 채용하는 것은 가능하겠지만 실천하는 것은 다르게 마련이다. 또 그렇게 채용했다고 해도 사람이 생각하는 방향이나 능력과 행동은 다르기 때문이다. 그래서 점포를 운영하는 데 있어서 공통기준(약속기준사항)을 설정하여 그 기준에 따라 각 점포가 운영되어야 하는 것이다.

그 기준에는 두 가지 종류의 분야가 있다. 첫째는 그 체인조직이 소비자에 대하여 약속한 요리의 맛, 품질, 서비스의 기준을 실현하기 위하여 작성하는 것이고, 둘째는 점포운영을 어떠한 종업원들이 이끌어

나갈 것인지에 대한 노동편성기준이다. 먼저 소비자에 대한 기준을 설명하기 위해 조리부분을 알아보자. 조리는 식재와 주방과 조리노동이라는 3요소가 포함된 과정이다.

체인점에서 제공할 요리의 품질은 이미 결정되어 있다. 그리고 주방과 식재는 각 점포가 공통이다. 그런데 조리노동을 공통으로 해두면 같은 요리가 나오게 되므로 조리노동을 공통으로 해주는 약속을 만들어 두면 된다.

식재의 양, 조리를 하는 순서가 필요한 것은 물론이지만 그것만으로는 가정요리책밖에 되지 않는다. 체인은 전혀 다르다. 이 경우 구체적으로는 공정작업순서, 온도, 시간관리, 수치에 대한 통일된 규격이 표시되어야 한다. 이러한 내용을 알기 쉽고 보기 쉽게 정리한 것이 매뉴얼이다. 매뉴얼은 책으로 된 교본도 있지만 VTR도 있다.

체인이 달라지면 조리의 3요소인 식재료와 주방과 조리노동의 구성이 전부 다르고 반대로 다른 품질의 요리를 요구할 때도 조리노동 내용이 달라진다. 매뉴얼도 전부 달라지고 청결상태는 어떠해야 하는지 기준이 필요하다. 추상적인 표현은 의미가 없고 구체적으로 누구나 인정할 수 있어야 한다. 주방설비기구는 시안에 따르면 되지만 체인이 소비자에 대한 제반약속사항을 구체적으로 표준화하여 알기 쉽게 정해주는 것을 매뉴얼이라고 한다.

이것을 매뉴얼A라고 한다면 그 다음은 실행계획 · 목표달성 프로그램을 작성하는 것이 필요하다. 예를 들면 식재나 요리의 온도는 어느 공정에서 어느 정도로 측정하느냐? 청결상태를 확보하기 위해서는 어떻게 해야 하며 하루 몇 회를 해야 하는가 하는 것이다. 잘되어 있는 프랜차이즈체인의 경우 화장실에 청소한 시간을 체크한 시트를 볼 수 있다. 이것은 청소 시간 및 내용을 화장실 내에 작업순서와 함께 비치하는 매뉴얼에 따른 체크 시트이다. 청소하는 순서와 함께 청소가 끝났다는 것을 시트에 기록해두는 표시이다. 이 행동지침서를 매뉴얼B라고 한다.

매뉴얼A(예를 들면 눈으로 보고 언제나 먼지가 없는 상태라야 한다 : 달성해야 하는 기준)는 매뉴얼B(실천하는 청소방법, 횟수)를 실천하고 반드시 달성해야 하는 사항이다. 매뉴얼B를 실천하고 있는 것에 상관없이 매뉴얼A가 달성되지 않는다면 B는 불완전한 것이고 A도 부적절하다. 매뉴얼A, B는 통상 총칭하여 '조리매뉴얼' '청소매뉴얼' '접객매뉴얼' 이라고 부른다. 매뉴얼B의 작성에 중요한 것은 그 표시한 행동지시를 종업원이 무리없이 실행할 수 있어야 한다.

그 다음은 노동편성의 기준을 알아보자. 점포운영을 위해서는 업무를 잘 알고 일정하게 수행할 수 있는 능력이 있는 사람을 배치해야 하므로 점포운영의 노동력편성이 필요하다. 단순능력으로 숫자를 맞추는 것이 아니고 업무 습득에도 단계가 있다. 능력이 없는 사람을 높은 단계의 업무에 맞추어서는 곤란하고 필요 인원수와 업무능력에 따라 단계별로 산정하여 배치해야 한다.

체인점의 실제 운영에 있어서는 파트타임 · 아르바이트에 많이 의존한다. 정확히 말하면 노동력비용을 고정비로 하지 않고 변동비로 하기 위해서는 파트타임 · 아르바이트를 운용하는 노동력 편성방법을 고안하는 작업이 필요하다. 업무내용을 세분화하여 낮은 단계의 업무를 많이 하고 높은 단계의 직원을 적게 하여 조직하는 것으로 하되 효과적인 업무의 단계적 습득방법을 만들 필요가 있다는 것이다.

체인시스템은 업무분야별로 각자 숙련도를 체계적으로 작성하고 각 그 단계에 필요한 사람수의 배치를 결정한다. 점포에서 실제 배치는 업무교체 스케줄이지만 단순 교체를 하는 것이 아니다. 그리고 어떤 일정한 업무를 확실하고 빠르게 달성하는 훈련 프로그램을 만들어야 하는 것이다. 또 보다 효과적으로 다음 습득단계로 진행하는 프로그램도 준비해야 한다.

이러한 것에 다양한 수법이 동원되고 직장 내 교육 훈련(OJT)에 따른 단순반복도 있지만 게임을 하듯이, 동기부여·기대심리이론·집단주의 등 온갖 경영관리이론을 응용하는 장이기도 하다.

이상과 같이 인력편성의 기준과 파트타임·아르바이트 등 종사원의 훈련프로그램을 구체화한 것도 매뉴얼이다. 비교적 규모가 큰 체인에서는 독립된 교육훈련시설이 있는 곳도 있으며 전문교육을 의뢰하기도 한다. 이러한 내용을 인식하지 않고 프랜차이즈 체인 사업을 하는 외식사업자가 있는 것도 현실이다.

매뉴얼 본래의 의미인 점포운영을 과학화하는 도구라는 정확한 의미를 잘 이해해야겠다. 보다 좋은 교육매뉴얼 제작을 위해서 여러 사람의 중지를 모을 수 있는 방법도 찾아보면 좋을 것이다. 교육매뉴얼의 분류기준이나 명칭은 업무중심인가? 고객중심인가? 또는 이론중심인가 등의 기준을 정해 쉬운 것부터 쉽게 접근하여 체계를 완성시키면 효과적이다.

POS시스템의 활용

POS시스템을 도입하지 않는다면 아마도 본부 직원들이 가맹점 모든 점포에 전날의 매상 등을 전화로 물어보아야 할 것이다. 이러한 것이 인터넷과 POS의 도입으로 전화요금 · 인쇄물대금 · 인건비 등의 절약효과와 함께 업무의 신속성을 가져올 수 있게 된다. 또 메뉴별, 시간대별로 매상집계가 간단히 나타나므로 마케팅분석에 활용하여 데이터 처리가 신속히 가능하게 되며 원자재 조달에서부터 현금의 흐름 운용까지 활용이 가능하게 되었다.

POS시스템을 도입하게 되면 우선 각 가맹점에서 접수하게 될 판매정보와 점포운영정보를 통하여 여러 가지로 활용할 수 있다. 활용범위는 추가적인 점포개설, 고객관리, 상품개발, 영업부진점포 클리닉, 입지조사, 종업원의 채용과 훈련, 식자재의 구매처알선과 판촉활동, 경리 등 경영전반에 그 활용이 가능할 것이다.

본부는 가맹점에게 가맹비와 로열티를 받는 대가로 업계의 동향, 시장동향, 경쟁점포 분석 등의 정보를 제공하고 자체 전체체인의 매상 동향, 현재 점포의 위치 등 정기적으로 정보를 제공해야 하는 의무와 함께 경영자문을 해야 한다. 이러한 본부의 기능지원에 대하여 가맹점은 본부에 대가를 지불하는 계약이 바로 프랜차이즈 체인 시스템이다.

POS시스템에는 인터넷기능도 있다. 인터넷을 통하여 본부와 점포간에 정보를 주고받는 것이다. 이것은 점주가 하고 있는 정보의 내용에 따라서 직접 점포와 본부가 교환하면 된다. 그리고 점주는 본래기능, 즉 점포에 정보기능지원과 현장정보를 파악하여 시스템향상을 위하여 본사에 정보를 제공하는 기능이라야 한다.

체인외식사업에서 정보전략은 점포정보의 신속전달과 본부에서 파악한 정확한 판단이다. 본부는 각종 외부의 정보를 정리한 다음 프랜차이즈 시스템향상을 실현해야 한다. 이렇게 정보활용이 가능할 때 다변화시장에 능동적으로 대처하고 경쟁력을 갖춘 조직으로 거듭날 수 있는 것이다.

최근 패밀리레스토랑들은 이러한 정보를 활용하여 고객의 입맛을 알아내고 여러 가지 맞춤서비스를 제공하여 놀라운 효과를 거둔 업체들도 상당수 있다는 점을 알아야 할 것이다. 마케팅에서의 활용사례들은 '점포마케팅' 편에서 살펴보도록 하자.

8장
점포 인테리어

점포의 입지조건과 설계

　서비스업이나 점포형 판매업을 창업할 때는 먼저 소비자의 동향을 파악하는 것이 무엇보다도 중요하다. 점포의 성공은 상품의 가격, 품질, 다양성과 적절한 조화는 물론 점포의 위치와 최상의 서비스, 진열, 그리고 쾌적한 점포 디자인에 달려 있다.

　점포의 입지는 일반적으로 사람의 왕래가 잦은 곳이나 음식점이 많은 곳은 목이 좋다고 말한다. 개성 있는 분위기와 즐거움이 느껴지는 거리에 누구나 쉽게 이용할 수 있는 위치면 최적의 입지다. 물론 업종별로 특별한 조건이 따르기도 하지만 대체로 사람이 많이 다니는 곳은 그만큼 눈에 띄는 곳이므로 적당하다고 본다.

　건물을 임대하기 전 내 사업에 맞는 입지인지 기존 공간을 분석하는 일이 맨 처음 할 일이다. 점포인테리어는 대개 평수에 따라 인테리어 공사비를 예측할 수 있지만 임대할 건물에 따라 원하는 디자인을

할 수 없는 경우도 있고 특별히 비용이 많이 들어간다거나 주변 상황
에 영향을 받을 수도 있다. 눈에 보이지 않는 설비도 철저히 조사해야
하며 점포특성을 가장 잘 반영한 효율적인 점포를 만들기 위해서는
건축물 내부의 공간분석과 사업내용의 정확한 분석 그리고 디자인을
어떻게 하느냐는 등이 결정되어야 한다.

　점포형 판매업은 패션용품류 · 생활용품류 · 문화용품류 · 레저용
품 · 식품기호품류 등으로 분류된다. 이런 상품들은 라이프 스타일에
의해 영향을 받고 빠르게 변화한다는 점에 유의해야 한다. 각종 서비
스업은 스낵류, 커피숍, 레스토랑, 이 · 미용실 등으로 분류된다. 이런
점포는 스탠드 스타일인 것도 있지만 대부분 의자에 앉는 스타일인
경우가 많은데 업종별 특성이 고려되어 점포를 건설하여야 한다.

　외식업의 경우 주방의 위치에 따라 객석의 구성이 달라진다. 따라
서 주방을 어느 쪽에 배치할 것인가를 먼저 결정하며 객석의 구성에
따라 동선과 서비스 지역이 고정되므로 실내 공간의 여유, 즐거움, 기
능성 등을 고려해 구성해야 한다. 이 책에서 거론하는 인테리어는 여
러 업종 중 외식업 분야에 치중하여 거론될 것임을 먼저 밝힌다.

　인테리어의 핵심은 매출증대에 있으며 매출증대를 위한 업종별 점
포개발은 유통업의 경우 점두부분과 레이아웃에 치중되어야 할 것이
고, 외식업의 경우 점내분위기와 생산시설인 주방설비부분이 병행되
어야 하기 때문에 외식업의 점포개발비용이 만만치 않다. 공사 전에
살펴봐야 할 것들은 건축적 요소로 평면의 형태는 어떠한지, 면적은
얼마나 되는지, 천장 높이는 얼마인지, 천장에 매입등을 설치할 수 있
는지, 천장 내부의 상태는 어떠한지, 아래층이 있다면 현재 어떤 상태

인지, 기존 건물의 구조와 마감상태는 어떠한지, 채광상태는 어떠한지, 방음은 잘되는지, 기존 공간의 법적 용도는 무엇인지, 위생 배관은 어디에 있는지, 냉·난방 설비는 어디에 있으며 가동 시간대는 어떠한지, 급배기 등 환기상태는 계절별로 양호한지, 소방설비는 어떤 방식으로 되어 있는지, 해당 전기용량은 얼마인지, 비상전력은 공급이 가능한지, 전화설비는 적절한지, 건물주와 설계의뢰자의 관계는 어떠한지, 건물의 등기상 문제는 없는지, 건물관리상 관리자 측의 요구사항은 따로 없는지, 해당 관공서는 어디에 있는지 등을 살펴보아야 한다.

특히 자영업 소형점포의 점포설계는 특별한 지식이 있는 전문가의 일이라고 생각하고 전문가에 맡기는 경향이 많다. 그러나 전문가에게 전부를 맡겨 버리면 정말로 원하는 점포가 되지 않기도 하고 예산도 초과되어 버릴지 모른다. 점포설계 전문가에게 부탁하는 것은 당연하나 발주하는 창업자가 확실한 점포설계의 방침을 가지고 구체적인 지시를 하는 것이 기본적으로 필요하다. 물론 점포설계의 세부적인 실무지식까지는 필요 없으나 점포의 목적을 명확하게 표현하여 인식시키는 것이 중요한 일이다.

점포개발 종합계획

소형점포개발은 어떤 부분과 기본순서가 있는지 이해하는 데 초점을 맞추어 그 기능만 이해하고 인테리어업체를 선정하는 것이 바람직한 자세라고 생각한다. 좋은 점포의 설계는 매출과 이익을 최대한 창출할 수 있는 경영장소로 고객중심적 사고방식이 반영된 노동과 생산성이 충분히 고려되어야 한다. 즉 매출이 늘어나게 되면 이를 소화해내기 위한 생산과 설비가 뒷받침이 되어야 하는 것이다. 매출에 따른 생산과 서비스공간, 이에 따른 설비 등을 어떻게 점포라는 공간 속에 짜 넣는가 하는 문제가 점포개발의 기본 과제가 되는 것이다.

다음의 개발순서에 따른 공사부문과 운영부문을 점포 내·외부에 효과적으로 포함시켜 점포를 개발하는 것이 점포개발의 핵심인 셈이다. 이러한 문제에 접근하는 초보창업자들은 구상과 개발 자체가 상당히 어려울 것이다. 따라서 전문업체의 설명이나 브리핑을 통해 올

점포개발 순서	공사부문	운영부문
1. 유도시설(간판 등) 2. 외부설계 3. 점두설계 4. 내부설계 5. 조명 · 색채설계 6. 방제시설 7. 기계 · 기구설계 8. 관리시설설계	1. 건축부문 　　구조(건물골조 · 기둥 · 천장 · 바닥 등) 2. 인테리어 부문 　　디자인(색상 · 형태 · 크기 · 사양 · 소재 · 세부디자인 등) 3. 외관부문 　　(표면형상 · 상징물설치 · 간판 · 출입구 등) 4. 내 · 외장부문 　　(건축자재 · 내장자재 등) 5. 설비부문 　　(조명 · 골조 · 냉난방 · 주차설비 · 화장실 · 주방설비 등)	1. 운영부문 2. 관리부문 3. 조직부문 4. 인원부문

○ 중소규모 점포의 인테리어공사 진행 일정표

소요일정	업무내용	작업명	비고
–	–	사업성 검토완료	
2일	2일	인테리어업체 견적 접수	
7일	5일	기본설계 및 평면도면 작성	
9일	2일	도면합의 · 기본설계 설명회	단축가능
11일	2일	기본도면 승인	단축가능
16일	5일	실시도면 작성	단축가능
17일	1일	사업성 검토완료	
20일	3일	견적서 검토	단축가능
22일	2일	시공업체 결정	단축가능
	–	공사 착수	
52일	30일	시공	단축가능
54일	2일	수정 및 보완작업	단축가능
57일	3일	인 · 허가사항 완결	
	–	완공	30~40일 가능
60일	3일~7일	개업준비 및 하자검토	
		————개 업————	

바르게 판단할 수 있는 기본적인 상식이나 능력만 갖추어도 충분하다. 모든 것을 스스로 해결하려다가는 본연의 업무인 창업이나 사업 자체를 그르칠 우려가 있으므로 반드시 전문가의 도움을 받아야 할 것이다.

점포 외부장식

점포 외부장식은 한눈에 들어와야 고객에게 강하게 어필할 수 있다. 창업을 준비하는 데 있어 업종과 점포가 위치할 지역이 결정되면 바로 접하게 되는 문제가 점포 만들기이며 점포를 잘 꾸민다는 것은 고객을 효과적으로 유인하기 위한 수단이다. 점포를 꾸밀 때에는 외부와 내부로 나눌 수 있는데, 점포의 외부는 고객들에게 점포의 성격을 표현하는 것이다. 고객들이 안심하고 상품을 구매하거나 식사를 할 수 있도록 신뢰성을 심어주어야 하며 개방성, 활기, 안정, 일관성이 있다는 점을 점포꾸미기를 통해 표현해야 한다.

기존의 음식점에 있어서도 동일한 지역에서 동일한 가격으로 같은 상품 또는 메뉴를 제공하는 데도 매출이 크게 차이가 난다면 한번쯤 점포 인테리어를 점검해볼 필요성이 있다. 또한 목표고객에 대하여 점포의 특별한 이미지를 전달할 수 있어야 하며 점포를 꾸밀 때 외부적으로 고려해야 할 사항은 간판·입구·주차장 등의 부분이 있다. 또한 점포외관의 기능적인 면으로는 개방형으로 설계된 고객흡인기능과 밀폐형으로 설계된 선별기능의 두 가지 기능이 있다.

전자는 도로에서 점포 내부를 훤하게 들여다볼 수 있도록 설계하여 자연스럽게 지나가는 고객을 유도하는 흡인기능을 가진 점포로 설계되어 있는 점포이며, 이런 점포의 특징은 점포 안의 분위기가 외부에 전달되며 무엇을 판매하는 곳인지 명확하게 표출되는 점포이다. 조명은 비교적 밝으며 점포바닥과 보도높이가 같고 통로가 넓은 것이 특징이다.

후자인 선별기능의 점포는 상품에 관심을 갖는 특정고객들만 점포에 들어오도록 유도하는 점포로 주로 고급품을 판매하는 전문점 형태의 점포와 고급레스토랑 등에서 많이 설계되는 점포이다. 이러한 선별기능의 점포특징은 외부와 차단, 쇼윈도가 크게 구성되어 점포성격을 알리게 되어 있고 점포명을 명확하게 알 수 있게 표시되어 있는 편이다.

이미지 표출

점포외부는 잠재고객이 별다른 노력을 기울이지 않더라도 쉽게 찾을 수 있도록 꾸며야 한다. 다양한 계층의 고객을 대상으로 하는 점포는 매장 앞을 지나는 고객이 내부의 분위기를 느낄 수 있도록 설계되어야 한다. 다시 말하자면 슬쩍 쳐다만 봐도 그 가게가 무엇을 파는

곳인지 한눈에 알 수 있도록 가게를 꾸며야 하며 음식업은 앞을 지나는 고객이 내부의 분위기를 느끼고 식욕을 돋울 수 있도록 설계되어야 한다. 예를 들면 유리벽을 설치해 밖에서 안이 들여다보이도록 꾸미는 것은 기본이고 가장 눈길을 끌 만한 상품을 최대한 앞쪽으로 배치해 시선을 끌어야 한다.

특히 다른 점포들 속에 묻히지 않도록 주의해야 한다. 그러나 너무 화려하거나 고급스럽게 꾸미면 고객들이 부담을 느낄 수 있으므로 개성과 특성을 살리면서도 친근하고 대중적으로 꾸며야 하며 특정한 목표고객을 대상으로 하는 경우에는 목표고객만이 점포 안으로 들어올 수 있도록 설계되어 있다는 이미지표출에 중점을 둔다.

간판

점포의 간판은 고객으로 하여금 점포를 발견하고 확인하게 하는 기능뿐만 아니라 점포에 대한 이미지를 심어주는 역할을 한다. 간판은 잠재적인 고객들이 점포와 접촉하게 되는 시발점이라는 것을 명심하여 신경을 많이 써야 하는 부분임에도 불구하고 소홀히 취급하고 있는 점포가 의외로 많다. 간판을 디자인하고 실제 제작할 경우에는 전문가와 상의하는 것이 좋지만 기본적인 구상은 역시 창업자의 몫이라는 것을 고려하여 어떻게 하면 한눈에 들어오는 간판기획을 할 수 있을까 알아보도록 하자.

회사나 점포를 대표하게 되는 간판은 그 회사의 주체성이나 이미지를 표현하는 데 효과적으로 이용된다. 즉 점포의 얼굴이 되는 것이다. 점포의 첫인상은 고객에게 호기심과 친근감을 유발시킬 수 있도록 기획해야 의도한 바대로 성취할 수 있다. 고객확보는 성공점포가 되는 첫째 요건으로 매출이 높아야 하는 만큼 점포가 지향하는 상품의 목표고객을 잘 유인할 수 있도록 강력한 메시지 전달 효과를 지녀야 하는 것이 간판기획의 기본이다.

간판기획은 사용하는 문구, 색채, 디자인, 재질에서부터 점포 외부 장식과 조화를 이루도록 해야 하며, 광고매체로서 기능을 한다는 것을 명심해야 한다. 예를 들어 색채는 돌출효과가 있는 것을 선택하며, 식별이 쉽고 강한 전달성이 있어야 한다. 모든 설계는 고객의 관심과 시선을 끌기 위한 것이라야 하며, 넓이나 크기 등의 구조적인 측면은 건물의 특성을 고려해 전문가와 상의하는 것이 좋다.

간판의 종류는 메인간판, 아치형간판, 돌출간판, 보조간판 등이 있으며, 돌출간판은 구청에서 '도로점용허가'를 받고, 기타 부착용간판은 동사무소에 신고를 해야 한다. 간판 인·허가에 필요한 소요기간은 5일 정도이며, 4층 이상의 벽면 돌출간판, 4m 이상인 지주이용 간판 등은 허가사항에 해당한다. 또한 재질은 네온사인·파나플랙스·하이플랙스·아크릴 등이 소점포에서 주로 사용되며, 기타 특수재질을 사용하는 경우도 있다.

입구

기본적으로 입구는 고객이 출입을 쉽게 할 수 있도록 설계되어야 한다. 즉 고객이 출입하는 데 있어서 심리적 또는 물리적 부담이 가지 않아야 한다. 출입구는 손님을 맞이하는 얼굴이다. 따라서 소형점포라도 최대한 넓게 만드는 것이 기본이다. 그러나 현실적으로 입구를 넓힐 수 없다면 출입문이나 벽에 유리를 부착해 넓게 보이도록 하는 것도 한 방법이다.

예를 들면 소형점포일수록 입구가 중앙에 있으면 점포 안이 비좁게 보이므로 입구는 오른쪽에 있는 것이 유리하다. 입구가 오른쪽에 있으면 시야가 대각선 길이가 되는 만큼 점포가 넓어 보이기 때문이다. 출입문의 크기는 보통 폭 900mm, 높이 2,100mm이나 대형점의 경우에는 이보다 훨씬 크고 높을 수 있다. 손님의 회전이 빠른 점포의 경우는 출입문을 쉽게 여닫을 수 있도록 가벼운 소재를 택하는 것이 좋다. 설계시 고려해야 할 부분은 출입구의 수, 위치와 방향, 출입구의 크기, 출입방식(전후 미닫이, 좌우 미닫이, 회전문, 자동문 등), 비상구 등이다.

진열창(display windows)

진열된 상품이 고객의 주의를 끌고 고객이 관심을 가질 수 있도록 하여야 한다. 진열창은 점포의 대표적인 상품 또는 고객을 유인하기 위한 전략상품(세일품목 · 계절상품 · 신제품 · 기획상품 등)을 진열하여 점포의 이미지를 전달하여야 한다. 진열창의 내용은 계절 또는 명절특수 등의 기회가 있을 때 주기적으로 바꿔줘야 한다. 고객의 변화하는 구매욕구를 먼저 파악하고 진열하는 사업자의 지혜가 필요하다.

주차장

소점포에 있어서 주차장은 필수는 아니지만 자동차 천만 대 시대를 살고 있는 고객을 위한 서비스 차원에서 고려되어야 한다. 독자적으로 주차장 확보가 어려운 경우라면 인근의 주차장 이용방법을 제시하는 사업주의 고객배려가 필요하다.

04

점포 내부장식

매장내부는 고객이 점포 안으로 들어왔을 때 구매욕구를 높일 수 있도록 설계되어야 한다. 상품을 보다 매력적으로 보이도록 각종 집기를 배열하는 것은 물론 판매업의 경우 상품을 취급하기 편하도록 일정한 기준을 정하여 구획을 나누는 것이 유리하다.

조명

점포의 외부나 조명도 매출액과 밀접한 관련이 있다. 외부조명은 고객을 끌어들이고 내부조명은 고객이 상품을 구입하거나 서비스를 제공받는 데 편안하게 설계되어야 한다. 조명은 물건이 잘 보이게 하며 스포트라이트로 진열된 상품을 강조하기도 한다는 점을 명심해야 한다. 조명은 고객을 사로잡는 결정적인 역할을 하기도 한다. 점포 안은 전체적으로 밝게 하는 것보다 밝은 곳과 어두운 곳을 적절히 조절해 주력상품이 눈에 잘 띄게 해야 한다. 점포 안이 전체적으로 너무 밝게만 보이면 주의가 산만해져 구매의욕이 상실될 수도 있기 때문이다. 쇼윈도 위와 카운터, 물품진열대 위쪽 등에 스포트라이트를 적절히 이용하면 훨씬 매력적인 매장으로 꾸밀 수 있다.

<table>
<tr><td colspan="1">조명을 설치할 때 고려사항</td></tr>
</table>

- 조명은 고객이 상품에 집중하도록 되어 있는가
- 색깔은 잘 조화되어 있는가
- 상품들이 적절히 강조되어 있는가
- 종업원들이 일하는 데 불편이 없도록 충분히 밝은가
- 조명에너지의 낭비는 없는가
- 점포의 분위기와 어울리는가
  (어두운 조명은 고급스러운 분위기를 조성하고 할인매장은 강한 빛을 사용한다)

색깔

실내장식과 어울리며 상품을 돋보이게 하는 색상으로 배합하는 것이 필요하다. 색깔은 상점 무드와 이미지를 창조하여 고객의 관심을 고조시킬 수 있어야 하며, 색깔은 상품의 진열과도 관계된다는 점을 고려해야 한다. 점포 내부의 색깔은 고객의 입장에서 선택해야 한다. 여성을 상대로 하는 사업은 흰색과 파스텔을 사용해 밝고 호화로운 느낌을 주도록 하고, 어린이가 주고객인 유치원·장난감 가게 등은 노랑·빨강·파랑 등 원색을 사용하는 것이 기본이다. 특히 젊은 층을 상대로 하는 점포일수록 파격적인 색깔과 디자인을 해야 손님을 끌 수 있다. 그러나 어두운 색상과 자재는 피하는 것이 원칙이다. 어두운 색상은 답답하고 좁은 느낌을 준다. 또 분위기를 무겁게 하기 때문에 소점포에서는 사용하지 않는 것이 좋다.

예를 들면 여성의 내의를 취급한다면 침실분위기를 위하여 은은한 색으로, 젊은 신세대 고객을 위한 상품이라면 밝고 강한 색으로, 진열장이나 카운터는 흰색 또는 회색 같은 중성색으로 하여 상품으로부터 관심이 이탈되지 않도록 하며, 검은색은 보석 같은 고급상품의 진열에, 순수함을 강조하는 화장품 관련 상품은 백색을 이용하기도 한다.

벽과 바닥

벽도 바닥처럼 의도하는 바에 따라 재질·색깔을 잘 선택하여야 한다. 시멘트에 페인트를 칠할 수도 있고 벽지를 바를 수도 있으며 목재나 최신 재질을 이용하기도 한다. 벽면에 거울을 달거나 점포 일부를 계단식으로 높이면 실제 점포보다 넓게 보이게 할 수 있다. 바닥의 재질은 상품의 분위기 조성과 관계있다. 고급상품은 카펫 종류가 어울리며 운동구나 구두점은 윤택한 나무바닥이 어울린다.

집기 · 장비와 내부진열

　집기라 함은 상품의 판매 · 진열 · 저장 · 보호 등에 이용되는 내구재를 말하며 진열장 · 캐비닛 · 상자 · 선반 · 카운터 · 테이블 등이 있다. 장비라 함은 판매를 직접 또는 간접으로 보조하는 내구재를 말하며 금전등록기, 엘리베이터, 점내 운반장비, 배달장비(오토바이 · 차량) 등이 있다. 내부진열은 점포의 계획단계부터 기본적인 윤곽을 검토하여야 한다. 이는 점포인테리어나 필요한 집기 · 장비 등을 준비하는 데 기초적인 자료가 되고 매우 중요한 사안이므로 레이아웃에서 상세히 살펴보기로 하자.

분위기창출 및 보조용품

　분위기는 점포사업자가 특정 목표고객을 위하여 조성한 물리적 환경과 구매분위기에 따라 만들어지는 심리적 효과를 말하는 것이다. 즉 사업자가 구매자의 시각 · 청각 · 후각 · 미각 · 촉각(감각반응)을 자극하는 총체적 노력의 결과이다. 조명과 함께 음악이나 사진 · 미술품 등의 소품들도 점포 분위기를 좌우하는 중요한 요소다. 특히 음악은 신중하게 선택해야 한다. 음악에 따라 고객층이 구분되기도 하고 매상에 영향을 미치기도 하기 때문이다. 사진이나 그림은 한 가지를 고집하는 것보다는 계절이나 유행에 맞춰 교환해주는 것이 좋다.

　시각은 고객이 점포 내를 두루두루 살펴볼 수 있도록 레이아웃이

기획되어야 하고, 청각을 이용하여 고객의 관심을 유도하는 방법은 음악을 이용하는 것이 대표적인 방법이며 음악은 매출을 올리는 데 효과가 높은 것으로 알려져 있다. 음악은 점포에서 다루는 상품 및 고객의 취향에 알맞아야 한다. 음악 이외에도 소리가 있는데 장난감가게에서 장난감의 소리를 나게 하는 경우 등을 말한다. 후각은 좋은 냄새가 구매를 촉진시키는 경우를 말하며 음식냄새를 피우거나 향을 뿌리기도 한다.

미각은 무료시식이나 시음 또는 소량판매 등의 방법이다. 촉각은 고객이 만져 보거나 집어드는 단계로 거의 판매단계에 도달한 경우이므로 판매원은 고객이 상품과 접촉하도록 유도하여야 한다. 따라서 매장에서는 고객이 손쉽게 만져보거나, 입어보거나, 신어보는 일이 자연스럽게 이루어질 수 있는 분위기를 제공할 수 있어야 한다.

05

레이아웃

점포에서 취급할 상품의 종류와 재고수준, 상점 내부장식과 외부장식 등에 대한 계획이 구상되면 예비 레이아웃을 작성하여야 한다. 내부 레이아웃은 구상한 점포계획이 실제로 실현가능한가 확인하고 점포에 가장 알맞은 공간활용계획을 세우기 위한 것이기도 하다. 내부 레이아웃에서 고려되어야 할 사항은 통로, 진열, 집기와 장비, 카운터 등이며 여유가 있다면 직원들을 위한 라커룸 등이 필요하며 의류전문점의 경우 탈의실도 필요하다.

효율성 있는 레이아웃

고객은 1천 원으로 한 개를 샀을 때보다 두 개를 샀을 때 더 만족한다는 것을 고려할 때 사업자의 객단가의 유지 혹은 인상은 항상 과제로 남아 있게 마련이다. 이러한 점을 해결하기 위하여 디스플레이 등 기타요인에서 합리적인 방안을 찾아야 할 것이다. 평당 효율을 높이는 레이아웃을 살펴보면 점포입구 쪽 매장에 고객이 몰리는 것이 일반적이다. 따라서 입구 쪽은 경제적인 상품을, 안쪽에는 고가품을 진열하는 것이 일반적이며 셀프서비스의 경우 안쪽이 회전율이 높다.

통로의 배열에 따른 고객유치의 경우 네 개 통로로 나누었을 경우 제1통로는 고객유인이 핵심(고객의 목표)이고, 제2통로는 이익의 핵심 매장이며, 제3통로는 서비스부분의 매장으로, 그리고 마지막 제4통로는 고객고충처리를 위한 통로로 배열하는 것이 좋다.

이동통로는 들어오고 나가는 손님이 서로 부딪치지 않도록 하는 것이 중요하다. 손님끼리 부딪치는 등의 사소한 불편도 쌓이다 보면 점포에 대한 인상이 나빠질 수 있다는 점을 고려하여 상품을 일정한 방향으로 진열해 출입을 자연스럽게 유도하고 어린이를 상대로 하는 점포에서는 진열대를 아이들 눈높이에 맞추는 등 고객이 불편하지 않도록 손님 중심으로 꾸며야 한다.

고객의 시선을 고려하여 매장이 한눈에 들어오도록 유도하는 상품진열은 고객의 눈높이에 맞게, 즉 여자평균 키와 남자평균 키보다 7cm 정도 낮추는 것이 보통이다. 또한 매장표시와 고객유도에 초점을 두며 조명의 밝기에 따라 상품을 고급화시킨다는 점을 고려하여 레이아웃을 구상하여야 한다.

○ 디스플레이 종류

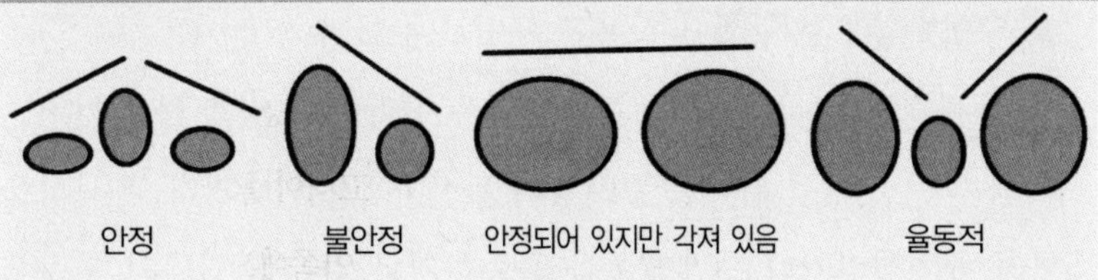

용도별 진열방법(T-P-O-S)

상품의 진열방법에 있어서는 일괄구입이 용이하도록 용도별로 진열한다.
• TIME(사용시기) : 화장품 같은 경우 사용순서별로 진열
• PLACE(사용장소) : 현관용 · 침실용 · 화장실용 · 부엌용 등으로 묶어서 진열
• OCCASION(사용목적) : 옷을 예를 들면 정장용 · 예복용 · 통근용 등
• LIFE STYLE(생활양식) : 브랜드 상품과 비브랜드 상품 분리 진열

* 점포의 효과적인 내부진열을 위한 기본시설과 설비공사는 사업계획서의 투자계획에 따라 예상투자액을 넘지 않은 범위 내에서 시행하는 것이 바람직하고, 만일 특정한 사업을 위해서 일정한 시설을 갖추어야 하는 경우 전문업체와 시설계약을 하는 것이 허가 관련 행정처리에 유리하며 체인점이나 대리점의 경우에는 본사에서 요구하는 조건에 따라야 하는 것이 일반적이다.

매장 레이아웃 착안점

▶ 동선길이 : 매장을 어느 정도 걸어 다닐 수 있게 할 것인가?

▶ 접근율 : 걷는 과정에서 각 진열대에 어느 정도 다가설 수 있게
　　　　　할 것인가?

▶ 인식률 : 다가서서 어느 정도 상품을 인식하게 할 것인가?

▶ 구입률 : 인식한 것 중 어느 정도 구입할 수 있게 할 것인가?

▶ 구입수량 : 보다 많은 상품을 구입하게 할 수 있는가?

▶ 상품단가 : 상품단가가 높은 상품을 구입할 수 있게 할 것인가?

위의 착안점 여섯 가지를 고려하여 동선조작을 한다거나, 유사상품들끼리 배치한다거나 연계상품을 묶는다거나 하는 창업자의 전략에 따라 점포매출을 향상시키는 결과를 유도하므로 결국은 고객동선은 레이아웃의 핵심이 된다고 볼 수 있다.

들어가고 싶은 점포 만들기

• 무엇을 파는 점포인지, 싼지 비싼지 알 수 있도록 한다.

• 적은 비용으로 좋은 점포를 만든다.

• 입구가 넓은 점포가 들어가기 쉽다.

• 알기 쉬운 레이아웃이 필수

• 대면판매는 입구의 왼쪽이 유리하다.

• 셀프서비스점은 오른쪽이 들어가기 쉽다.

• 중앙의 입구는 고객을 분산시킨다.

• 판매촉진전략이 있는 점포로 만들어야 한다.

• 깨끗한 점포는 필수이다.

• 안정성 · 편리성 · 광고성 등의 구조결함이 있어서는 안 된다.

진입성이 좋도록 만들기 위해 상품가격에 비해 인테리어를 너무 고

급스럽게 하면 고객에게 불리한 이미지(상품가격의 상승요인)를 줄
수도 있을 것이며, 구조적인 결함의 경우 곧 실패와 직결되는 경우가
발생한다는 점(예를 든다면 점포와 도로 높이는 같은 것이 좋다) 등은
충분히 고려해야 할 것이다. 외적인 면의 판매촉진의 경우 고객에게
즐거움을 주고 스트레스를 해소시켜줄 수 있는 전술을 구사할 수 있는
점포(이벤트 등을 실시할 수 있는 공간 확보)로 기획되어야 할 것이다.

06

공사 전 공간분석과 주방설계

음식점의 점포설계는 특별한 지식이 있는 전문가의 일이라고 생각하고 전문가에 맡기는 경향이 많다. 그러나 전문가에게 전부 맡기면 정말로 원하는 점포가 되지 않기도 하고 예산도 초과될지 모른다. 점포설계 전문가에게 부탁하는 것은 당연하나 발주하는 창업자가 확실한 점포설계방침을 가지고 구체적인 지시를 하는 것이 기본적으로 필요하다. 물론 점포설계의 세부적인 실무지식까지는 필요 없으나 점포의 목적을 명확하게 표현하여 인식시키는 것은 중요한 일이다.

공간분석

내 사업에 맞는 목인지 기존 공간을 분석하는 일이 맨 처음 할 일이다. 대개 평수에 따라 인테리어 공사비를 예측할 수 있지만 임대할 건물에 따라 원하는 디자인을 할 수 없는 경우도 있고 특별히 비용이 많이 들어간다거나 주변 상황에 영향을 받을 수도 있기 때문이다. 눈에 보이지 않는 설비도 철저히 체크한다.

공간구성의 기본원칙은 일반적인 직사각형 평면은 디자인에 앞서 우선 점포를 세 부분으로 나눈다. 접객서비스공간, 주방설비공간, 동선으로 이어지는 통로로 나눈다. 이렇게 세 가지 존(zone)으로 나누어 놓으면 집기의 위치가 금방 드러나고 쉽게 접근할 수 있다는 이점이 있다. 그리고 주방설계에서 시작한다. 주방이 설정된 후 객석설계가 이루어지고 그 다음 설비설계가 이루어지는 것이 순서다.

또한 점포꾸미기에 앞서 개점일정계획서를 작성하기 위해 참조해야 하는 항목인 주방기기 및 설비설정, 기물설정, 직원선발, 인테리어 공사, 냉동공조공사, 메뉴설정, 사무용품, 소모품, 청소용품, 유니폼 선정, 식자재 거래처 선정, 시식테스트, 개점당일 행사, 간판, POS시스템 등을 고려하여 개점일정계획서를 작성해두는 것이 좋다. 외식업의 경우 주방설계는 점포의 특성을 결정짓는 기본작업이기 때문이다.

기초설계시 참조사항

- 판매하고자 하는 상품결정(주방기기 종류와 주방규모 설정의 핵심)
- 앞으로 개발할 메뉴의 종류도 고려
- 주방면적에 가능한 한 일정부분 여유
- 주방뒤편에 종업원의 휴식공간(탈의실 등)이 마련되도록 조정(중·대형점포)
- 창고공간은 3일 정도의 매출물량의 넓이 확보
- 건축도면이나 기존 인테리어 도면이 아닌 실측에 의한 평면도면으로 점포설계
- 의자, 탁자의 배치문제의 의견제시

주방설계

　주방설계에 있어서는 대부분의 고객이 음식점에 들어오면 주방부터 살펴본다는 것을 명심하고 주방설계에 임해야 하며 위생, 안전, 효율성의 원칙에 근거하여 설계해야 한다. 점포 전체면적에 대하여 어느 정도의 주방면적이 필요한가에 관한 정설은 없으나, 미국·일본 등 선진국에서는 패밀리레스토랑은 45~50%, 주점·바는 18~25%, 다방·커피숍은 15~18%, 패스트푸드는 20~25% 정도로 기준을 채택하고 있다. 우리 나라에서는 업종에 따라서 차이는 있으나 대략 25~35% 정도를 차지하고 있는 실정이다.

　주방설계 이전에 주방위치의 개략적인 선정이 필요하며 건물전체의 구조로 보아 급·배수라인과 출입구 상황 등을 살펴보면서 주방의 위치를 현장에서 선정할 필요가 있다. 물론 주방의 크기나 자세한 설계는 별도로 시행하겠지만 대체적인 주방윤곽은 점포현장을 확인할 때 결정하는 것이 좋다.

　주방공간은 식품보관장소, 다듬기실, 가열조리구역, 메뉴차림대, 식기세척지역으로 나누게 된다. 그러나 소형점포에서는 장소가 협소하므로 냉장고의 배치, 가열조리기구인 가스레인지, 음식 다듬기와 메뉴 차림대 역할을 하게 될 작업대, 식기세척을 위한 싱크대의 배치, 퇴배식구 등의 배치 공간확보로 마무리될 가능성이 높다.

　그러나 기본적으로 고려해야 할 사항들을 인지하지 못하고 설계된다면 고객이 늘어나 매출이 늘어난다고 하여도 주방에서 조리를 감당할 수 없는 문제가 생길 수 있다. 주방이라는 공간은 영업 중에 더 넓

- 메뉴수, 메뉴종류를 먼저 결정
- 메뉴 조리방법 결정
- 주방기기의 종류와 규격 · 수량 결정
- 예상 최대판매량 설정
- 냉장 · 냉동고, 가스레인지 등 공간 확보
  (열발산기구는 한쪽으로 배치, 가급적 냉장 · 냉동고와 멀리한다)
- 주방기기별 생산능력 체크
- 작업동선 확보(1,200mm~1,800mm)
- 조리속도가 신속하고 효율적인 기기를 선정
  (주방면적을 위와 같은 제 조건에 맞추어 설정한 뒤 객석확보)
- 주방위치는 객석으로 서빙하기 편리한 위치에 설정
- 주방은 점포모양에 따라 합리적으로 설정
- 주방바닥 및 주방벽체 마감제의 설정
  * 주방의 방수공사, 배수트랜치공사, 그레이스트랩을 설정한 후에 시멘트작업을 마
    감한다. 이때 인테리어 업자와 주방설비업체와 협의한 후 한계를 명확히 해두며
    바닥제는 미끄럽지 않은 것으로 선정하는 것이 좋다.
- 온수 공급라인 확보
- 배수시설의 확보(배수로는 경사지게)
- 전기(전압 및 전력)용량의 합리적 설정을 위해 에어컨과 간판용량을 연계하여 설정,
  필요하면 승압공사
- 도시가스 설비지역과 비설비지역 구분
- 후드 설비
- 닥터 설비
  * 공기의 흐름을 원활하게 하기 위하여 천장은 객석보다 조금 높게 공사
- 주방기기의 레이아웃(배치)
- 주방기기 규격 및 리스트작성
- 주방기물 선정
  * 메뉴가격과 알맞은 품질을 선정해야 하며, 피크시간에 설거지에 신경 쓰지 않을
    정도의 수량확보(객석의 1.5배 정도)

히거나 확장할 방법이 마땅치 않기 때문이다. 따라서 최소한 어떤 문제가 발생될 것인가 하는 것을 짚어보고 넘어가는 것이 좋다.

주방설계가 선행되어야 하는 이유

기본설계도면 작성이 점포 전체 공사의 약 80퍼센트를 점유한다. 중소규모 점포는 대개 기본도면에 의해 공사를 해도 큰 문제가 없을 정도로 기본설계는 중요하다. 중소규모 점포의 경우 점포주 또는 인테리어 업자는 객석면적을 가능하면 늘리려는 경향이 있는데 주방기기는 작업대나 싱크대같이 점포여건에 따라 변형제작이 가능한 품목이 있으나 규격품도 많으며 가스기기종류는 형식승인을 받은 제품이라 변형제작이 어렵다.

이러한 주방기기 규격을 기초로 하여 레이아웃을 그리고, 여기에 맞춘 배관작업과 가스작업이 병행된 도면이 완성되어야 하며, 이러한 주방도면을 기초로 전체도면을 작성해야 합리적이다. 다시 요약하면 주방설계를 한 후 객석설계를 하여 설비도면을 작성하는 것이 점포 기본설계도면이다.

음식업 접객서비스 공간설계

고객 접객서비스 공간의 구성은 바로 창업자나 고객이 원하는 점포 컨셉이다. 이 공간을 효율적으로 꾸미기 위해서 주방공간을 확보하고 꾸미게 되었다. 이 공간의 원칙은 개방성 · 활기 · 안정 · 일관성을 고객에게 심어주고 점포의 성격을 알리는 데 주안점을 두어야 한다. 또한 고객이 점포를 이용하기 편리하도록 만들고 종업원이 일하기 편리하도록 동선이 그려져야 하며 경영자가 쉽게 관리할 수 있도록 기획되어야 한다.

공간설계는 예술적인 부문과 기능적인 부문이 동시에 이루어져야 한다. 그렇다면 음식업의 경우 먼저 음식을 이해해야 하는 것이 기본이다. 사람이 음식의 맛을 느끼는 데 있어서 선미(先味) · 중미(中味) · 후미(後味)로 나눌 수 있다. 선미는 음식을 먹기 전에 느끼는 맛으로 주로 다른 사람이 맛있게 식사를 하고 있을 때 식욕을 느끼게 하

- 주방기기 레이아웃
- 테이블 레이아웃(가스 로스타 설치시 미리 확정)
- 개략적인 점포외부 형상
- 천장 및 벽체의 형태
- 객석의 구분(룸 스타일과 의자, 탁자식)
- 냉난방 위치설정
- 파티션의 모양
- 조명기구의 모양

여 군침을 돌게 하는 단계다. 중미는 음식을 입안에 넣었을 때 느끼는 맛으로 주로 짠맛·매운맛·단맛 등을 느끼게 된다. 이에 비하여 후미는 음식을 먹고 난 후의 맛으로 지불가치나 기대치의 부응도에 따라 달리 느낄 수 있는 맛이다. 음식을 맛있게 먹고 난 후에 가격이 예상보다 비싸다면 흔히 "먹긴 잘 먹었는데 입맛이 씁쓰름하다"고 표현하는 경우에 해당하는 것이다.

외식업의 인테리어는 점포의 성격과 분위기를 나타내는 동시에 메뉴의 가격결정요소에 지대한 영향을 미칠 뿐만 아니라 음식 고유의 맛 이외의 요소인 선미·후미 부분을 해결해주는 역할을 하게 된다. 자기 업종의 특성을 명확히 정하고 '어떻게 꾸밀까' 보다 '어떻게 팔까' 궁리하여야 한다.

어떠한 객층에게 무엇을 얼마에 팔까를 결정하면 고객이 편히 이용할 수 있고 주방장이 상품을 조리하기 쉬운 레이아웃과 종사원들이 열심히 일할 수 있는 홀의 동선을 생각한 후에 자기점포의 객층, 객단가에 맞는 점포를 디자인하는 것이 좋다.

의자와 테이블

　카페의 의자와 테이블을 디자인한다는 것은 음식을 먹는 장면의 연출을 의미한다. 따라서 먹고 마시는 행위의 주변에 손님이 무엇을 요구하느냐에 따라 그 크기 · 높이 · 형태 · 배열 등 전혀 다른 것이 중심이 된다. 의자와 테이블의 관계는 각각 다른 존재가 아니라 의자 테이블이라는 하나의 계통으로 받아들여야 한다.

　테이블의 기능은 의자에 앉은 사람과 요리나 음료를 원활한 위치관계로 유지하는 것이다. 이 경우 가장 중요한 것은 테이블의 천판면과 의자의 좌면 높이의 치수 차이이며, 이것이 적절하지 않으면 쾌적한 식사에 방해가 된다. 주로 특정그룹에 의한 커플의 이용인지 이웃끼리 대화할 수 있는 개방적인 이용인지 또 그 이용 방식, 입지조건이나 환경은 어떠하며 신세대 · 비즈니스맨 · 여성 · 가족 등 손님들의 계층 등 가지각색의 요소가 조화를 이루어 실제의 의자 · 테이블의 디자인이 이루어진다. 이러한 것에 따라 평면적으로 마주보고 앉거나, 바깥을 향해 원을 중심으로 앉거나, 내부를 향해 구심적으로 앉거나, 고저차를 이루고 앉는 등 공간 안에서의 사람들의 위치관계가 정해진다.

　또 앉는 방식은 편안히 장시간 앉거나 활동적으로 스피디하게 앉거나 좌석 상호의 프라이버시가 확보된 자리에 앉거나 열려 있는 개방적인 자리에 앉거나 기능면 · 심리면에서의 선택도 된다. 즉 의자와 테이블은 인체를 지탱하고 음식을 먹기 쉽게 해주는 역할 이외에 공간에 작용하여 사람들의 관계를 결정짓는 역할과 공간 속에서 시간적 오브제로서의 역할 등을 겸하고 있다.

점포기능을 강조하여 공간의 경제성을 무시해서는 안 되며 양쪽이 조화를 이룬 형태를 추구하는 것이 중요하다. 특히 의자를 배정하는 것은 시선의 높이를 정하는 것이므로 테이블의 높이, 천장의 높이, 파티션의 높이 등에 따라 결정된다. 따라서 의자 디자인은 공간계획의 원점이라고 할 수 있다.

의자와 테이블의 배치형태

의자와 테이블의 배치에는 점포의 성격이나 특성에 따라 여러 가지가 있는데 첫째, 세로형의 경우는 다음과 같은 점포나 이미지를 함유하고 있다. 직사각형의 가게에서 안길이의 긴 벽에 따라 배열되기도 하고 파티션이나 스크린과 병행해서 놓이는 경우가 많다. 객석의 구성이 단순 명쾌하므로 가벼운 음식업태에 적합하며 이용객은 객석을 쉽게 선택할 수 있다. 종업원도 서비스를 하기 쉬우며 서비스 효율도 크다. 한편 구성이 단순해서 열차의 의자와 같은 거북하고 딱딱한 이미지를 주기 쉽다.

둘째, 가로형의 경우에는 다음과 같은 유형에 사용된다. 벽 또는 주요 통로에 직각으로 배치된 것으로 벽 측의 의자를 벤치시트로 한 예가 많다. 다른 형과 복합하여 사용하는 경우가 일반적이다. 또한 세로형과 가로형의 조화를 적절히 활용한 점포는 네모진 평면형에 어울리는 레이아웃으로, 객석구성을 다채롭게 변화시킬 수 있다. 또 실제로 배치효율을 높이고, 빈 공간을 없앨 수 있다. 한편 객석통로가 복잡해지고 서비스동선이 생각보다 길어져서 손님에 대한 응대에 불쾌감을 주는 경향도 있다.

셋째, 변형부스형은 곡선형, 원형, 예각·둔각의 코너형 등 자유로운 변칙적 객석형식을 생각할 수 있다. 변화가 풍부한 객석구성을 할 수 있어 디스플레이나 파티션을 복합한 개성적인 공간연출이 가능하다. 한편 취급방식에 따라 번거로운 객석이 되거나 손님수에 맞지 않는 불편이 발생한다.

넷째, 점재형의 형태는 식사 중심의 점포나 매점 등의 점포구성에 많이 보이며 비교적 대형 홀을 확보한 점포에 많다. 한 공간에 자유로이 배치하는 방법과 일정한 간격으로 배열하는 경우가 있다. 독립된 형식으로 여유 있고 차분한 객석구성이 되는 반면, 다른 배치와 비교해서 면적마다의 객석수는 줄어드는 특성이 있다. 소형점포의 경우 좁은 공간에서 배치의 한계성이 있으므로 고객의 입장에서 가능하면 편리하게 이용할 수 있도록 배려하고 고객내점 비율을 계산하여 2인용, 4인용 탁자를 골고루 사용하여 유효가동률을 최대한 높이는 것이 바람직할 것이다.

객석 세트의 필요치수

한 세트의 객석치수는 점포의 크기나 형태·업종·객층·입지 등에 따라 차이가 있지만 음료 중심의 경우는 최소한의 치수로, 식사 중심의 가게는 큼직하게 생각하는 것이 일반적이다. 최근의 다과점이나 바는 경양식 도입이 한창이므로 테이블 치수는 약간 크게 되어 있다.
4인용 의자인 경우, 테이블의 가로폭을 4인용 의자의 최소치 900mm
로 하면 한 사람당 450mm가 되어 극장이나 지하철 좌석과 같고 나란
히 앉을 경우는 거북하지만 보통 팔꿈치 위는 통로로 밀려나서 사용
되므로 통로공간과 겸해서 쓰이는 것을 내포하고 있다.

마주보는 거리는 좌위 기준점이 낮아지면 그만큼 안 길이가 크게
필요해지므로, 멀어지게 된다. 2,100mm까지 연장시키면 마주보는
사람의 시선이 떨어져서 느긋한 느낌이 된다. 또 등 바로 뒤에 벽이
있는 경우는 머리의 움직임을 보고 다소 여유를 줄 필요가 있다. 2인
용 객석은 테이블을 고려해서 4인용 의자의 절반으로 생각하지 말고
조금 넉넉하게 계획한다. 4인용 의자를 2인용 테이블 두 개와 맞붙인
상태로 레이아웃 해두면 상황에 따라서 분리되고 자유로운 객석배치
가 가능해진다. 이 경우 테이블 모서리에 각을 주지 않는 편이 접점에
틈이 생기지 않으므로 좋다.

테이블과 객석수

마주보고 앉는 경우에는 테이블에 대한 한 사람당의 필요 간격을
450 · 600으로 산정하면 필요 객석에 대한 테이블 치수가 결정된다.
그러나 보통 큰 테이블은 직각으로 인접한 양 사이드에도 객석을 설
치하므로 코너부분에 한 사람당 필요한 테이블 공간의 오버랩이 생긴
다. 이런 상태의 코너에서 250 · 300 정도 여유를 두어 계획할 필요가

있다. 원형 테이블에서는 지름 400mm정도가 혼자서 사용할 수 있는 공간이다. 이것을 기본치수로 해서 각기 지름 150을 플러스하면 2인석 550, 3인석 700, 4인석 850이라는 적정한 크기를 산출해낼 수 있다. 이렇게 계산한다면 한 사람당 사용 가능 스페이스(원에 내접하는 다각형의 한 변의 길이)는 지름이 커짐에 따라서 작아지지만 마주하는 객석과의 사이에 여유가 확보된다. 더구나 테이블의 지름에 원주율 3.14를 곱해서 원주를 산출하고, 의자폭으로 나누어 계산하면 설치 가능한 의자수가 확인된다.

동선계획과 통로

손님에게는 순서에 따라 빨리 요리가 나와서 스스럼없이 음식을 먹거나 대화할 수 있도록 하고, 종업원은 원활하게 서비스를 할 수 있도록 하는 통로의 구성이 필요하다. 서비스는 주방과 객석 사이의 왕래이므로 종업원의 1일 보행거리는 상당히 길 것이다.

따라서 서비스 동선을 단순화하고 보행거리를 단축하기 위해 주방의 위치를 고려해야 한다. 점포의 규모에 따라 다르지만 주요통로는 900·1,200, 주요통로에서 갈라진 통로인 부통로는 600·900, 박스석으로 이르는 최종통로로 하여 보조통로 400·600, 이런 식으로 단계적인 계획을 해야 한다. 중요한 서비스 동선은 겹치지 않도록 한다.

08

매출에 영향을 주는 인테리어 요소

색깔

식음료공간은 미각과 직결되므로 색상의 선택이 매우 중요하다. 따뜻한 색 계통인 빨강과 주황의 중간 채도색이 무난하며 음식물이 따뜻한 색 계통일 경우는 찬색 계통의 색을 조금 낮은 채도로 약하게 사용하면 음식을 돋보이게 하고 식욕을 돋울 수 있다. 식탁의 색은 음식물에 영향을 주지 않는 색을 사용하는 것이 좋은데, 노랑과 연두, 남색과 보라 등은 피하는 게 좋다. 아이스크림이나 시원한 음료 등과 같은 업종은 계절에 대한 고려를 해주는 것이 바람직하다.

벽

막힌 곳일수록 시선을 열어줘야 한다. 벽은 사람의 손이 많이 닿는 곳이므로 손때가 덜 타고 내구성이 강한 재료를 선택해야 한다. 벽 마감재의 악센트 컬러나 무늬, 재질은 공간 전체의 이미지에 큰 영향을 주므로 소규모 점포일수록 악센트 컬러는 자제하고 재질은 거칠지 않은 단순한 것을 고른다.

천장

벽 재료 중 석재를 제외한 모든 재료를 천장재로 사용할 수 있다. 벽과 천장의 마감재를 통일할 경우 공간이 넓어 보이는 효과가 있다. 천장 마감재가 너무 강하면 상품에서 시선이 비껴 갈 염려가 있으므로 재질이 매끄러우면서 밝은 계통의 마감재가 적당하며 단순하면서도 시선에 방해를 주지 말아야 한다.

바닥

바닥은 가장 흠집나기 쉬운 부분이므로 내구성이 강한 재료를 고른다. 바닥재는 한번 시공하면 교체하기 어렵고 비용이 많이 드니 신중하게 선택해야 한다. 식당이나 분식집의 경우 음식물이나 국물이 흘

러도 쉽게 닦아낼 수 있는 재질을 사용해야 하며, 청결함을 주어야 한다. 어떤 업종의 점포든지 처음 개업할 때 체크해야 할 사항은 냉난방설비와 급배수설비, 환기설비, 안전설비 등 네 가지로 나누어 볼 수 있다. 작은 점포일수록 기본적인 설비가 잘 갖추어져 있어야 일하는 사람은 물론 고객을 쾌적하게 실내로 이끌 수 있다. 결국 설비의 기본은 안전과 쾌적이다.

냉난방설비

대형건물에는 라디에이터, 커넥터, 중앙공급실 덕트시스템 등이 있고 소규모점포에는 전기온돌 · 온풍기 · 난로 등을 사용할 수 있다. 복사열을 이용한 전기온돌 패널은 내장공사와 같이 벽체 속에 콘센트와 조절용 박스를 설치하고 바닥에는 패널을 조립해 그 위에 바닥재를 마감하는 방식으로, 시공이 간편하며 비용이 저렴하다. 대류열을 이용한 온풍기는 에어컨과 같이 인테리어 설계시 자리를 잡는 것이 중요하다. 효율을 극대화하기 위해선 흡입부위에서 멀리 설치해 온풍기에서 나온 따뜻한 공기가 밖으로 빠져나가지 않게 해야 한다.

냉방설비는 소형건물에서는 에어컨 등 개별냉방이 필요하다. 개별냉방은 일체형과 분리형이 있으며 일체형은 창문을 이용해 설치하기 때문에 설치가 손쉽고 가격이 저렴하나 소음이 심하다. 특히 창문이 하나밖에 없어 환기가 필수적이거나 위치상 에어컨 설치가 부적합할 때는 벽을 뚫어 시공해야 한다.

급배수설비

급배수 배관은 문제를 가장 많이 발생시키는 부분이다. 흔히 건축할 때 설비·전기·방수에 문제가 없으면 성공이라고 하는데 여기서 말하는 설비란 바로 급배수설비를 말한다. 어디에 새로운 급수 설비를 설치할 것인가를 명확하게 결정하고 배수관은 위에서 아래로 경사지게 시공해 막히지 않도록 해야 한다. 배수관 내에 오수가 고이게 되면 악취가 발생해 배수구를 타고 위로 올라오게 된다. 배수관은 특히 트랩과 연결시켜야 하는데, 트랩은 배수파이프 내에서 발생하는 가스 및 악취가 새어 나오지 않게 하는 역할을 한다.

소규모점포에서의 급탕(온수) 설비는 사용량에 따라 여러 종류가 있으나 물탱크가 없고 최소의 공간에 설치할 수 있는 전기 순간온수기와 가스 순간온수기가 가장 간편하다. 순간온수기는 안전하고 경제적이며 내구성이 뛰어나고 위생적인데다 기능이 다양해 경제성과 편의성을 모두 만족시킬 수 있다. 다만 전기용량이 3kw 이상 들어와 있어야 하며 가스통을 안전하게 설치해야 하고 밀폐된 공간에서의 사용을 피하는 등 주의를 기울여야 한다.

환기설비

환기란 실내외의 공기를 기계적인 장치를 이용해 인위적으로 바꾸는 일이며 통풍이란 개구부를 통해 다량의 외부공기가 자연순환하게 하는 것이다. 환기의 목적은 실내의 열·습기·유해물질·냄새 등을 제거하는 것으로 천장 속의 열 제거, 바닥 밑의 제습, 곰팡이 방지, 결로 방지에 효과가 있다. 소규모 점포에서 널리 사용되는 것은 후드나 환풍기를 들 수 있다.

통풍은 바람의 주방향에 따라 바람의 입구와 출구를 마련하면 된다. 차양이나 간이벽 등을 설치해 바람의 경로를 변화시키면 지하식당과 같이 습한 공간과 결로가 생기는 장소에서 효과를 볼 수 있다. 특히 지하점포의 경우는 환기설비의 기능이 점포의 쾌적성을 좌우하는 절대적인 요인이므로 어떤 부분보다 신경을 써야 한다.

안전설비

안전설비에는 소방설비와 보안설비가 있다. 소방설비에는 화재경보기·소화전·스프링클러·소화기·비상구통이 있고 내장공사시 불연재·준불연재·난연재를 사용하도록 소방법으로 규제하고 있다. 불연재로 많이 사용하는 석고보드는 그 종류가 다양해 일반 석고보드 외에도 방화·방수·방균 석고보드가 있고 방화성·방수성·차음성·시공성·치수 안정성·경제성이 뛰어나다. 내장재로 사용되는 목재류에 방염 페인트 및 난연 페인트로 후처리를 하면 불길이 퍼지는 것을 막을 수 있다.

인테리어 업체 선정과 상관례

점포 인테리어는 되도록 전문가에게 맡겨 시공해야 한다. 비용이 많이 들더라도 매출을 올릴 수 있도록 확실하게 매장을 꾸미는 것이 장기적인 안목에서 이익이다. 인테리어 업체를 고를 때는 그 업체가 시공한 매장을 먼저 방문해보고 회사에도 직접 가보는 것이 좋다. 특히 공사를 맡아 각 분야별로 재하청을 주는 회사는 피해야 한다.

다른 것도 마찬가지지만 인테리어는 특히 투자한 만큼 효과가 나타난다는 점을 감안하여 창업비용 중에서 인테리어비를 분명하게 책정해야 한다. 창업자가 인테리어 가격정보에 정확한 지식이 없으면 인테리어업체의 견적서를 두세 곳 이상 받도록 해야 하며 업체간의 견적경쟁으로 싼 금액의 업체를 선정했을 경우 때로는 업자가 공사기간을 단축할 목적으로 공사를 진행하면서 설계도를 작성하는 경우가 발생하기도 하여 공사비를 증가시키는 요인이 되기도 한다.

중소규모 점포는 설계도면 없이 평면도면만 작성하여 평당 얼마에 계약을 체결하는 경우가 대부분이다. 점포꾸미기에 앞서 창업자가 인테리어 업체에게 개략적으로 시공기간 등을 물어 잠정적인 스케줄을 잡아둔다. 중소규모 점포는 60일(30~40일로 단축가능), 대형점포는 90일 정도의 시일이 걸린다. 점포설계는 인테리어 업체가 설비도면을 작성하여 일정계획 아래 공사를 진행시켜야 하며 창업자가 전문적인 지식이 부족한 경우는 최소한 어느 곳의 무슨 점포가 좋다는 의견을 제시하는 정도의 노력이 필요하다.

상관례 피해 건너뛰려면 최소 두세 개 이상 업체로부터 견적받아 업체선정

최근 경기침체로 장사를 해보겠다고 마음먹는 사람이 흔치 않다. 또 설사 어쩔 수 없이 창업을 한다 해도 철저하게 준비하는 사람들이 많아졌다. 그러나 초보창업자의 경우 아무리 준비가 완벽하다고 생각해도 복합적인 변수들이 많이 도사리고 있기 때문에 부족함이 나타나는 것은 어쩔 수 없다. 여러 상황 속에서 창업자가 알아두어야 할 내용 중 상거래관행에 대해 알아본다.

점포형창업을 하는 경우 초기 창업비용이 예상보다 만만치 않게 소요되는데 창업자금을 집행하는 과정에서 필연적으로 관련업자(부동산업 · 인테리어업 · 시설업 · 유통업 · 납품 등) 또는 인 · 허가와 관련된 사람들과 만나게 된다. 창업 관련업자들에게 있어서는 예비창업자의 자금이 바로 그들의 매출로 이어지게 된다. 따라서 이러한 관련업자를 상대하는 데 있어 주의할 점이 있다. 관련업자들은 수많은 창업자들을 상대하는 프로이기 때문에 면식이나 저가 · 품질 · 화술 등으로 무장하고 계약을 성사시키는 데 있어 능숙하기 때문이다.

장사꾼은 이윤이 없으면 거래를 하지 않는다. 정당한 가격이라면 당연히 거래가 이루어져야 할 것이나 자세히 살펴보면 합리적인 표준가격 적산체제가 갖추어진 업체는 그리 흔하지 않다. 이러한 창업자금 집행과정의 이면에서 우리 사회에 만연되어 있는 좋지 못한 상관례들 때문에 때로는 초보창업자들의 자립의지를 꺾어버리는 경우가 발생한다. 권리금을 조금이라도 더 받으려고 중개업자에게 웃돈을 주는 경우에서 각종 시설공사나 물품구매, 그리고 업체선정에 관한 리베이트나 소개비 · 사례비라는 이름이 대명사처럼 붙어다니는 것은 그만큼 창업자금이 그들의 매출에 큰 영향을 끼치기 때문이다.

적게는 몇백만 원에서 몇천만 원의 매출을 발생시키니 업자로서는 어떠한 명목으로라도 거래를 놓치지 않을 것이다. 특히 음식점의 경우 개업점포만 돌아다니는 창업전문 조리사들도 상당수 있는 것이 현실이고 보면 업체선정이나 물품구매에 관여하는 경우가 빈번하게 발생하기도 한다. 창업자의 입장에서 보면 창업경력이 많고 장기근속할 것을 바라는 경우가 대부분인데, 창업경력이 많고 리베이트에 길들여진 경우는 오래 근속하며 성실하게 일할 리가 없다.

이와 같은 경우 대부분 물품구매나 시설비 등이 과다하게 책정될 가능성이 높은데 결국 피해는 초보창업자에게 돌아갈 수밖에 없다. 이는 창업자가 각종 분야에 대한 수많은 가격정보를 알 수 없고, 업자들은 open price를 하지 않고 쉽게 돈을 벌려는 데서 문제가 발생하는 것이다. 이러한 창업자금을 둘러싸고 일어나는 소위 '바가지'라는 언어도 사업구상과 성공에만 몰두한 초보창업자가 적절하게 대처하지 못하기 때문에 발생하게 된다.

피해를 줄이기 위한 유의사항

피해를 최소화하려면 원칙 있는 지출과 두세 개 이상의 업체로부터 견적을 받아 가격을 하나하나 꼼꼼히 따져보고 수량은 적정한지 등을 면밀하게 검토하여 신뢰성 있는 업체를 선정해야 한다. 정품과 유사품에 관한 지식도 알아두면 좋을 것이다.

직원선발시에는 어떤 루트를 이용하여 채용할 것인지 결정하고 직원의 관련업종 근무경력상황, 인품과 근무의욕, 성실한 인간관계와 생활자세 등을 고려하여 채용해야 할 것이다. 인테리어 또는 시설공사의 경우 대금지불은 항상 창업자가 유리한 조건으로 완공 때까지 지출을 늦추는 것도 좋은 방법 중 하나이다. 업자의 입장에서는 대금을 미리 받고 마진 정도만 잔금으로 처리하고 싶은 마음이 대부분이지만 먼저 많은 돈이 업자에게 건네졌을 경우 마무리 처리나 물품의 하자여부, 공사의 지연 등 여러 문제가 생길 수 있기 때문이다.

체인점 가맹의 경우 옵션이 있는지 파악하고 통일된 컨셉을 위해 부득이한 경우 가격이 적정한지, 계약조건에 하자는 없는지 신중히 따져본 후 본사와 계약 여부를 결정해야 한다. 초도상품 구입의 경우 점포 규모에 알맞은 적정수량인지, 유행이 지난 재고품은 아닌지, 반품은 어떠한 방법으로 이루어지는지 등을 살펴보고 비교적 조금 부족한 수량으로 구매하고 개업 후 추가 구매하는 것도 바람직한 구매방법 중 하나가 될 것이다.

이외에도 여러 가지 불리한 일들이 많이 생길 수 있겠지만 창업자가 조금만 더 신경 쓰고 주변의 선배창업자나 전문가의 조언을 통해 해결하려는 노력과 지혜만 있다면 부적절한 상관례에 대처할 수 있을 것이다.

<table>
<tr><td align="center">인테리어 업체 선정 전 잠깐만 주의!</td></tr>
</table>

- 주방·계단·화장실 등 공유면적을 제외한 순수한 점포 전용면적의 엄밀한 실측
- 천장자재·벽체·바닥·전등형태·위생변기 등 어떤 자재와 제품을 사용했는가 확인
- 특수한 경우를 제외하고는 인테리어 비용을 추가하지 말 것
- 빨리 개업하고픈 생각으로 공기를 단축하지 말라. 특히, 방수공사일 경우 아래층 점포에 누수현상이 발생하며, 시멘트가 숙성되지 않아 타일이 떨어지는 경우 등이 있으며 심한 경우 영업이 중단될 경우도 발생한다.
- 점포는 어디까지나 영업에 필요한 기능으로 설계되고 건축되어야 한다.
  * 인테리어 전문가의 경우 주방기능은 도외시하고 객석부분만 화려하게 꾸며 자기의 전문지식이나 예술성을 강조하는 경우 큰일
- 인테리어 업자에게도 일정표를 작성케 하여 중간중간 공사진행 현황을 체크한다.
- 중소규모 점포는 유사점포를 인테리어 업자와 함께 방문하는 것이 좋다.
  * 설계도면에 나타난 좋은 그림도 공사가 끝나면 실망하는 경우가 많다.
- 소점포 인테리어에 있어 가격의 합리성에도 문제가 많이 발생하고 있는 것이 현실

인테리어 시공계약과 권리

우리 나라에서 규모가 있는 인테리어 업체를 제외하고 소점포를 대상으로 인테리어사업을 전개하는 업체 중 실행도면을 정확히 파악하여 명확한 적산작업을 한 뒤 견적서를 제대로 작성·제출할 수 있는 능력을 갖춘 업체를 만나기는 쉽지 않을 것이다. 공사금액도 업체에 따라서 20~50%까지 차이가 나는 경우도 있다. 몇 개 업체의 견적을 받아 총예정금액을 결정한 뒤 합리적이라고 생각되는 업체와 협의하여 계약자로 선정하도록 하는 것이 좋을 것이며, 계약을 위해 하자보수 등의 내용을 담은 계약 내용을 문서로 작성해두어야 한다.

시공계약을 체결할 때 특기사항으로 첨부될 내용은 평면도·전개도·상세도면·입면도·단면도·전기배선도·주방도면·창호도면·흡배기도면·수도인입도면·가스인입도면 및 주방내도면·가구도면·등기구표시 등이 있다. 인테리어 공사계약을 체결할 때 업체는

대부분 인쇄된 계약서에 총도급액, 부가세액, 공사기간, 계약금, 중도
금, 잔금일자 및 조건 등의 내용만을 기록하고 있는데 별도의 특약사
항, 특히 책임한계, 공사지연시의 책임소재, 사고시의 책임소재, 계약
해지 조건제시 등의 발주자의 권리를 삽입해두는 것이 좋다. 공사계
약을 체결할 때의 발주자의 권리사항은 다음과 같다.

특기 사양서

도면에 표시할 수 없는 부분이나 공사에 상세한 내용을 정리하기
위하여 도면에 특기사항을 확인한 내용이다.

공사보증

하자보증기간의 확인, 누수 등 긴급한 사항의 발생시 대처방법 등

화재보험 가입

중소규모점포의 경우에도 공사기간 중 위험을 보증하기 위하여 화
재보험에 가입하는 것이 좋다.

공사지연책임

천재지변 또는 불가항력의 경우를 제외하고는 거의가 시공업자의
책임으로 한다. 개점일자 지연으로 인한 건물임대료·인건비부담·
대외신용도 등 막대한 지장을 초래하므로 이 조항을 명확히 한다. 예
를 들면 공사지연 1일마다 전공사비의 몇 퍼센트를 지급한다는 내용
을 계약서에 명확히 삽입하여 둔다.

도로사용권 및 인근 주택, 상가와의 업무조정

공사를 시행함에는 소음과 원자재 입고 및 구축물 철거에 따르는
먼지 등으로 이웃과 문제가 발생하는 경우가 많으므로 공용도로 사용
허가가 필요할 때는 미리 해당관청에서 허가를 받아 집행하는 것이
좋다. 민원이 발생하지 않도록 하는 모든 업무는 인테리어 업자의 책
임하에 진행되도록 한다.

입면도

입면도는 건물의 모양을 사방에서 본 도면이다. 또한 실내의 벽을
중심으로 한 도면이다.

11

인테리어 진행별 점검항목

인테리어 설계를 위한 현장조사 항목

1. 점포실측을 시행해서 현장상태를 재확인하여 현재의 상태에 의한 평면도면 작성
2. 건물의 구조나 규모 조사
3. 전용면적의 엄밀한 실측
4. 지하의 유무확인
5. 방화지역의 확인
6. 용도지정 지역의 표시확인
7. 기존시설 철거작업량 체크
8. 가스 · 수도 · 전기의 용량 체크
9. 급배수 시설 체크
10. 주방위치의 개략적인 선정

* 상업지역, 근린생활 지역, 준주거지역, 주거전용지역 등 건축법규상 제한하고 있는 점, 네온간판 허용불가 지역도 확인할 필요가 있고 방화지역 관리부실로 영업허가가 되지 않는 경우도 예상해야 한다.

<table>
<tr><td align="center">주방설비공사를 할 때의 점검 항목</td></tr>
</table>

- 배수 : 주방의 배수방식은 어떻게 되어 있는가
  그리스 트립의 위치는 주방의 작업에 지장 없도록 설정되어 있는가
- 주방공사 : 주방의 각종기기를 표시한 도면, 주방업체가 작성한 도면 확인
- 레이아웃 : 메뉴에 따른 주방 레이아웃이나 생산능력 확인
- 배치 : 주방기기가 작업동선에 맞도록 배치되어 있는가
- 주방기기 : 내장공사와 같은 요령으로 견적서를 두 곳 이상 받는다.
- 공사범위 : 점포내장공사와 주방공사 범위를 확실히 한다.

* 주방기기 설치공사의 포함 여부를 양 업자간에 협의하여 한계 여부를 확인한다.

<table>
<tr><td align="center">점포 기본설계도면의 중요 항목 점검</td></tr>
</table>

- 점포의 출입구에서 객석까지, 주방에서 객석까지의 동선
- 객석수와 객석구성의 업태, 업종 분위기와의 조화는
- 의자, 탁자가 2, 4, 6인석으로 골고루 분포되어 있는가
- 단체 · 그룹고객을 위한 룸의 설정은
- 탁자가 사각형과 라운드형이 적절히 배합되어 안정감 있는가
- 인테리어 디자인이 점포이미지와 일치하는가
- 화장실은 남녀용으로 구분되어 있는가
- 계산대의 위치는 고객이 대금을 쉽게 지불할 수 있는가
- 고객용 전화기는 적절한 위치에 있는가
- 음료냉장고와 서빙스테이션은 신속하게 서빙할 수 있는 위치인가

* 전문지식이 부족하여도 궁금한 것은 반드시 도면 작성자에게 문의 · 확인하여 후회하는 일이 없도록 해야 한다. 기본설계도면은 토론과정을 거쳐 최종적인 수정도면을 작성하며 이 수정도면을 근거로 인테리어 공사실시도면을 작성하도록 한다.

- 도어 : 각 창호의 개폐방향과 규격, 점포나 주방 출입구, 화장실, 출입구의 규격 확인
- 벽 디자인 : 벽면의 내장 디자인과 건축자재 확인. 주방벽면은 주방기기가 위치하므로 방수부문과 일정높이의 타일작업이 되어 있는지 확인한다(가급적이면 흰색 타일을 사용하는 것이 좋다).
- 높이 : 팬츄리, 디시업, 카운터높이 등을 확인한다. 팬츄리(85cm), 디시업(100~120cm), 카운터(75~90cm)로 하는 것이 일반적이며 한국인의 표준키에 적합하다.
- 바닥의 단차 : 기존건물에 주방을 만들 때는 트랜치(급배수라인)를 설치해야 하므로 바닥보다 15~20cm 높게 마련이다. 이때 객석과 주방은 당연히 15~20cm 단차가 생긴다.
- 의자 : 의자와 테이블 높이와 규격확인. 위치 설정 확인. 테이블 객석수와 분위기가 여기서 결정된다.
- 천장도면 : 천장의 마감자재, 모양, 조명등(샹들리에), 공조기기, 점검구, 배기, 흡기위치, 닥터 등의 설비도면이 포함되어 있는지 확인. 지붕 또는 옥상에 배기부로어를 설치할 때는 동력(마력수)도 확인한다.
- 조명 : 조도와 조명기구수, 모양을 도면에 표시하거나 샘플 또는 카탈로그 확인
- 냉난방 : 냉난방 공조기기의 위치, 객석과의 관계가 합당한지 공조기기 확인, 천장의 요철부분에 직접 닿지 않는지 여부 등을 점검한다.
- 창호도 : 출입구 · 창문의 규격 일람표와 위치, 종류별 기자재명, 스텐 혹은 스틸(금속)물의 두께 표시 등을 확인한다. 창호의 폭 · 위치 · 개폐방향 · 방식 등을 확인한다.
- 문 : 뒤쪽이나 주방에 연결된 문은 종업원 통로이기 때문에 흰색보다는 손때가 잘 안 타는 자재를 이용하는 것이 좋으며 최소한 폭은 70~90cm는 되어야 한다.
- 설비도면 : 전기, 급배수, 냉난방 공조, 가스 등 점포의 설비에 관한 내용을 확인
- 전기 : 콘센트 위치 · 주방 · 간판 · 점포 객석별로 전압과 와트수가 정확히 설정되었는지, 분전반의 위치는 정확한지, 전화나 금전등록기 배선까지 확인한다.
- 화장실 : 악취방지 장치나 환풍기, 통기관이 계획되어 있는지 확인한다.
- 방수공사 : 방수공사 업자에게서 보증서를 받아두는 것이 좋다.
- 미터기 : 수도 · 가스 · 전기 등의 미터기 설치장소 확인
- 공사범위 : 인테리어와 주방업자의 공사범위 설정

- 간판 : 간판 부착상태가 당초 약속대로 정해진 위치에 부착되어 있는가
- 출입문 : 자동문이나 문의 개폐상태가 합리적이며 문의 설치가 튼튼하게 작업되어 있는가
- 벽, 천장 : 구석의 공사가 말끔하게 처리되었는가
  벽과 천장 끝의 마무리, 벽과 바닥의 마감자리 처리는 잘 되었는가
- 테이블 위치 : 테이블과 의자가 평면에 놓였을 때 삐뚤어지거나 흔들거리지 않는가
  테이블 높이는 설계도면대로 잘 만들어져 있는가
- 조도 : 점내의 밝기는 적당한가
- 설비 : 전기 · 가스 · 수도(수압) · 배수구 · 배기 등은 모든 계기가 정상 작동되고 설비에 제대로 배선이 되었는가
- 화장실 : 좌변기, 양변기, 페이퍼 홀더, 비누곽, 기타 비품은 제대로 놓여 있는가
  특히, 거울은 면이 고르고 깨끗한가
- 각종 계기 : 가스, 전기, 수도의 미터기, 스프링클러는 완벽한가
- 공조기 : 계절에 관계없이 정상가동 되는지 시험해보았는가
- 배기 : 난방배기는 정상 가동되는가
- 배수 : 그리스 트랩 배수경로는 제대로 경사되어 있고 배수의 역류현상이 일어나지 않는가

9장 점포 마케팅

01

마케팅과 판매촉진

소자본 창업을 지향하는 예비창업자들에게 혼선을 가져오기 쉬운 것이 바로 마케팅과 판매촉진이다. 이 용어는 사실 기업에서나 필요한 것이라 생각하기 쉬울 것이다. 자영업자들은 마케팅을 이해하고 실천하기보다는 매출증대에만 관심이 있는지도 모르겠다.

그러나 21세기에 들어서면서 소자본 자영업자들도 경쟁을 하지 않으면 자리매김할 수 없는 영업환경에 놓인 만큼 원론적인 공부보다는 간단하게 마케팅이란 무엇이고 판매촉진이란 무엇이며 광고는 어떤 역할을 하는지 살펴보면 어떻게 영업장을 차별화하고 매출을 증대할 수 있는지 여러 가지 묘안을 짜내는 데 도움이 될 것이다.

필자는 점심시간이면 사무실 근처인 서초동 예술의 전당 부근 주택가에 위치한 OO식당을 이용한다. 칠순에 가까운 할머니가 식당을 경영하고 계신데 누가 원론적인 마케팅을 가르쳐준 것도 아니지만 참으로 영업을 잘하고 계신 것 같다. 우선 테이블이 16개인 식당 안을 들어가면 들어오는 손님의 얼굴을 기억해내고는 꼭 사업이나 집안일의 안부를 물어보고는 한다. 그리고 주문이 끝나고 식사가 시작되면 항상 테이블을 둘러보며 밑반찬이 비어 있는지 체크하며 즉시 추가로 가져다주기도 하고 반주를 좋아하는 손님들에게는 잔술로 두어 잔까지 무료로 제공하기도 한다.

그리고 계산할 때는 공기밥값은 때로는 받지 않기도 하며 디저트로 주는 사탕이나 껌에서 한 단계 더 나아가 담배를 개비로 주는데 기호에 따라 피우게 여러 종류의 담배를 구비해놓는 것이다. 이렇듯 누가 마케팅을 별도로 알려주지 않아도 본능적으로 고객서비스를 실천하고 고객이 무엇을 원하는지 소비자욕구를 파악하고 실천하는 할머니의 상술이 바로 예비창업자들이 배워야 할 소점포 마케팅이라 할 수 있다.

마케팅이란

마켓(market)과 팅(ting)의 복합어로 즉 시장(물건을 파는 곳)에서 일어나는 일이란 뜻인 것이다. 즉 시장에서 물건을 팔 수 있도록 상품의 아이디어를 만드는 단계, 제조 · 배송 · 판매 등의 단계마다 전략을 세우는 것이다. 대기업이나 중소기업에서 사용되던 마케팅이란 단어는 1990년대를 거쳐 보편화되더니 21세기 들어서면서 소점포 자영업에도 도입되지 않으면 영업을 하기 어려운 창업환경으로 변하였다. 1990년대 이전까지는 비교적 물건이 적은 시절이었기 때문에 만들기만 하면 반드시 팔 수 있었다.

　그러나 고도경제성장을 하면서 자동화생산 등을 통하여 대량생산이 가능해지면서 물건이 넘쳐나는 시대로 바뀌었다. 따라서 상품을 판매하기가 점점 어려워졌으며 소비자의 기호 역시 제각각이어서 상품을 팔기 위해서는 소비자가 어떤 상품을 원하는지를 먼저 생각하는 마케팅이라는 사고방식이 보급되기 시작한 것이다.

　이러한 마케팅을 구현하려면 다음과 같은 네 가지 요소를 효율적으로 구성해야 한다. 즉 제품전략(product), 촉진전략(promotion), 입지전략(place), 가격전략(price)으로 나누어 전략을 세워야 한다. 쉽게 말하자면 어떤 상품을 만들거나 판매할 것인지, 어디에 어떤 광고를 게재할 것인지, 점포 앞에는 어떤 간판을 세우며 전단을 어떻게 돌릴 것인지 등의 촉진방법을 검토하고, 영업장소는 상품을 판매하기 쉬운 장소를 물색하기도 하며 지역에 알맞은 가격전략을 세우는 것 등의 제반 활동들을 마케팅활동이라 이해하면 될 것이다.

판촉이란

　판촉의 사전적 의미는 원래 '밀어붙인다' 와 '설득한다' 라는 의미가 담겨 있으며 판매를 위한 촉진(promotion)활동의 준말로 생산자나 유통업자의 상품을 어필하기 위한 다양한 활동, 즉 소비자를 자극하여 상품을 구매하게 하는 활동을 말한다. 다양한 상품들 가운데 소비자에게 자기점포에서 팔려고 하는 상품을 사도록 하기 위해서 브랜드나 기능·특징 등의 정보를 소비자에게 전달하는 활동을 판매촉진 활동이라 한다.

마케팅과 판촉을 전쟁에 비유한다면 마케팅은 전략에 해당되고 판촉은 전술에 비유하면 적절하다고 할 수 있다. 최근 대기업출신의 명예퇴직자들이 소점포 창업에 가세하면서 첨단마케팅 기법이나 기발한 아이디어로 무장하여 판촉활동을 전개하는 창업자들이 생겨나므로 소점포에서도 매출증대를 위해 경쟁이 더욱더 치열해지고 있는 양상이다.

이제는 소점포 자영업에 있어서도 경쟁력을 갖추려면 원론적인 마케팅공부는 아닐지라도 실전주의의 마케팅이나 판매촉진에 대한 관심은 가져야 성공적으로 사업을 할 수 있는 환경이 되었다. 자영업에 관련된 소점포 마케팅과 판촉의 구체적인 방법들은 어떠한 것이 있는지 사례나 칼럼을 통하여 구체적으로 살펴보기로 한다.

○ 판촉의 구체적인 방법

구 분	대 상	비 용	장 단 점	방 법
광고	대중	많음	빠르고 정보전달의 통제가 가능하나 비용이 많이 든다.	텔레비전·신문·잡지·라디오·인터넷광고·간판·전단지 등
홍보	대중	실비	신뢰도는 높으나 정보전달력의 통제와 접근성이 쉽지 않다.	언론홍보·사보·시범점포·사회봉사활동·촬영장소제공 등
인적 판매	개인	보통	빠르고 정보전달이 정확하나 범위가 좁고 속도가 느리다.	구전홍보·판매원활동·영업활동·예약활동·텔레마케팅 등
판매촉진	대중	많음	즉시효과가 가능하나 경쟁업체로부터 모방당하기 쉽다.	시식회·실연판매·체험·샘플배포·애프터서비스활동·쿠폰제 등

02

마케팅의 정의

미국마케팅학회(AMA)의 정의위원회는 1960년에 마케팅에 대한 정의를 "제품과 서비스를 생산자로부터 소비자 또는 사용자에게 흐르도록 하는 기업활동의 수행"이라고 정의하였다. 미국마케팅학회의 이러한 정의는 생산 이전의 활동을 고려하지 않고 있으며, 유통만을 강조하고 있고, 마케팅의 주체를 기업에만 국한하고 있다는 문제점을 안고 있었다.

코틀러(Philip Kotler)는 "교환과정을 통하여 욕구와 필요를 충족시키려는 인간활동"이라고 마케팅을 정의하고 있다. 코틀러의 정의는 쌍방의 만족을 극대화하려는 생산자와 구매자 사이의 교환을 강조하고 있고, 교환의 개념을 도입하여 광범위한 인간활동을 포괄하였으며, 마케팅의 주체도 기업에 국한시키지 않는다는 점이 특징이다.

미국마케팅학회의 정의위원회는 1960년의 정의를 보완하여 1985

년에 새로운 정의를 내렸다. 즉 마케팅을 "개인과 조직의 목표를 충족시킬 교환을 야기하기 위하여 아이디어 및 제품, 서비스의 개념화와 가격결정·촉진·유통을 계획하고 수행하는 과정이다"라고 정의하였다. 1985년의 정의는 교환의 개념을 도입하였고, 마케팅의 주체와 대상을 모두 확대하였다. 또한 모든 마케팅 의사결정분야를 명확하게 포괄하고 관리론적 입장을 취하고 있다.

욕구와 필요

인간의 욕구는 모든 사람들이 공통적으로 타고나는 것으로 평상시에는 분출되지 않은 상태로 마음속에 잠재되어 있는 것이다. 이에 비해 필요는 욕구를 충족시키기 위한 구체적인 수단이라고 할 수 있다. 때로는 기업들이 과대광고를 통하여 새로운 욕구를 창출시키며 소비자로 하여금 불필요한 제품을 구매하도록 강요하기도 한다.

그러나 기본적인 욕구는 생산자가 창출하는 것이 아니라 욕구를 효과적으로 충족시킬 수단으로 제품을 제공할 따름이다. 따라서 소비자는 제품이 자신의 욕구를 충족시켜줄 것이라는 인식 아래 자유의사에 따라 구매 여부를 결정하게 되는 것이지 광고에 의해 자신의 욕구와 관계없는 제품을 구매한다고 보기는 어렵다.

기업이나 자영업을 하는 사람들은 매출을 올리고 성공을 하려면 우선 기본적인 인간의 욕구를 충족시켜줄 수 있도록 마케팅이나 판촉활동을 펼쳐야 매출증대를 이루어낼 수 있을 것이다. 시대가 변화함에 따라 수요자의 욕구도 변하므로 마케팅활동도 이에 맞춰 변화하게 마련이다. 즉 마케팅정의도 달라지고 이에 대응하는 마케팅전략도 달라지는 것이다. 그러면 이전까지 해나오던 마케팅이 21세기를 맞이하면서 어떻게 변했는지 다음의 표를 통하여 살펴보도록 하자.

기존의 마케팅	21세기마케팅(1:1 마케팅)
타깃 마케팅	다양한 개성과 욕구를 추구할 것으로 전망 1:1 마케팅, 맞춤마케팅, DB마케팅
대기업 위주의 마케팅 활동	중소기업의 마케팅 도입 필요성, 취급품목의 특수성을 감안한 차별화 마케팅 추진
자동화 지향	정보화 지향(디지털 경제로 패러다임 전환 예측) 물류 · 유통 · 판매 · 서비스 등 모든 영역에서 인터넷을 활용 비용절감과 마케팅의 효율화
거래적 개념	관계적 개념, 관계마케팅(relationship marketing), 소비자와 지속적인 관계를 갖기 위해 사전 및 사후 마케팅(before and after marketing)
판촉위주의 마케팅	사회적 마케팅과 환경친화적 마케팅

* 21세기 마케팅은 양적인 면만을 추구하려 하기보다는 질적인 면의 중요성을 살려나가야 할 것이다. 다시 말하면 MORE마케팅보다는 BETTER마케팅이 되어야 할 것이다.

03

마케팅 차별화, 이렇게 한다

성공창업자들의 숨은 노력이나 기발한 아이디어를 과소평가하고 나도 하면 잘할 것 같은 느낌만으로 창업에 도전하면 실패한다. 이런 과오를 범하지 않으려면 성공창업자들의 숨은 면면을 잘 살펴볼 필요가 있다. 무엇 때문에 이 점포가 성업중인지 예비창업자는 그 원인을 찾는 데 주력해야 한다. 똑같은 장사를 하더라도 고객의 입장에서 한 번 더 생각해보고 고객을 감동시킬 수 있는 묘안을 짜야 한다는 것이다. 꼭 새로운 것이 아니더라도 경영주의 개성과 정성을 담아 다채로운 상품과 서비스를 제공한다면 얼마든지 손님을 끌 수 있다.

강남 안세역 사거리의 선샤인호텔 앞에서 '등나무집'이라는 상호로 삼겹살 전문점을 운영하고 있는 김진호 씨의 경우 서비스 제공 방법을 차별화해 성공한 경우다. 이 집의 주메뉴는 삼겹살이다. 고객이 주문하면 직원이 200g씩 반듯하게 잘라 은박지로 포장한 고기를 사람수만큼 가져온다. 그리고 정성스럽게 포장을 개봉해 고기를 불판 위에 올려놓고 살짝 구워지면 테이블용 도마에 올려서 마치 스테이크를 자르듯이 잘라서 다시 굽게 된다. 이렇게 직원이 시범을 보여주면 그 후로는 고객이 스스로 잘라먹게 되는 서비스 방법이다. 고객은 집에서 직접 요리해 먹는 기분을 갖게 되는 것이다. 물론 이외에도 고기와 곁들여 먹을 수 있는 여러 가지 소스가 제공되는 것은 확실하게 다른 삼겹살집과는 차별화된 전략이다.

그리고 식사는 칼국수가 제공되는데, 1960년대 즐겨 사용하던 양은냄비에 육수와 양념된 재료를 갖고 오면 고객이 스스로 조리해 먹을 수 있도록 서비스한다. 이 집을 이용하려면 대기번호표를 받아서 30분~1시간 정도 기다려야 하는 불편이 있지만 그만큼의 즐거움을 돌려받을 수 있다. 이렇게 서비스로 차별화한 김 사장은 프랜차이즈 본사로 도약하면서 가맹비 2,000만 원씩 받으며 1년 동안 50여 개의 가맹점을 개설하며 성공한 사례자로 만인의 부러움을 사기도 했다.

목표 지향적 차별화 전략

입지 · 청결 · 접객서비스 · 시설 · 상품의 전문화 · 간판 · 유니폼 등 자신의 강점과 기존업체들의 단점을 파악해 자기점포가 가장 확실하게 우위를 점할 수 있는 차별화를 구사해 경쟁력을 만들어야 한다. 차별화는 모방으로는 결코 성공할 수 없고, 점포의 개성을 살려 고객들의 진실한 지지를 얻을 때에만 성공점포가 될 수 있다.

저가로 차별화를 지향하는 것은 바람직한 방법이 아니다. 또한 모든 분야에서 차별화하는 것도 차별화가 아니라 평범하게 점포의 수준을 높이는 일이다. 자기점포에서 가장 자신 있는 특정 분야를 타 점포와 차별화시켜 나가는 것이 진정한 차별화다. 차별화를 구현시키는 가장 큰 목적은 다른 경쟁점포보다 튀어 보이는 전략으로 매출을 증대시킬 수 있는 환경을 조성하는 것이라는 점을 간과해서는 안 된다. 무엇을 경쟁점포와 차별화시켜 나가야 할지 자기점포의 특성을 고객에게 효과적으로 전달할 수 있는 방안을 끊임없이 연구해야 한다.

신속한 차별화 실현

차별화는 실현이 가능할 때에만 성공한다. 아무리 좋은 아이디어나 서비스계획을 구상했다 해도 경쟁점포보다 늦게 실현되면 무의미하고 모방에 지나지 않는다. 모든 능력을 발휘해 빠른 속도로 전개해야 한다. 불충분한 정보와 시장상황에 대처할 수 있는 순발력과 통제력, 유연성 있는 결단력이 필요하다. 과감한 의사결정과 어떤 경우에도 완전히 포기하지 않는 승부근성은 필수적이다. 시장동향과 라이벌 경쟁조건을 명확히 파악해 차별화를 구사한 후에는 다른 점포의 신규참여를 배제할 수 있는 보호막을 형성하는 것이 필요하다. 결국 점포차별화는 성공점포를 만들기 위한 수단이며, 기본원칙은 고객에게 사랑받을 수 있는 조건을 파악해야 하고, 경영자의 인생관이나 목표가 명확해야 하며, 점포에 관한 사명과 신조가 확립되어야 한다.

틈새시장이나 새로운 개념을 노려라

매출을 증대하기 위해 차별화를 시도하는 것이라면 항상 상품이 왜 팔리는가를 연구해야 한다. 그리고 지금 잘 나가는 아이템에만 시선을 집중하지 말고 현재 눈에 띄지 않지만 비어 있는 아무도 모르는 시장을 발견해 집중 공략할 수 있는 틈새를 찾아야 한다. 이러한 영역을 발견하려면 기존의 고객에 관한 분석을 해야 한다. 이용고객의 수준이나 수준의 변화에 따른 흐름을 고객의 입장에서 명확히 파악하여 고객에게 최대한 만족을 줄 수 있어야 한다.

새로운 영업전략이나 서비스는 구태의연한 경영전략이나 사고방식으로는 되지 않는다. 열린 마음으로 점포 경영방침이나 경영에 관한 사업내용을 충분히 공개함으로써 주변의 사람들로 하여금 사업을 지원·협조해 주는 체제가 되도록 해야 한다. 점포주는 취급상품을 '구입한 것을 판다'에서 '팔 것을 구입한다'로 사고를 전환해야 하며, 항상 고객의 입장에서 잘 팔릴 수 있는 상품을 갖추도록 최선을 다하기 위해 눈과 귀를 열어 놓는 자세가 필요하다.

업종별 가격전략

마케팅전략이라 하면 먼저 가격결정부터 시작된다. 동네에서 생활필수품을 판매하는 슈퍼나 아동의류점 등은 고객들이 상품의 가격 하나하나를 일일이 비교하지 않기 때문에 정상적인 가격으로 판매하는 것이 좋다. 물건을 구입하기 전에 가격 품질, 스타일 등을 꼼꼼히 따지는 컴퓨터·가구·중고차 등의 내구재와 중국음식점·분식점·세탁소 등 경쟁이 치열한 업종은 할인전략이 먹혀드는 업종이다. 전문제품이나 기호품인 오디오 기기·카메라·자동차·디자이너 패션의류·고급레스토랑 등 경쟁이 비교적 덜하고 고품질이 요구되는 상품은 고가 전략을 수립하는 것이 좋다.

마케팅전략

소규모사업은 영업범위가 좁고 자금도 부족하기 때문에 저비용 고효율의 홍보계획을 수립해야 한다. 소자본 업종의 경우 홍보는 전단배포·우편(DM)광고 등이 많이 사용되고 있다.

창업초기에 전문도우미를 동원하는 이벤트 행사도 효과적이고 전단광고는 신문에 끼워서 배포하는 것보다는 본인이 직접 배포하는 것이 좋다. 전문품목은 사무실이나 상가에서 직접 설명하는 방법이 좋고, 점포 내에 비치하는 POP 광고물은 손님의 눈에 잘 띄는 곳에 정확하게 맞는지에 대해 잘 살펴야 한다.

풍선아치나 앰프 등을 동원한 이벤트는 좁은 골목의 점포 앞보다 점포 진입로나 유동인구가 많은 인근 번화가에서 하는 것이 좋으며 지역신문이나 정보지, 지역번호부를 이용하는 것도 효율적이다. 전화 이용 홍보는 수신자 부담인 080서비스, 전국 단일번호 서비스인 1588 또는 기억하기 쉬운 전화번호 확보 등이 필요하다.

사업의 종류에 따라서는 인터넷을 이용한 마케팅 전략이 요구된다. 인터넷 판매나 홈페이지를 이용하는 방법이다. 인터넷이나 홈페이지를 이용하여 상품이나 사업을 소개하는 경우에는 많은 사람들에게 저비용으로 전국적으로 홍보를 할 수 있기 때문에 반드시 한번 시도해 볼 만하다.

04

소자본 창업의 인터넷 마케팅

폭발적으로 증가하고 있는 인터넷 시장에서 경쟁력을 갖기 위해서는 신선하고 새로운 아이디어로 고객을 유치해야 한다. 인터넷 마케팅 성공의 핵심은 점포 마케팅이나 기업 마케팅과 마찬가지로 역시 고객우선주의에 근거한다. 즉 네티즌을 위한 다양한 서비스제공이 핵심이 된다. 자신의 홈페이지를 아무리 잘 만들었더라도 찾아오는 사람이 없다면 아무 소용이 없다. 홈페이지를 알리는 방법은 기존의 매체를 이용하는 방법과 인터넷을 활용하는 인터넷 마케팅이 있다.

네티즌의 변화욕구에 대한 배려

네티즌만큼 새로움을 추구하거나 쉽게 식상해하는 층은 별로 없을

것이다. 만약 네티즌이 한 달 전에 방문했다가 다시 방문했을 때 내용
이 전혀 바뀌지 않은 홈페이지라면 그 네티즌은 더 이상 그 사이트에
는 찾아가지 않을 것이다. 따라서 항상 내용이나 디자인을 업데이트
할 필요성이 있다.

신속한 접속서비스로 접근성에 관한 배려

방문자수가 늘어나거나 그림파일이 많으면 사이트가 느려지거나
심한 경우 멈춰버리게 되는데 전용회선과 컴퓨터 용량을 그때그때 늘
려 고객들의 접속속도가 떨어지지 않도록 항상 신속한 접속서비스를
제공해야 한다.

주상품에 대한 부가적인 서비스 정보제공

가상점포는 고객에게 표현할 수 있는 것이 글과 그림뿐이다. 사이
트에서 판매하고자 하는 주상품이 있다면 부가적인 정보서비스가 함
께 이루어져야 한다. 예를 들면 액세서리를 주로 판매하는 사이트라
면 액세서리 이용법에 관한 정보를 핵심으로 제공한다든가 건강식품
을 판매한다면 건강에 관한 다양한 정보가 제공되어야 할 것이다.

다양한 상품구색과 서비스 제공

한 가지 물건과 서비스를 팔거나 제공한다면 웹 이용자가 구입할 가능성은 매우 적다. 반면 많은 물건을 팔고 다양한 서비스를 제공한다면 고객이 물건을 구입하거나 서비스를 이용할 가능성은 매우 높아진다. 대개 많은 상품을 팔거나 다양한 서비스를 제공하는 것이 비용이 많이 들지 않기 때문에 적은 노력으로 많은 이익을 얻을 수 있다.

차별화된 상품과 서비스제공

다양한 상품과 서비스도 중요하지만 사이트 나름대로의 차별화된 제품과 서비스를 제공하는 것이 더 중요하다. 차별화를 하는 데 있어서 경쟁 사이트에서 판매하지 않는 제품을 판매하거나 경쟁사이트에서 제공하는 것과 같은 상품이나 서비스일지라도 다른 사이트와는 달리 새로운 판매방식이나 사이트 자체의 차별화를 두는 방법을 고려해 볼 수 있다.

지불가치에 대한 배려

가격은 고객을 자신의 홈페이지로 유인하는 가장 중요한 요인으로 같은 가격의 제품이나 서비스를 제공하고 있는 사이트가 많다면 다른 사이트에 비하여 차별을 두지 못하게 된다. 따라서 자신의 사이트만의 차별화된 가격정책이 필요하다. 고객은 자신이 지불하는 화폐의 가치보다 항상 더 많은 것을 요구하고 있다는 것을 명심해야 한다.

▌ 결제수단의 편이성에 대한 배려

인터넷을 이용하는 대부분의 네티즌은 불편한 것을 좋아하지 않는데 결제수단에서도 마찬가지이다. 만일 상품과 서비스에 대한 정보는 웹을 통해서 얻고 주문은 팩스·전자우편·전화를 이용하게 한다면 고객은 불편함을 느낄 것이며 단순한 홈서핑 수준에 머물 것이다. 네티즌을 실제 구매고객으로 이끌 수 있는 방법은 고객계정을 만들거나 고객정보 및 신용카드정보를 입력할 수 있는 방법을 제공하는 것이다. 단, 신용카드결제서비스를 하기 이전에 네티즌에게 신뢰감을 줄 수 있는 사이트운영이 선행되어야 할 것이다.

05

소자본 창업의 인터넷 홍보전략

소자본 창업자들이 점포에서 영업하는 것을 '현실공간 점포'라 한다면, 인터넷이라는 공간에서 창업하는 것을 '가상공간 점포'라 칭할 수 있을 것이다. 21세기를 맞아 우리들에게 가까이 다가온 인터넷은 생활에 많은 변화를 가져다주었다. 창업현장에서도 예외는 아니어서 같은 영업을 하면서도 자기점포를 최대한 홍보하는가 하면, 점포가 없어도 홈페이지(가상점포)를 통해 상품을 판매하고 많은 매출을 올리는 상술이 뛰어난 창업자들을 양성하기도 한다.

자영업을 하는 경영주들도 이제는 인터넷을 누가 더 잘 활용하느냐에 따라 영업실적이 달라질 것이다. 누가 인터넷으로 홍보를 잘하고 인터넷으로 상품을 판매하는 능력을 발휘하느냐에 따라 결과는 확연히 달라진다. 장사꾼이라면 어떤 환경에 처해 있더라도 물건만 잘 팔릴 수 있다거나 신규고객이 창출될 수 있다면 자신의 영업능력을 최대한 발휘할 수 있어야 한다. 최근 인터넷으로 상거래를 하는 경우 이외에도 홍보사이트를 활용해 지역의 명소로 등장하기도 하고, 프랜차이즈 본사로 활동하는 점포들도 상당수 있다는 점을 감안하면 자기점포의 홈페이지 정도는 보유하고 있어야 하지 않을까 한다.

홈페이지를 만들려면

▶ 시각적인 즐거움을 주는 사이트를 만들어야 한다

가능하다면 최신 기술을 사용해야 한다. 물론 디자인이 뛰어난 사이트를 만드는 것도 포함해서 말이다. 인터넷은 멀티미디어 기능을 가지고 있으므로 가능한 한 모든 방법을 동원해 만든다면 벤치마킹의 표적이 될 것이고 이것만으로도 충분한 광고 효과가 있다. 그렇다고 과다한 멀티미디어 기능을 사용하면 화려한 사이트로 인해 인터넷 접속 속도를 느리게 만드는 우를 범하게 된다.

▶ 차별화된 사이트를 만들어야 한다

자신의 사이트가 다른 사이트에서 볼 수 없었던 상품을 판매하거나 서비스를 제공한다면, 또는 가격이 월등히 싸다면 그것 자체만으로도 인터넷 광고효과는 클 것이다.

▶ 정보는 사용자들이 다시 찾아올 만큼 가치 있는 것이어야 한다

이것은 자신의 홈페이지가 광고효과가 있다는 말과 같다. 다른 홈페이지와는 차별화된 전략을 구사해야 한다. 또한 게시판기능을 이용해 고객들의 참여의식을 높여야 한다. 인터랙티브(interactive)한 처리를 할 수 있는 것이 인터넷의 최대 장점이다. 즉 사용자의 참여를 유도할 수 있는 자유게시판과 같은 것을 잘 이용하는 것도 좋은 예이다.

▪ 효과적으로 검색엔진에 등록한다

야후나 라이코스와 같은 유명 검색엔진에 등록하는 일은 인터넷 광고의 가장 기본이다. 인터넷상에서 자신의 웹사이트를 링크시킬 수 있는 사이트는 다음, 야후, 네이버, 엠파스, 파란 등 수많은 사이트가 있다. 이러한 사이트 하나하나를 방문해서 다 등록하는 일은 매우 번거로운 일로, 한 가지 양식을 사용해 여러 곳의 사이트에 자신의 웹사이트를 검색엔진에 자동으로 등록시켜줄 수 있도록 하면 편리하다. 검색엔진 등록시 성격에 알맞은 키워드와 카테고리 설정은 매우 중요한 역할을 한다.

▪ 홈페이지를 홍보하려면

▶ 주로 인지도가 높은 홈페이지에 광고를 내야 한다

이 방법은 쉽고 간단하나 비용이 많이 드는 단점이 있다. 시스템이나 광고료를 잘 검토해 예산이 허락되면 이 방법을 쓴다.

▶ 배너교환을 시도한다

비슷한 업종이나 연관효과가 있는 사이트끼리는 동반자적 입장임을 충분히 고려해 상호 배너를 교환하는 것이 광고효과를 창출한다.

▶ 경품제공이나 이벤트를 개최한다

이는 사용자를 유인하는 효과가 큰 방법 중의 하나이다. 정기적으로 이벤트를 기획해 사용자가 참여하는 기회를 늘리는 것도 방문객의 발길을 끄는 방법이다.

▶ 다른 매체에 도메인을 홍보한다

텔레비전 광고, 신문 광고나 전단 등에 URL을 표시하는 기업이 늘고 있는데, 구체적인 효과가 눈에 띄게 나타나는 것은 아니지만 효과적인 방법임에 틀림없다. 또 인터넷을 통해 행사를 하면 각종 매스컴을 탈 가능성이 높아지고, 방문객도 훨씬 늘어날 것이다. 명함에 자신의 이메일을 적거나 회사의 URL을 기재하는 것은 기본이다.

▶ 언론보도를 이용한다

신문이나 인터넷 관련 잡지에 웹사이트 기사를 게재하는 방법이 있다. 이벤트를 벌이거나 온라인 투표 등 언론 기사거리가 될 만한 것을 만들어 기사화할 수 있도록 노력한다.

이메일을 이용한 고객관리

　가정에서 신문을 받아보는 경우 신문에 포함되어 오는 각종 전단들 중에는 불필요한 정보도 많지만, 때로는 생활에 아주 유용하게 활용할 수 있는 정보도 있다. 그렇다면 인터넷으로 사업을 하고 있는 기업체나 인터넷으로 창업을 하려는 예비창업자들에게는 스팸메일의 개념을 비즈니스의 기회로 활용할 수도 있을 것이다. 메일을 이용해 고객관리를 하고, 이벤트나 행사 등을 알리는 적극성이 필요하다.

06

소자본 창업의 홍보전략

목표고객 설정

고객의 연령·흥미 등 목표고객을 설정하고 나면 홍보를 할 수 있는 방법들이 찾기 쉬울 뿐만 아니라 비용면에서도 절감효과를 가져올 수 있다.

적은 비용으로 홍보

소자본 창업자가 홍보를 하는 데 있어서는 많은 비용을 들일 수는 없을 것이다. 적은 비용으로 효과적으로 홍보를 하는 것은 반드시 필요한 일이나 아예 돈을 들이지 않고 무료홍보를 고집하기보다는 실비

또는 적은 비용을 치르고서라도 계획성 있게 효과적으로 접근하는 것
이 바람직한 창업자의 자세다.

<table>
<tr><td align="center">무료홍보 사례</td></tr>
</table>

- 해당지역의 잠재고객에게 전단지를 돌리는 일
- 각종 지역모임에서 업소명함이나 소책자 등을 돌리는 일
- 빌딩이나 관공서 · 은행 등의 대기실의 책자에 명함 등을 삽입하는 방법
- 주차장의 차량 윈도브러시 등에 전단을 끼워 넣는 일

언론홍보

매스컴을 효과적으로 이용한다면 가장 짧은 시간에 가장 효과적으
로 업소를 홍보할 수 있다. 사회적으로 널리 알릴 만한 이벤트를 기획
한다거나 최초의 서비스 개발이나 상품 개발 등 보도자료가 될 만한
기사거리를 언론사에 제공하는 방법이다. 기사거리를 제공할 때는 기
자의 입장으로 기사가 작성되어야 기사화할 가능성이 높다. 이벤트
활용 · 봉사활동 등을 통하여 뉴스로서 가치가 있도록 작성하여 기자
들에게 배포해야 한다.

기자들의 메일이나 팩스는 인터넷을 통하여 검색하면 가능하다. 대
중매체는 신선한 소재를 찾아다니지만 채택되는 데 전제조건이 따르
기 십상이다. 본연의 목적인 가치 있는 뉴스의 보도, 공동체에 대한
봉사 등이 채택기준이다. 따라서 판촉에만 관심 있는 행사나 자료는

기사화되기 어렵기 때문에 초기 이벤트나 행사를 기획할 때 이를 염두에 두고 객관적인 판단 아래 작성 또는 기획해야 할 것이다.

현수막(플래카드) 설치

시각적인 효과로 개점을 홍보하고 매출을 증대시키기 위하여 개점 20~30일 전에 건물벽에 가로 또는 세로로 부착한다. 특히 디자인을 예쁘게 하여야 한다. 업주의 디자인 실력을 판단하는 잣대가 되며 음식의 맛을 평가하거나 기대감을 불러일으킬 수도 있다. 점포둘레에 깃발식으로 세워두는 병렬깃발도 시각효과가 아주 좋다.

무료시식회 개최

개업 1~2일 전에 시식회를 열어 상품의 맛, 담기, 가격, 조리속도 등의 상품력과 서비스력을 고객으로부터 검증받는다.

케이블 TV에 CF상영

중대형 점포는 광고비예산 범위 내에서 방송을 하는 것도 효과적이다.

CR(community relation) 활동

지역사회에서 사랑받는 점포가 되어야 한다. 지역부녀회 · 사무실 · 조기축구회 · 공공사회단체 · 노인회 · 상업시설 등 자기점포 고객이 될 만한 곳은 어디든지 방문하여 간단한 인사장 · 초대장 등을 나눠주는 판촉도 CR활동의 하나다. CR활동은 PR과는 약간 다른 개념이며 지역단체와 좀더 좋은 관계를 유지하기 위해서 행하는 활동이다.

기타

무료시식회, 농악대, 고적대 등을 동원한 각종 퍼레이드, 선물제작 배포, VIP카드 등을 이용한 회원모집, 할인권 발행 · 유명 연예인 동원 · 경품행사 · 특별 이벤트 실시 · 입학생선물 · 어린이 초청행사 · 요리강습 등 경제적이고 효과가 높은 각종 이벤트를 연구하여 월별 또는 분기별로 실시토록 하는 다양한 방법들이 있을 수 있다.

인쇄물 홍보의 종류

명함

명함의 교환은 친교를 약속하는 뜻이 있으므로, 단순히 이름을 알릴 때에는 명함을 교환할 필요가 없지만 최근 들어 단순한 친교활동이나 이름을 알리는 것을 넘어서 홍보 등의 상업적인 목적으로 많이 이용되기도 한다. 원래 명함이란 성명·주소·직업 등을 적은 소형 종이로 유래는 옛날 중국에서 대나무를 깎아 이름을 적은 데서 시작되었다고 한다.

오늘날에는 인쇄한 명함을 사용하는 것이 보통이고, 외국에서는 주로 이름만 적는데, 우리 나라에서는 이름 외에도 주소·전화번호·직장·직위 등을 기입한다. 명함의 모양·크기도 나라마다 여러 가지인데, 현재 우리 나라에서 사용하고 있는 것이 일반적이며, 영국·미국에서는 여성용 명함이 크다. 재질도 종이에 국한하지 않고, 인화지나 플라스틱을 사용한 것, 얇은 철판을 이용한 것도 있다. 이밖에 자신의 컬러사진을 곁들인 명함, 접을 수 있는 명함, 양면명함이 등장하는 등 그 모양이나 재질도 다양해지고 있으며 그 용도 또한 미니전단지로 활용되기도 한다.

명함을 건네줄 때는 기본적으로 지켜야 할 예절이 있는데 먼저 자기명함인지 확인하고 건네주며 자세는 두 손으로 공손히 예의를 갖추어 가슴높이로 명함을 들고 받는 사람이 바로 읽을 수 있도록 전달하며, 이름을 밝히며 건네주어야 한다. 이때 발음은 상대방이 알아들을 수 있도록 또박또박 명확하게 한다. 상대방이 두 사람 이상일 경우에는 손윗사람부터 먼저 준다. 받을 때는 두 손으로 받으며 이때 자신의 명함도 건네준다. 받은 명함을 접거나 뒤주머니에 넣는 것은 실례이며 반드시 안주머니 혹은 명함첩에 넣는 것이 예의다.

▪ 팸플릿과 카탈로그

잠재고객에게 상품의 정보나 업체를 알리는 데 자주 이용되는 선전계몽을 위한 소책자인 팸플릿은 주로 자사가 취급하는 상품이나 서비스의 내용을 담고 있으며 브로셔(brochure)는 팸플릿과 거의 유사하나 상품보다는 주로 업무내용 등을 담는 소책자로 이해하면 쉽다. 주로 2~4면 정도로 사용하는 편이 일반적이며 1면에는 자기회사 소개와 상품소개를 간단히 넣고 나머지 면은 좀더 자세한 설명을 담는 것이 일반적이다.

이에 비해 카탈로그는 여러 제품을 함께 홍보하기 위한 것으로 개별적인 팸플릿보다는 비용이 적게 들며 주로 점포에 비치해두거나 주문 등을 받을 때 카탈로그를 보낸다.

이외에도 신문용지처럼 낮은 질의 종이에 인쇄하여 판매하는 상품을 소개하는 서큘러(circulars), 단면에 컬러로 인쇄하여 한 장으로 판매상품 모두를 소개하면 주로 절반 접어서 사용하는 브로사이드(broadside), 백화점이나 대형할인점 등에서 광고할 때 특정회사 제품의 란제리를 나타내는 설명문이 포함된 팸플릿을 제작하는 스터프(stuffers) 등의 인쇄물도 있다.

카탈로그의 용도
• 구매 가능한 모든 상품수록
• 특별품목을 기입한 정기세일
• 할인판매를 강조하는 상품소개
• 신상품의 특징과 가이드
• 할인판매할 때 수량이 한정된 상품

팸플릿 또는 브로셔를 제작할 때 유의사항
• 목표고객에 알맞은 컨셉으로 제작
• 업계의 경쟁상품과 차별점
• 자사의 상품이나 서비스로 해결할 수 있는 문제
• 해당 상품이나 서비스 이용할 때의 주의사항
• 제품의 특징과 제품구매 기대효과

간행물

자영업을 영위하는 사람으로서는 고객들에게 정기적으로 사보 또는 잡지 등을 발행하는 것은 비용도 만만치 않을 뿐만 아니라 사실 무리일지 모른다. 그러나 조금만 관심을 가지고 최근 널리 보급되어 있는 컴퓨터와 컬러프린트 등을 활용하여 고정고객 또는 잠재고객들에게 업소의 유용한 정보들을 담아 계절별로 발송하게 된다면 많은 효과를 볼 수 있을 것이다.

정기 또는 부정기간행물은 자영업 중에서도 조금 규모가 있는 업소들이나 프랜차이즈 본사 등에서 활용하고 있는 편이다. 이러한 간행물을 발간하면 업소에 대한 신뢰감, 문제해결능력, 고객충성도와 만족감 증대, 신상품이나 서비스의 소개 등을 효과적으로 알릴 수 있어 홍보효과가 비교적 높은 편이며, 게재된 내용 자체만으로도 정보가치가 있을 수 있어 고객들로부터 오는 파급효과가 비교적 크다.

DM(Direct Mail)

소규모 점포는 광고비 예산에 한계가 있으므로 전단이나 DM발송이 가장 효과적인 방법이며 메시지를 분명하게 담고 디자인비가 들더라도 예쁘게 제작하여 고객의 시선을 끌 수 있도록 한다면 고정고객을 확보하는 데 있어서는 일등공신이 될 확률이 높다. 판매활동에서의 DM의 역할은 DM발송을 미리 함으로써 첫 방문 때 거절을 덜 받게 만들 뿐만 아니라 DM을 통한 방문활동은 판매사원의 자존심을 덜 상하게 만들기도 한다.

DM을 발송하기 위해서는 자주 오는 고객들의 명단을 미리 확보해야 하는데 설문지나 이벤트 등을 통하여 자연스럽게 고객이 참여할 수 있도록 유도하며 미리 명단을 확보해두는 것이 좋다. 특히 회사나 단체의 경우 구매결정권자나 강한 영향력을 행사할 수 있는 사람을 파악해서 발송한다. DM발송시기 역시 고객의 입장을 고려하여 세금이나 고지서 등이 잦은 월초나 월말은 피하여 발송하는 것이 예의이며 효과도 좋다. 단발위주의 DM은 효과가 적으며 3~4개월 단위로 지속적으로 발송해야 하며 발송할 때 받는 사람이 봉투를 뜯게 하는 지혜가 필요하다. "내점 하면 저를 불러 주십시오" "이 봉투를 지참하신 분께 선물을 증정합니다" 등의 문구 삽입도 고려해볼 만하다.

미적 측면보다는 심리적인 측면에서 다루어야 하며 카탈로그만의 DM은 DM이 아니라는 점을 인식해야 한다. 많은 양의 DM을 보낼 때는 샘플로 우선 소량을 발송한 후 반응을 보면서 추가로 발송하는 것

DM의 특성
• DM은 선택성이 강하고 주목도를 높여주며 읽힐 확률이 높다.
• DM은 조사매체로 활용할 수 있다.
• DM은 경제적인 광고매체로 예산에 따라 탄력적으로 조정하여 실행할 수 있다.
• DM은 시간적 탄력성이 크다.
• DM은 자유성이 있으며 융통성이 있다.
• DM은 즉시성이 있으며 효율성이 높고 효과가 지속적이다.
• DM은 비밀성이 있으며 인간성이 있다.
• DM은 쉽게 만들 수 있으며 수정이 간편하다.

도 지혜로운 발송 방법이다.

효과적인 DM을 작성하려면 고객으로부터 호응과 관심을 유발해내야 하며 반응 있는 DM작성과 방법은 첫째, 개성과 명확한 주장을 펴고 둘째, 타이밍을 생각해서 발송한다. 성의를 강조하기 위하여 자필로 쓰는 경우도 있다. 개업안내는 전단지로 함께 사용할 수도 있다. 예를 들면 전단 속에 무료시식권 또는 행운상품 추첨권 등을 동봉하여 내점을 유도하는 방법들이다. 개업 전 시식회나 설문조사 등을 실시할 경우 가벼운 선물을 증정하게 되는데 이때 설문이나 시식회에 참여한 고객을 대상으로 주소 · 성명 등을 받아두면 좋다.

발송 리스트 만드는 방법

- 내점 고객에게 기입받는 방법
- 회사직원이 고객에게 질문해 받아쓰는 방법
- 이벤트에 참가한 사람으로부터 앙케트를 받는 방법
- 타 업종과 협력하여 고객명부를 교환하는 경우
- 이미 수집되어 있는 자료를 활용하는 방법
- 전단을 이용하는 방법
- 광고전문대행사를 통한 발송방법

전단(傳單)

광고를 목적으로 배포되는 한 장으로 된 상업용 인쇄물로 간판에 이어 역사가 가장 오랜 광고수단이다. 경비가 많이 들지 않고 간편해서, 소매점 · 슈퍼마켓 등 중 · 소규모의 광고주에게는 유용성이 높은 광고수단이다. 최근에는 인쇄술, 고속·컬러 복사기 등의 개발·보급으로 전단도 고급화·컬러화하였다. 전단광고의 특성은 비교적 손쉽게 사용할 수 있을 뿐 아니라 배포에 낭비가 적으며 고객에게 신속하고도 친밀하게 접근할 수 있다는 점이 장점이다. 전단의 배포방법에는 주로 신문에 끼워 넣기·호별배포·우송·가두배포·공중살포·점두배포 등이 있으며, 선전용 자동차나 샌드위치맨이 동원되기도 한다.

전단배포의 경우 가장 많이 사용하는 방법이 신문에 끼워 넣는 방법이나, 최근 이 방법을 이용하는 업체들이 너무 많아 때로는 신문보다 더 많은 양의 전단이 들어 있는 경우가 많은 것을 볼 수 있다. 독자들은 관심 있게 보는 경우도 간혹 있지만 대부분은 무더기로 휴지통으로 던져지기도 한다.

따라서 전단광고는 기획할 때부터 다른 전단과는 차별화가 이루어질 수 있도록 유익한 정보를 삽입하거나 디자인 등에서 고객이 반응을 보일 수 있도록 세심하게 기획해서 판매촉진을 자극할 수 있도록 해야 한다. 가두배포의 경우 점포주변의 행인들이나 주변의 사무실·빌딩 입구·지하철 입구 등에서 배포하는데 전단만 배포한다면 받아가기를 꺼려한다. 그래서 라이터·휴대전화 줄·화분·과자 등 다양한 판촉물을 포함하여 배포하기도 하고 배포효과를 극대화하기 위해 아르바이트하는 사람을 동원하기도 한다. 튀지 않으면 전단의 효과도 기대할 수 없는 실정이다. 그만큼 판촉활동도 치열해지고 있다는 증거다.

전단제작 비용만 하더라도 전단 1연(A4용지 기준 4,000매)의 가격이 제작수준에 따라 10만 원에서 25만 원까지 형성되어 있으므로 소자본 창업자들이 무제한 제작하여 무차별로 배포하기에는 경제적인 손실 또한 만만치 않다. 따라서 전단을 배포할 때에는 점포가 속한 상권지역을 잘 파악하여 적정지역에 적정한 방법으로 배포하여 최대한의 효과를 누릴 수 있도록 만전을 기해야 할 것이다.

전단을 배포하는 요령은 면밀한 계획을 세워 실시하고 전종업원이 참가하며 방문한 곳에서 손님의 소리를 가지고 돌아온다.

스티커

인쇄되어 있는 뒷면의 종이를 벗겨 목적한 장소에 붙일 수 있도록 종이 사이에 접착처리되어 있는 인쇄물을 말한다. 최근에는 유리의 뒷부분에서 붙일 수 있도록 인쇄면에 접착처리가 되어 있는 것도 있다.

이러한 스티커는 자영업자에게는 주로 배달업종이나 서비스업종 중 출장서비스를 하는 업종들이 많이 사용하고 있으며, 아파트밀집가, 주택가 상권에서는 학원, 놀이방, 치킨배달, 피자전문점, 각종 출장수리업, 애프터서비스 관련업 등이 스티커광고를 선호하고 있다. 스티커에서 한 발 더 나아가 엘리베이터 내에 스티커가 붙어 있는 거울을 증정하거나 유리문의 손조심 등 표지판과 함께 스티커가 용도나 배포방법에 있어서도 다양하게 활용되고 있는 실정이다. 이외에도 메뉴북·성냥·포스터·수저집·종이냅킨·각종 전표류·초대권·상품권·즉석복권 등도 소점포 판촉을 위한 인쇄물에 포함된다.

08

POP(Point of purchase)광고

POP광고란 구매시점광고 또는 고객에게 판매하는 시점에서의 광고라는 뜻으로 고객이 상품을 구입하려는 곳인 업소의 내외에 광고하는 것을 말한다. 즉 고객에게 정보를 알릴 수 있는 곳으로 상품을 선택할 수 있는 업소의 정보를 용이하게 알리는 광고를 말한다. 이러한 POP광고는 주로 입지촉진, 상품(외식업의 경우 메뉴), 점포홍보, 메시지 게시판 역할을 한다.

또한 인적 판매활동의 보조수단으로 고객이 상품을 구매하게 하는 행위를 유발시키는 역할을 하게 된다. 특히 세일·가격할인·기획판매 등 이벤트 행사에서는 매우 중요하게 활용되고 있다. POP광고라고 하더라도 그 종류는 대단히 많고 사용방법 또한 다양하다. POP광고를 활용하려는 사업자는 그 용도나 목적에 알맞게 디자인하고 보다 효율적으로 매출을 극대화할 수 있는 방법들을 고안해내는 것이 매우 중요하다. POP광고를 시기적절하게 활용하면 최소의 비용으로 최대의 효과를 누릴 수 있을 것이다. 그러면 POP광고에는 어떤 종류들이 있는지 살펴보기로 하자.

장소에 따른 POP의 종류

- ▶ **점두 POP** : 점두에 설치된 POP로 건물자체의 철골구조물, 이젤, 포스트대, 아이디어 사인모드 등을 비롯한 다양한 소재를 사용하여 고객의 눈길을 끄는 POP

- ▶ **벽면 POP** : 벽면에 붙여 사용하는 것으로 벽면포스트가 주종을 이루며 개성 있는 디자인으로 업소만의 특성을 표출할 수 있다.

- ▶ **윈도 POP** : 업소의 외부유리에 부착하는 POP로 주로 스티커가 많이 사용된다.

- ▶ **플로어 POP** : 점두에서 점내 플로어까지 여유 공간이 있다면 활용 가능한 POP

- ▶ **실링 POP** : 천장공간에 매달아 사용하는 POP

- ▶ **카운터 POP** : 카운터나 레지스트 옆에 설치하는 POP로 메시지

전달을 위해 실시해보면 좋은 방법이다.

▶ 테이블 POP : 외식업의 경우 메뉴선택에 가장 영향을 주는
POP광고로 인쇄물 형태에서부터 다양한 소재로 활용 가능한
POP광고

소재에 따른 POP의 종류

▶ 배너(Banner)

보통 점내나 점외에 많이 사용되며 제품의 특징과 정보를 알려주는
대형 POP의 일종으로 플라스틱·천·종이 등에 인쇄나 그 외의 방법
으로 광고표현을 한 깃발형태의 POP를 말한다. 배너에는 장방형·삼
각형·반원형 등 여러 종류가 있으며 크기도 다양하고 아래로 늘어뜨
리거나 벽이나 출입구 등에 걸어 사용한다.

▶ 행거(Hanger)

끈을 사용하여 밑으로 내려뜨려 점두 및 점내의 공간에 사용되는
POP의 효과를 높인 것으로 음악이나 효과음 등의 소리가 나오는 사
운드를 조합시킨 것과 전구나 형광등의 광원을 갖춰 밝기나 점멸 등
의 방법을 활용한 것도 있다.

▶ 모빌(Mobil)

매장에서 가장 먼저 고객의 시선을 유도하고 매장 내의 계절감을 연출하는 역할을 하게 되는 모빌은 행거의 일종으로 평행밸런스를 응용하여 천장에서 아래로 늘어뜨린 형태로 작은 바람에 움직이는 효과를 이용한 방법이다. 모빌에는 점두모빌, 점내모빌, 보조모빌 등이 있으며 보조모빌은 점두모빌을 보조하는 역할을 하게 된다.

▶ 포스트(Poster)

매장의 윈도나 벽면을 활용하여 상품안내 역할을 한다. 매장 내부 또는 점두에 계절감 또는 제품연출을 위해 만드는 것이 일반적이며, 스탠드형 POP로 가로형과 세로형으로 나눌 수 있으며 소재로는 종이 · 금속판 등이 활용되고 있다.

▶ 워블러(Wobbler)

한 끝이 양면 테이프 등으로 고정되어 광고문안이 들어 있는 끝부분에 손이 닿거나 바람에 흔들리도록 만들어진 워블러는 일명 스윙스티커라 불리기도 한다. 주로 점내에서 고객들에게 작은 움직임으로 시선을 유도하는 역할을 한다. 즉 작은 바람이나 진동에 움직일 수 있도록 광고표시를 가는 낚싯줄과 같은 것으로 받치도록 한 POP형태이다.

▶ 스티커(Sticker)

인쇄되어 있는 뒷면의 종이를 벗겨내어 목적한 장소에 붙일 수 있도록 접착처리되어 있는 인쇄물로 주로 유리 또는 출입구에 부착되며 상품의 특성 · 용량 등을 표시하는 역할을 한다.

▶ 사인(Sign)

점포이름이나 상품명을 강하게 표출시키기 위한 표지물의 총칭으로 브랜드명 이외에도 광고메시지나 부가설명 등이 씌어져 있는 경우도 있다. 점내에서 사용하는 소형 사인에서부터 점두나 매장 주위에서 사용하는 대형 사인까지 종류가 다양하다.

▶ 인플래트블 POP

공기 또는 가스를 주입하여 입체적으로 한 부분이 강조되도록 한 POP의 총칭이며 보통 '공기 튜브'로 불리기도 한다.

▶ 오픈용 · 행사용

신규매장 오픈 · 바겐세일 · 특별행사 등에 사용되는 POP로 현수막 · 배너 · 행거 등으로 매장을 연출한다.

▶ 스탠드업(Stand-Up)

매장의 점두 · 점외 · 점내 등에 설치되어 소비자의 시선을 끌 수 있는 스탠드업 POP는 광고 캠페인의 캐릭터 등 인쇄된 특징이 있는 인물상의 실제 크기로 만든 POP를 말한다. 스탠드의 방법은 조합형과 고정형이 있으며 KFC 점두에 있는 창업자 할아버지 POP를 보면 이해하기 쉬울 것이다.

▶ 무빙(Moving) POP

광고의 효과를 높이기 위해 모터나 솔라 등을 사용하여 동적인 요소를 가미한 것들을 말하며, 회전 또는 반복기능 등 다양한 응용동작으로 소비자에게 흥미를 유발시켜 시선을 끌게 할 수 있다. 등신대 · 모빌 · 월 디스플레이 · 플로어 디스플레이 · 행거 등 다양한 곳에 응용할 수 있는 POP광고이다.

▶ 기타

이외에도 제품이 돋보이도록 제품하단에 설치하는 POP로 종이나 천을 이용하여 매장분위기를 연출하는 깔개, 카드형식으로 되어 있는 가격물(Set Price Card)은 가격표시 사인의 일종으로 가격표시가 주요 표현이며 일부에 광고 메시지도 삽입할 수 있다.

다용도 tag이나 제품안내 tag 등도 주요 POP광고이며 인기상품 · 기획상품 · 세일상품 등을 표시하여 상품판매촉진에 활용되는 tag POP는 상품의 특성 및 종류 등을 표시하며 주로 상품에 부착되어 고객에게 상품정보를 알려주는 POP광고물 등이 있다. 이러한 POP광고를 효과적으로 활용하기 위해서 몇 가지 고려해야 할 사항들을 체크해 보면 지속적으로 POP광고효과를 누릴 수 있을 것이다.

POP 광고 체크 포인트
• 고객에게 구매의욕(충동구매) 발생 여부
• 시각적인 효과 충족 여부
• 계절감각이나 지역특성 반영 여부
• 상품의 개성 및 특성 표출 여부
• 점두나 점내에서 고객의 관심도
• 디자인의 참신성
• 제작비의 효율성

09

판촉물 홍보

개업선물 · 보험회사 · 박람회 전시장 · 지하철역 출입구 · 사무실밀집가 도로변 · 각종행사 · 기념식 · 아파트 단지입구 등에서 흔히 접하게 되는 판촉물은 기업이나 업소의 브랜드이미지 제고는 물론 잠재고객을 업소로 유인하기 위해 사용되는 보편적인 판매촉진활동 중 하나이다.

그러나 모든 기업이나 자영업소들까지 경쟁적으로 판촉물을 뿌리는 만큼 거두어들인다는 식으로 마케팅 활동의 전부인 양 아르바이트를 동원해서 강요하다시피 나눠주는 판촉물로 인식하게끔 만들었다. 각 가정이나 사무실에 판촉물로 배포된 생활용품이나 문구용품이 하나쯤은 꼭 있다고 해도 과언이 아닐 것이다.

무조건 나눠준다고 해서 환영받던 시절은 막이 내렸다. 판촉물은 홍보와 구매를 발생시키기 위한 기업의 전략적인 계획 중의 일부이며 여러 마케팅 방법 중의 하나임에 틀림없다. 값싼 판촉물을 마구잡이로 뿌린다고 해서 모두 기대효과를 갖는 것은 아니다. 얻고자 하는 목표를 세우고 이를 성취하기 위하여 좀더 체계적이고 다양한 방법으로 좀더 많은 사람들이 업소나 자사의 제품에 대해 관심을 갖도록 해야 할 것이다.

<table>
<tr><td colspan="1" align="center">판촉물의 3요소</td></tr>
<tr><td>
• 기능 : 기능이 있는 물건이어야 한다. 쇼핑백의 경우가 대표적이다. 쇼핑백의 기능은 물건을 담는 것이다. 브로셔 등 안내자료를 담을 수 있다. 참고로 쇼핑백은 비닐보다 섬유소재로 제작하는 것이 고급스럽게 보이고 사용수명이 길어진다.
• 인쇄문구 : 판촉물의 표면에는 회사 로고나 내방객에게 전달하고자 하는 문구를 써 넣는다.
• 가격 : 예상방문객수와 구입예산을 감안하여 판촉물 단가를 정한다. 총예상내방객의 10% 정도에게는 별도의 고급 판촉물을 준비한다.
</td></tr>
</table>

판촉물 선정

처음에는 판촉물로 주로 타월이나 주방 생활용품이 사용되었으나 점차 그 영역이 확대되어 이제는 일반용품으로까지 넓어지고 있다. 즉 판촉물 범주에 들지 않았던 양말 · 손수건 · 스카프 등도 판촉물로 확대되고 있는 추세다. 판촉물에 들어가는 인쇄도 기념품이나 사은품에는 대부분 인쇄가 들어가지만 최근에는 인쇄를 안 하는 추세이고 설령 하게 되는 경우도 아주 작게 하여 잘 안 보이게 하고 있다. 그만큼 소비자들의 욕구도 점차 고급화 · 다양화되어 가고 있다는 증거이다. 거저 나눠주는 판촉물까지도 소비자 욕구가 까다로워진 만큼 판촉물 선정은 매우 중요한 과제로 부각되었다.

그러나 까다로운 욕구에도 불구하고 튀는 판촉물은 있는 법이다. 바로 히트상품으로 불리는 판촉물은 잠재고객으로부터 소비행위를 유발시키고 호기심을 불러일으키기 때문에 물품선정 하나만으로도 기대 이상의 효과가 있게 된다.

목욕탕에 걸어놓을 수 있는 시계로 수건걸이가 같이 부착되어 있는 타월걸이 방수시계(1995년경), 철망으로 만든 바구니로 대, 중, 소의 3단으로 된 철망바구니(1993년, 1994년), 자동차용품과 함께 레저용품의 수요가 늘기 시작하면서 야외용 도시락세트로 불리는 피크닉세트(1997년, 1998년), IMF 이후 검약분위기가 형성되면서 생겨난 장바구니들기운동의 일환으로 비닐이나 헝겊으로 된 장바구니가 유행이었다. 21세기를 맞이하면서 밀레니엄 시계(1999년 말) 등이 고객들로부터 사랑을 받았다.

이러한 상품들은 적은 비용으로 좋은 품질의 판촉물을 선호하는 배포자의 예산문제로 국내 제조 판촉물 개발이 어렵고 대부분 중국산 수입 판촉물이 대부분이다. 히트상품은 3개월에서 6개월 정도면 후발주자들이 '나도 역시(me too)' 전략으로 시장에 참여하여 과당경쟁을 불러오고 품질도 조잡해지게 마련이다. 따라서 잠재고객들의 소비욕구를 채워줄 수 있는 신상품개발이나 물품선정이 중요한 과제로 부각되었다.

판촉물 홍보는 바로 돈과 직결되는 문제이다. 비록 적은 금액의 사소한 물품일지라도 그 수량이 몇백 개에서 몇천 개까지 배포되는 것

판촉물은 소비자의 눈에 쉽게 띄고 배포한 회사를 기억하도록 하는 것이 중요하며 나누어준다는 개념을 벗어나 판촉물을 받았을 때 고객의 심정을 고려한 발상의 전환이 필요하다. 따라서 판촉물을 선택할 때에는 다음 사항을 참조하여 선택한다.

- 정성이 깃든 판촉물 : 가격이 비싸지 않지만 받는 사람들이 정성이 들어 있다고 생각하는 선물로 선정
- 의미 있는 판촉물 : 유명인이 관련된 판촉물 또는 국제대회나 기관 등에서 인증받은 것을 기념하는 판촉물
- 실용적인 판촉물 : 기능이 가미된 판촉물 선정. 구두 광택용 스폰지 · 오프너 · 구급함 · 미용세트 등
- 배포대상에 따른 판촉물의 차별화 : 티셔츠 · 모자 · 컵 등 몇 가지 판촉물을 준비하여 고객의 중요도에 따라 배포
- 대상에 따른 판촉물 : 학생 · 주부 · 일정 급여 이상의 직장인 · 각종기업 · 사무실 등 대상에 따른 판촉물 선정

이 현실이다. 따라서 소점포 자영업의 경우라도 물품선정에는 한계가 있고 부담이 있게 마련이다. 효과적인 판촉물 홍보를 위해 목표고객을 선정하고 이들을 대상으로 물품을 선정하되 판촉물을 받게 될 고객의 입장을 고려하여 선정하는 것이 좋다. 선정이 쉽지 않을 경우 판촉물 회사로부터 조언을 받아 선정하면 좋다. 또한 판촉물로 홍보했을 때 기대되는 매출과 그때의 판촉물의 종류, 영업방법, 배포시간, 지역, 배포인력, 주거단지의 주연령층과 판촉물을 접하는 세대 등을 고려하여 선정해야 한다.

최소의 비용으로 최대의 효과를 누리려면 기대효과에 따른 목표고객 선정과 함께 천편일률적인 품질이나 종류를 벗어나 아이디어상품 또는 복합기능성 상품, 복권형태의 판촉물, 기대심리를 줄 수 있는 러

브레터형 시리즈 판촉물, 학습용 판촉물에 부분적으로 영문이 첨부된 판촉물을 제작하여 학습기대효과를 부각시킬 수 있다. 또한 퀴즈, 생활수기 첨부, 아이들의 그림이나 작품사진 첨부 등 고객의 마음을 움직일 수 있는 것이면 적은 비용의 판촉물일지라도 효과는 만점이다. 즉 공짜로 나누어주는 판촉물일지라도 튀어야 홍보가 된다는 것이다.

판촉물의 종류
• 점포의 간판(병렬깃발 · 만국기 등)
• 음식 모형용 쇼케이스
• 오픈선물(라이터 · 열쇠고리 · 오프너 · 탁상시계 · 메모지 · 풍선 등)
• 점포명함
• 광고 전화카드, 담배광고(1박스 이상 주문시 가능)
• 할인쿠폰 발행
• 마을버스 옆 고지광고, 인근 지하철역에 비치한 와이드 컬러
• POP(구매시점광고)에 의한 광고
• Take-Out판촉, Home-Delivery 활동 등

10

광고매체 홍보

    광고매체에 홍보하기를 꺼려하는 소자본 자영업자들이 많은 것은 그만큼 비용이 만만찮기 때문이다. 그러나 광고매체의 특성을 잘 활용하여 비용은 최소한으로 줄이면서 신뢰성이나 홍보효과를 최대한으로 얻을 수 있는 것은 광고매체홍보가 제일의 방법일 것이다. 광고매체홍보에도 유료로 하는 매체홍보가 있고 무료로 하는 매체홍보가 있다. 정보화시대에는 뭐니뭐니 해도 매체홍보를 잘하는 것이 성공으로 가는 지름길이 될 것이다.

무료광고매체 홍보

무료매체 홍보는 주로 대중매체에 기사로 실리는 방법이다. 뉴스보도는 객관성과 공정성면에서 탁월한 효과가 있기 때문에 광고보다 훨씬 가치가 있게 마련이다. 신문·사보·잡지·라디오·텔레비전 등을 통해 무료로 기사가 나가게 되면 홍보효과를 톡톡히 볼 수도 있다. 주로 성공사례로 소개되는 것들이나 참신한 아이디어로 창업을 하게 되는 경우 기사화된다. 기사화되고 뉴스 등에 소개되면 고객들로부터 신뢰감을 얻는 것은 물론 다른 마케팅 노력도 훨씬 수월해질 수 있다. 광고매체를 통해 업체나 상품이 홍보되면 자연스럽게 잠재고객들에게 알려질 뿐만 아니라 매출이 증대되고 보다 많은 고객들에게 서비스를 제공할 수 있기 때문이다.

유료광고매체 홍보

사람들이 광고를 하는 가장 중요한 이유는 바로 업소나 제품을 알리기 위해서이다. 때문에 많은 사업자들이 잠재고객들을 대상으로 매출증대를 위해 기획된 광고 메시지를 전달하기 위해 많은 비용을 들여 전단 등의 인쇄물이나 인터넷 홈페이지 개설, 전자매체 공간을 사용하기도 한다. 매체광고를 효과적으로 하기 위해서는 이에 필요한 예산과 시간을 준비해야 한다.

소점포 자영업의 경우에는 광고예산을 월매출 약 5% 정도로 책정하는 것이 바람직하다. 물론 개업 초기에는 충분히 알리기 위해서 특별예산도 책정해야 한다. 유료로 매체광고를 원할 경우에는 무엇보다 어떤 매체를 선정하는 것이 효과적인가 하는 데 보다 더 신중해야 할 필요가 있다. 그 이유는 광고는 한번 잘못하면 매출증대에 별 도움이 되지 못한 채 많은 돈을 낭비할 수도 있기 때문이다. 따라서 먼저 유료광고가 얼마만큼의 효과가 있을 것인가를 충분히 검토해보고 결정하는 것이 좋다.

동종업계에 종사하는 사람들의 조언을 듣고 결정하는 것도 광고매체를 결정하는 지혜이다. 선배창업자나 주위에 조언을 들을 만한 사람이 없는 경우 창업컨설팅사나 홍보전문 컨설팅사를 방문하여 전문가로부터 상담을 받아보는 것이 바람직하다. 관련업계의 소식지나 전문잡지사 등의 출판물에 광고기사를 게재하는 것도 하나의 방법이다.

인쇄물에서 광고공간을 살 때 고려사항
• 잠재고객이 읽을 것 같은 출판물 선정 • 독자의 시선을 사로잡을 수 있는 광고기획 • 적절한 규격으로 관련지면 할애 • 충분한 효과가 있도록 정기적으로 게재

홍보효과의 평가

광고나 판촉에 있어서의 어려움은 아무도 결과를 보장할 수 없다는 데 있다. 그러나 몇 번의 광고를 내보내면 그 효과를 측정해볼 수는 있을 것이다. 방문한 고객들에게 어떻게 방문하게 되었는가? 또는 제품구매를 어떤 경로로 알게 되었는가 등 설문조사를 해 잘 기록하면 된다. 일반적으로는 광고에 대해서는 너무 높은 호응도를 기대하지 않는 것이 좋다. 전단이나 DM의 경우도 마찬가지이다. 만약 100장의 전단을 보내고 그 결과 두세 건의 거래가 성사된다면 만족한 결과라고 보아야 한다. 보통 광고를 통해 즉각적으로 매출과 직결되는 경우보다는 고객이 구매를 결정하기까지의 시차가 있을 수도 있기 때문에 추후에 효과를 보는 경우가 많기 때문이다.

이런 냉담한 광고효과에 민감하게 반응하여 광고를 포기할 필요는 없다. 효율성만 너무 따지다가 아무런 홍보활동을 시도하지 못하는 경우도 많은데 결과적으로 광고하지 않은 업소와 광고를 하는 업소의 매출차이는 분명 있게 마련이다. 또한 홍보과정을 통해 사업을 가장 경제적이고 효과적으로 홍보할 수 있는 노하우를 터득하고 광고된 자료를 사업에 얼마나 효과적으로 활용하느냐에 따라 매출이 달라지기 때문이다.

광고가 필요한 경우
• 새로운 사업을 시작할 경우
• 새로운 상품이 출시되거나 기존 상품에 대한 고객의 정보 부족으로 판단될 경우
• 필요 이상으로 상담하는 절충 시간이 소비된다고 생각할 경우
• 자사 또는 지점을 새로 개설할 경우
• 신상품의 예상고객을 효율적으로 찾아내기 위한 경우
• 경쟁 광고주의 움직임이 매우 활발해 시장이 잠식당할 위험이 따를 경우
• 바람직한 기업 이미지의 창조(브랜드 메이킹)가 필요하다고 생각될 경우
• 종업원모집을 의식하고 광고할 경우
• 광고주의 메시지를 여러 사람에게 직접 전달할 수 없을 경우
• 고객으로부터 경쟁업체의 상품이 많이 거론될 경우

11

상권별 판촉방법

독립점포와 체인점포, 상권지역의 특성, 점포의 규모에 따라서 여러 가지 판촉방법이 생길 수 있다. 그러나 무엇보다 중요한 것은 창업 전 내가 선택한 상권에서는 주로 어떤 방법으로 영업을 하고 있는지 살펴본 후 창업을 준비하는 것이 좋을 것이다.

번화가 및 상가지역

장사 속의 장사, 즉 인근 상인들이 주고객이 되는 형태를 말한다. 인근 상인들도 먹어야 일을 하는 만큼 인근 상인 또는 사무실 등의 사람들과 유대관계를 강화하는 전략이 좋다. 물론 번화가라면 유동인구가 많으므로 가만히 있어도 고객이 많을 수 있겠지만 명소로 태어나려면 CR활동을 강화해야 하며, 인근 타종점포와 연계해 상호 판촉전략을 구사하는 Tie-Up전략, 할인카드를 만들어 두 점포가 같이 사용하거나 와이드 컬러를 패널화해 상대방 점포에 부착하는 공동전략 등을 구사하는 것이 좋다.

오피스가

요일별로 핵심메뉴를 변화시킬 수 있도록 스페셜메뉴를 제공하며, 신속한 서빙으로 회전율을 높이는 전략이 필요하다. 대형 사무실과 유대관계를 유지해 12시 40분부터 오후 1시 30분 사이에 이용하도록 주지시키고, 10퍼센트의 디스카운트 전략을 구사하는 것도 바람직한 마케팅 방법이라 할 수 있다.

이 경우 피크 타임에는 다른 고객을 수용할 수 있어 좋다. 메뉴구성도 점심시간에만 통용되는 한정 메뉴로 빠른 서비스를 연구할 필요가 있다. 고객변화가 거의 없는 지역이라는 특성이 있으며, 이용자들의 선택 양태도 거의 변동이 없기 때문이다.

평소에 자주 가는 식당 4~5개 점포를 교대로 이용하는 점포선택 관행에 따라 이용 단가는 4천 원~5천 원 수준, 시간은 11시 50분~13시까지가 일반적이다.

대학가

점포 분위기는 학생들 위주로 음악 선곡 등에 신경써야 하며, 학생들이 대화할 수 있는 분위기와 단체석을 마련하는 것이 전략이다. 동아리 모임행사를 적극 찾아내 유치하고, 행사 찬조요청에 적극 지원할 수 있는 과감한 판촉전략을 구사하는 방법 등이 있는데, 판촉시기는 주로 신학기가 주효하다. 졸업 후 찾아오는 고객을 VIP Card 발급 등으로 접대하면 큰 효과를 기대할 수 있으며, 가끔 학교 정문에 광고하는 방법도 있다.

아파트 · 주택단지

주변 주고객은 주부층이다. 주말 · 공휴일을 이용해 가족고객이 인근 식당을 이용할 때는 주부가 결정권을 갖는 경우가 많다. 판촉효과 중 가장 빠르고 광범위한 방법은 구전홍보다. 주부의 입은 가장 좋은 판촉방법이자 가장 무서운 함정임을 명심하는 세심한 배려가 필요하다. 고객들은 싼 단독메뉴를 선호한다(커피 제공, 서비스 가격대를 활용하는 전략). 따라서 점포청결과 정리정돈 등 모든 분야에서 세련미가 필요하며, 특히 여성 화장실 위생상태 및 소모품의 고급화 등 세심한 배려가 필요하다. 홀 담당직원의 부드러운 접객자세 교육도 필수적이다. 주부들은 오후시간에 장시간 이야기꽃을 피우는 경우가 많고, 김치나 반찬을 추가하는 경우가 많은데 이러한 요구에 낯을 찡그리거나, 재빠르게 대응하지 않으면 심각한 결과를 초래할 수 있다. 따라서 점포직원에 대한 반복적인 교육과 훈련으로 주부고객을 능숙하게 접객할 수 있는 교육이 필요하다.

이러한 지역에서는 정기적으로 이벤트성 행사를 마련하는 것도 전략이다. 행사를 실시할 때에는 고객카드 비치는 필수로 한번 내점한 고객은 가능한 한 전산화해 생일파티·입학 및 졸업기념일 등에 축하 인사와 함께 점포 안내장을 발송하고, 신규 개발메뉴 안내장을 송부해 자기점포에서 생일파티를 할 경우 간단한 장미나 생일케이크를 증정하는 서비스도 고려해본다. 주택가 판촉은 방문해달라는 초청장 등을 발송해 자기점포로 오도록 하는 전략에 초점을 맞춰야 한다.

▪ 대로변 또는 외곽지

메뉴북의 간편성, 분위기의 편리성, 식사제공의 스피드가 판촉수단의 핵심이다. 메뉴의 차별화와 점포분위기를 일치시켜 차별화(테마카페 등)를 시도하고 월간지나 주간지 또는 인터넷 홈페이지 등의 매체를 통해 점포를 소개하는 방법이 적절하며, 한 번이라도 찾아온 고객은 정기적으로 인사장이나 안내장을 발송한다. 현수막을 이용하는 방법도 효과적이다. 이와 더불어 주차공간과 차량출입의 편리성이 요구되므로 300m 전방에 유도간판으로 점포위치를 안내하고, 점포입구에는 주차안내원을 배치해 고객차량의 추돌사고를 방지하는 것이 효과적이다.

12

가격파괴는 마케팅 전략이 아니다

"같은 값이면 다홍치마"가 아닌 가격파괴. 가격이 저렴하면서도 양이 푸짐하고 맛이 좋다는 점은 동서고금을 막론하고 고객의 관심을 끌기에 충분한 요소다. 특히 지금처럼 소비가 위축된 불경기 때나 특정지역에서 타 업소와 경쟁을 해야 하는 경우 주로 가격경쟁을 벌이기 일쑤이다. 고객의 관심을 끌고 경쟁에 있어서 우위요소를 점할 수 있는 가격파괴가 혹 고객의 기분을 상하게 한다거나 건강을 해치지 않는 것인지 유의해야 한다.

옛 속담에도 "싼 것이 비지떡이다"라는 말이 있다. 즉 가격이 싸면 질이 떨어진다는 내용이다. 장사꾼의 목표는 이윤추구에 있는 만큼 이익을 남기지 못하는 장사꾼은 그만큼 능력이 없는 장사꾼으로 들리게 마련이다. 따라서 싸게 판매를 하든 비싸게 판매를 하든 무조건 남아야 판매할 수 있는 법이다. 물론 재고처리를 위해 싸게 판매한다는 경우가 발생할 수 있으나 이 역시 폐기처분하거나 묵히는 것보다 저렴하게 판매하는 것이 더 남기 때문이다. 물론 외식업이 아닌 제조업의 경우 기술개발이나 자동화, 유통구조의 혁신 등으로 가격인하 요인이 된 경우는 이 책에서 다루지 않는다.

체인본사나 독립점포를 막론하고 가격결정은 외식업체 성공에 있어 중요 요인 중 하나라고 할 수 있다. 음식점에 있어서 메뉴의 가격결정 방법은 세 가지로 나눌 수 있다. 원가에 의한 가격결정 방법과 경쟁업체의 가격에 의한 방법 그리고 소비자 수용가에 의한 방법으로 나눌 수 있다.

최근 음식메뉴의 가격결정은 소비자 수용가에 의한 가격결정이 주로 사용된다. 이 방법에 의한 가격결정은 고객의 타깃(target)을 정확히 분석하여 고객의 소비심리를 반영한 가격의 결정이다. 그러나 경영상태를 전혀 고려치 않고 경쟁업체의 가격에 의해 결정을 하면 상품의 질을 저하시키게 되는데 주로 후발주자에서 비롯하기 쉽다.

가격파괴 참치전문점의 경우 2002년 1월경 전국적으로 체인점을 두고 있는 참치전문업체들이 열대돔이나 상어류를 참치로 둔갑시켜 판매하여 물의를 일으키고 사기혐의로 구속되기도 하였다. 이들은 '만다이'로 불리는 열대돔과 '카스트로'로 불리는 상어가 참치와 맛과 색이 비슷해 일반인들이 구별하기 어려운 점을 이용해 1kg에 1만 5,000원~2만 원(5등급 기준)하는 참치 대신 2,400원에 구입한 가짜 참치 1kg으로 8~10인분을 만들어 팔아왔다.

또 IMF 직후 2,000원 대의 저가삼겹살 체인점들이 고객이 몰려들기 시작하면서 우후죽순처럼 생겨나더니 철퇴를 맞고 사라진 경우도 기억이 날 것이다. 그 당시 보도에 따르면 수입고기의 비계 등을 이용하여 공업용 본드로 붙여 삼겹살로 판매하다가 구속된 사건들이었다. 물론 마케팅 차원이나 일시적인 이벤트로 특정상품을 가격파괴하는 경우가 생겨 날 수도 있을 것이다.

그러나 어떤 이유일지라도 가격파괴는 상품과 서비스의 질을 현격하게 떨어뜨릴 가능성이 매우 높다. 그 이유는 일부 체인본사나 창업자들이 잘못 인식하고 추진하는 창업전략으로 가격이 저렴하고 맛이 뛰어나다면 성공할 것이라 믿는 데 있다. 이윤추구가 목적인 만큼 비용절감을 위해 식자재의 질을 떨어뜨리기 때문이다. 질이 떨어진 재료로 만들어내는 음식이 맛있을 리 없다. 질이 떨어진 재료로 맛있게 보이려면 갖은 양념으로 위장을 해야 할 것이다. 원재료에 못지않게 양념재료 가격 역시 만만치 않은 요즈음 맛을 내려면 속임수나 술수만으로는 어려울 것이다.

다시 말한다면 고객을 전혀 고려치 않은 비용절감을 위한 발상이 경쟁력을 잃어가게 만들어 놓는다는 것이다. 고객의 의사를 전혀 무시한 상태로 장사를 한다면 많이 팔려는 음식이 팔릴 리가 없다. 고객들은 가격이 저렴한 것만을 원하지 않는다. 가격이 저렴하다는 것은 "같은 값이면 다홍치마"라는 것이지 싸구려 다홍치마를 원하는 것은 아니기 때문이다.

가격정책은 경쟁이 치열한 경우 가격파괴의 대안보다는 신상품으로 경쟁하는 것이 유리하다. 그 업체만의 경쟁력을 갖춘 메뉴로 부가가치를 더하여 결정하는 것이 가장 합리적인 가격결정방법이 될 것이다. 몇 년 전부터 유행하는 메뉴 중에 퓨전이라는 메뉴가 고객으로부터 좋은 반응을 얻고 있다. 이러한 퓨전이라는 개념의 메뉴는 전통적인 메뉴개발 발상을 뛰어넘는 전혀 새로운 개념의 메뉴발상이다. 따라서 창업자는 발상의 전환을 하여 새로운 상품을 개발해야 할 필요가 있다. 그렇지 않다면 업종전환도 고려해보아야 할 것이다. 예전에 배가 고프던 시절에 많이만 주면 장사가 잘되던 시대는 지난 지 오래되었다는 점을 기억해야 할 것이다.

13

고객을 감동시키는 실전 마케팅들

　자영업에 있어서도 부익부빈익빈 현상이 심화되어 업체간의 격차가 뚜렷해지고 있으며 영업이 부진한 업체들은 매출감소로 심각한 경영난을 겪고 있는 가운데 고육지책으로 기발한 판촉전략들을 내놓고 있으며 고객들은 끊임없이 파격적인 서비스를 요구하고 있다. "이젠 간판만 걸어 놓고 손님이 찾아오길 기다리던 때는 지났다." 고객들의 성향과 기호 등을 주기적으로 분석해 손님을 불러들이는 능동적 마케팅이 없이는 살아남기 힘든 시대가 되었다.

일단 사용해보는 체험 마케팅

　마음 약한 고객을 대상으로 일정기간 사용해 보고 마음에 들면 구

입하라고 권유하는 마케팅 방법(승용차 · 가전제품 · 생활용품매장)

가슴에 호소하는 자필 마케팅

단골에게 자필 편지를 쓰고, 도우미를 파견하여 상품가치를 높인다
(여행사의 DM발송, 가전업체의 쿠킹 도우미 파견, 전문요리사의 무
료 요리강습을 받게 하는 것이 대표적 사례).

고객차별성 부각 마케팅

단골 VIP마케팅 작전으로 다른 고객과 차별성을 부각시키는 고객
우대마케팅(상품구입에 따른 차별화된 보너스 혜택제공, 덤 마케팅,
플러스 원 마케팅 제공으로 구매심리 자극)

기타 부가 서비스 제공

컴퓨터 운세 무료제공, 무료 PC통신 데이트를 제공하는 카페, 무료
자동 구두닦이, 음주측정기를 설치한 음식점, 가상현실 메이크업으로
피부상태와 색깔조화를 파악해주는 화장품 가게 등

기타 여러 실전 마케팅

- 시차적용 마케팅 : 내점시간에 따라 차등요금을 부과하는 판촉전략
- 나라사랑 마케팅 : 고객의 애국심에 호소하는 전략
- 쿠폰 마케팅 : 쿠폰을 발행하여 할인혜택을 주는 판촉전략
- 포인트 마케팅 : 한 번 내점할 때마다 점수를 누적해 인센티브 제공
- 스크래치 마케팅 : 즉석복권을 서비스하는 방법
- 복고 마케팅 : 맥도날드에서 10년 전 가격으로 제공
- BOGO(Buy One Get One) 마케팅 : 특정메뉴를 주문하면 덤으로 다른 메뉴 제공
- Target 마케팅 : 특정고객을 위한 마케팅(예를 들면 체중이 55kg인 고객은 할인혜택이나 선물 제공)
- 제휴 마케팅(Joint Promotion) : 타 점포 · 타 업종과 제휴하여 판촉하는 전략

이외에도 월드컵 마케팅 · 종업원 마케팅 · 메뉴 마케팅 · 서비스 마케팅 등 하루아침이면 수십 가지 마케팅 이름이 생겨날 정도이다. 특히 자영업 중 가장 많이 분포되어 있는 외식업계의 경우 고객관리 강화를 위해 데이터 수집 · 브랜드 조사 등 적극적인 마케팅 활동을 구사하고 있다.

사례를 살펴보면 피자브랜드인 P사의 경우 멤버십 고객이나 한번이라도 전화주문을 한 고객은 모두 데이터베이스에 자료를 축적해 고객관계관리(CRM : customer relationship management)를 하고 콜센터에서 1588-5588 서비스로 모든 주문전화를 소화해내고 있다. 특히 고객에게 걸려온 발신자 전화번호를 분석 "○○고객님 안녕하십니까. P사입니다"라고 먼저 인사를 건네는 서비스로 고객에게 친근감을 느끼도록 하고 있다. 치킨전문 패스트푸드업체인 K사도 매주 시행되는 브랜드 조사를 통해 고객들이 자사 및 경쟁브랜드를 어떻게 인식

하고 있는지를 체크하여 품질 및 서비스 개선방안을 수립하고 광고제작 등을 위한 자료로 활용하기도 한다.

패밀리 카드를 통해 고객 데이터를 나이·제품시간대 등으로 분류, 신제품 출시 후 패밀리 카드의 상위 고객에게 메일과 DM을 통해 무료 시식권을 제공해 구매를 유도하고 있다. 패밀리레스토랑 B사의 경우 멤버십 데이터를 축적해서 성별 연령별로 통계를 내고 이를 근거로 특정 메뉴를 좋아하는 그룹을 분류하여 방문주기를 파악해 외식할 시기가 됐다고 생각되는 고객에게 메일이나 DM을 발송해 짭짤한 성과를 거두고 있다.

이러한 판매촉진활동 또는 마케팅전략들을 끊임없이 내놓는 자영업계의 실상은 살아남기 위한 전쟁터를 방불케 하고 있다. 위와 같은 마케팅 전략의 최대목표는 물론 매출의 극대화에 있으며 또한 내점객 수를 늘리고 신규고객을 확보하는 데 있다. 잃어버린 고객을 다시 발굴하고 고객을 유인할 수 있는 경쟁력 확보는 경영주와 종업원의 의식전환이 선행되어야 한다는 것을 명심해야 한다.

아무리 좋은 마케팅 방안을 가지고 고객을 흡인하여도 경영주와 종업원의 서비스 태도가 나쁘다면 무용지물의 마케팅이 되어 버리는 동시에 고객은 두 번 다시 내점하지 않을 것이다. 따라서 마케팅 활동으로 내점하게 될 고객을 위해 환대할 만반의 준비를 갖춘 다음 점포에 준비된 고객 서비스 및 판매활동으로 매출을 극대화해야 할 것이다.

10장
소자본 창업과 경영

01

자영업에도 구조조정이 필요하다

　창업이란 사업을 시작하는 것이다. 사업은 상품을 판매해 이윤을 챙기는 일로 그러한 행위를 주업으로 하는 것이다. 사업의 목적은 삶의 질을 향상시키기 위한 가정의 행복, 성취감 등 여러 가지로 생각할 수 있으나, 목적을 이루기 위한 중요한 수단으로는 돈을 꼽을 수 있다. 목적과 수단을 달성하려면 돈을 잘 벌 수 있도록 사업의 구조를 만들어야 한다.

　시기적으로 자영업자들도 변해야 살아남을 수 있는 시대가 왔다. 그 동안 과시소비, 모방소비, 충동구매에 힘입어 호황을 누려온 자영업자들은 외환위기를 맞고 수년이 지난 지금까지 문을 닫았거나 적자경영에 허덕이는 위기상황을 맞았다. 창업현장도 살아남기 위한 전쟁터를 방불케 된 것이다.

자영업에서의 구조조정

막연히 경기가 좋아지지 않을까 하는 기대감으로 창업을 준비하거나 경영을 한다면 실패의 쓴맛을 보게 된다. 결국 자영업자의 구조조정이란 장사가 잘될 수밖에 없는 시스템을 구축하는 일이다.

따라서 창업 준비단계부터 고객이 편리하게 출입할 수 있는 구조를 갖추도록 설계하고, 수익률을 높이기 위해 창업비용을 절감해야 한다. 더불어 내부적으로는 원가를 줄이기 위한 기획을 하고, 외부적으로는 적극적인 마케팅 전략을 구사함과 동시에 교육 등을 통해 직원들의 주인의식 함양을 통한 서비스를 생활화하는 것이 과제가 될 것이다.

점포시설 구조조정

점포는 고객이 출입하기 편리한 시설로 기획되어야 하며, 상품의 구매욕구를 불러일으킬 수 있는 디스플레이, 종업원이 편리하게 접객할 수 있는 동선, 점주가 편리하게 관리할 수 있는 시설로 기획한다. 식당 중 상당수는 출입문 옆에 카운터가 위치해 있으며, 경영주 또는 직원이 앉아 있다. 이 경우 의자를 없앤다면 항상 서서 근무하게 되는 구조로 변하게 되고, 손님에게 즉각적인 인사를 할 수 있을 것이다.

고수익률을 위한 구조조정

　수익률을 높이려면 상품을 많이 판매하고 이윤을 많이 남기는 방법을 생각하겠지만, 창업 전 총투자비용을 절감하는 것도 수익창출의 방법이다. 창업의 과정에서 시행착오를 겪는 것은 당연한 일이다. 창업자는 창업에 필요한 물품이나 공사에 관련된 정보에 밝아야 어느 정도 피해를 줄일 수 있다. 사전에 지식을 쌓고 발로 뛰면서 경험하는 것만이 방법이다. 성공을 위해서라면 발로 뛰고, 여러 경로를 통해 가격을 알아보는 것만이 방법이라고 해도 과언이 아니다.

원가절감을 위한 구조조정

　대부분의 자영업자는 상품을 공급받아 파는 형태의 영업을 한다. 이것은 동질의 상품을 누가 더 저렴하고 좋은 조건에 구매하는가에 따라 성패가 결정될 수 있다는 말과 직결된다. 기존의 거래상과 경쟁 거래상의 가격동향과 도매가격의 추이를 유심히 살펴보고 가격에 거품이 있다면 제거해야 한다. 아울러 취급하는 품목을 줄여 전문점을 지향하고 대량구매를 통해 원가절감을 시도해야 한다.

매출증대를 위한 구조조정

구조조정의 소용돌이 속에서 새로운 경영패러다임도 중요하지만, 어떤 고객을 확보하는가도 사업의 성패를 좌우한다. 어려울수록 찾아오는 고객을 고정적으로 확보한 점포와 고객으로 하여금 불만을 갖게 하는 점포는 엄청난 차이를 보일 것이다. 결국 고정고객을 많이 확보한 사업자는 성공하게 된다.

서비스 구조조정

업주는 누구나 할 것 없이 고객에게 최상의 서비스를 제공하기 위해 노력해야 한다. 직원들이 주인처럼 고객을 맞는다면 성공하지 않을 수 없을 것이다. 그러나 대개는 직원들이 따라주지 않아 어려운 경우가 많다. 자영업의 근로환경은 열악한 경우가 대부분이어서 직원들의 이직률이 높게 마련이다. 직원이 새로 바뀔 때마다 교육을 시키고 사업장에 적응시키려면 상당한 인력 낭비가 따른다.

그러나 유한킴벌리의 경우 남들이 인력감축으로 구조조정을 할 때 인력을 확충해 3교대 근무에서 4교대 체제로 전환하고, 나머지 한 조를 교육함으로써 매출을 증대시키고 구조조정에 성공한 경우로 손꼽힌다. 인력감소에 따른 서비스의 질적 저하도 고려해야 한다. 지속적인 고객 서비스교육을 시도하고 주인의식을 갖도록 관심을 표명함은 물론, 직원의 미래를 보장할 구조를 갖추는 일도 중요할 것이다.

구매심리와 판매전략

　좋은 아이템으로 창업을 시도한다 해도 그 상품을 고객에게 효과적으로 판매할 능력이 부족하다면 많은 광고비나 홍보에도 불구하고 그 점포는 실패하게 된다. 접근하기 쉬운 입지조건과 고객에게 관심을 끌 만한 인테리어, 상품의 구비도 중요하지만 매출과 직결되는 판매방법을 이해하지 못하고 창업을 한다면 곤란하다.

　최근 구매패턴은 저렴한 상품구매가 아니라 상품에 대한 합리적인 가격으로 옮겨가고 있다. 고객의 구매심리 과정을 살펴보면 일반적으로 구매를 하는 소비자들은 일단 상품에 대한 관심을 갖게 되면 상품을 소유했을 경우를 연상한다. 그리고 소유하고 싶은 욕구를 느낄 경우 다른 제품과 비교 · 검토를 하고, 그 상품에 신뢰감을 느낄 경우 구매행동이 이루어지고 자신의 구매행동에 대한 만족감을 느끼게 되는 것을 볼 수 있다. 이러한 점을 이해하고 고객을 맞이한다면 보다 많은 매출을 올리게 될 것이다.

기다리는 자세

고객에게 쉽게 접근할 수 있는 위치를 정해두고 가능하면 그 위치를 벗어나지 않으면서 고객을 기다린다. 고객이 내점했을 경우 항상 똑바로 정면을 응시하며 손님의 움직임을 조용히 관찰한다. 점포에 고객이 없을지라도 상품을 정리하며, 부족한 부분을 점검한다거나 가격표를 확인하고, 진열상태를 수시로 정리하면서 고객을 기다리는 것이 중요하다.

부담 없는 접근법

고객이 어떤 한 상품에 대해 관심이나 흥미를 느끼고 있다고 판단할 경우, 그 상품의 특성을 말하면서 조용한 목소리로 자연스럽게 접근한다. 주로 상품을 만질 경우나 고객이 걸음을 멈추고 상품을 만진 후 고개를 들었을 때 또는 무엇을 찾고 있을 때나 고객과 눈길이 마주쳤을 경우가 해당된다. 이럴 경우 상품을 판매한다는 자세보다는 고객이 상품을 사도록 도와준다는 자세로 접근해야 한다.

상품을 권하는 기술

고객이 사용했을 상태를 상상할 수 있도록 설명하며, 신속하게 가격표·사이즈·품질 등을 소개하고 상품을 만져보도록 권해 오감으로 상품을 실감할 수 있도록 설명한다. 이때는 고객이 선택할 수 있도록 두세 가지의 상품을 제시한다. 그러나 빨리 판매하기 위해 서두르는 것은 잘못된 상품제시법이다.

상품제시는 가격이 낮은 것에서부터 높은 가격대의 상품순으로 하는 것이 원칙이다. 대개의 고객은 상품을 결정할 때 망설이게 마련이다. 이때는 우선 고객의 표정을 충분히 관찰하고 난 후 따뜻한 미소로 고객이 구매할 것이며 만족할 것이라는 자신감을 갖고 조심스럽게 권유한다. 상품설명은 다른 상품보다 좋은 점을 명확하게 설명하며 충분히 이해할 수 있도록 상품 자체를 권유하고 대화는 적절한 어휘를 사용해야 한다.

상품 결정시의 보조

고객이 다른 상품과 비교 선택을 하고 상품에 대하여 신뢰하는 단계에서 판매원은 장황한 상품의 설명보다는 구매를 쉽게 결정할 수 있도록 6하원칙에 의거하여 분명하고 짧게 집약해 이야기해야 한다. 이때 판매원이 파악해야 할 점은 고객이 어떤 사람인지, 어떤 물건을 원하는지, 왜 필요한지, 어느 정도의 가격으로 얼마만큼을 필요로 하는지 파악해두어야 한다. 또 구매를 결정할 시점에서는 절대 당황하거나 서두르지 않고 침착한 태도와 표정, 대화로 고객을 상대하도록 한다.

적확한 판매시점

고객은 항상 구매를 할 때 갈등하게 마련이다. 이것은 여러 상품에서 한 가지 상품으로 선택의 폭을 좁히고 있다는 증거로, 같은 질문을 반복하거나 골똘히 생각하게 된다. 애프터서비스나 가격표에 신경을 쓰기도 하므로 판매원은 이쯤에서 결정을 서두르게 되는 경우가 많다. 그러나 이것은 오히려 역효과를 초래할 수 있으므로, 우선 고객의 옷을 칭찬한다거나, 그들이 하는 일 등에 관해 물어보면서 신뢰감을 갖게 하는 것이 좋다.

깔끔한 구매 마무리

구입한 상품의 금액을 확인한 다음 가격표를 보여주면서 구매금액을 확인한다. 그리고 "손님, ○○원 받았습니다" 하고 소리내어 확인한다. 계산 후 거스름돈과 영수증을 건네면서 "손님, 영수증과 거스름돈 ○○원, 여기 있습니다" 하며 금액을 확인하면 고객의 모든 구매 과정은 끝난다. 차후 DM이나 이벤트를 소개할 목적으로 고정고객 리스트를 작성하기 위해 고객의 협조를 구한다면 고객에게는 최고의 점포라는 이미지로 자리매김할 것이다. 물론 상품의 종류나 금액에 따라 접객법이 다소 달라질 수 있겠지만 창업을 준비하는 데 이러한 기본 구매과정 정도는 이해하고 창업을 시도해야 할 것이다.

03

매출을 올리는 방법

고객의 마음을 사로잡아 점포가치를 최대화해야 한다. 창업을 시도하다 보면 모든 일이 예상대로 되지 않는다. 입지 선택에서부터 모든 창업자가 좋은 입지를 선택하려고 하나 점포 구입비(권리금과 보증금) 등을 감안해 본인의 창업자금에 맞추려면 쉽지 않은 일이다.

때로는 입지가 좋지 않은 곳의 점포를 구할 수밖에 없는 경우도 생길 수 있다. 그래도 열심히만 노력하면 잘 팔리겠지 하는 기대심리에 부풀지만 탁월한 경영능력을 지닌 사람이 아니고서는 매출은 저조할 수밖에 없을 것이다. 기존의 점포에 있어서 동일한 지역에서 동일한 가격으로 같은 상품을 판매하는 데도 매출이 크게 차이가 난다면 한 번쯤 점포 인테리어와 영업전략을 점검해볼 필요가 있다. 또한 목표고객에 대해 점포의 이미지 전달은 잘되고 있는지를 분석해 매출을 증대시키는 방법을 찾아야 한다.

매출을 올릴 수 있는 방법을 제시하면 다음과 같다.

판매영역을 넓혀라

첫째, 기존의 광고지역보다는 좀더 영역을 넓혀 광고를 함으로써 판매의 영역을 넓힐 필요성이 있다. 즉 기존의 점포상권이 협소하다는 뜻이므로 상권의 범위를 넓혀서 영업을 하게 된다면 매출이 올라갈 것이다.

둘째, 매장을 정리해 점포면적을 확대시킨다. 기존의 점포를 넓히려면 쓸모 없는 점포공간을 활용하여 점포를 확장시키는 방법을 사용함으로써 고객이 점포 앞에서 쉽게 들어올 수 있도록 분위기를 조성함은 물론 상품을 많이 진열할 수 있다.

셋째, 잘 팔리는 상품은 관련 상품을 강화해 진열 양을 늘린다. 가장 잘 팔리는 상품과 그에 관련된 상품을 많이 취급하는 것이다.

객단가를 올려라

객단가란 고객 한 사람이 소비하는 평균가격대를 말한다. 점포를 방문하는 고객이 한정되어 있다면 같은 한 사람의 고객이 방문하더라도 매출을 많이 올리는 전략이 바로 객단가를 올리는 방법이다. 잘 팔리는 상품을 구분해 전체상품의 구성에 개성을 부여하고 팔리는 상품을 위주로 매장 안의 진열을 바꾸거나 가격대별로 상품을 진열한다. 오감을 자극해 상품의 질이 고급스러워 보이게 한다거나 가격을 높일 수 있도록 진열을 연출해본다. 세트상품 등 점포의 독자적인 상품을 개발하는 방법도 효과적이다.

매상품목의 수량을 늘려라

점포에 들어선 손님을 되도록 오랫동안 머물게 해 다른 상품을 구매하도록 유도한다. 고객이 어떻게 하면 장시간 머물 수 있을 것인지를 고려해 휴식장소를 만들어본다거나 진열대 및 진열 방법을 바꾸어 보기도 한다. 관련 상품끼리 진열하는 것도 한 방법이다. 예를 들면 신발 옆에 양말, 와이셔츠 옆에 넥타이 핀 등을 진열하는 방법으로 주상품과 연계된 보조상품을 진열한다.

고정고객을 늘려라

유동고객을 확보하는 것보다는 고정고객 확보에 최선을 다해야 한다. 고객을 만족시켜 고객 한 사람당 가치를 제고시키는 것만이 경쟁력 강화의 수단이 될 것이다. 불황기에는 흔히 가격경쟁으로 치우치기 쉽다. 그러나 가격경쟁은 다른 회사도 쉽게 모방하므로 결국 공멸하기 쉽다. 이런 상황에서는 고정고객을 확보해 가격민감도를 떨어뜨려야 한다. 만족한 기존고객은 신규고객 확보에 도움이 되는 것이다. 이러한 고정고객을 확보하기 위해서 고객의 불평을 적극적으로 들어주어야 한다. 처음 구매했는데 아무 문제가 없는 경우와 문제가 있어서 해결해준 경우 중에서 어느 쪽이 충성고객이 되느냐는 자명하다. 또한 물건을 구매했을 경우 애프터서비스 등으로 점포의 이미지를 부여해야 하며 고객들을 대상으로 소모임을 만든다든가, 고객명부를 작성해 항상 고객과 관계를 유지하는 것이 좋다. 따라서 고객을 유지하기 위한 서비스에 투입되는 비용은 낭비가 아니라 새로운 이윤을 낳기 위한 투자가 된다.

서비스를 강화하라

고객에 대한 서비스를 강화한다. 주요한 단골고객의 기호를 파악하여 방문기회를 유도하고 직원교육을 통해 고객접객기술을 향상시킨다. 직원이 주인의식을 갖고 판매에 임하면 매출이 오르게 되는 것은 당연하다.

또한 권유판매를 통해 매출을 향상시키는 전략을 구사한다. 권유판매를 할 경우 직원이 자신의 편의를 위해 질문하지 말고 고객의 편의를 위해 질문하며, 고객을 대할 때 절대로 성급하게 서두르지 않으며, 따뜻한 미소로 최대한의 관심을 갖도록 하는 등 정기적인 반복교육을 통해 매출증대를 시도한다. 때로는 유니폼서비스를 통해 고객의 변화욕구를 충족시키며 분위기를 바꾸어 구매심리를 자극하는 방법도 고려해볼 수 있다.

앞서 열거한 매출증대법의 기본원칙은 고객우선이란 점을 명심해야 한다. 고객의 입장에서 생각하고, 고객의 입장에서 분위기를 창출하고, 고객이 필요로 하는 상품을 파는 것이다. 상품을 팔기보다는 점포의 가치를 팔려고 노력하고 고객의 마음을 사로잡는 영업전략이 매출증대의 핵심이다.

04

간·쓸개 버리고 두뇌를 키워라

　대형점포일수록 많은 돈을 벌 수 있는 것은 사실이지만 반대로 크게 망할 수도 있다는 사실을 염두에 두어야 할 것이다. 자영업 창업은 누구나 할 수 있는 직업인만큼 돈을 벌고 성공을 하려면 창업의 규모에 관계없이 자기만의 경영스타일과 다른 사람보다 좋은 아이디어를 가지고 사업을 철저히 준비해야 할 것이다.

경쟁을 두려워 마라

　창업하기 쉬운 업종이야말로 새로운 경쟁상대가 나타날 가능성이 크다. 경쟁에 자신이 없다고 경쟁자가 적은 뉴 비즈니스나 검증되지 않은 사업에 뛰어든다면 실패를 자초할 것이다. 따라서 새로운 아이템을 찾기보다는 거부감 없는 대중적인 아이템에 새로운 서비스를 가미해 포장을 잘하는 것이 안정적이다. 아무리 초기에 영업이 잘되는 점포일지라도 지속적인 노력 없이는 경쟁상대에게 밀릴 수밖에 없다. 성공적으로 점포를 운영하려면 창업자가 메뉴관리나 상품관리·마케팅·시설관리·서비스 등에 관한 경영능력을 배양해야 한다.

남에게 보여주는 장사를 하라

고집스런 외길 영업전략을 구사하기보다는 고객을 위한 판매방식을 생각하고 사회적인 흐름에 부응한다거나 소비자의 목소리를 귀담아들으면서 이에 대응하는 창의적인 발상을 해야 성공할 수 있다. 아무리 좋은 점포를 소유하고 있다 하더라도 창업자 위주로 영업을 해나간다면 결코 성공하지 못한다.

창업이란 자금만으로 되는 것이 아니다. 창업을 준비하려면 먼저 창업을 이해하고 누구에게, 무엇을, 어떻게, 어디에서 팔지 목표가 분명해야 업주로서의 확신이 생긴다. 사업가는 미래를 바라보는 눈이 있어야 한다. 안목과 결단력 이전에 충분한 사업준비가 끝나야 하는 것은 두말할 것도 없다.

▶ 마케팅 경영

점포창업에서 시행할 수 있는 광고는 신문에 끼워 전달하는 전단지와 DM을 들 수 있다. 그러나 무차별적인 우편홍보(DM)나 신문전단

배포는 금물이다. 이 같은 홍보에 대한 반응률은 일반적으로 3% 이하이므로 그 효과를 점검해볼 필요가 있다. 효과적인 방법은 보도자료 발송, 홈페이지 개설, 고객의 입에서 입으로 전파되는 구전 마케팅을 들 수 있다.

특히 유동인구가 많은 곳이면 현수막 광고, 개업 인사장이나 할인 행사시의 광고집행계획에 의한 정기적인 광고가 효과적인데, 이 같은 행사를 계획할 때는 매출의 5% 이내로 예산을 책정해 기획하는 것이 좋다. 소비자의 입장이라면 적극적인 영업과 홍보를 하는 곳이면 일단 호기심이 발동하게 마련이다.

▶ 청결관리 및 시설경영

점포내부는 물론 외부청결에 신경을 써야 한다. 외부청소는 점주들이 가장 소홀히 하는 부분이지만 간판의 경우는 점포의 얼굴이라 할 수 있다. 따라서 밝기를 항상 체크해 적어도 6개월에 한 번은 형광등을 교체해주는 게 좋다. 점포 주변 청소는 물론, 화장실도 항상 청결해야 한다. 특히 음식점이라면 하루 세 차례 이상의 청소는 기본이다. 점포입구는 고객이 출입하기 편리하도록 문턱을 낮추거나 문이 부드럽게 열릴 수 있도록 고친다. 점포외관은 고객의 시선을 끌 수 있도록 개조한다거나 고객의 호기심을 유발하도록 신경써야 한다.

▶ 서비스 경영

계산을 할 때는 밝은 미소로 받은 돈의 금액을 확실히 말하고 난 후 거스름돈을 공손하게 건넨다. 고객의 불만에 대한 대응책 · 반품이나 환불에 대한 규정을 반드시 마련해야 한다. 하자가 있는 물품은 환불해주고, 사이즈나 디자인이 마음에 들지 않아 반품을 요구할 경우에는 고객의 요구를 들어주는 것이 좋다.

음식점이라면 잃어버린 신발이나 더럽혀진 의류에 대해서도 꼼꼼히 보상하고 점포 내에서 부상을 입는 환자가 발생할 경우 일정액의 치료비를 제공해야 한다.

05

고정고객의 확보

친구 같은 주인, 언니 같은 주인이 성공창업자의 지름길이다. "고객을 감동시켜야 한다", "고객은 왕이다" 등등의 말은 우리가 자주 듣고 있는 용어다. 물론 조직적으로 잘 훈련되어 있는 대형업소나 호텔 등의 업소에서는 이러한 용어에 걸맞는 서비스를 제공하려고 노력하고 있다는 것을 인정하지만, 영세한 소형점포에서는 마음뿐이지 사실 고객을 왕처럼 모시기에는 현실적으로 한계가 있다. 그렇다면 어떻게 해야 고객의 마음을 사로잡아 우리 점포의 고정고객으로 만들 수 있을까 연구하지 않으면 곤란하다.

이제는 창업환경이 예전 같지 않아 변했다는 점을 인식해야 한다. 자영업도 국제화·정보화시대를 맞은 21세기가 아닌가? 시대환경에 알맞게 변해야 하는 것은 지극히 당연한 일이지만 변하는 속도가 너무도 빠르다는 것을 실감할 수 있을 정도로 시시각각 변하고 있는 것이 요즈음의 창업환경이다. 평생직장개념이 사라지고 기업퇴출·정리해고 등으로 창업현장으로 내몰리는 예비창업자의 수도 증가해 수요와 공급의 균형이 무너진 탓도 있을 것이며, 인터넷시대의 도래로 많은 정보가 공유되어 있어 창업을 준비하는 사람들이 갖가지 아이디어를 동원하고 창업에 도전하는 탓도 있을 것이다. 창업으로 성공하는 사람들은 20퍼센트선에 머물고 있다. 그리고 이 얼마 되지 않는 성공자의 대열에 합류하기 위해 창업전선은 과열상태다.

고객이라면 누구나 왕이다

창업을 하기 전에는 누구라도 고객을 왕처럼 모시겠노라 천명한다. 그러나 고객이 진정으로 원하는 것이 무엇인지 정확하게 파악하지 못한다면 성공은 멀기만 할 것이다. 예를 들어 서비스에 관해 불평하는 고객에게 "4,000원짜리 밥 한 그릇 먹으면서 그만하면 됐지, 더 이상 얼마나"라고 중얼거리는 식당주인의 말 한마디가 시사하는 바는 참으로 크다.

사실 주인 입장에서 매출이 얼마 되지 않을 고객을 왕처럼 모시기에는 무리가 따르기도 할 것이다. 그러나 이런 고객 저런 고객 다 놓치고 나면 결국 망하는 길밖에 없다는 것을 깨달아야 할 것이다. 최소한 고객이 점포를 방문하는 것은 무언가를 기대하기 때문이다. 따라서 주인은 고객이 어떤 것을 원하는 것인지 접객하는 과정에서 먼저 파악하고 대응해야만 성공할 수 있을 것이다.

고객은 바보가 아니다

우리가 어떤 음식점이나 점포를 방문했을 때는 그 업소가 최고의 점포라고는 생각지 않을 것이다. 단지 '가격이 싸다, 가깝다, 친절하다, 주인과 잘 아는 사이다. 분위기가 좋아서' 등의 여러 가지 이유로 찾아간 것일 따름이다.

그럼에도 불구하고 나의 점포를 최고의 점포로 착각한다거나, 여기가 아니면 갈 곳이 없을 것이라 경망스럽게 여기거나, 이 가격으로는 갈 데가 없을 것이라며 잘난 척한다는 것은 위험천만한 생각이다. 고객은 바보가 아니기 때문이다.

고객은 웃는 사람을 좋아한다

음식점에서 좋지 않은 표정으로 고객을 맞는 것은 고객의 입맛을 떨어뜨리는 치명적인 결과를 초래한다. 점주는 자신이 고객을 접객하는 종업원이 아니라는 어리석은 생각을 하기 때문에 표정관리를 하지 않는다. 그러나 고객은 예상외로 주인에 대한 관심이 많다는 것에 주목해야 한다. 간과 쓸개는 출근할 때 집에 보관하고 나와야 하는 것이 서비스의 기본정신이다. 따라서 고객이 다소 무리한 요구를 할지라도 웃으며 들어줄 수 있는 경영자의 마인드를 가져야 한다.

고객이 진정으로 원하는 것

고객은 적당한 가격을 원하는 것이지 싼 것을 원하는 것은 아니다. 그러나 대부분의 주인들은 가격이 저렴하면 고객이 찾아올 수밖에 없을 것이라고 생각한다. 그러나 소형업소에서 가격으로 경쟁한다는 것은 경영상 어려움이 따르게 되고 서비스의 질을 떨어뜨릴 확률이 높다. 21세기형 고객이 진정으로 원하는 것은 걸맞는 가격이지 무조건 싼 가격은 아니기 때문이다. 또한 고객은 항상 같은 음식, 같은 서비스에 식상해하고 있다는 것을 인식해야 한다. 그래서 때로는 맛있는 음식과 좋은 서비스를 제공하고 있음에도 새로운 곳으로 찾아가고 싶어하는 습성이 있다. 이러한 고객을 위해서 새로운 상품이나 이벤트를 마련해 고객의 변화욕구를 충족시켜야 한다.

고객은 주인과 인간적으로 친하고 싶어한다

보통 음식점을 방문할 때에는 혼자 가는 일이 드물다. 그래서 일행들과의 조율을 거치는 과정을 겪게 되는 것이 일반적이다. 특별히 음식에 대한 거부감을 갖지 않는 경우라면 누군가 강력하게 추천한다면 그 업소를 찾게 된다. 이 같은 고객층을 확보하는 것은 구전홍보의 최고 효과를 불러온다. 따라서 친구 같은 주인, 형 같은 주인, 언니 같은 주인, 동생 같은 주인이 되도록 노력하는 것이 지역사회에서 뿌리내리고 성공점포를 지향하게 되는 지름길이다.

06

반품과 재고처리

순익계산, 재고처리는 반영했는지 반드시 확인해야 한다. 상품을 많이 판다는 것은 성공의 지름길로 향하는 유일한 길이다. 그러나 많이 판매하고도 경영이 어려워지는 경우가 많은 것이 창업현장이다. 사실 열심히 하고도 앞으로 남고 뒤로 밑지는 경우가 많다는 것이다. 상품의 원가가 1만 원이고, 1만 3,000원에 팔았을 경우 일반적으로 마진율 30%인 3,000원이 남았다는 계산을 하게 된다. 이것이 바로 주먹구구식 계산법인 것이다. 상품의 재고처리문제가 전혀 반영되지 않은 결과이다.

예비창업자는 창업 초기부터 재고처리가 반영된 계산을 해야 진정한 성공창업자가 될 수 있다.

재고가 처리되어야 순익 계산 가능

판매업의 경우 한 달 동안 개당 3,000원 남는 상품을 1,000개 구매해 800개를 판매했다고 가정하면 계산상으로는 800개 곱하기 3,000원으로 총 240만 원이 남는다. 그러나 이 계산은 재고상품이 반영되지 않은 경우로, 재고상품 200개의 개당 구입원가 1만 원씩 총 200만 원이 계산되지 않은 결과로, 사실상 반품이나 재고처리문제를 이익에 관련시키지 않았으며, 실제로 번 것은 별로 없다.

다시 말하자면 재고상품들을 다 처리해야만 정확한 이윤이 계산되는 것이다. 혹시 "그 상품들은 다음 달에 팔면 모두 이윤이 되지 않겠느냐?"라고 생각할 수도 있으나 품목이나 상품의 성격에 따라 다르겠지만 상품생명은 오래가지 않는다는 것을 염두에 둬야 한다. 특히 제과의 경우 당일처리하지 않으면 안 되며, 의류의 경우 한 달이면 그 생명이 다하는 경우도 있다.

따라서 한 달 안에 신상품의 판매 · 세일 · 재고처리가 일사불란하게 처리되어야 성공적인 판매를 했다고 볼 수 있으며, 정확한 이익계산이 되는 것이다. 결국 한 달 뒤면 그 상품이 안 팔릴 것이라는 것이 사전에 계산돼야 한다. 이것은 재고의 부담을 최소한으로 줄여야 한다는 것이지 매장을 신상품으로만 진열하라는 것은 아니다.

따라서 경영주는 그 상품이 팔릴 때까지 재고로 갖고 있든가 반품이 가능하다면 반품처리를 하고, 반품이 안 되는 경우 세일이나 땡처리로 판매하는 것이 바람직할 수도 있다. 판매가 1만 3,000원인 상품을 50퍼센트 세일을 통해 전량 200개를 처리했을 경우의 세일판매금액은 130만 원. 종합적으로 계산을 해보면 상품 800개의 마진 240만 원에서 재고처리비용 70만 원을 감안하면 한 달 동안 판매수익은 170만 원이 된다.

이와 같이 재고에 대한 정확한 계산이 이루어져야만 앞으로 남고 뒤로 밑지는 경우의 영업방식을 벗을 수 있을 것이다. 효과적인 재고관리를 위해서 창업자는 팔고 있는 상품의 색상·디자인·사이즈·메이커·생산지 등을 정리하고 상품별로 가장 중요한 상품, 그 다음으로 중요한 상품, 아무래도 상관없는 상품 등으로 분류해두어야 한다. 팔고 있는 가격 역시 함께 일목요연하게 정리해두어야 한다. 따라서 예비창업자는 적정수량의 초도상품매입과 함께 반품을 확약받는 것도 중요하지만 재고를 줄이는 노력을 하는 것이 앞으로 남고 뒤로 밑지는 사업이 되지 않는 지름길이다.

■ 반품조건 확인 후 거래처 터야

또한 창업자가 구매 당시 반품을 고려해 본사 또는 구매처로부터 반품에 관한 확약을 받은 경우일지라도 현금구매와는 다르다. 반품을 하게 되면 현금반환을 하는 경우는 거의 없고 물품교환으로 이어지게 되는 것이다. 일반적인 상거래의 경우 반품의 조건들을 살펴보면 반품하게 될 상품의 구매처로부터 일정량의 반품을 받아주는 조건으로 반품하게 될 상품의 2~3배 수량의 상품을 재구매해야 한다.

이것은 구매처인 도매상의 판매마진을 살펴보면 쉽게 이해할 수 있다. 상품을 100개 반품하는 조건으로 신상품 200개를 구매하면 반품하는 상품 100개는 땡처리하고, 신상품 100개를 더 구매했기 때문에 반품을 받더라도 최소한 원가는 뺀다는 계산이다. 때로는 반품 양의 세 배 구매까지도 요구하는 경우가 간혹 있다. 반품은 상품구매 후 일정기간 내에 해야 가능하며, 그 이상의 반품시효가 지나면 반품이 불가능한 경우가 많다. 따라서 구매처는 고정거래처를 정해두는 것이 유리하다고 할 수 있다.

초도상품 구입요령

예비창업자가 창업을 하게 될 경우 초도상품을 적당한 수량으로 매입해야 한다. 많은 창업자들이 과도한 초도상품으로 실패를 보게 되는 경우가 있는 현실을 감안한다면 판매하게 될 상품선정은 창업자가 직접 결정해야 한다. 타인이나 도매상에 의지하는 태도로는 발전이 없다.

구매방법으로는 현금거래를 원칙으로 하며, 취급상품의 구매량은 대량구매가 가장 이상적이지만 소자본 창업인 점을 감안하면 전문상품이나 고가품의 전개도 필요한 만큼 직접 판매하게 될 판매원의 의사를 반영해 결정하는 것이 좋다. 또한 신뢰할 수 있는 구매처가 있다면 집중구매를 하는 것이 바람직하나, 그렇지 않을 경우 몇 곳에서 분산구매를 해 마음에 드는 구매처를 물색하도록 한다.

인원선발 및 교육

　인력창출은 창업주의 몫이다. 처음 창업을 하는 경우 직원교육의 중요성은 인식하고 있으나 효과적으로 대처하지 못하는 경우가 많다. 물론 프랜차이즈 시스템이 확립된 본사에 가맹하는 경우 본사의 인재선발이나 교육매뉴얼이 있어 여러 경로를 통해 모집하고, 일정 교육을 통해 점포에 배치하는 방법을 사용하기도 하지만, 독립점포로 창업을 하는 경우 창업규모에 관계없이 어디에 가서 누구에게 문의해 어느 수준의 사람을 구해야 하는지 난감할 수밖에 없다.

　창업자가 창업한 후 사업을 전개하면서 가장 어려워하는 부분이 바로 직원관리 문제인 것이다. 어떤 경로로 사람을 뽑고 어떤 사람이 사업을 운영하는 데 있어 가장 적합한지 등의 문제로 고민하는 경영주가 대부분이며 사업의 효율을 높이기 위해 경영주가 아무리 직원을 교육해도 창업주 자신이 생각하는 만큼 주인의식을 갖고 근무하는 사람을 찾기 힘들며, 때로는 수시로 그만두는 높은 이직률 때문에 몸살을 앓는다고 호소하는 경영주도 많은 것이 현실이다.

1~2명의 직원이 필요한 규모의 소점포일 경우 급여를 높게 책정해도 근무환경이 열악해 신세대들이 근무를 기피하는 현상을 보이기 때문에 창업주로서는 인력확보가 여간 힘든 일이 아니다. 그러므로 애초에 직원을 선발할 때에는 다음과 같은 선발항목들이 충분히 고려돼야 할 것이다. 이러한 소점포 창업주들을 위해 최소한의 인사에 관한 가이드 라인을 제시하고자 한다.

소규모 사업경영주의 조직표

소점포 직원관리의 조직활동을 구분함에 있어서는 다음의 도표와 같이 최소한 인사·경리·구매·판매활동 부분을 네 가지 항목으로 구분하여 운영하여야 할 것이다.

인사활동	영업장규칙·복리문제·종업원 교육
경리활동	현금출납·지불과 청구·결산·세무대책과 규제·물품출입 확인
구매활동	거래선 연구·상품지식
판매활동	접객판매, 재고품의 조절, 실내의 배치와 진열, 매상계획과 실시

■ 인재확보 루트

여러 채널을 통해 사람을 채용해야 하는데 어떤 경로를 이용할 수 있는지 몇 가지 방법을 살펴보면 다음과 같다.

<table>
<tr><td colspan="1">일반적인 인원선발 루트</td></tr>
</table>

- 가족 중에서 동원 가능한 인원 체크
- 연고자를 통해서 필요한 인원을 확보하는 방법
- 자기점포와 유사한 업종의 점포에서 스카우트하는 방법
- 컨설팅 전문기관에 의뢰하는 방법
- 직업소개소에 추천 의뢰하는 방법
- 납품거래처에서 소개받는 방법
- 스스로 일정기간 유사점포에 취업하여 판매기술을 습득하는 방법
- 벼룩시장이나 지역신문 등에 구인광고를 내는 방법
- 관련업종의 전문잡지에 광고하는 방법
- 인터넷이나 통신사의 구인구직 정보제공을 활용하는 방법

■ 인재선발시 참고해야 할 항목

직원을 선발할 때는 가능한 창업하려는 관련업종에서 장기간 경력을 쌓아온 사람이라면 무난할 것이다. 비교적 성실한 사람이라면 한 업소에서 2년 정도는 근속한 사람일 것이다. 또한 건강한 사람이 건전한 웃음과 생동감이 넘치게 마련이다. 열악한 환경에서 근무하다 보면 체력이 약한 사람이라면 힘든 노동에 얼굴을 찡그리게 마련이다. 이런 경우 고객은 두 번 다시 찾아오지 않을 것은 자명한 일이다. 그

러므로 애초에 직원을 선발할 때에는 다음과 같은 선발항목들을 충분히 고려해야 할 것이다.

▶ 철새종업원은 피하라

직원을 선발할 때는 창업하려는 관련 업종에서 장기간 경력을 쌓아온 사람이라면 무난하다. 비교적 성실한 사람이라면 한 업소에서 2년 정도는 근속한 사람일 것이다. 정치인도 철새정치인이 있고 종업원도 철새종업원이 있다. 조금만 더 월급을 주는 곳이 있다든가 근무환경이 좋은 곳이 있다면 미련 없이 떠나는 종업원은 전 근무처의 이미지를 흐리게 만들게 마련이다. 따라서 짧은 기간에도 불구하고 여러 곳의 경력이 있다면 일을 잘하고 못하고를 떠나 채용하면 결과적으로 피해를 입을 수 있다. 가능하다면 반드시 전 근무처에서 추천서를 받아오도록 하는 게 좋을 것이다.

▶ 관련 업종의 근무경력 상황

채용을 결정하지 않은 이상 업무역량을 파악하기 어렵다. 개인이 갖고 있는 관련업 자격증 등에 의존할 수밖에 없다. 면접을 통해 해당 업종의 전문지식에 관해 다양하게 질문도 해보고 가능하다면 일을 해보게 하는 것도 바람직하다. 부가적으로 최소 희망급여를 확인하는 것도 중요하다. 희망급여에 현저히 미달된다면 잠시 근무하다가 그만둘 확률이 높기 때문이다. 또한 인원선발시 창업자는 생각나는 대로 면접하고, 즉흥적으로 채용하기보다는 면접내용을 정해서 시행하고, 무엇을 물어볼 것인지 사전에 면접 문항을 준비하는 것이 좋다.

▶ 건강상태와 나이

창업주에게도 건강이 중요하겠지만 일선에서 고객을 직접 접객하는 직원에게는 더욱 중요하다. 열악한 환경에서 근무하다 보면 힘든 노동으로 밝은 표정을 지을 수 없을 것이다. 이때 가장 많은 피해를 입는 사람은 바로 고객이다. 건강한 사람만이 건전한 웃음과 생동감이 넘칠 수 있다. 목표고객에 알맞는 나이의 종업원이 필요하다. 고객이 신세대나 젊은 층으로 구성되어 있는데 나이가 많은 종업원이 접객을 한다면 고객이 부담스러워할 수도 있으며, 고객의 마음을 읽지 못하는 서비스가 될 공산이 크다.

▶ 성실한 인간관계와 근무의욕

아무리 업무를 잘 수행할 능력이 있다 해도 성품이 좋지 않다든가, 사생활이 복잡하다면 전력을 다해 근무하기가 어렵다. 앞서 열거한 모든 조건을 능가할 수 있는 것이 바로 근무의욕이다. 본인의 목표의식이나 적극적인 사고방식을 가진 성품의 종업원을 찾아야 한다. 또한 종업원을 채용할 때에는 소규모 점포일지라도 소속감을 주기 위해 반드시 이력서와 간단한 자기소개서·주민등록등본 등을 제출받고, 면접을 통해 선발하는 인원 선발 규칙 등을 구비할 필요가 있다.

소점포 경영이라는 관점에서 보면 직원의 선발, 관리 유지의 모든 책임은 경영주에게 있으며, 직원의 자질문제도 사회 전반적인 트렌드로 돌릴 수 있겠지만 결국은 경영책임으로 귀결된다. 직원을 월급 주면서 부려먹는 사람이라는 고정관념을 버리고, 가족의 구성원으로 자기사업을 도와주는 사람으로 생각해 인격적으로 대한다면 직원들도 주인의식을 갖고 열심히 일해 성공점포를 만드는 데 일익을 담당하는 인재로 성장할 것이다.

▶ 직원관리

몇 년 전까지만 해도 직원 구하기가 하늘에 별 따기만큼이나 어려웠던 인력시장환경이 외환위기 이후 도산하는 소점포들이 늘어나고 대기업이나 중견기업체에서 퇴직한 사람들이 늘어남에 따라 역전되었다. 그러나 인력의 수요와 공급이 균형을 잃고 창업자에게 유리하게 돌아갈 때일수록 직원확보문제에 못지않게 직원의 정착률을 높이는 노력을 기울여야 할 것이다. 사업이 잘되고 안 되고는 경영자의 의지력에 있기도 하지만 주인의식을 갖고 근무하는 직원들의 노력이 상당히 많은 부분을 차지하고 있기 때문이다.

직원관리를 위한 10계명

1. 노동시간을 명확히 하고 초과근무를 하게 될 때는 연장근무수당을 지급하라
2. 근무환경을 개선하라
3. 점포의 근무 매뉴얼을 문서로 만들라
4. 그만두겠다는 종업원은 말리지 마라
5. 종업원도 경영참여 자격을 부여하라
6. 종업원 상호간의 동료의식을 강화시켜라
7. 가불형태의 지급이나 체불은 삼가고 급여지급절차를 명확히 하라
8. 점포 내에서는 반드시 유니폼을 입고 근무하게 하라
9. 상벌사항을 만들고 직장에 관한 소속감을 심어주라
10. 극히 간단한 내용일지라도 근로계약서를 작성하라

08

주인의식을 갖게 하는 다섯 가지 비책

직원이 주인처럼 되고 주인이 직원처럼 되어야 성공점포가 될 수 있다. 사업이 잘되고 안 되고는 경영자의 의지력에 달렸기도 하지만 주인의식을 갖고 근무하는 직원들의 노력이 상당 부분을 차지하기 때문이다. 개업 후 사업을 전개하면서 가장 골치 아픈 부분이 바로 직원 관리 문제이다. 아무리 교육을 해도 창업주 자신이 생각하는 만큼 주인의식을 갖고 근무하는 사람은 찾기 힘들며, 수시로 그만두기 때문에 몸살을 앓는 경우가 많은 것이 오늘날의 창업현장이다.

주인보다 고객우선이 진정한 주인의식

직원이 주인의식을 갖고 고객을 접객한다면 그 점포는 매출이 오르

"

고 성공점포로 자리매김할 수 있다. 판매업이나 외식업의 경우 접객하는 직원이 젊고 상냥하면 고객이 부담감을 가지지 않고 쉽게 대할 수 있어 좋아하게 마련이다.

소점포를 운영하다 보면 서비스를 요구하고 덤을 요구하는 얌체고객도 있을 수도 있다. 그러나 모든 일이 주인보다 고객이 우선이 되어야 한다는 기본이 진정한 주인의식이 될 수도 있는 것이다. 조그마한 것을 아끼려다 큰 것을 잃는 경우도 발생할 수 있다. 직원에게 접객방법이나 판매방법을 교육시켜 일을 할 만하면 그만두게 되는 높은 이직률 때문에 경영주는 또다시 직원을 채용하고 교육을 시켜야 하는 시간 낭비를 반복한다.

충분한 공동체의식 유도

이직하는 직원을 탓하기 이전에 그 원인을 면밀히 분석해볼 필요성이 있다. 소점포의 경우 젊고 유능한 인원을 선발하고 높은 임금을 보장한다 하더라도 근무환경이 열악한 관계로 신세대들로부터 외면받기 일쑤이다. 급여의 많고 적음이 문제로 작용하는 것이 아니기 때문이다. 건실한 체인본사나 시스템이 확립된 대형업소의 경우 나름대로 인재선발과 교육기준이 정해져 있어 다양한 경로로 직원을 선발하고 교육과정을 거친 뒤 점포에 배치하기 때문에 별 문제가 되지 않으나 소자본으로 창업하는 개인점포의 경우 어느 곳에 문의하고 어떤 경로로 인원을 선발할 것인지 실로 난감한 문제가 아닐 수 없다. 따라서 사전에 공동체 의식을 갖도록 충분히 유도해야 할 것이다.

원만한 인간관계 유지

점포의 성공조건은 직원능력개발과 고객창출능력이다. 특히 고객을 자기점포의 세일즈맨화하는 전략 등이 필요하다. 이러한 전략을 구사할 때에는 눈에 보이지 않는 방법으로 자연스럽게 수행하도록 해야 한다. 최근 정보화시대를 맞으면서 누구나 할 것 없이 원하는 정보를 접하게 되었고 무지한 사람 없이 누구나 똑똑하고 자기주장을 표현하는 시대로 변했다.

고객·점주·직원 할 것 없이 각자 개성이 뚜렷하고 유능하다고 스스로 인식하기 때문에 얄팍한 상술로 대처하기보다 인간적으로 상호간의 인간관계를 유지하는 것이 바람직하다. 따라서 점포경영자는 점주·직원·고객간의 인간관계를 원만히 하기 위해 심리학에 관한 서적 한두 권 정도는 독파해야 할 것이다.

효과적인 직원교육방법

직원교육을 효과적으로 실시하고 인간관계를 원만히 유지하려면 소점포일수록 직원들이 자연스런 교육을 받은 후 고객을 접대할 수 있도록 틈틈이 교육을 해야 하며, 지속적이고 반복적으로 교육기회를 늘려 습관화해야 한다. 또한 직원의 처우나 열악한 환경을 정신적으로 달래주고 미래에 관한 목표와 청사진을 제시해주는 것이 필요하다. 눈앞의 이익보다는 함께 성장하는 점포의 미래상을 심어주어야 한다. 그리고 계획적인 교육으로 업무에 관한 흥미를 유발하는 것과 의욕과 능률을 높이는 것을 반복하여 종합적으로 실시하는 것이다. "손님은 왕이다"라는 접객정신과 내가 손님에게 상품을 판매하는 것이 아니라 손님이 사주는 것이라는 생각으로 변해야 한다.

점주와 직원 상호간의 비전 제시

점포경영에 있어서도 돈보다는 인간이 우선이다. 보이지 않는 인력손실을 방지하기 위해서는 직원도 인간적으로 대우하고 미래에 대한 꿈ㆍ이상ㆍ희망 등의 비전을 제시해야 한다. 이러한 비전을 제시하지 못하면 직원은 다른 점포로 떠나거나 능력이 저하되어 점포의 분위기가 잘못될 수 있는 것이다. 또한 직원들도 경영주에게 비전을 제시해

○ _____월의 근무 성적표(종업원)

내용	점수 (각 20점 만점)	관찰내용	비고
출근상태		결근-5점, 병결-3점, 지각(조퇴)-2점	
노력		열의ㆍ진보성ㆍ상품지식	
진실성		사장의 지시 처리율과 타인과의 협조	
처리능력		정확ㆍ빈틈없는 작업자세	
예절		언어ㆍ동작ㆍ복장	

야 하는 것은 마찬가지다. 직원이 최선을 다하지 않으면 경영주는 직원에게 투자하지 않는다. 경영주가 직원을 잘 다루면 돈은 저절로 따르게 된다. 직원감동은 고객감동으로 이어지고 고객감동은 고정고객으로 이어지면서 자연스레 성공점포가 되기 때문이다. 결론적으로 직원을 내 사람으로 만들어 직원이 경영주를 대변하여 고객을 맞이하는데 최선을 다할 때 성공점포가 될 수 있다.

09

창업자의 기본계수관리

창업자라면 먼저 경영상태를 알아볼 수 있는 재무제표부터 이해하는 것이 급선무다. 재무제표는 대차대조표, 손익계산서, 이익잉여금처분계산서 및 결손금처리 계산서, 재무상태 변동표를 일컫는다. 재무제표를 하나로 통합하지 않고 네 가지로 나누어 작성하는 이유는 보고 내용이 각기 다르기 때문이다. 창업자라면 최소한 재무제표에 대한 상식을 다룬 책을 읽고, 신문에 나오는 결산공고를 분석하는 연습을 해보는 것이 바람직할 것이다.

소점포의 계수관리

법인형태로 운영되는 기업이 아닌 자영업 소점포라면 매일매일 작

손익분기점이란

점포의 매출액과 제 비용이 일치하는 시점의 매출한계라고 볼 수 있다. 즉 매출이 이 수치에 미치지 못하면 적자상태이고, 매출이 이 수치를 넘어서게 되면 점포이윤이 발생하는 매출한계점이다.

$$\text{손익분기점} = \text{고정비}/1 - \left(\frac{\text{변동비}}{\text{매출고}} \right)$$

$$\left(= \frac{\text{고정비}}{100\% - \text{변동비율}} \right)$$

예를 들어 매출고 1,000만 원, 고정비 200만 원, 변동비 700만 원의 점포라면 손익분기점은 다음과 같다.

$$\text{손익분기점} = 2,000,000/1 - \left(\frac{7,000,000}{10,000,000} \right)$$

$$= 2,000,000/0.3 = 6,666,666원$$

$$\left(= \frac{2,000,000}{100\%-70\%} = 6,666,666원 \right)$$

따라서 이 점포의 손익분기점은 6,666,666원이 된다.

월차손익계산서란

손익분기점을 이해하면 다음 단계로 월차손익계산서를 작성할 줄 알아야 한다. 월차손익계산서를 작성해서 그 내용을 분석함으로써 현재 자기점포가 어떤 위치에 처해 있는지 파악할 수 있다. 소점포 창업자들은 대부분 월차손익을 제대로 파악하지 못해 자기점포의 상품구매가 필요수량만큼 구매되는지, 비용은 적정수준으로 지출되고 있는지, 점포인원은 합리적으로 관리되고 있는지 등을 파악하지 못하고 주먹구구식으로 운영하고 있다. 월차손익계산서를 작성하는 방법은 총매출액에서 매출원가에 해당하는 상품구입비·점포인건비를 공제해 매출이익을 산출하고, 여기에 일반관리비에 해당하는 점포임차료·수도세·전기세·기타경비 등의 제한 영업이익을 산출, 이후에 창업에 따른 대출금이 있다면 여기에서 지급이자 · 사업자 인건비 등을 공제하면 된다.

대차대조표란
대차대조표는 일정 시점(보통 결산일)에서의 한 점포의 재무상태, 즉 현재재산 전액을 나타내는 잔액표로 자본의 조달원천(부채와 자본)과 그 운영상태(자산)를 대조 · 표시하는 것이다. 창업자가 법인이 아닌 소점포 창업자일지라도 재무제표 중 최소한 위의 손익계산 정도는 파악을 해야 남는 사업인지 적자를 보는 것인지 파악할 수 있으며, 향후 사업을 확장할 것인가를 결정하는 잣대가 될 것이다.

성하는 판매일보와 손익분기점의 이해, 월차손익계산 정도만 충실히 작성하고 분석해도 충분하리라 판단한다. 점포를 번성시키기 위해서는 점포운영 중에 발생하는 제반비용들을 정리 · 분석해 점포운영의 기본지침을 마련할 필요가 있다. 큰 회사에서 관련된 업무를 수행해 왔던 사람은 재무제표 등에 관한 기초상식을 숙지했기 때문에 별 문제가 없을 것이나 그런 경험이 없는 소점포 경영주는 자기점포의 손익분기점이나 월차손익계산서 등의 기초적인 수지계산을 할 줄 알아야 한다. 또한 계수관리를 철저히 해야 한다. 즉 자기점포의 영업내용을 계수적으로 파악해 잘된 점, 잘못된 점을 철저히 분석하지 않으면 실패하기 쉽다는 것이다. 아무리 소점포일지라도 경영자라면 당연히 상품판매현황과 판매내역을 분석해 잘 팔리는 상품, 안 팔리는 상품 등의 계수분석을 통해 소비자의 기호에 맞는 상품을 구매해 진열해야 하며, 비정상적인 손실이 발생하는지 사전 또는 사후에 관리와 분석을 철저히 해 경쟁력을 갖춰야 한다. 나는 세무사에게 기장 일체를 맡겼기 때문에 걱정 없다는 식의 발상으로는 성공하기 어렵다.

10

보다 과학적인 판매기술의 이해와 실천

구매심리과정 이해

일반적으로 구매를 하는 소비자들은 상품에 관한 관심, 흥미 연상, 욕망 비교와 검토, 신뢰, 행동, 만족의 순으로 구매가 이루어진다는 점을 이해한다.

대기원칙 인지

- 알맞은 위치를 정한다(손님에게 쉽게 접근할 수 있는 위치).
- 바른 자세(똑바로 정면을 응시하며 손님의 움직임을 조용히 관찰)를 유지한다.

- 손님의 관심을 끈다(손님이 없어도 상품을 자주 만져서 디스플레이를 한다).

고객에 대한 접근법 모색

- 손님이 한 상품을 줄곧 구경할 때(연상단계)
- 손님이 상품을 만졌을 때
- 손님이 걸음을 멈추고 상품을 만진 후 고개를 들었을 때
- 무엇을 찾고 있을 때
- 손님과 눈길이 마주쳤을 때

상품제시기술 습득

- 사용하는 상태 그대로 보여준다.
- 상품을 만져보게 한다.
- 상품을 정중하게 보이게 한다.
- 시간여유가 있으면 관련상품을 부수적으로 보여준다.
- 싼 것에서 비싼 것으로 옮겨가며 보여준다.

전문적인 상품지식 숙지

- 판매처에서 배운다.
- 전문서적에서 배운다.
- 전시회나 공장 견학을 통하여 배운다.
- 신문 · 잡지를 통하여 배운다.
- 스스로 사용하여 터득한다.
- 손님으로부터 배운다.

판매시점 포착

- 기초 6원칙을 이해한다.
  - 누가 사용하는가?
  - 어디에 사용하는가?
  - 언제 사용하는가?
  - 무엇이 사용되느냐?
  - 왜 사용되느냐?
  - 어떻게 해서 사용하느냐?
- 짧게 집약해서 설명한다.
- 구체적으로 설명한다.

11장
창업
행정 · 세무

창업 허가 및 등록

구조조정의 여파 등으로 실직의 아픔을 간직하고 창업을 준비하는 사람이나 평생직장의 개념이 무너진 현실에서 남아 있는 직장인들도 창업을 준비하는 가장 큰 이유는 안정된 직업을 만들고 가정의 행복을 지키기 위해서일 것이다. 충분한 준비 끝에 창업을 성공적으로 끝내고 영업실적이 좋아지면 그 어떤 것에도 비할 수 없는 기쁨을 맛보게 될 것이다. 그러나 막상 창업을 준비하다 보면 가장 기본적으로 확인해야 할 인·허가 사항들을 확인하지 못해서 창업을 하기도 전에 낭패를 겪기도 하며, 심한 경우에는 개업의 꿈을 접어야 하는 경우도 허다하다.

우선 가장 기본적으로 확인할 사항들을 확인하지 못해서 낭패를 겪기도 하는데 예비창업자 김모씨(25)는 창업을 준비하다 몹시 황당한 경험을 했다. 미대를 나온 그녀는 그 동안 미술학원 등에서 교사생활을 해오면서 어렵게 마련한 창업자금 4천만 원을 창업도 못해보고 날릴 처지를 맞았다. 아이디어 하나로 열린 학습장을 창업하겠다고 아파트 단지상가에 점포를 임대하고 인테리어까지 끝날 시점에 사업자등록을 하러 갔더니 자격을 요구하고 교육구청에 등록을 해야 한다는 것이었다. 허가와 관련된 사업인 줄 몰랐으며 자신도 보육교사 자격증이 없는 상태였던 것이다. 결국 다른 사람의 명의로 창업했다. 의욕적으로 덤비긴 했지만 그때의 심정으로는 앞이 막막하고 하늘이 무너져 내릴 것 같은 느낌이었을 것이다.

창업을 준비하는 데 있어서 기본적으로 준비하고 알아두어야 할 몇 가지를 언급하자면 간판문제 역시 만만치 않다. 일산 신도시에서 외식업을 창업한 정모씨는 간판업자가 구청에 간판허가를 얻지 않은 상태에서 도산하였는데, 구청에서 불법간판이라고 철거하고 다시 절차를 밟아 부착하라는 것이었다. 개업한 지 얼마 되지 않아 간판을 내려야 하는 일이 발생한 것이다. 결국 50만 원에 가까운 벌금을 내고 해결은 했지만 사소한 부주의나 무지로 때로는 사업을 곤란하게 만들 수도 있다. 대부분은 간판업자들이 시방서와 몇 가지 서류들을 작성하여 허가를 얻게 되는데 창업자는 간판에 허가가 필요하다는 간단한 상식을 알아야 하며 허가에 관한 사항은 업자와 계약할 때 꼭 삽입해야 하는 부분이다.

창업할 때는 과연 어떤 절차를 밟아야 하는지 살펴보자. 사업을 시작했을 때 가장 시급히 처리해야 할 법률적 · 행정적 문제는 바로 사업자등록이다. 이때 부여받은 등록번호와 등록증은 모든 상거래에서 빠짐없이 사용되며 세금납부시에도 꼭 필요하다. 세무서는 등록된 사

업자에게 사업을 해 돈을 벌 기회를 주고, 벌어들인 수익에 대해서는
세금을 거둔다. 사업자등록을 하지 않고 사업을 하는 사람에게는 그
만큼 불이익을 가해 모든 사업자가 등록을 하도록 유도하고 있다.

사업자등록

사람이 태어나면 출생신고를 통해 주민등록을 하듯이, 사업을 하려
면 반드시 관할 세무서에 사업자등록을 해야 한다. 사업자등록은 사
업을 시작하는 날부터 20일 내에 관할 세무서에 하는 것이 원칙이다.
사업자등록을 하려면 세무서 민원봉사실에 비치된 사업자등록 신청
서, 주민등록등본(법인의 경우 법인등기부등본), 사업허가증 사본(약
국·음식점·개인택시 등 허가나 등록을 해야 하는 사업에 한함), 사
업장을 임차한 경우에는 임대차계약서 사본(임대차계약서 원본에 1
만 원의 수입인지 첨부) 등을 준비한다.

인·허가 여부 파악과 절차

자신이 창업하려는 업종이 자영업이나 개인기업이라면 해당 업종
이 관련법에 의해 허가·등록 또는 신고가 필요한 업종인지 여부를
파악해 준비한다. 첨부서류와 인·허가 승인절차를 사전에 파악해야
사업자등록이 가능하다. 허가나 신고대상은 관할 관청이 현장답사나

서류심사를 통해 결정하고 창업자에게 승인허가 여부를 통지해준다. 업종 특성상 비교적 서비스업이나 도소매업은 인·허가 사항이 적으며, 창업 절차도 간단하다. 그러나 공중위생과 관련이 있는 업종, 사행행위 등 행정규제가 필요한 업종, 전문적 지식이 요구되는 서비스업, 담배, 양곡과 같이 유통질서 확립이 필요한 제품과 의약품과 같이 전문지식을 필요로 하는 업종 등은 절차가 까다롭다.

개별 법률마다 약간의 차이는 있지만 일반적으로 인·허가를 받을 수 없는 결격사유자는 금치산자·한정치산자, 파산선고를 받고 복권되지 않은 자, 각 업종별로 개별법을 위반해 허가 등이 취소된 후 2년이 경과되지 않은 자, 금고 이상의 형을 선고받고 그 집행이 종료되거나 집행을 받지 않기로 확정된 후 1~2년이 경과되지 않은 사람은 허가를 받을 수 없다. 따라서 점포입지를 선정할 때 미리 점포용도를 확인해 하고자 하는 업종의 영업활동이 가능한 점포를 선정해야 할 것이다. 인·허가가 필요한 경우는 다음과 같다.

▶ 음식업 창업의 경우

음식업은 식품접객업으로 음식류 또는 주류를 조리해 업소 내에서 고객에게 판매하는 업종으로, 일반음식점 영업과 휴게음식점·단란주점·유흥주점 등이 여기에 속한다. 이러한 음식업의 경우 식품위생이나 시설에 관한 여러 규제가 따르며 관할구청 위생과가 주무부서이다. 허가를 받기 위해서는 위생교육필증, 보건증, 소방방화시설완비증명서(지하 20평 이상인 경우에만 해당), 신원조회 의뢰서, 영업설비 개요 및 평면도 작성 등을 관할구청(위생과)에 영업허가 신청서와 함께 제출해야 한다. 또한 시설에 관한 규제는 정화조시설, 환기시설, 방충망시설, 조리장시설, 급수시설, 폐기물용기, 조명시설 등이 있다.

▶ 간판설치시

간판설치에 관한 신고·허가에 관한 문제는 대부분은 간판업자들이 시방서와 몇 가지 서류들을 작성해 허가를 얻게 되는데, 창업자는 간판에 허가가 필요하다는 간단한 상식을 알고 업자와 계약할 때 허가에 관한 사항을 계약서에 꼭 명기하는 것이 좋다.

돌출간판 관할은 구청 건설과이고 벽면간판의 관할은 동사무소로 신고만 하면 된다. 네온간판의 경우 상업지역 이외의 지역에서는 허가가 나오지 않는다. 간판허가증이 나오면 그 필증을 간판 우측하단부에 반드시 부착해야 한다. 또한 점포의 상표나 상호를 보호받기 위해서는 특허청에 상표등록을 해야 한다.

▶ 학교환경 위생정화구역, 업종별 심사기준 달라

학교 부근에는 절대정화구역과 상대정화구역이 있다. 절대정화구역은 학교 출입문으로부터 직선거리 50m까지의 지역을, 상대정화구역은 학교 경계선으로부터 직선거리 200m까지의 지역 중에서 절대정화구역을 제외한 지역을 말한다. 이런 정화구역 안에서는 금지행위 및 시설설치가 불가능한 경우가 있다.

또한 상대정화구역에서는 학교환경위생정화위원회에서 심의해 제한적으로 심의를 해제한 후 설치가 가능한 업종도 있다. 이런 교육환경저해에 관한 심의를 받으려면 관할 교육구청에 신청서 1부, 건축물

관리대장 1부(행정구청 민원실 발행), 도시계획확인원 1부(행정구청 민원실 발행), 주변약도 1부로 신청이 가능하다. 처리과정은 접수 → 서류검토 → 인근학교 의견조회 및 현장답사 → 심의의뢰 → 심의 → 결재 → 민원인에게 통보순으로 이루어지며, 그 기간은 접수 후 15일 이 걸린다.

사업자등록을 하는 방법

사업자등록을 받으려면 사업을 개시한 날로부터 20일 안에 관할 세무서 납세서비스센터에 인·허가 사항, 사업자등록신청서(관할 세무서 비치) 및 사무실(소호인 경우 일반 가정집도 가능) 등의 임대계약서를 갖춰 신고하면 된다.

납세서비스센터에서는 개인사업자로서 제조·도매업을 제외한 일반 과세자는 컴퓨터를 이용하여 즉시 발급하고, 수동발급 대상인 경우에는 발급일시를 기재한 접수증을 발급하며(처리기한 7일), 납세자는 예정된 발급일시에 납세서비스센터에서 사업자등록증을 교부받으면 된다. 다만, 명의위장사업 또는 신용카드 위장가맹 혐의가 있는 사업자의 경우 현지 확인을 통하여 실질사업자인지 확인한 후 교부한다.

사업자등록은 창업 후 20일이 지나지 않은 시점에서도 가능하지만 가능한 한 창업 전 사업자등록을 마치는 것이 바람직하다. 또 사업장이 여러 개인 경우 각 사업장마다 별도로 해야 한다. 사업자등록신청서에 기재할 사항으로는 인적 사항과 사업의 종류(업태 · 종목 등), 개업일, 종업원수 등과 사업장 명세(자가 · 타가 및 임대인 명세, 임차료 지급사항) 등이 있고 사업자등록신청서 기재사항에 있어서 업태 및 종목의 구분은 향후 부가가치세 신고 및 종합소득 신고시 세액의 결정에 영향을 줄 수 있으므로 본인이 영위하는 사업이 어떤 업종, 어떤 종목에 속하는지를 면밀히 검토하는 것이 바람직하다.

사업자등록신청시 구비서류

- 사업자등록신청서 1부(세무서 납세서비스센터에 비치)
- 임대차계약서 사본 1부(사업장을 임차한 경우)
- 사업허가증 · 등록증 · 신고필증 사본 1부(허가를 받거나 등록 또는 신고를 하여야 하는 사업의 경우)
- 2인 이상이 공동으로 사업을 하는 경우에는 공동사업 사실을 증명할 수 있는 서류 (동업계약서 등)

사업을 시작하기에 앞서 상품이나 시설자재 등을 구입하면서 세금계산서를 교부받고자 할 경우에는 예외적으로 사업을 시작하기 전에도 사업자등록을 할 수 있으며 이때에는 사업허가신청서 사본이나 사업계획서를 첨부하여 사업자등록을 신청해야 하며 신청인이 사업을 시작할 것이 객관적으로 인정되어야 사업자등록증을 교부받게 된다.

사업자등록신청서 작성시 유의할 사항

부가가치세 과세사업과 면세사업을 겸업할 때는 부가가치세 과세사업자로 등록해야 하며 유흥음식업소·식품잡화점 등 주류를 판매하는 사업자가 사업자등록신청서에 주류판매사실을 기재하여 사업자등록증을 교부받으면 주류판매신고를 별도로 할 필요가 없다.

사업자등록을 하지 않는 경우의 불이익

사업자등록을 하지 않을 경우에는 미등록가산세로 매출액의 1%(간이과세자는 0.5%)를 물게 되며 구입한 상품에 대한 세금계산서를 교부받을 수 없어, 구입시 부담한 부가가치세를 공제받지 못하게 된다. 또한 세금을 제때 못 낼 경우 5%의 가산금이 붙게 되며, 그후에도 계속 세금을 못 내면 1개월이 경과할 때마다 1.2%에 상당하는 중가산금이 60개월까지 계속 붙어 총 72%가 될 때까지 붙게 되므로(50만 원 미만의 세금에는 중가산금이 붙지 않는다) 세금을 제때 못 내게 되면 체납세금의 77%까지 가산금을 물게 되는 경우도 발생한다.

사업자등록 정정신고

사업을 하다가 상호를 바꾸거나, 업종을 변경하는 경우 관할세무서에 정정신고를 해야 한다. 사업장을 이전하는 경우에는 이전 후의 사업장 관할세무서에 신고하도록 되어 있다.

사업자등록 정정신고를 하여야 하는 경우

- 상호를 변경하는 때
- 사업의 종류를 변경하거나 새로운 사업의 종류를 추가하는 때
- 사업장을 이전하는 때
- 상속으로 사업자의 명의가 변경되는 때
- 공동사업자의 구성원 또는 출자지분이 변경이 되는 때

휴 · 폐업하는 경우

사업을 하다가 잠시 휴업을 하는 경우에는 휴업신고서를 작성하여 사업자등록증과 함께 사업장 관할세무서에 제출해야 하며 사업을 폐업하면 지체없이 폐업신고서(세무서 납세서비스센터에 비치) 1부를 작성하여 사업자등록증과 함께 사업장 관할세무서에 제출해야 한다. 이때에는 부가가치세 확정신고서에 폐업 연월일 및 사유를 적고 신고서와 함께 사업자등록증을 제출하면 따로 폐업신고서를 작성하지 않아도 폐업신고를 한 것으로 간주된다.

03

사업과 관련된 세금의 종류

사업을 하면 부과되는 세금에는 소득세, 부가가치세, 특별소비세 및 원천징수하는 세금이 있다.

소득세 납세의무

사업을 해서 얻게 되는 소득에 대해 다음 해 5월 1일~5월 31일 사이에 소득세를 신고·납부하여야 한다. 그러나 소득세는 여러 공제제도가 있어 영세사업자의 경우 소득세 확정신고를 하면 공제혜택을 받아 소득세를 내지 않는 경우가 많다. 또한 사업을 위해 종업원을 고용하여 급여를 지급하게 되는 경우 매월 근로소득세를 원천징수하여 다음달 10일까지 납부해야 한다.

부가가치세 납부

　과세사업자(일반과세자·간이과세자)는 부가가치세를 내야 하는
데 매년 1월 25일, 7월 25일까지 부가가치세를 신고·납부해야 하며
4월과 10월에는 세무서에서 고지한 부가가치세 예정고지세액을 그달
25일까지 납부하여야 한다.

특별소비세

　특별소비세 과세사업자는 특별소비세를 매월 신고·납부한다.

면세사업자

　면세사업자는 1월 1일~12월 31일까지의 면세수입금액(매출액)을
다음 해 1월 31일까지 신고해야 한다. 또한 면세사업을 겸업하는 과세
사업자는 부가가치세를 신고할 때 면세수입금액을 신고한다.

세금의 미납으로 인한 불이익

　세무서에서는 납부기한이 지나면 15일 이내에 독촉장을 발부하여
세금납부를 독촉하며, 독촉장을 받고서도 세금을 내지 않는 경우에는

소유재산을 압류하는 등 강제집행을 하게 되며 그래도 계속하여 세금을 내지 않는 경우에는 압류한 재산을 공매 등에 의해 처분하여 세금으로 충당하게 된다. 또한 체납 및 결손처분자료가 신용정보기관(전국은행연합회)에 제공되어 금융거래시 많은 불이익을 받게 된다.

구 분	불이익의 내용
자료제공	• 체납 발생일로부터 1년이 경과하고 체납액이 1,000만 원 이상인 경우 • 1년에 3회 이상 체납하고 체납액이 1,000만 원 이상인 경우 • 결손처분액이 1,000만 원 이상인 경우
자료 미제공	• 체납된 국세와 관련하여 이의신청, 심사 · 심판청구 및 행정소송이 계류 중인 경우 • 체납처분이 유예된 경우 • 재해 또는 도난으로 재산에 심한 손실을 입은 경우 • 사업에 현저한 손실을 받은 경우 • 사업이 중대한 위기에 처한 경우
자료활용	• 신규 신용카드 발급 불허 • 기존 신용카드의 사용정지 • 신규대출 및 신규보증 불허
기타	• 관허사업제한 · 출국금지 등

사업과 관련된 세금의 신고 · 납부기한

구 분	부가가치세 과세사업자		부가가치세 면세사업자
	일반과세자	간이과세자	
신고 · 납부	부가가치세 신고 · 납부 : 1. 25, 7. 25		사업장현황신고 : 1. 31
	종합소득세 신고 납부 : 5. 1 ~5. 31		
매입세금계산서 공 제 여 부	전액공제	부분공제	불공제
발행영수증	세금계산서	영수증	계산서

04

부가가치세

부가가치세의 개요

부가가치세란 사업자가 영업활동을 하는 과정에서 부가된 가치(added value)에 대하여 내는 세금이다. 매출액에서 매입액을 뺀 금액을 부가가치라 하며 부가가치세는 다음과 같이 계산한다. 부가가치세는 물건을 구입하는 사람(소비자)이 부담하는 세금으로 소비자가 물건을 구입할 때 지불하는 물건값에는 부가가치세가 포함되어 있기 때문에 사실상 세금은 사업자가 내는 것이 아니라 소비자가 부담하는 것이며, 사업자는 소비자가 부담한 세금을 잠시 보관하였다가 국가에 내는 것에 지나지 않는다고 볼 수 있다.

이와 같이 사실상 세금을 부담하는 사람과 세금을 내는 사람이 다른 세금을 '간접세' 라고 한다. 소득세의 경우 사업결과 얻어진 수입에서 수입을 얻기 위하여 정당하게 사용된 비용을 공제한 '소득'에서 내는 세금이므로 소득이 발생하지 않으면 내지 않을 수도 있지만, 부가가치세는 상품을 판매하거나 서비스를 제공하는 과정에서 거래상대방으로부터 받아 놓은 세금이므로 결손이 나더라도 내야 한다.

따라서 부가가치세가 과세되는 거래를 할 때에는 반드시 세금계산서를 주고받아야 하며 부가가치세를 부담하고 물건을 구매하였더라도 세금계산서를 받지 않았으면 매입세액을 공제받을 수 없게 된다. 이때 세금계산서는 판매자가 구매자로부터 부가가치세를 징수하였다는 세금영수증이다. 또한 부가가치세는 사업장 단위로 과세하게 되며 사업장이 두 곳 이상 있는 경우에는 각 사업장마다 부가가치세를 신고·납부하여야 하며 주사업장 총괄납부승인을 받은 경우에는 주된 사업장에서 총괄하여 납부 또는 환급받을 수 있다.

이러한 경우에도 신고는 각 사업장별로 하여야 한다. 부가가치세는 자진신고·납부하는 세금이므로 사업자가 스스로 신고서를 작성하여 사업장 관할세무서에 신고·납부하여야 한다.

구 분	과세기간
부가가치세	• 제1기 : 1. 1~6. 30 • 제2기 : 7. 1~12. 31
신규사업자	사업개시일~그 날이 속하는 과세기간의 종료일 (6. 30 또는 12. 31)
폐업자	폐업일이 속하는 과세기간의 개시일(1. 1 또는 7. 1)~폐업일

부가가치세 = 매출세액(매출액 세율 10%) − 매입세액(매입시 부담한 세액)

부가가치세 과세와 면세

원칙적으로 모든 재화(상품)나 용역(서비스)의 공급에 대하여는 부가가치세가 과세되나, 예외적으로 저소득층의 세금부담 경감 또는 기타 조세정책적 목적으로 일부 재화와 용역의 공급에 대하여는 부가가치세를 면제하고 있으며 면제되는 재화와 용역은 다음과 같다.

부가가치세가 면제되는 재화와 용역	
기초생활 필수품	• 가공되지 아니한 식료품(쌀 · 채소 · 육류 · 어류 · 건어물 등) • 우리 나라에서 생산된 식용이 아닌 농산물 · 축산물 · 수산물 · 임산물 • 수돗물, 연탄, 여객운송용역(항공기 · 고속버스 · 택시 등 제외)
국민후생 용역	• 의료보건용역(의료용역 · 장의용역 등) • 교육용역(정부의 인가 또는 허가를 받은 학원 · 교습소 등) • 주택(국민주택규모 이하)
문화관련 재화 용역	• 도서, 신문, 잡지
생산요소	• 토지(토지의 임대는 과세) • 인적 용역 • 금융 보험용역
기 타	• 우표, 담배(판매가격이 200원 이하인 담배) 등

일반과세자와 간이과세자

부가가치세 과세사업자는 일반과세자와 간이과세자로 구분되며 그 유형에 따라 세금의 납부절차와 세부담에 차이를 두고 있다. 부가가치세 과세사업을 하면 일반과세자로 되는 것이 원칙이나 영세한 소규모사업자의 신고편의 및 세부담 경감을 위하여 간이과세제도를 두고 있다. 간이과세자가 일반과세자와 다른 점은 간이과세자의 1과세기간(6개월)의 매출액이 1,200만 원 미만인 경우에는 신고서만 제출하고 부가가치세는 납부하지 않아도 된다.

간이과세자의 범위
연간 매출액(공급대가)이 4,800만 원 미만인 사업자로서, 간이과세 적용이 배제되는 사업 또는 지역에 해당되지 않는 경우

○ 간이과세 배제업종

업 종	비 고
광 업	
제조업	과자점업 · 도정업 · 제분업(떡방앗간 포함) · 양복점업 · 양장점업 · 양화점업은 간이과세 적용 가능
도매업	소매업을 겸업하는 경우 포함, 고물상은 간이과세 적용가능
부동산매매업	
일정지역의 과세유흥장소	• 특별시 · 광역시 및 시지역 소재 과세유흥장소 • 국세청장이 업황 · 사업규모 등을 고려하여 정하는 지역에 소재한 과세유흥장소
일정규모 이상의 부동산임대업	특별시 · 광역시 지역에 소재하는 국세청장이 정하는 규모 이상의 부동산임대업
전문인적 용역 제공업	변호사업 · 심판변론인업 · 변리사업 · 법무사업 · 공인회계사업 · 세무사업 · 경영지도사업 · 기술지도사업 · 감정평가사업 · 통관업 · 기술사업 · 건축사업 · 도선사업 · 측량사업 및 기타 이와 유사한 사업 서비스업
기 타	국세청장이 정한 간이과세 배제기준에 해당하는 사업자

○ 일반과세자와 간이과세자의 차이

구 분	일반과세자	간이과세자
매출세액	공급가액×10%	공급대가×10% 업종별 부가가치율
세금계산서 발행	의무적으로 발행	발행할 수 없음
매입세액 공제	전액 공제	매입세액×업종별 부가가치율
의제매입세액공제	모든 업종에 적용	음식업사업자만 적용
기장의무	매입 매출장 등 기장의무	주고받은 영수증 및 세금계산서만 보관하면 기장한 것으로 봄

사업자유형의 변경 가능

간이과세자에서 일반과세자로 변경되는 경우	일반과세자에서 간이과세자로 변경되는 경우
〈사업자의 신청에 의하여 변경하는 경우〉 • 일반과세자 적용을 받고자 하는 달의 전달 20일까지 '간이과세포기신고서'를 사업장 관할세무서장에게 제출 * 간이과세를 포기한 사업자는 3년간은 다시 간이과세자의 적용을 받지 못한다.	사업자의 신청에 의해서는 변경할 수 없다.
〈법에 의하여 변경되는 경우〉 • 사업규모가 커져 연간 매출액이 4,800만원 이상이 되면 일반과세자로 변경된다. 이때는 관할세무서에서 과세유형이 바뀌기 20일 전에 그 사실을 사업자에게 통지하여주게 된다.	

05

세금계산서, 계산서,
신용카드매출전표

사업자는 거래를 할 때 세금계산서, 계산서, 신용카드매출전표 또
는 영수증을 발행하거나 교부받아야 하며 세금계산서, 계산서, 신용
카드(직불카드)매출전표를 '정규영수증' 이라 한다.

세금계산서

세금계산서는 물건을 판매한 사업자가 구매자로부터 부가가치세를
징수하였음을 증명하기 위하여 구매자에게 교부하도록 법에서 정하
고 있는 세금영수증으로 간이과세자는 세금계산서를 교부할 수 없으
며, 주로 소비자를 상대로 영업하는 일반과세자(소매업, 음식 · 숙박
업, 서비스업 등)는 영수증을 교부하게 되며 세금계산서를 주고받으

면 다음과 같은 혜택이 있다.

▶ 사업자가 자기사업과 관련하여 세금계산서를 교부받게 되면, 그 세금계산서에 기재된 부가가치세액에 대하여 일반과세자는 매입세액을 전액 공제받을 수 있으며, 간이과세자는 매입세액에 업종별 부가가치율을 곱하여 계산한 금액을 공제받을 수 있다. 또한 모든 사업자의 소득세를 계산할 때 필요경비 증빙자료로 인정된다.

세금계산서를 주고받을 때 주의사항
• 공급하는 사업자의 등록번호, 성명 또는 명칭 • 공급받는 자의 등록번호 • 공급가액과 부가가치세액 • 작성연월일

▶ 세금계산서에 위의 기재사항이 사실과 다르게 기재되면 세금계산서로서의 효력이 인정되지 않으므로 사실대로 정확히 기재하여야 하며 세금계산서를 주고받지 않거나, 사실과 다르게 주고받을 때는 공급자는 공급가액의 1퍼센트를 가산세로 물게 되며, 매입자는 매입시 부담한 부가가치세를 공제받을 수 없는 불이익을 받게 된다. 또한, 허위로 세금계산서를 주고받거나 이를 중개하는 행위에 대해서는 2년 이하의 징역 또는 무거운 벌금을 물게 된다.

계산서

계산서는 부가가치세가 면제되는 거래를 할 때 판매자가 구매자에게 교부하도록 법에서 정하고 있는 영수증으로 주로 소비자를 상대로 영업하는 사업자는(소매업 등) 영수증을 교부하면 된다. 과세사업자(간이과세자 포함)도 부가가치세가 면제되는 거래를 할 때는 계산서를 교부하여야 하며 계산서를 주고받으면 일반과세자와 음식업을 영위하는 간이과세자는 의제매입세액 공제(매입액의 2/102 또는 3/103)를 받을 수 있으며 모든 사업자의 소득세를 계산할 때 필요경비 증빙자료로 인정되는 혜택이 따른다.

06

부가가치세의 신고 및 납부방법

예정신고

사업자는 예정신고기간에 대한 부가가치세를 예정신고기간 종료 후 25일 이내에 신고·납부하여야 한다. 세무서에서는 납세자의 편의 증진과 행정의 효율성 제고를 위해 개인사업자에 대하여 예정신고를 하는 대신 직전과세기간에 대한 납부세액의 1/2을 결정·고지하여 납부토록 하는 제도로 예정고지제도를 시행하고 있으며 예정고지 대상 자는 예정신고 대상자를 제외한 모든 개인 일반과세자 및 간이과세자이다.

확정신고

모든 사업자는 각 과세기간에 대한 부가가치세를 과세기간 종료 후 25일 이내에 신고 납부하여야 한다. 신고방법은 세무서에서 보내준 신고서를 이용하여 신고서를 작성한 후 첨부서류와 함께 우편으로 세무서에 보내고, 납부할 세금은 가까운 은행 또는 우체국에 납부하거나 인터넷, 전화를 이용하여 국세전자납부를 하면 편리하게 신고를 마칠 수 있다. 부가가치세는 사업자가 자율적으로 신고하는 만큼, 신고 후에 신고내용을 분석하여 불성실신고자로 판명되면 엄정한 세무조사를 받게 된다.

부가가치세 신고를 잘못한 경우

부가가치세를 잘못 신고한 경우 수정신고나 경정청구의 방법을 통하여 해결할 수 있는데 '수정신고'란 이미 신고한 과세표준 및 세액 등이 실제보다 적게 신고된 경우 사업자가 이를 정정하여 신고하는 것을 말한다.

따라서 신고를 하지 않은 사업자는 수정신고를 할 수 없다. 수정신고는 잘못 신고된 내용에 대해 세무서에서 결정 또는 경정하여 통지하기 전까지 관할세무서장에게 하면 되고 법정신고기한이 지난 후 6개월 이내에 수정신고를 한다. 추가로 낼 세금을 납부하는 경우에는 과소신고가산세로 50퍼센트를 경감받게 되는 것을 말하며 '경정청구' 란 이미 신고·결정된 과세표준 및 세액 등이 정당한 과세표준 및 세액 등에 비하여 과다한 경우 이를 정정하여 결정 또는 경정하여 줄 것을 촉구하는 납세의무자의 청구를 말하며 법정신고기한이 지난 후 2년 이내에 관할세무서장에게 하면 된다. 경정청구를 받은 세무서장 은 청구를 받은 날로부터 2개월 이내에 그 결과를 통지해주게 된다.

신고기한 내에 신고를 하지 못한 경우

기한후신고를 하는 방법이 있다. '기한후신고' 란 부가가치세 신고 기한 내에 신고를 하지 못한 경우 관할세무서장이 부가가치세를 결정 하여 통지하기 전까지 과세표준과 세액을 신고하는 것을 말하며, 이 때에는 신고·납부 불성실가산세는 부과되나, 공제 및 경감세액을 적 용받을 수 있다.

07

부가가치세액 계산방법

부가가치세로 납부할 세액은 다음과 같이 계산하게 된다.

납부할 세액 = 매출세액(매출과표×세율×대손세액)
 − 매출세액(공급가액×10%)
 − 매입세액(세금계산서 수취분 매입세액＋기타공제 매입세액−공제 받지 못할 매입세액)
 − 경감 공제세액(예정고지세액, 예정신고 미환급세액, 신용카드 발행에 따른 세액공제)
 ＋ 가산세

과세표준

부가가치세의 과세표준은 과세기간 중에 상품을 판매하거나 용역을 제공하고 받은 대가, 즉 매출액(공급가액 : 부가가치세를 제외한 금액)의 합계액으로 한다. 또한 재화 또는 용역을 공급하고 그 대가로 받은 금액에 공급가액과 세액이 별도로 표시되어 있지 않은 경우와 부가가치세가 포함되어 있는지의 여부가 불분명한 경우에는 거래금액의 100/110에 해당하는 금액이 과세표준이 된다.

구 분	내 용

과세표준에 포함 안 되는 경우	• 에누리액(대량구매, 현금구매 등의 거래조건에 따라 판매 당시 직접공제하여 주는 금액)
	• 반품되는 재화의 가액, 파손 · 훼손 · 멸실된 재화의 가액
	• 연체이자
	• 용기대금과 포장비용
	  (공급자에게 반환할 것을 조건으로 공급하는 경우)
	• 구분기재된 종업원의 봉사료
	  (사업자의 수입금액으로 계상하지 아니하는 경우)

과세표준에서 공제 안 되는 경우	• 할인액(외상판매대금을 약정기일 전에 결제하는 경우 일정액을 할인하여 주는 금액) • 대손금 (거래상대방의 파산 등으로 회수할 수 없는 채권액) • 장려금(금전으로 지급하는 경우) • 하자보증금

영세율제도

'영세율제도'란 부가가치세 과세표준에 '영(0)의 세율'을 적용함으로써 부가가치세 부담을 완전히 면제하는 제도로 영세율이 적용되면 매출세액은 발생되지 않는 반면 물건을 구입할 때 부담한 부가가치세는 전액 환급받게 되므로 부가가치세 부담이 전혀 없게 된다. 또한 영세율이 적용되는 경우에는 부가가치세 신고시 영세율 첨부서류를 반드시 제출하여야 하며 영세율 과세표준을 신고하지 아니하거나 영세율첨부서류를 제출하지 아니한 경우에는 과세표준의 1퍼센트를 가산세로 물게 된다.

<table>
<tr><th colspan="1">영세율을 적용받을 수 있는 경우</th></tr>
</table>

- 수출하는 재화(내국신용장과 구매승인서에 의하여 공급하는 재화 포함)
- 국외에서 제공하는 용역
- 선박 또는 항공기의 외국항행 용역 등
- 주한 외국정부기관, 미국군 등에게 공급하는 재화 · 용역
- 농어민 등에게 공급하는 농 · 축산 · 임 · 어업용 기자재(2003년 12월 31일까지 적용)

대손세액공제

'대손세액공제' 란 사업자가 공급한 재화 또는 용역에 대한 외상매출금 등 매출채권을 거래상대방의 파산 등으로 회수할 수 없는 경우에 그 매출채권에 관련되어 징수하지 못한 부가가치세액을 공급자의 매출세액에서 차감하여 주는 것을 말하며 공급받는 자는 동일한 세액을 매입세액에서 차감하여야 한다.

대손세액공제를 받고자 하는 사업자는 부가가치세 확정신고서에 대손세액공제신고서와 대손사실을 증명할 수 있는 서류를 첨부하여 관할세무서에 제출하여야 하며 대손이 확정되는 날이 속하는 과세기간의 매출세액에서 차감하여야 한다.

▶ 공제범위 : 대손세액 공제는 재화나 용역을 공급한 날부터 5년

이 경과된 날이 속하는 과세기간에 대한 확정신고 기한까지 대손이 확정된 것에 한하여 공제해준다. 따라서 위 기한을 경과하여 대손이 확정된 것에 대하여는 세액공제를 받을 수 없다.

▶ 공제절차 : 대손세액 공제를 받고자 하는 사업자는 대손 사유가 발생한 과세기간의 부가가치세 확정신고서에 「대손세액 공제신고서」와 대손 사실을 증명할 수 있는 서류를 첨부하여 관할 세무서장에게 제출하여야 한다.

대손세액 = 대손금액(부가가치세 포함)×10/110

매입세액

매입세액이란 사업자가 재화 또는 용역을 공급받을 때 부담한 부가가치세액을 말하며 매입세액으로 공제받기 위해서는 다음의 요건을 갖추어야 한다.

필수 기재사항
• 공급하는 사업자의 등록번호, 성명 또는 명칭
• 공급받는 자의 등록번호
• 공급가액과 부가가치세액
• 작성연월일

구 분	요 건
공제 요건	• 공급받은 재화 또는 용역을 사업자 본인의 과세사업에 사용하였거나 사용할 것 • 세금계산서를 교부받을 것
공제받지 못하는 경우	• 세금계산서를 교부받지 않은 경우 • 필요적 기재사항이 누락 또는 사실과 다른 경우 • 매입처별 세금계산서 합계표를 미제출하거나 부실기재한 경우 • 사업과 직접 관련이 없는 매입세액 • 비영업용 소형 승용자동차의 구입과 유지에 관련된 매입세액 • 접대비 등의 지출에 관련된 매입세액 • 면세사업 관련 매입세액 • 등록전 매입세액

* 다만, 등록신청일로부터 역산하여 20일 이내의 것은 매입세액을 공제받을 수 있다.

기타 공제매입세액

▶ 신용카드매출전표 수취명세서 제출분 매입세액공제 : 공급자 (일반과세자)가 신용카드매출전표 또는 직불카드 영수증에 공급받는 자와 부가가치세액을 별도로 기재하여 교부한 경우에는 '신용카드매출전표 수취명세서'를 제출하고 매입세액공제를 받을 수 있다.

▶ 의제매입세액공제 : 면세로 구입한 농 · 축 · 수 · 임산물을 원재료로 사용하여 부가가치세가 과세되는 재화 · 용역을 공급하는 경우에는 다음과 같이 계산한 세액을 공제받을 수 있다.

$$\text{의제매입세액} = \text{면세매입가액} \times 2/102 (\text{음식업은 } 3/103)$$

* 면세매입가액은 계산서 또는 신용카드(직불카드)매출전표를 교부받은 면세매입
가액을 말한다(다만, 제조업의 경우에는 농·어민으로부터 직접 공급받은 면세
매입분도 의제매입세액공제를 받을 수 있다).

▶ **재활용폐자원 등 매입세액공제** : 재활용폐자원 및 중고품을 수
집하는 사업자가 일반과세자가 아닌 자로부터 재활용폐자원 등
을 수집하여 이를 판매하는 경우에는 다음과 같이 계산한 세액
을 공제받을 수 있다.

$$\text{간주매입세액} = \text{재활용폐자원 등 취득가액} \times 8/108$$

▶ **재고매입세액공제** : 간이과세자가 일반과세자로 변경된 경우에
변경일 현재의 재고품 등에 대한 매입세액을 일반과세자 부가가
치세 신고시 다음과 같이 계산한 세액을 공제받을 수 있다.

○ **재고품(상품, 제품, 재료)의 경우**

$$\text{재고매입세액} = \text{재고금액} \times 10/110 \times (1 - \text{당해업종의 부가가치율})$$

○ **건물·구축물인 감가상각자산**

$$\text{재고매입세액} = \text{취득가액} \times (1 - 5/100 \times \text{경과된 과세기간의 수})$$
$$10/110 \times (1 - \text{당해업종의 부가가치율})$$

○ **기타 감가상각자산**

$$\text{재고매입세액} = \text{취득가액} \times (1 - 25/100 \times \text{경과된 과세기간의 수})$$
$$10/110 \times (1 - \text{당해업종의 부가가치율})$$

* 당해업종의 부가가치율은 간이과세자의 업종별 부가가치율을 말하며 재고매입
세액 공제를 받으려면 변경일 현재의 재고품 및 감가상각자산을 변경일의 직전
과세기간에 대한 확정신고(간이과세자의 확정신고)와 함께 '일반과세전환시의
재고품 및 감가상각자산신고서'에 의하여 신고하여야 한다.

▶ 변제대손세액공제 : 대손확정으로 매입세액을 불공제받은 후 대
  손금액의 전부 또는 일부를 변제한 경우에 변제한 대손금액에
  관련된 대손세액을 공제받을 수 있다.

경감 · 공제세액

▶ 신용카드매출전표 발행공제 : 신용카드매출전표(직불카드 · 전
  자화폐 포함)를 발행한 개인사업자는 신용카드매출전표발행금
  액의 1%를 공제받을 수 있다(연간 500만 원 한도).
  * 음식, 숙박 간이과세자는 2008년 1월 1일부터 2% 공제된다.

▶ 기타의 공제 경감세액에는 다음과 같은 것이 있다.
  • 예정고지세액
  • 예정신고미환급세액
  • 택시운송사업자 경감세액
  • 성실신고사업자 경감세액
(전년도 1기 및 2기에 성실신고사업자에 해당된 사업자만 적용)

가산세

▶ **사업자미등록가산세** : 사업자가 사업개시일로부터 20일 이내에 사업자등록을 신청하지 않은 경우에는 공급가액의 1퍼센트를 가산세로 물게 된다.

▶ 매출세금계산서 관련 가산세는 다음과 같은 것이 있다.
- 세금계산서 교부불성실 가산세＝공급가액 1%
- 매출처별 세금계산서합계표 제출불성실 가산세

  ┌ 미제출·불명의 경우 : 공급가액 1%

  └ 지연제출의 경우 : 공급가액 0.5%
- 미교부, 타인명의 세금계산서 교부 2%

▶ 매입세금계산서 관련 가산세는 다음과 같은 것이 있다.
- 매입처별 세금계산서합계표상의 공급가액을 사실과 다르게 과다 기재하여 신고한 경우 : 공급가액 2%
- 공급시기까지 세금계산서를 교부받지 않았으나 당해 공급일이 속하는 과세기간 내에 세금계산서를 교부받아 매입세액을 공제받는 경우 : 공급가액 1%

▶ **신고불성실가산세** : 부가가치세 신고를 아니하거나 미달하게 신고한 경우에는 미달한 납부세액의 40%를 가산세로 물게 된다.

▶ 납부불성실가산세 : 신고와 함께 납부하여야 할 세액을 납부하지 아니하거나 미달하게 납부한 경우

납부불성실가산세 = 무납부 · 과소납부세액×10.95%×경과일수

* 경과일수 =납부기한의 다음날부터 자진납부일 전일 또는 납세고지일까지의 일수

▶ 영세율 과세표준 신고불성실가산세 : 영세율이 적용되는 과세표준을 신고하지 아니하거나 미달하게 신고하는 경우에는 미달한 과세표준의 1퍼센트를 가산세로 물게 된다(영세율 첨부서류를 제출하지 아니한 경우에는 신고하지 아니한 것으로 보아 가산세를 물게 된다).

08

소득세

소득세란 여러 가지 경제활동을 통하여 얻는 소득에 대하여 내는 세금으로 연간 총수입금액(매출액)에서 그 수입을 얻기 위하여 지출한 경비(비용)를 뺀 금액을 말한다.

장부를 기장하지 않는 사업자의 경우에는 총수입금액에 업종별 표준소득률을 곱하여 소득금액을 계산하게 된다.

우리 나라의 소득세는 종합과세 방법을 채택하고 있으며 소득항목은 이자소득 · 배당소득 · 부동산임대소득 · 사업소득 · 근로소득 · 일시재산소득 · 연금소득 · 기타소득은 개인별로 종합하여 과세하고 있으며, 수년에 걸쳐 형성되는 퇴직소득 및 산림소득과 불로소득인 양도소득에 대하여는 소득별로 별도로 과세하고 있다. 종합소득세는 1년을 단위로 과세되며 종합소득이 있는 사람은 매년 1월 1일부터 12월 31일까지의 소득을 합하여 다음 해 5월 1일부터 5월 31일까지 신고 · 납부해야 하는 의무가 있다.

부가가치세는 사업장 소재지를 납세지로 하고 있으나, 소득세는 주소지를 납세지로 하고 있다. 따라서 소득세와 관련한 각종 신고 · 신청 등은 주소지 관할세무서에 해야 한다. 소득세의 과세는 개인별로 하는 것을 원칙으로 하나 자산소득(이자소득 · 배당소득 · 부동산임대소득)이 있는 경우는 부부 중 주된 소득자에게 합산하여 과세하고 있다. 부가가치세는 누구나 동일하게 9퍼센트의 세율이 적용되나, 소득세는 소득이 적으면 낮은 세율이 적용되고 소득이 많으면 높은 누진세율이 적용되며 세율은 8~35%까지 4단계로 되어 있다.

소득세는 자진신고 · 납부하는 세금이므로 납세자가 스스로 신고서를 작성하여 주소지 관할세무서에 신고 · 납부하여야 한다. 관할세무서에서는 1년간의 세금을 일시에 납부함에 따른 부담을 덜어주기 위하여 세액의 일부를 미리 납부하는 '중간예납' 제도를 채택하고 있다. 중간예납하는 세액은 전년도에 납부한 세액의 1/2이며, 11월 15일부터 11월 30일까지 납부하면 된다.

장부의 비치 · 기장

모든 사업자는 장부를 비치 · 기장하여야 한다. 소득세는 납세자 스스로 본인의 소득을 계산하여 신고 · 납부하는 세금이다. 하지만 소득의 계산은 납세자 임의의 방법으로 하는 것이 아니고 세법에 의한 장부를 기록 · 보관하고 이를 토대로 계산하여야 한다.

따라서 사업자는 사업규모에 따라 복식부기장부 또는 간편장부를 비치 · 기장하여야 하고, 이를 이행하지 않으면 여러 가지 불이익을 받게 된다. 장부를 기장하지 않으면 복식부기의무자는 신고를 하지 않은 것으로 인정되어 산출세액의 20퍼센트 또는 수입금액의 0.07퍼센트에 해당하는 신고불성실가산세를 물게 되며 간편장부대상자는 기장세액공제(10퍼센트)를 받지 못하고, 산출세액의 20퍼센트를 무기장가산세로 물게 되는 불이익을 받게 된다. 다만, 수입금액이 4,800만 원 미만인 소규모사업자는 무기장가산세를 물지 않으며 수입보다

비용이 많아 결손금이 발생했더라도 이를 인정받지 못하고 세금을 내야 한다.

복식부기의무자

복식부기의무자란 다음에 설명하는 간편장부 대상자를 제외한 모든 사업자를 말하며 복식부기의무자는 사업의 재산상태와 손익거래 내용의 변동을 빠짐없이 이중으로 기록한 장부를 기록 · 보관하고 이를 기초로 작성된 대차대조표 · 손익계산서 등을 신고서와 함께 제출하여야 한다.

간편장부대상자

당해연도에 신규로 사업을 시작하였거나, 직전연도의 수입금액이 아래에 해당하는 사업자를 말한다.

업 종	직전연도 수입금액
도매업 · 소매업 · 부동산매매업 · 농업 · 축산업 · 임업 · 어업 · 수렵업 · 기타업종	3억 원 미만
제조업 · 건설업 · 음식 · 숙박업 · 전기가스 및 수도사업 · 운수업 · 창고업 · 통신업 · 금융보험업	1억 5천만 원 미만
부동산임대업 · 서비스업	7,500만 원 미만

간편장부

　간편장부는 중 · 소규모 개인사업자를 위하여 국세청에서 특별히 고안한 장부로 회계지식이 없는 사람이라도 쉽고 간편하게 작성할 수 있으며 이에 의하여 소득세와 부가가치세의 신고가 가능하다. 거래가 발생한 날짜 순서로 기록만 하면 장부를 기장한 것으로 인정한다. 또한 간편장부기장자가 간편장부와 별도로 보조부를 두거나 추가적인 장부를 비치 · 기장하는 것도 가능하다.

간편장부를 사용하는 경우 혜택
• 산출세액의 10% 공제(연간 100만 원 한도) • 특별한 사유가 없는 한 기장 후 2년간 세무조사 면제 • 기장상 오류나 미비점이 다소 있더라도 장부대로 인정 　(기장하는 것이 훨씬 유리하도록 배려) • 결손이 발생한 경우 향후 5년간 이월하여 공제 • 부가가치세 매입매출장 작성의무 면제

10

종합소득세 확정신고

　종합소득이 있는 모든 사람은 다음 해 5월 1일부터 5월 31일까지 종합소득세를 신고·납부하여야 한다. 그러나 종합소득이 있더라도 다음의 경우에 해당하면 신고를 하지 않아도 된다.

　종합소득세는 자진신고·납부하는 세금이므로 장부를 토대로 사업자가 스스로 작성하거나 세무대리인의 도움을 받아 작성하여 관할세무서에 신고하여야 한다. 신고서는 첨부서류와 함께 우편으로 세무서에 보내주고, 납부할 세금은 가까운 은행·우체국이나 국세전자납부(인터넷, 전화)를 이용하여 납부하면 된다. 물론 국세청 홈페이지를 통하여 국세전자납부도 가능하다. 신고할 때 소득세신고서에 주민세 신고내용도 함께 기재하여 신고하고, 납부는 별도의 납부서에 의하여 5월 31일까지 납부하면 된다.

　부부 가운데 자산소득이 있는 경우에는 그중 주된 소득자의 소득에 그 배우자의 자산소득을 합하여 신고하여야 한다. 자산소득이란 이자소득·배당소득·부동산임대소득을 말하며 주된 소득자란 자산소득 이외의 소득이 많은 사람을 말한다.

<table>
<tr><td align="center">종합소득세 신고를 하지 않아도 되는 경우</td></tr>
</table>

- 연말정산을 마친 근로소득만 있는 경우
  (연도 중 근무처가 둘 이상인 경우에 이를 합산하여 연말정산하지 않은 때에는 종합소득세를 신고하여야 한다.)
- 소속 회사에서 연말정산한 사업소득만 있는 경우
  (연도 중 둘 이상의 회사에서 소득이 발생한 경우에는 종합소득세를 신고하여야 한다.)
- 비과세 또는 분리과세되는 소득만 있는 경우
  (부부의 금융소득이 4천만 원을 초과하는 경우 그 초과금액에 대하여는 종합소득세를 신고하여야 한다.)
- 연 300만 원 이하의 기타소득이 있는 사람이 분리과세를 원하는 경우
- 일용근로소득만 있거나 농지세가 과세되는 소득만 있는 경우

<table>
<tr><td align="center">[사 례]</td></tr>
</table>

- 남편은 근로소득 3천만 원이 있고, 아내는 사업소득 2천만 원과 부동산임대소득 5백만 원이 있는 경우 각자가 신고할 소득금액은?

  남편이 신고할 소득
  3,500만 원 =3,000만 원(본인의 근로소득)+500만 원(아내의 부동산임대소득)

  아내가 신고할 소득
  2천만 원(사업소득)

* 남편의 경우 합산하기 전에는 근로소득만 있으므로 신고대상이 아니었으나 아내의 부동산임대소득이 합산되어 종합소득세 신고대상이 되므로, 반드시 아내의 부동산임대소득을 합하여 신고하여야 한다.

* 자산소득 이외의 소득이 없는 경우에는 자산소득이 많은 사람을 주된 소득자로 한다.

소득세 자진납부 혜택

- 소득공제(기본공제 · 추가공제 · 특별공제 등)
- 각종 세액공제 및 감면
- 기장을 한 납세자가 그 내용에 따라 소득금액을 계산한 결과 결손이 나거나 소득공제액에 미달한 경우에도 반드시 신고하여야 그대로 인정받을 수 있다.

신고하지 않을 경우의 불이익

- 소득공제와 세액공제, 각종 세액감면을 받을 수 없다.
- 신고불성실가산세(산출세액의 20%)를 추가 부담하게 된다.
- 납부불성실가산세(미납부세액×0.05%×경과일수)를 추가 부담하게 된다.

* 종합소득세는 사업자가 자율적으로 신고하는 대신, 신고내용은 전산에 의해 업종별 · 사업규모별로 분석하여 불성실신고자로 인정되는 경우 정밀세무조사를 받게 된다.

신고시 제출할 서류

① 종합소득세 · 농어촌특별세 과세표준확정신고 및 자진납부계산서
* 타 소득이 없고 사업장이 하나만 있는 사업자가 장부를 하지 않는 경우에는 '단일소득 추계신고자용 신고서'를 이용하는 것이 작성하기 편하다.
② 소득공제신고서
③ 주민등록등본 또는 호적등본
  (소득공제사항이 전년도 신고내용과 변동사항이 있는 경우에만 제출)
④ 납세의무자 또는 동거가족이 취학, 질병요양, 근무상 또는 사업상 형편 등으로 본래의 주소 또는 거소를 일시 퇴거한 경우
  – 일시퇴거자 동거가족 상황표
  – 퇴거전 주소지와 일시퇴거지의 주민등록등본
  – 일시퇴거확인증명서(재학증명서 · 요양증명서 · 재직증명서 · 사업자등록사본 등)
⑤ 장애자 증명서류(해당자만 제출)
⑥ 원천징수세액 납부명세서(해당자만 제출)
⑦ 세액공제신청서 · 세액감면신청서(해당자만 제출)
⑧ 간편장부소득금액계산서(간편장부를 기장한 경우)
⑨ 조정계산서 · 대차대조표 · 손익계산서 · 합계잔액시산표 등(복식부기의무자)

11

원천징수

　원천징수란 상대방의 소득 또는 수입이 되는 금액을 지급할 때 이를 지급하는 자(원천징수의무자)가 그 금액을 받는 사람(납세의무자)이 내야 할 세금을 미리 떼어서 대신 납부하는 제도로 납세의무자가 개별적으로 해당 세금을 계산하여 직접 내는 불편이 없이 원천징수의무자가 이를 대신 징수·납부함으로써 봉급생활자 등 납세자가 편하게 내도록 하기 위한 것이다. 원천징수는 원천징수대상이 되는 소득이나 수입금액을 지급하는 자(개인 또는 법인)가 원천징수를 한다.

　원천징수를 해야 할 시기는 원천징수의무자(지급자)가 소득금액 또는 수입금액을 지급하는 때에 원천징수하고, 납세의무자(소득자)에게 '원천징수영수증'을 교부하여야 하며 이때 주민세도 함께 원천징수하여야 한다. 소득세를 원천징수할 때는 소득세 원천징수 세액의 10퍼센트를 '소득할주민세'로 함께 원천징수하여 별도로 사업장소재지 시 · 군 · 구에 납부하여야 하며, 원천징수한 세금은 다음달 10일까지 은행 · 우체국 등의 가까운 금융기관에 납부하고, 원천징수이행상황신고서는 세무서에 제출하여야 한다. 상시 고용인원 10인 이하인 사업자(금융보험업 제외)는 세무서장의 승인을 받아 반기 익월 10일(7월 10일, 1월 10일)에 납부 · 제출할 수 있다.

원천징수의무자는 원천징수할 때 작성한 지급조서(원천징수영수증)를 보관하였다가, 연 1회 제출해야 하는데 다음 해 2월 말일까지 세무서에 제출하면 된다. 근로소득을 지급할 경우에는 다음 해 1월분 급여지급시 연말정산을 하여야 한다.

○ 원천징수하여 납부할 세액

구 분	원천징수하여 납부할 세액
이자 · 배당소득	이자 · 배당 지급액의 9~35%
갑종근로소득	간이세액표에 의함
사업소득	사업소득 지급액의 3%(3.3%)
봉사료수입금액	봉사료 지급액의 5%(5.5%)
기타소득	(기타소득 지급액 − 필요경비)×20%(22%)

 * (   )는 주민세를 포함한 세율

- '반기별 납부'란 소규모사업자의 납세편의를 위하여 원천징수이행상황신고 및 납부 횟수를 반기별 1회로 간소화하는 제도
  (원천징수대상소득 및 시기는 동일하나 신고 · 납부 횟수를 줄인 것이다.)
- 반기별 납부대상자
  - 금융 및 보험업 사업자를 제외한 직전연도의 상시고용인원이 10인 이하인 사업자
- 신청기간
  - 6. 1~6. 30 : 7월 1일 이후 원천징수분부터 적용
  - 12. 1~12. 31 : 다음 해 1월 1일 이후 원천징수분부터 적용
- 반기별 납부방법
  - 상반기에 원천징수한 세액은 7월 10일까지, 하반기에 원천징수한 세액은 다음 해 1월 10일까지 납부하여야 하며, '원천징수이행상황신고서'도 반기별로 제출하여야 한다.

* 지급조서는 일반적인 경우와 같이 다음 해 2월 말까지 제출하여야 한다.

12

개인사업자와 법인사업자

개인기업으로 할지, 법인기업으로 할지는 창업하려는 개개인의 사정에 따라 결정할 수밖에 없다. 그래도 어느 유형으로 할 것인지 확신이 서지 않으면 일단은 창업하기가 비교적 쉽고 비용도 적게 드는 개인기업으로 먼저 시작을 하고, 나중에 사업규모가 커지면 그 때 법인으로 전환하는 방법을 고려해보는 것이 좋을 것이다.

○ 개인기업과 법인기업의 차이점

구분	개인기업	법인
창업절차와 설립비용	설립절차가 비교적 쉽고 비용이 적게 들어 사업규모나 자본이 적은 사업을 하기에 적합	법원에 설립등기를 해야 하는 등 절차가 다소 까다롭고 자본금(최소 5천만 원)과 등록세·채권매입비용 등의 설립비용이 필요
자금의 조달과 이익의 분배	개인기업은 창업자 한 사람의 자본과 노동력으로 만들어진 기업이므로 자본조달에 한계가 있어 대규모 자금이 소요되는 사업에는 무리가 있다. 그러나 사업자금이나 사업에서 발생한 이익을 사용하는 데는 제약을 받지 않는다. 예를 들어 사업자금을 사업주 개인의 부동산 투자에 사용하든 자신의 사업에 재투자하든 혹은 영업에서 발생한 이익을 생활비로 쓰든 전혀 간섭을 받지 않는다.	법인기업은 주주를 통해서 자금을 조달하므로 대자본 형성이 가능하나, 법인은 주주와 별개로 독자적인 경제주체이므로 일단 자본금으로 들어간 돈과 기업경영에서 발생한 이익은 적법한 절차를 통해서만 인출할 수 있다. 즉 주주총회에서 배당결의를 한 후 배당이라는 절차를 통해서만 인출이 가능하고, 주주가 법인의 돈을 가져다 쓰려면 적정한 이자를 낸 후 빌려 가야 한다.
사업의 책임과 신인도	개인기업은 경영상 발생하는 모든 문제와 부채, 그리고 손실에 대한 위험을 전적으로 사업주 혼자서 책임을 져야 한다. 따라서 만약 사업에 실패해서 은행부채와 세금 등을 다 해결하지 못하고 다른 기업체에 취직해서 월급을 받는 경우, 그 월급에 대해서도 압류를 당할 수 있다.	법인기업의 경우 주주는 출자한 지분의 한도 내에서만 책임을 지므로 기업이 도산할 경우 피해를 최소화할 수 있다 대외신인도면에서, 개인기업의 신인도는 사업자 개인의 신용과 재력에 따라 평가받으므로 법인기업보다는 현실적으로 낮다고 보아야 한다.
세율	종합소득세율은 8%에서 35%까지. 초과누진세율. 과세표준 3,000만 원 이하 유리	'법인기업'의 세율은 13%(과세표준이 1억 원을 초과하는 경우에는 25%, 과세표준 3,000만 원 이상 유리)
과세체계	개인기업의 소득에 대하여는 '종합소득세'가 과세된다. 사업주 본인에 대한 급여는 비용으로 인정되지 않으며, 사업용 고정자산이나 유가증권 처분이익에 대하여는 과세를 하지 않는다.	'법인기업'의 소득은 '법인세'가 과세된다. 법인의 대표이사는 법인과는 별개의 고용인이므로 대표이사에 대한 급여는 법인의 비용으로 처리할 수 있다. 그러나 고정자산이나 유가증권 처분이익에 대해서도 법인세가 과세된다.

13

창업절차와 관련한 인 · 허가

개인사업 설립절차

개인기업은 개인이 출자자인 동시에 경영자로 재산을 소유 및 관리하고 직접 기업을 운영하는 형태로 사업활동에 대한 모든 권리 · 의무의 법률효과가 전부 대표자에게 귀속된다. 따라서 창업시 출자하는 자금에 대해서도 혼자 책임져야 하고 사업체의 모든 결정사항에 대해서도 단독으로 책임져야 하며 채무에 관해서도 소유경영자 개인이 부담해야 한다.

개인기업을 창업하는 데는 별도의 상업등기절차가 필요 없이 사업장(개인 가정도 가능)을 갖추고 사업장 관할 세무서에 사업자등록을 신청하여 영업을 개시하면 된다. 다만 영위하고자 하는 업종이 법령에 의한 허가사업인 경우에는 사업자등록 신청 전에 사업허가증을 발급받아야 영업을 할 수 있다. 이 같은 개인사업의 설립절차는 법인에 비해 간단하지만 경영결과를 공시하거나 사업체 재산의 공개에 있어서는 의무정도가 약하다.

해당사업의 인·허가

소규모 자영업이나 개인기업을 창업하고자 하는 경우 해당업종이 인·허가 대상인지를 파악해야 한다. 인·허가 대상인 경우 첨부서류와 인·허가 승인절차를 사전에 파악해야 하는데, 그렇지 않으면 사업자등록을 할 수 없다. 일반적으로 사업의 인·허가 신청은 관할 시·군·구청의 민원실, 해당부서에 신청서 양식과 첨부서류목록을 수집해 작성한 후 제출하면 관할 관청은 현장답사나 서류심사를 통해 결정하고 창업자에게 승인허가 여부를 통지해준다.

이러한 인·허가사항인지의 여부는 주변의 같은 업종에 종사하고 있는 사람을 통해 쉽게 파악할 수 있지만 구청민원실 등의 구체적인 기관을 통해 알아보는 것이 좋다. 서비스업이나 도소매업은 업종의 특성상 인·허가사항이 적으며 창업절차가 간단하기 때문에 일반적으로 점포나 사무실을 확보하고 사업자등록을 마치면 사업을 영위할 수 있지만 공중위생과 관련이 있는 업종, 사행행위 등 행정규제가 필요한 업종 또는 전문적 지식이 요구되는 서비스업 등이나 담배·양곡과 같이 유통질서 확립이 필요한 제품과 의약품과 같이 전문지식을 필요로 하는 업종 등에 대하여는 개별법령에서 시설기준 및 자격요건 등을 규정하고 있다.

따라서 창업자는 업종을 선정하고자 할 때 자신이 창업하려는 업종이 관련법에 의해 허가, 등록 또는 신고가 필요한 업종인지 여부를 파악하여 창업준비를 해야 한다. 인·허가를 받아야 하는 업종은 인·허가 처리기관 및 처리 절차, 소요기간 및 경비, 시설기준 및 자격요건과 구비서류를 정확히 파악하여 소정의 절차에 따라 허가를 취득하여야 함은 물론 점포입지를 선정하는 데 있어서도 점포용도를 확인하여 업종의 영업활동이 가능한 점포를 선정하여야 한다. 인·허가가 필요 없는 경우는 사업자등록을 함으로써 영업할 수 있다.

개별법률마다 약간의 차이는 있지만 일반적으로 금치산자 또는 한정치산자, 파산선고를 받고 복권되지 아니한 자, 금고 이상의 형의 선고를 받고 그 집행이 종료되거나 집행을 받지 아니하기로 확정된 후 1~2년이 경과되지 아니한 자, 각 업종별로 개별법을 위반하여 허가 등이 취소된 후 2년이 경과하지 아니한 자 등은 결격사유자로 인·허가를 받을 수 없다.

○ 인 · 허가 및 신고가 필요한 업종 1/2

사업명	인 · 허가 분류	처리기관	근거법령
부동산중개업	허가업종	시 · 군 · 구	부동산중개업법 제4조
숙박업	허가업종	시 · 군 · 구	공중위생법 제4조
식품접객업	허가업종	시 · 군 · 구	식품위생법 제22조
용역경비업	허가업종	지방경찰청	용역경비업법 제4조
유기장업	허가업종	시 · 군 · 구	공중위생법 제4조
유료노인복지시설	허가업종	시 · 군 · 구	노인복지법 제19조
유료직업소개사업	허가업종	시 · 군 · 구	직업안정법 제19조
유선방송사업	허가업종	정보통신부	유선방송관리법 제5조
전당포업	허가업종	경찰서	전당포영업법 제2조
폐기물처리업	허가업종	시 · 도, 지방환경청	폐기물관리법 제26조
석유판매 · 주유소	허가업종	시 · 도	석유사업법 제12조
의약품 도매업	허가업종	시 · 군 · 구	약사법 제35조
중고자동차매매업	허가업종	시 · 군 · 구	자동차관리법 제49조
건설기계대여업	지정업종	시 · 군 · 구	건설기계관리법 제21조
결혼상담업	지정업종	시 · 군 · 구	가정의례에관한법 제5조
교습소	지정업종	지방교육청	학원의설립 · 운영에관한법 제14조
노래연습장업	지정업종	경찰서	풍속영업의규제에관한법 제5조
만화대여업	지정업종	경찰서	풍속영업의규제에관한법 제5조
목욕장업	지정업종	시 · 군 · 구	공중위생법 제4조
세탁업	지정업종	시 · 군 · 구	공중위생법 제4조
옥외광고업	지정업종	시 · 군 · 구	옥외광고물 관리법 제11조
위생관리용역업	지정업종	시 · 군 · 구	공중위생법 제4조
이 · 미용업	지정업종	시 · 군 · 구	공중위생법 제4조
체육시설업	지정업종	시 · 군 · 구	체육시설의설치이용에관한법 제21조
장례식장업	지정업종	시 · 군 · 구	가정의례에관한법 제5조
혼인예식장업	지정업종	시 · 군 · 구	가정의례에관한법 제5조

○ 인 · 허가 및 신고가 필요한 업종 2/2

사업명	인 · 허가 분류	처리기관	근거법령
비디오물감상실업	등록업종	시 · 군 · 구	음반및비디오물에관한법 제7조
비디오물대여업	등록업종	시 · 군 · 구	음반및비디오물에관한법 제7조
안경업소	등록업종	시 · 군 · 구	의료기사등에관한법 제12조
약국	등록업종	시 · 군 · 구	약사법 제16조
여행업	등록업종	시 · 군 · 구, 문화체육부	관광진흥법 시행령 제32조
자동차운송알선업	등록업종	시 · 도	자동차운수사업법 제49조
전문서비스업	등록업종	시 · 군 · 구	행정사법 제8조
중소기업상담회사	등록업종	중소기업청	중소기업창업지원법 제12조
창고업	등록업종	시 · 군 · 구, 지방해운항만청	화물유통촉진법 제39조
학원	등록업종	지방교육청	학원의설립 · 운영에관한법 제6조
음반 판매업	등록업종	시 · 군 · 구	음반및비디오물에 관한법 제6조
제조담배 판매업	등록업종	재정경제원, 시 · 도	담배사업법 제13조
농약 판매업	등록업종	시 · 군 · 구	농약관리법 제10조
비료 판매업	등록업종	시 · 군 · 구	비료관리법 제13조
다단계 판매업	등록업종	시 · 도	방문판매등에의한법 제28조
주류 판매업	면허업종	세무서	주세법 제8조
제조담배 소매업	지정업종	산업자원부	담배사업법 제16조
건강보조식품 판매업	신고업종	시 · 군 · 구	식품위생법 제22조
건설기계매매업	신고업종	시 · 도	건설기계관리법 제21조
무역 대리업	신고업종	한국무역 대리점협회, 한국수출 구매업협회	대외무역법 제14조
양곡 매매업	신고업종	시 · 군 · 구	양곡관리법 제18조
종묘 판매업	신고업종	시 · 군 · 구	종묘관리법 제3조

 **중앙경제평론사** Joongang Economy Publishing Co.
중앙생활사 | 중앙에듀북스 Joongang Life Publishing Co./Joongang Edubooks Publishing Co.

중앙경제평론사는 오늘보다 나은 내일을 창조한다는 신념 아래 설립된 경제 · 경영서 전문 출판사로서
성공을 꿈꾸는 직장인, 경영인에게 전문지식과 자기계발의 지혜를 주는 책을 발간하고 있습니다.

창업 전문가가 가르쳐주는 소자본 창업 어떻게 할까요? 〈전면개정판〉

초판 1쇄 발행 | 2002년 11월 15일
초판 10쇄 발행 | 2013년 10월 25일
전면개정 초판 1쇄 발행 | 2014년 10월 22일
전면개정 초판 2쇄 발행 | 2017년 3월 15일

지은이 | 최재희(Jaehee Choi)
펴낸이 | 최점옥(Jeomog Choi)
펴낸곳 | 중앙경제평론사(Joongang Economy Publishing Co.)

대   표 | 김용주
편   집 | 한옥수 · 유라미 · 정란영
디자인 | 박근영
마케팅 | 김희석
인터넷 | 김회승

출력 | 영신사   종이 | 타라유통   인쇄 | 영신사   제본 | 광신제책사
잘못된 책은 구입한 서점에서 교환해드립니다.
가격은 표지 뒷면에 있습니다.
ISBN 978-89-6054-132-0(13320)

등록 | 1991년 4월 10일 제2-1153호
주소 | ㉾04590 서울시 중구 다산로20길 5(신당4동 340-128) 중앙빌딩
전화 | (02)2253-4463㈹ 팩스 | (02)2253-7988
홈페이지 | www.japub.co.kr 블로그 | http://blog.naver.com/japub
페이스북 |https://www.facebook.com/japub.co.kr 이메일 | japub@naver.com
♣ 중앙경제평론사는 중앙생활사 · 중앙에듀북스와 자매회사입니다.

※ 이 도서의 국립중앙도서관 출판시도서목록(CIP)은 서지정보유통지원시스템 홈페이지(http://seoji.nl.go.kr)와
국가자료공동목록시스템(http://www.nl.go.kr/kolisnet)에서 이용하실 수 있습니다.(CIP제어번호: CIP2014027350)

중앙경제평론사에서는 여러분의 소중한 원고를 기다리고 있습니다. 원고 투고는 이메일을 이용해주세요. 최선을
다해 독자들에게 사랑받는 양서로 만들어 드리겠습니다. **이메일** | japub@naver.com